*Parentesco, direito
e o inesperado*

FUNDAÇÃO EDITORA DA UNESP

Presidente do Conselho Curador
Mário Sérgio Vasconcelos

Diretor-Presidente
José Castilho Marques Neto

Editor-Executivo
Jézio Hernani Bomfim Gutierre

Superintendente Administrativo e Financeiro
William de Souza Agostinho

Assessores Editoriais
João Luís Ceccantini
Maria Candida Soares Del Masso

Conselho Editorial Acadêmico
Áureo Busetto
Carlos Magno Castelo Branco Fortaleza
Elisabete Maniglia
Henrique Nunes de Oliveira
João Francisco Galera Monico
José Leonardo do Nascimento
Lourenço Chacon Jurado Filho
Maria de Lourdes Ortiz Gandini Baldan
Paula da Cruz Landim
Rogério Rosenfeld

Editores-Assistentes
Anderson Nobara
Jorge Pereira Filho
Leandro Rodrigues

MARILYN STRATHERN

Parentesco, direito e o inesperado
Parentes são sempre uma surpresa

Tradução
Stella Zagatto Paterniani

© 2005 Marilyn Strathern
Publicado por acordo com a Cambridge University Press
© 2012 Editora Unesp

Título original: *Kinship, Law and the Unexpected:
Relatives Are Always a Surprise*

Direitos de publicação reservados à:

Fundação Editora da Unesp (FEU)
Praça da Sé, 108
01001-900 – São Paulo – SP
Tel.: (0xx11) 3242-7171
Fax: (0xx11) 3242-7172
www.editoraunesp.com.br
www.livrariaunesp.com.br
feu@editora.unesp.br

CIP – Brasil. Catalogação na publicação
Sindicato Nacional dos Editores de Livros, RJ

S891p

Strathern, Marilyn, 1941-
  Parentesco, direito e o inesperado: parentes são sempre uma surpresa / Marilyn Strathern; tradução Stella Zagatto Paterniani. – 1.ed. – São Paulo: Editora Unesp, 2015.

  Tradução de: *Kinship, law and the unexpected: relatives are always a surprise*
  ISBN 978-85-393-0563-6

  1. Antropologia.   2. Humanidade.   I. Título.

15-20157   CDD: 306
                                                      CDU: 316

Editora afiliada:

Sumário

Prefácio . *IX*

Parte I – Origens divididas

Introdução: Origens divididas . 3
    Os dois corpos da criança . 5
    Uma ferramenta . 10
    Origens divididas . 15

Capítulo 1 – Parentes são sempre uma surpresa:
biotecnologia em uma era de individualismo . 25
    Uma era de individualismo . 26
    Acrescentando debate . 29
    Interesses compartilhados e individuais . 35
    Famílias recombinantes . 41
    Pensando sobre parentes . 50

Capítulo 2 – A ciência implícita . 69
    Conhecimento isolado . 73
    Relações em todo lugar . 79
    O parentesco desvelado . 91
    Aviso . 99

Capítulo 3 – Propriedades emergentes . *105*

   I . *107*

      Origens múltiplas . *107*

      Uma analogia . *119*

   II . *125*

      Prole em propriedade . *125*

      Informação em conhecimento . *134*

      Relações em relações . *144*

   III . *151*

      Parentesco e conhecimento . *151*

      A família informacional . *160*

Parte II – A aritmética da posse

Introdução: A aritmética da posse . *179*

      Concepção por intenção . *182*

      Deixar o "conhecimento" de um lado . *184*

      A aritmética da posse . *191*

Capítulo 4 – A patente e o Malanggan . *201*

      Apresentando o corpo . *202*

      Encantamento . *206*

      O retorno à Nova Irlanda – I . *211*

      Patenteando a tecnologia . *219*

      O retorno à Nova Irlanda – 2 . *230*

Capítulo 5 – Perdendo (a vantagem em relação a)os recursos intelectuais . *245*

   I . *245*

      Os termos de um acordo . *248*

      Tradição e modernidade . *253*

II . 257
Posse sobre o corpo . 260
Pessoas totais: coisas . 266
Pessoas-particionadas: agentes . 278
III . 286
Descontextualização . 287
Recursos intelectuais . 293

Capítulo 6 – Origens divididas e a aritmética da posse . 297
I . 297
II . 304
Contando as pessoas: Murik . 304
Mundos análogos . 308
Contando ancestrais: Omie . 312
Quem possui e quem faz . 318
Propagando imagens . 323
III . 327
Produtos intelectuais? . 327
Posse de pessoas? . 333
Origens singulares e múltiplas . 341
Matemáticas aplicadas . 345
IV . 351

Referências bibliográficas . 357

Índice onomástico . 381

Índice remissivo . 387

VII

Prefácio

Antropólogos usam relacionamentos para desvelar relacionamentos. O artifício está no cerne da antropologia social, e os antropólogos também o encontram no cerne do parentesco. Este livro, embora não seja mais um do gênero, não teria sido possível sem a onda de escritos antropológicos feitos sob a rubrica de "novos estudos de parentesco". Eu gostaria de acrescentar uma nota de rodapé sobre o papel que apelos à relacionalidade ocupam nos estudos antropológicos da vida social e sugerir por que deveríamos nos interessar por eles. Esses apelos são feitos a um fenômeno tanto dependente (de certos modos de conhecimento) quanto onipresente (na sociedade humana).

Uma das mais duradouras questões metodológicas da antropologia é: como manter, na mesma visão, o que são claramente construtos culturais e históricos e o que são, evidentemente, reguralidades sobre a existência social? O truque consiste em especificar um sem diminuir o outro. Se este texto é uma tentativa disso, por sua própria natureza o presente trabalho deve ser incompleto, precisamente devido

Marilyn Strathern

às circunstâncias específicas que têm sugerido o parentesco como um intrigante campo de investigação. O campo já limita ("constrói") o exercício.

Tais circunstâncias específicas são sumarizadas nos novos estudos de parentesco. Estudos sob essa rubrica enfocam a natureza reflexiva de construtos analíticos e, muito frequentemente, os modos como as pessoas lidam umas com as outras sob o regime das novas tecnologias, com o estímulo à reflexividade nativa que isso traz; as pessoas passam a fazer novos tipos de conexão entre sua vida e o mundo onde vivem. Muito do que se segue seria familiar a essas preocupações, especialmente na primeira parte. A Parte I aborda contextos nos quais as novas tecnologias médicas levantaram questões para famílias e parentes. Esses contextos tornam-se, na Parte II, um contraponto para análises comparativas. Os ensaios, então, partem de materiais amplamente presentes nos Estados Unidos e no Reino Unido (e, no primeiro capítulo, na Austrália branca), preparando o terreno para falar sobre a Melanésia, a Amazônia e (brevemente) a Austrália aborígene. São descrições das consequências da relacionalidade tanto em termos de dados como em sua organização; vários dos ensaios são ilustrativos nesse sentido, dispondo do termo de maneira semelhante ao uso dele feito em grande parte da escrita antropológica.

De fato, a relacionalidade — como um valor abstrato atribuído a relacionamentos — é sublinhada de modo convencional e perceptível pelo direito. Perpassando esses ensaios há um comentário sobre o modo como o pensamento jurídico modernista ao mesmo tempo cria uma abertura para e desencoraja predisposições no que diz respeito ao pensar em termos de

X

Parentesco, direito e o inesperado

relações. A Parte I apresenta o direito euroamericano em sua terra natal, por assim dizer, de modo criativo e regulatório, enquanto a Parte II mostra a introdução de categorias legais em situações outrora estranhas a elas – em alguns casos, em nome da governança; em outros, como artifício analítico por parte do observador. De um modo ou de outro, não se deve negligenciar a imaginação e a ingenuidade dos advogados ao lidar com novas questões. Conceitos desenvolvidos em nome da propriedade intelectual podem ser ricamente explorados aqui e compõem o primeiro ou segundo plano de muitos capítulos. "O direito" é, portanto, retratado de diferentes maneiras, quer contribuindo com os recursos conceituais por meio dos quais as pessoas lidam com problemas que envolvem direitos de propriedade ou outros direitos, quer intervindo em disputas, cristalizando momentos culturais pelo bem da advocacia, e por aí vai.

Há uma particular aquisição ao se trazer à análise o pensamento jurídico. Trata-se de uma disciplina e uma prática que precisam lidar com diferentes tipos de relacionamentos. Afinal, na mitologia europeia, o direito é o *locus* clássico de situações em que relações categóricas e interpessoais entram em confronto, como Judith Butler (2000) – em suas conferências sobre o nome – lembra-nos, foi o que aconteceu na reivindicação de Antígona. Julgamentos nas cortes, apelações no terreno dos direitos humanos: o direito lida com pessoas em relação a categorias. Veremos a relevância disso.

Os ensaios pretendem transmitir a impregnação do pensamento relacional no modo como os euroamericanos conhecem o mundo, bem como descrever a vida social que essa impregnação tem tornado – e continua a tornar – possível. Isso nos oferece verdades de um tipo muito especial. O pensamento relacional, por sua vez, é bem-sucedido à medida que aproveita uma capacidade ou aptidão comum no estabelecimento de relações existentes também em outros registros. É daqui que vem a tentativa de manter lado a lado, na mesma visão, o que são claramente construtos culturais e históricos e o que são, evidentemente, reguralidades sobre a existência social.

Dívidas

Agradecimentos específicos são mencionados ao final de cada capítulo, uma vez que cada um deles remete a um evento particular ou a uma ocasião específica. (Podem, assim, ser lidos como partes independentes.) Isto é para registrar de maneira mais geral minha dívida intelectual para com colegas cujo trabalho torna supérfluo qualquer ensaio a mais sobre a virada em direção ao parentesco; essa micro-história dentro da antropologia foi bem escrita. Incluo *After Kinship*, de Janet Carsten, que reescreve os debates que mudaram o estudo do parentesco de uma preocupação de meados do século XX para uma arena com um futuro promissor; a coleção de ensaios de Sarah Franklin e Susan McKinnon, sobre novos locais para novos interesses, *Relative Values: Reconfiguring Kinship Studies*, e a antologia editada por Robert Parkin e Linda Stone, *Kinship and Family*, que estabelece relações provocadoras entre uma gama de diversos materiais. Dentre as monografias etnográficas, o trabalho de Jeanette Edward, *Born and Bred: Idioms of Kinship and New Reproductive Technologies in England*, é o principal. Todas essas obras incluem reflexões sobre abundantes e substanciosos materiais, teorias e análises que constantemente redesenham os estudos de parentesco na atualidade.

XII

Parentesco, direito e o inesperado

Este livro não é apenas sobre parentesco, e há outros reconhecimentos a serem feitos: pelo estímulo de muitas conversas, Françoise Barbira-Freedman, Debbora Battaglia, Joan Bestard--Camps, Barbara Bodenhorn, Corinne Hayden, Caroline Humphrey, Alain Pottage, Paul Rabinow, Christina Toren, Eduardo Viveiros de Castro. A Benedicta Rousseau, um agradecimento especial. Boa parte das reflexões ocorreram nos arredores de Ravenscar, em North Yorkshire, sob a hospitalidade estimulante de Jenny Bartlet, e não é à toa que Ru Kundil e Puklum El, de Mt. Hagen, também tenham se hospedado lá.

O Capítulo 3 e os três capítulos da Parte II foram primeiramente escritos sob os auspícios do projeto *Property, Transactions and Creations: New Economic Relations in the Pacific* (PTC). Foi um período de três anos de investigação (1999-2002), financiado pelo U.K. Economic and Social Research Council (concessão R000 23 7838), ao que presto reconhecimento com gratidão. Os argumentos desenvolvidos aqui devem muito a Eric Hirsch, co-organizador, e a Tony Crook, Melissa Demian, Andrew Holding, Lawrence Kalinoe, Stuart Kirsch, James Leach e Karen Sykes, bem como a Lissant Bolton e Adam Reed, e à efêmera associação que se nomeou Trumpington Street Reading Group.

A permissão para reimpressão ou extração de artigos já publicados em outros lugares também é reconhecida com gratidão.

Capítulo 3, abreviado para "Emergent relations", saiu em Mario Biagioli e Peter Galison (eds.). *Scientific Authorship: Credit and Intellectual Property in Science.* Nova York: Routledge, 2003, p.165-94.

Capítulo 4, da revista *Theory, Culture and Society* 18, 2001, p.1-26; também publicado em Christopher Pinney e Nicholas Thomas (eds.). *Beyond Aesthetics: Art and the Technologies of Enchantment: Essays for Alfred Gell.* Oxford: Berg, 2000, p.259-86.

XIII

Marilyn Strathern

Capítulo 5, de Martha Mundy e Alain Pottage (eds.). *Law, Anthropology and the Constitution of the Social: Making Persons and Things.* Cambridge: Cambridge University Press, 2004, p.201-33. Capítulo 6, a ser publicado em Bill Maurer e Gabriele Schwab (eds.). No prelo. *Accelerating Possession: Global Futures of Property and Personhood.* Nova York: Columbia University Press.

Manda

Entre muitos desenvolvimentos interessantes em curso na antropologia social no momento, uma trajetória específica afeta diretamente a substância deste livro e conduz a um tipo diferente de agradecimento. Invariavelmente, é para o próprio benefício que alguém consome o trabalho de seus colegas, de maneira crítica ou não, e há uma tentação em ser como o executivo de *marketing* ou o formulador de políticas nesta era da responsividade imediata e, assim, incorporar a crítica no exato momento em que ela é expressa. De fato, etnógrafos, hoje em dia, dirão que mal terão terminado de escrever observações ou comentários e os autores analisados apresentarão sua própria análise. Estou seriamente tentada, por exemplo, a mencionar uma composição que Alberto Corsín Jiménez (2004) generosamente me enviou; informada pela pré-ciência de James Weiner, trata-se de uma crítica da relacionalidade, com a qual concordo em quase todos os passos. Eu não teria mergulhado tão rapidamente na crítica se não tivesse me aquecido para a tarefa, primeiro com Iris Jean-Klein e Annelise Riles e, depois, com o trabalho de Tony Crook (2003) sobre as relações não mediadas em Angkaiyakmin, Bolivip; com a descrição de Monica Konrad (2005) de relações sem nome no Reino Unido; e com o estudo

XIV

Parentesco, direito e o inesperado

de Andrew Moutu (2003) sobre parentesco e posse em Iatmul. Não obstante, acredito que posso melhor servir ao novo radicalismo com meu próprio conservadorismo, de modo a, em vez de consumir novos posicionamentos, conservar o que então se tornará um original! Empenho-me, assim, em manter-me leal a um ponto de vista não por defendê-lo, mas porque há um ganho em pormenorizar – especialmente nesta conjuntura – o que há nele de tão interessante que o tornaria importante demais para ser abandonado.

O termo *manda*, em Melpa (Hagen), significa algo semelhante a "fim de papo", "suficiente por enquanto", "paremos por aqui" – uma exortação a calar-se, a reconhecer um fim, agradecer um término, embora todos ainda pudessem continuar a falar para sempre.

Marilyn Strathern, agosto de 2004
Girton College, Cambridge

Parte I
Origens divididas

Introdução:
Origens divididas

O documento preliminar da Comissão de Genética Humana do Reino Unido (CGH, 2000) para discussão sobre o uso de informação genética pessoal destaca "crianças" como uma categoria de interesse especial. Dado que procedimentos éticos na medicina repousam nos princípios cruciais de consentimento esclarecido e confidencialidade, testes genéticos envolvendo crianças instauram uma particular junção de problemas. Sem dúvida, tanto a questão de pessoas jovens serem incapazes de consentir sobre seus próprios direitos quanto a necessidade dos pais de serem inteirados dos fatos médicos de sua prole datam de muito antes da nova genética. Mas a medicina genética introduz uma série de questões particularmente desafiadoras, como: testes em crianças para verificar possíveis problemas de saúde para os quais elas nem sequer mostram ter sintomas ou para possíveis doenças que podem ter relevância apenas na vida adulta; o tipo de entendimento que as famílias podem ter sobre a herança mendeliana; as consequências de testes de paternidade; e questões sobre quem detém o conhecimento acerca dos genes de uma criança. Essas questões, geralmente

Marilyn Strathern

agrupadas por imporem dilemas éticos, agregam uma dimensão significativa à situação de ser uma criança. Não obstante, embora sejam importantes, é razoável considerar que afetam relativamente poucas pessoas e, nesse sentido, são exóticas. Tomo o partido contrário e sugiro que dilemas como esses emergem de correntes de pensamento muito comuns nas sociedades euroamericanas contemporâneas e contribuem para o desenvolvimento dessas correntes.[1] Podemos até dizer que tais correntes simplesmente apontam para um fenômeno recente: o de uma autoconsciência sobre a vida em sociedade na qual a comunicação e a chamada "economia do conhecimento" mobilizam constelações inteiras de valores que clamam por atenção. Novamente, porém, eu faria o mesmo movimento de contestar, com o argumento de que isso, por sua vez, é uma versão recente de uma duradoura preocupação com o conhecimento.

Movimentos semelhantes acontecem ao longo deste volume, de posicionamentos antigos serem realocados em terrenos novos, e não vejo motivos para me desculpar pelas replicações parciais de questões. É um modo de trabalhar plenamente uma cultura e suas preocupações, quer explícita, quer implicitamen-

---

1 Uma explicação do uso da glosa "euroamericano" no lugar da mais comum "ocidental" pode ser encontrada em Edwards et al., 1999, p.15-7. "Americano" aqui deriva da América do Norte; "euro", do norte europeu, mas a influência euroamericana não está confinada a nenhuma dessas duas partes nem é uniforme nelas (espalha-se globalmente, é localmente irregular). Refiro-me a um discurso, não a um povo, embora eu personifique o discurso ao referir-me a seus "falantes" como euroamericanos. Nesse termo um tanto quanto estranho desejo abarcar aqueles cujas cosmologias foram formadas por insurreições religiosas e racionalistas dos séculos XVII e XVIII ao longo do norte europeu, criando, com seu lastro, a América atual.

te articuladas. Alguns dos muitos modos de relacionar conhecimento e parentesco são o tema da primeira parte deste livro.

Para tornar as questões mais concretas, apresento uma vinheta (seriamente) divertida, embora a causa específica da ansiedade dos pais nela caricaturada seja, talvez, um pouco ultrapassada.

Os dois corpos da criança

Ter autoconsciência do conhecimento é uma predileção principalmente da classe média britânica. Miller (1997) descreve como as mães de classe média do norte de Londres dos anos 1990 usavam seu conhecimento sobre o mundo para moldar o desenvolvimento de sua prole à sua maneira. Não há nada que possam fazer quanto aos genes; podem fazer tudo no que concerne à saúde, à higiene e a muitos sofrimentos comuns; conversam sobre quais comidas as crianças devem comer e com quais brinquedos querem brincar. O desfecho é que essas mães consideram o desenvolvimento da criança como derrotas em série. O primeiro inimigo foi o açúcar, depois os doces e biscoitos, seguidos de marcas como a Coca-Cola e maiores tentações, como as bonecas Barbie e os onipresentes revólveres: "uma luta incessante entre o que é considerado o mundo da natureza e o mundo artificial das mercadorias" (MILLER, 1997, p.75). As batalhas sobre dieta e gênero são consideradas esforços de resistência à comercialização e ao consumismo – esforços que, invariavelmente, terminam na cooptação seguida da retirada, características da geração dos avós, que prezam pela facilidade em permitir que a criança escolha livremente seu próprio estilo.

Por que lutar, em primeiro lugar? Minha visão é que a mãe jovem é colocada em uma posição de responsabilidade *devido ao seu conhecimento* dos efeitos de substâncias e brinquedos no corpo em desenvolvimento, bem como na mente em desenvolvimento e em padrões comportamentais. Em outras palavras, a condição da criança depende de como a mãe age, levando em consideração seu conhecimento de mundo. Se a criança for alimentada com comida sem açúcar, ela será mais saudável; ame a criança agora e ela será capaz de retribuir o amor no futuro, e daí em diante. Ao mesmo tempo, o que a mãe vê no modo como sua prole cresce é sua própria hesitação entre a capacidade de manter (dizem) o mundo do comércio à distância e aceitá-lo, quando for o caso.

Pais não desistem sem luta, na qual seu conceito de biologia ocupa o papel central. É muito comum para alguns pais insistir que seus(suas) filhos(as) são alérgicos(as) a qualquer coisa artificial. É como se o corpo das crianças tivesse pequenas antenas, sintonizadas com a ideologia da mãe sobre a natureza. Dizem que as crianças têm erupções cutâneas instantaneamente ao ingerir qualquer tipo de aditivo ou número E errado. Se as crianças não obedecem (com erupções), então os pais podem argumentar que esses aditivos causam distúrbios comportamentais – uma queixa mais difícil de ser contestada. (MILLER, 1997, p.76)

Embora essas não sejam as palavras de Miller, a criança parece corporificar a consciência orientadora da ação da mãe a partir de seu conhecimento e aderir aos princípios da genitora. Assim ela deve continuar, até que a criança esteja devidamente esclarecida sobre as coisas. Nesse ínterim, o desenvolvimento da prole reflete a aplicação do conhecimento materno.

Uma mãe ou um pai, de acordo com essa visão, compartilha o corpo com seu filho ou sua filha em duas instâncias. A

Parentesco, direito e o inesperado

primeira é a do corpo como herança genética, um dado, um assunto coloquialmente tratado como seres do mesmo sangue ou com a mesma substância. A segunda é o corpo como signo da devoção – ou negligência – parental; e nesse meio de classe média são, acima de tudo, os esforços dos pais na aplicação de seu conhecimento que fazem tal corpo. Miller relata que, nas vizinhanças por ele observadas, o que as crianças comiam ou com o que brincavam refletia na reputação local de sua mãe. Ele faz uma anedota: é o filho quem faz a mãe crescer.[2] Essas mães também têm de passar pelo mesmo processo com o filho seguinte; sua socialização, nesse sentido, nunca termina. Entretanto, há uma diminuição gradual dos efeitos que os pais sentem que têm sobre o filho. Enquanto podem moldar o primogênito, o segundo filho já cresce sob a sombra das vitórias do primeiro. Os pais aprendem a lidar com a derrota e, ao aceitá-la, estão, evidentemente, reconhecendo a autonomia da criança sobre seu próprio desenvolvimento. Essa autonomia será selada pelo fato de que, apesar de toda a luta para transmitir uma visão de mundo para a prole, para ensinar a criança a conhecer o mundo que os pais conhecem, o conhecimento, ao fim e ao cabo,

---

2 Miller diz que ele frequentemente faz uso dessa anedota, dessa teoria psicanalítica sobre a formação da criança na primeira infância ser como a formação dos pais numa "primeira parentalidade", que os passos que a criança segue marcam os passos dos deleites, das perplexidades e do senso de perigo dos pais. "Os estágios de desenvolvimento descritos por Klein [por exemplo] não tratam, na realidade, das crianças. Em vez disso, são descrições dos vários estágios pelos quais um pai/uma mãe passa para se desenvolver enquanto um pai/mãe maduro(a)" (1997, p.67). É o pai ou a mãe quem vê a criança como o seio bom e o seio ruim, ao mesmo tempo completamente maravilhosa e completamente terrível.

7

Marilyn Strathern

terminará por dividi-los. Em muitos sentidos, eles podem compartilhar suposições similares sobre a natureza fundamental do universo, sobre a biologia, por exemplo, mas em última instância será o conhecimento da prole que a separará de seus pais. Isso ocorrerá em parte porque a informação muda o tempo todo e as pessoas acompanham essas mudanças em diferentes graus; em parte porque a criança deve se tornar guardiã do conhecimento sobre si mesma. E aqui reside a importância do significado da confidencialidade e da idade do consentimento. Mas, até se atingir esse entendimento, os pais devem seguir monitorando a criança, para o próprio benefício desta. Pai e mãe são um caso à parte, porque de todos os cuidadores e professores que uma criança terá, somente o pai e a mãe compartilham ambos o corpo com a criança.

Os dois corpos são considerados pertencentes ao mesmo mundo (cf. Viveiros de Castro, 1998a; 1998b), tradicional e simultaneamente apresentados como dados e construídos. A simultaneidade é capturada no famoso aforismo de Latour (1993, p.6), de que ninguém jamais irá encontrar qualquer rede de eventos que não seja ao mesmo tempo "real como a natureza, narrada como o discurso e coletiva como a sociedade". Seja afirmando sua importância, seja negando-a: as pessoas imaginam a si mesmas confrontando a realidade; a natureza (como no relato de Miller) pode ser o epítome, mas essa prescrição quanto à realidade pode se estender a quaisquer dados da existência. Ainda que esse universo realmente existente seja intrínseco aos modos de conhecê-lo, o mundo *também* é o mundo que eles sabem que criaram por meio de seu conhecimento. É o mesmo mundo no qual crianças são explicitamente tuteladas (tautologicamente, adquirem conhecimento). O parentesco adiciona uma flexão: mesmo quando as pessoas sabem que as rotas para o conhecimento são divergentes, o próprio conhecimento impõe uma obrigação a quem conhece em relação aos que o circundam. Induz-se à ação moral e cria-se uma compulsão para agir. Esse ao menos parece ser o desdobramento desse modo de pensamento. Esse mundo duplo é habitado, evidentemente, não apenas por anglófonos, mas pelos euroamericanos em geral.

Nessa vinheta reside o tipo de material que alimentaria continuamente o debate na antropologia, e para além dela, sobre os respectivos papéis do social e do biológico nas relações de parentesco. Desejo, contudo, posicionar a mensagem em outro *locus* – o que trata das práticas de conhecimento – e, portanto, apresentar uma diferença entre dois modos de relacionar. Pois a mãe precisa ver a criança não só como uma extensão de si mesma, mas também como uma extensão do mundo, o que ela faz por meio de conceitos específicos que a conectam a este mundo. Em outras palavras, a criança, ou aspectos de sua condição ou comportamento, torna-se uma categoria: um exemplar de um tipo, como quando é conceituada como suscetível a esta ou aquela tendência. Um exemplo de tal categorização seria ver o filho como uma típica criança urbana, com tendência a alergias relacionadas a hábitos alimentares, propagandas de supermercados, pressão dos colegas no parquinho etc. Tudo isso precisa ser relacionado, e quem faz isso é a mãe. Nessa visão de mundo (euroamericana), as pessoas podem, portanto, agir sobre outras pessoas do mesmo modo como agem no mundo, um modelo um tanto quanto popular do modo como "angariamos os outros nos processos de nosso próprio vir a ser" (TOREN, 2002, p.189).

Marilyn Strathern

Uma ferramenta

Há, de fato, uma nota de rodapé a ser escrita sobre os estudos de parentesco. Ela pouco tem a ver com a substância do pensamento sobre o parentesco ou sua relevância para as preocupações contemporâneas; não expande nossas sensibilidades sobre a diversidade ou sobre a ingenuidade por meio da qual as pessoas resolvem as coisas sozinhas. Trata-se de indicar menos o que torna as pessoas distintas umas das outras e mais o que elas têm em comum. Além disso, não é aparentemente muito interessante: é mais um truísmo do que uma reflexão, mais observação superficial do que análise profunda, de pouco poder (para construção de modelo) teórico. Apesar de ser trivial como o universalismo, dá às preocupações atuais outra dimensão. Para simplificar, vou me referir a isso como uma ferramenta cujo trabalho virtuoso vem de seu caráter duplo.

A ideia da ferramenta[3] que tenho em mente não difere muito das enzimas – ferramentas centrais na recombinação de DNA,

---

3 Anteriormente, já fiz um uso similar da noção de *ferramenta*, em trabalho resultante do projeto PTC mencionado no Prefácio. A ferramenta aqui (STRATHERN, 2004c) é o conceito de "transação", uma definição condensada de permuta de relações de um tipo amplamente usado para exclusão, como em exclusões por meio de dados; ela pertence e serve a uma pequena gama de interesses antropológicos. Em sua forma genérica, a ferramenta que tenho em mente aqui é tanto uma função do cérebro ou uma parte do corpo quanto um artefato. É um instrumento para *separar*/manter *partes de si*/coisas *umas das outras*/juntas (a sentença pode ser lida de dois modos, como indicado pelos termos em itálico formando uma das formas), uma capacidade de analisar (ao mesmo tempo criando e lidando com) a complexidade social.

Parentesco, direito e o inesperado

nas palavras que Pottage (2004, p.272) toma de Rheinberger — que talham e entrançam os genes. Ele complementa: "A inventividade da biotecnologia entrança vida à vida, dividindo a vida", portanto, "nas duas regiões assimétricas da técnica e do objeto". A vida deve trabalhar sobre a vida, do mesmo modo como a antropologia usa relações para explorar relações. A ferramenta do antropólogo é, ela mesma, um duplo, que divide conforme combina.

Uma dessas preocupações atuais, que consideramos contemporânea, vem da prática acadêmica. Embora antropólogos queiram continuar dispondo da noção de parentesco e embora o senso comum lhes diga que devem encontrá-la em todo lugar, seus construtos analíticos continuam empurrando o parentesco de volta às contingências dos próprios construtos, em particular daqueles que frequentemente boiam no terreno pantanoso da ubiquidade ou, ainda, da "biologia", "substância", "concepção" etc., noções claramente presentes no pensamento cultural. Sem esse substrato, o que distinguiria o parentesco dos outros fenômenos? Essa era a velha questão. Os antropólogos, no entanto, resistem a declarar que há povos sem parentesco. Mas então o que é isso que eles continuam encontrando em todo lugar? Evidente que não podem ser noções localmente carregadas; devem ser outra coisa — tampouco será necessariamente útil usar o termo *parentesco*. No entanto, e discutivelmente, dada a compulsão do próprio tipo de conhecimento relacional da antropologia, a *busca pelo* parentesco destaca, invariavelmente, certas formas de socialidade.

Talvez o que os antropólogos encontrem em todo lugar sejam dois tipos de relações. Ou, ainda, a percepção de que relacionalidade evoca pensamentos divergentes. Um exemplo

Marilyn Strathern

doméstico, no Capítulo I, é formulado em termos de conexões e desconexões entre pessoas que podem ou não ser consideradas parentes; o primeiro processo implica o segundo. Nesse caso, divide-se a relação (em dois tipos) de modo tão convincente a ponto de me fazer querer chamá-la de "a relação da antropologia". Os tipos que interessam aqui abrangem o campo conceitual (ou categórico) e o campo interpessoal. De um lado, estão as relações que parecem fazer conexões por meio da lógica ou do poder de articulação que desenvolve sua própria dinâmica; de outro, as relações conduzidas em termos interpessoais, conexões entre pessoas moduladas com uma história detalhada e particular. Podemos focalizar tanto a divisão pressuposta nos dois tipos como o fato social rotineiro de que ambos são bem administrados, ao mesmo tempo, lado a lado. De um modo ou de outro, *é a capacidade de lidar com ambos, conjuntamente*, isto é, operar dois tipos de relações ao mesmo tempo: essa é a ferramenta. Isso envolve mais do que a capacidade cognitiva de combinar e discriminar, mais do que o conteúdo ou o campo ontológico (relações/relacionamentos) evocado, e mais do que as consequências particulares, em termos de orientações conceituais e interpessoais. Ou melhor: todas essas dimensões, juntas, definem a implementação de determinada ferramenta de acordo com sua utilidade. Trata-se, aqui, de uma ferramenta, *tout court*, para o viver social. Ela compele, simultaneamente, imaginação social e ação social; teoricamente trivial, imensamente útil.

Tanto a fórmula mútua de conexão/desconexão como o paralelo conceitual/interpessoal podem ser exemplificados em sistemas de parentesco. No que diz respeito ao parentesco euroamericano, é preciso acrescentar um terceiro duplo, ao qual retorno: um contraste extremamente refinado entre as relações

Parentesco, direito e o inesperado

já existentes e aquelas que devem ser deliberadamente criadas.

Ora, a ferramenta específica que estou chamando de relação da antropologia, a divergência entre o conceitual e o interpessoal, não é composta por opostos que se referem um ao outro mutuamente (como ocorre em conexão/desconexão) nem por características explícitas de qualquer repertório cultural (como no terceiro caso, que engendra um contraste entre o dado e o construído). Antes, apenas o trabalho de exegese antropológica mostrará como uma relação está imbricada na outra. Veremos que é por meio da interação com outras pessoas que diversas interações e posteriores conexões tornam-se concebíveis intelectualmente, ao mesmo tempo que é também por meio da criação de conceitos e categorias que as conexões ganham, elas mesmas, vida social. Esta última observação foi antevista por Godelier (1986), em sua pesquisa sobre as origens do parentesco. O parentesco aparece onde é possível imaginar – fazer uma imagem abstrata de – o parente de um parente, relacionamentos entre relacionamentos. Novamente, o parentesco aparece onde esse fazer – relacionar relações – é, para as pessoas, um imperativo lógico e moral ao mesmo tempo.

Em suma, o modelo de relação usado pelos antropólogos é uma ferramenta investigativa que a disciplina tomou emprestada de uma habilidade amplamente presente e compartilhada na vida social. Sua vantagem é a capacidade que oferece de alternar entre relações de dois tipos – como fizeram as mães do norte de Londres. A criança, extensão da mãe, é também uma extensão do mundo que habita. Essas mães estão envolvidas em outro tipo de alternância também, que comentarei brevemente.

Tenho, em particular, mais uma fonte de interesse nesse duplo, que vem de ceder à tentação de explorar a contingência (cultural) da própria noção de relação. Depois de tudo o que acabei de escrever, seria francamente absurdo afirmar tal duplo como uma criação de um local específico, muito menos como uma criação da revolução científica (como o Capítulo 2 pode sugerir); no entanto, ele parece ter sido posto em funcionamento de novos modos e, especialmente, na busca de conhecimento como um fim em si. Tomo esse tipo de conhecimento como informação anexa à sua origem, de forma demonstrável. O ponto central é: a formulação, o uso e a circulação do duplo *em práticas de conhecimento específicas* são, definitivamente, contingentes. A contingência não o faz inútil; antes, é ela que dá ao duplo sua utilidade específica. É por isso que o enfoque naquilo que é relacional permanece um ponto forte crucial na antropologia social; dentre outros motivos, devido ao desejo da antropologia de transitar entre relações conceituais e interpessoais e suas descrições da vida social. De minha parte, acredito que a antropologia, assim, atinge uma certa verdade sobre a socialidade que não poderia ser capturada de nenhuma outra forma.

Há, evidentemente, um relato a ser escrito sobre tudo isso – e não será este. (A "artefatualização" da "relação" é particularmente grosseira, mas talvez seja útil como estenografia).[4] Ao mesmo tempo, parte do relato talvez já tenha sido escrita – fato esse que esta coletânea, amparada no trabalho de muitos outros, pretende demonstrar.

---

4 No lugar de "ferramenta" [*tool*], do inglês antigo, o senso mais sonoro e certamente mais erudito de "equipamento" [*equipment*], de Rabinow (2003), com o qual me deparei, busca uma caixa de ferramentas continental de conceitos para os tempos modernos.

Parentesco, direito e o inesperado

Origens divididas

Por terem sido formulados em momentos diferentes, creio ser positivo explicitar as conexões entre os capítulos. Os antropólogos não são, evidentemente, os primeiros usuários da relação (a relação da antropologia) como uma ferramenta. Outros já se apossaram dela antes deles, e a Parte I ameaça atribuir um lugar especial ao seu desenvolvimento: a revolução científica – que teria, também, sido facilitada por tal relação. Dentre outras coisas que ajudei a produzir está o que ouso generalizar sob o nome de "relação da ciência", o terceiro duplo. Na verdade, o duplo que chamo de relação da antropologia não é a única fonte de modos divergentes de relacionar dentro da própria antropologia. A disciplina aproximou-se substancialmente da relação da ciência conforme seu desenvolvimento deu-se concomitantemente ao desenvolvimento de novas práticas de conhecimento – as quais, por sua vez, passaram a descrever o mundo de maneiras divergentes, como ecoa nas ansiedades das mães do norte de Londres e seus esforços em manter seus filhos tão naturais quanto possível.

Os três primeiros capítulos contêm uma nota de rodapé dentro de uma nota de rodapé, a saber, um comentário sobre o que Carsten (2004, p.165) chama de "percepção-chave [de Schneider] sobre a relação entre conhecimento científico e parentesco", como segue: quanto mais os (euro)americanos aprendem sobre fatos biológicos da procriação, mais bem informados sentem-se sobre os fatos do parentesco.[5] O pri-

---

5 Esse intrincamento entre ciência e parentesco faz uso, em vários momentos, da relação da antropologia.

meiro capítulo começa com uma discussão que poderia ter sido composta por muitos elementos, retirados de quaisquer lugares do mundo euroamericano. A intenção da combinação feita aqui é ilustrar os modos como as pessoas veem a ciência e, especialmente, a biotecnologia, afetando suas vidas. A discussão, pois, movimenta-se em um terreno familiar para um leitor euroamericano e abre as portas, de modo hospitaleiro, com uma suposição sobre quem somos *nós* e *nos*. Se isso soa por demais euroamericano, bem, essa língua euroamericana é falada em muitos lugares e os casos desse capítulo acontecem principalmente na Austrália – um país que há muito tempo se encontra na linha de frente no desenvolvimento de técnicas de reprodução assistida. Esse aspecto da biotecnologia é um importante material para suposições dominantes e amplamente propagadas pela mídia sobre o aumento do individualismo que a biotecnologia supostamente traz à tona.

Ao partir das preocupações das pessoas conforme relatado na imprensa e em outros lugares, o Capítulo 1 mostra algo do valor dado às escolhas e aos direitos das pessoas ao gerenciar suas vidas e como isso entra em concordância com seus conhecimentos sobre o que é inato e natural e o que são obrigações de hereditariedade e família. O conhecimento traz responsabilidades. Contudo, ao antropólogo interessa o não dito tanto quanto o dito. Grande parte dos relatos é recebida com um entendimento (positivista) dos indivíduos como entidades que precedem os relacionamentos – para uma era que se autoproclama individualista, a revelação da existência de relacionamentos pode ser surpreendente. A pessoa enquanto indivíduo revela-se a pessoa vista como um parente. Isso ocorre em dois *loci* distintos: na turbulência de arranjos familiares e

Parentesco, direito e o inesperado

nas obrigações procriativas que os parentes (recém) imaginam dever uns aos outros. Por fim, apresento argumentos acadêmicos que pressupõem o pensamento relacional. Estes últimos são particularmente instigantes e desafiadores pelo teor do debate a que remetem: a separação ou não entre a mãe grávida e o feto. O exemplo traz à tona o seguinte ponto: o conceito de relacionamento nos exige que pensemos sobre conexões e desconexões conjuntamente. O duplo chega até aí, sem maiores elaborações. Assim, o Capítulo 1 documenta uma arena cujo centro tem sido ocupado por famílias e seus parentes, conforme especialistas em assuntos éticos e administradores médicos delineiam linhas mestras para o desenvolvimento de novas tecnologias. Ao lado de relatos e reportagens australianas, materiais norte--americanos e britânicos apontam para como o direito e a biotecnologia trabalham juntos (um paralelo sobre seus efeitos e fabricações), enquanto o direito e o parentesco, frequentemente, não (noções de incorporações e pessoa distribuída são desconfortáveis à disciplina jurídica). Ao mesmo tempo, o primeiro capítulo apresenta amplamente a ciência (biotecnologia) onde a linguagem popular iria mesmo localizá-la – algo a ser despejado "dentro" da sociedade. O Capítulo 2 começa com discussões atuais (entre cientistas, formuladores de política pública e outros) sobre ciência e sociedade que desafiam essa posição. No entanto, esse capítulo conduz o desafio a uma direção inesperada, propondo-nos imaginar a ciência como já inserida na sociedade. Não obstante, há um segundo desafio. Foi o interesse prévio do antropólogo em relacionamentos e em uma abordagem relacional que me levou a incluir duas "surpresas" no primeiro capítulo. Tratemos primeiro a questão de como o "relacionalismo" pode estar incrustado na análise antropológica.

17

A antropologia social, inspirada pelo Iluminismo, é uma disciplina baseada na coleta de informações; a primeira tarefa é entender o papel das relações no modo (euroamericano) de fazer conhecimento. O Capítulo 2 embarca em um caso para desvendar o *status* especial das relações na epistemologia científica. Em outras palavras: é, obviamente, absurdo afirmar que a revolução científica tenha criado uma visão relacional do mundo; essa é, fundamentalmente, a condição do ser social. Mas, então, o que *foi* criado? Talvez alguém diga que "a relação" (e falo da relação da antropologia) tenha sido apropriada para fins específicos – no caso, *epistemológicos*. Isso aponta, claro, para algo além da tautologia – novas práticas de conhecimento cujas suposições sobre relacionamentos evidentemente tomaram novos rumos. Pois se é possível falar precisamente nesses termos, então aí está o tipo de contingência cultural que eu procurava: uma apropriação que conduz a um tipo específico – o científico – de fazer conhecimento.

De qualquer modo, o que emergiu foi o conhecimento com origens divididas ou divergentes, isto é, o conhecimento capaz de olhar para mais de uma fonte.[6] A verdade pode residir na persuasão de conceitos logicamente conectados a outros conceitos, ou na persuasão das pessoas que trazem consigo a garantia da experiência profissional; em ambos os casos, os sustentáculos são as relações. Voltaremos a isso no Capítulo 3. Até lá, o Capítulo 2 explora o duplo específico que nomeei *relação da ciência*.

A relação da ciência é exemplificada em uma alegoria usada também por Schneider, embora eu recorra a ela com uma fina-

---

6 Fosse isto uma história, ninguém hesitaria em procurar pelos numerosos antecedentes teológicos e eclesiásticos. Se eles existirem, talvez isto seja, então, uma reinvenção.

Parentesco, direito e o inesperado

lidade diferente. Refiro-me à distinção entre descoberta e invenção, entre desvelar relações que já estão lá (coimplicações) e fazer novas relações (conexões significativas).

Tal distinção oferece aos euroamericanos dois modos de atingir o conhecimento relacional: ao desvelar o que está na natureza e ao fazer novos conhecimentos por meio da cultura. Um par de contextos evidencia essa divergência – embora seja fortuito serem eles um par. Assim, o Capítulo 2 considera o modo como a relação da ciência moldou uma visão relacional dentro da própria disciplina da antropologia social. Também considera os ecos do relacionalismo científico nos relacionamentos de parentesco dos nativos (aqui, inglês). Em ambos os casos, é interessante notar a divisão entre modos de conhecimento sobre o mundo (ou sobre si, como parte ou não daquele mundo). Nos dos casos, as práticas do conhecimento científico parecem um modelo explícito para interpretar certos elementos. Em um terreno muito menos sólido, o argumento sobre uma ciência implícita ou incrustada na sociedade é feito de uma maneira completamente especulativa. No entanto, se estou compelida a correr riscos (de erro, de lógica e de outros tipos), uma ética nativa na epistemologia moderna está em meu encalço. Desvelar conexões e fazer conexões podem ambos ter a força de um imperativo moral; no primeiro caso, para explorar, preservar ou reconhecer o mundo como ele é; no segundo, como Wagner (1975) ressaltou há algum tempo, para fazer a vida humana funcionar como a vida social – o grande projeto de criar a sociedade. Natureza e cultura! O contraste figura como fundacional e, ao mesmo tempo, exige atenção. Ademais, quer em termos de verificação do conhecimento abstrato, quer pelos encargos pessoais que o conhecimento traz, o tema da responsabilidade perpassa toda a Parte I.

O Capítulo 2 é um tanto quanto generalizante. É a ênfase da ciência em modos específicos de conhecimento que sugere ser possível falar de um sistema de parentesco científico, do parentesco euroamericano como o parentesco de uma sociedade baseada no conhecimento. O Capítulo 3 visa a alguns detalhes (e torna-se restrito ao mundo anglófono); mais especificamente, arrisca justificar a direcionalidade atribuída por mim ao pensamento científico como um modelo possível para considerar aspectos do pensamento referente ao parentesco. Embora a travessura no Capítulo 2 — partir de ansiedades contemporâneas para ver ciência na sociedade — tenha sido intencional, o capítulo seguinte é mais sóbrio. (Peço ao leitor que perdoe o atentado ao argumento principal, via simplificação, que gera um excesso de notas de rodapé.) Com o pano de fundo da ciência natural como uma fonte de modos divergentes de conceituar relações, o capítulo trabalha um tema universal para a *relação da antropologia*: o duplo que não se ampara no binômio natureza/cultura. Na pior das hipóteses, o capítulo apresenta material cujas questões suscitadas serão, espera-se, duradoras — mesmo que o esforço para respondê-las se revele efêmero.

Seu impulso parte de uma "descoberta" antiga: os cruzamentos verbais que a língua inglesa permite fazer entre relações conceituais e interpessoais. Esse entrelaçamento foi meu primeiro passo na jornada iniciada nos anos 1990 (STRATHERN, 1995). Embora eu não estivesse ciente àquela época, Sahlins (1993, p.24-5) já havia chamado a atenção para a máxima de Locke, de que nós necessariamente conhecemos as coisas "relacionalmente", de acordo com suas dependências em relação a outras coisas; uma breve incursão ao modo como Locke deu concretude ao conceito é central nesse capítulo. Os

Parentesco, direito e o inesperado

modos divididos de relacionalidade que permeiam o Capítulo 2 fazem uma aparição na discussão sobre relações conceituais no Capítulo 3. A questão sobre se as entidades precedem a existência da relação ou se são criadas pela relação é outra maneira de fazer referência ao contraste entre pôr em prática o trabalho criativo da relação (invenção) ou desvendar sua condição prévia (descoberta). Não obstante, isso não esgota o interesse das relações conceituais; antes de tudo, elas podem ser revestidas de poder criativo ou generativo.

A centralidade de Locke no Capítulo 3 também foi estimulada por outros elementos: um terrível trocadilho que se ouvia não muito tempo atrás na corte norte-americana, sobre os pais serem aqueles que concebem mentalmente suas crianças. O papel desempenhado pelo conhecimento na percepção do parentesco contemporâneo (de novo, a direcionalidade é deliberada) torna-se dramático pelas discussões atuais, no contexto das novas tecnologias reprodutivas. Aqui, ele perpassa as questões apresentadas no segundo capítulo sobre a sensibilidade das informações pessoais, que interessam particularmente ao direito, e expande o trabalho de Dolgin e sua formulação sobre a genética familiar, mencionada no primeiro capítulo. A criatividade dos advogados e um comentário sobre as formas — lógicas e procriativas — de reprodução oferecem alguns contrastes com o final daquele capítulo, que se encerra com as reclamações de um advogado sobre as limitações do próprio direito.

A contingência cultural que importa aqui é a capacidade da antropologia de forjar uma disciplina a partir da relacionalidade. Pareço ter ziguezagueado entre esclarecimentos conceituais e instâncias concretas sem, no entanto, que um seja realmente equivalente ao outro. Mas mesmo essa incomensurabilidade é certeira. Tudo o que desejo frisar, como conclusão, é que os duplos aqui mencionados (conexão/desconexão, categórico/ interpessoal, dado/construído) que não pertencem a nenhuma lógica específica e parecem sintetizar assuntos tão diversos são ferramentas para compreender aspectos de um mundo. Tal mundo é conhecido de acordo com pontos de vista não apenas distintos, mas sobretudo divergentes – isto é, relacionados. Quaisquer divergências (e haverá outras) produzem "a relação".

A contingência é o ponto de virada ou de inflexão que nos conduz à Parte II. Os tipos de objeto que os euroamericanos fazem da relacionalidade são lá elucidados tendo em mente materiais melanésios, nos quais a relacionalidade é objetificada, reificada de outras maneiras. Apesar de toda a inventividade relacional que os euroamericanos vertem sobre seus sistemas de conhecimento; ou do trabalho em fazer a sociedade; ou da paixão no apelo de um juiz sobre a atenção dada pelos pais à sua relação com a criança; apesar de tudo isso, o direito não reconhece relacionamentos como sujeitos de direito. Apenas indivíduos (pessoas individuais) podem ser sujeitos de direito. Não seria tão absurdo dizer que, para os modos de pensamento melanésios, relacionamentos *são* equivalentes a sujeitos de direito, na medida em que estão corporificados em pessoas sujeitas a protocolos político-rituais e atenção pública.

Juntos, os capítulos da Parte I tecem comentários sobre uma apropriação especificamente euroamericana da capacidade de administrar, ao mesmo tempo, dois tipos de relação, dois modos de relacionar. Arrisquei-me, em seguida, a discriminar as divergências apresentadas pela relação da ciência e pela relação da antropologia. É claro que só podemos perceber esse processo refratado pelas próprias práticas de conhecimento

Parentesco, direito e o inesperado

construídas nele. Aqui, tornamo-nos particularmente cientes das operações criativas e produtivas – isto é, geradoras – sintetizadas pela relação da ciência. Portanto, e por exemplo, a diferença entre descoberta e invenção não é apenas uma distinção científica (ou, como veremos, jurídica); é, antes, um axioma para uma visão interessada no conhecimento sobre o mundo a qual estabelece relações entre o dado e o construído. Esse nexo relacional fundamental é replicado de maneiras similares – se não idênticas – em diversos campos, motivo pelo qual é tão difícil (apesar dos melhores esforços) desvencilhar-se de sua posição específica na natureza e na cultura, na biologia e na sociedade, a ponto de parecer que ele fala por tudo e todos, inclusive o parentesco. Altamente produtiva no avanço do conhecimento sobre o mundo e possibilitando o surgimento e o desenvolvimento, dentre outras disciplinas, da antropologia, permanece, no entanto, a situação de que cada *insight* (conhecimento) sobre essa relacionalidade também obscurece. Quanto mais generativo teoricamente – e, nesse caso, quanto mais criativo o sistema de pensamento –, mais o conhecimento deve insistir que há coisas para além de seu entendimento.

A antropologia social indicou alguns potenciais desse modo de pensamento conceitual ou categórico, ao passo que seu interesse em situações nas quais as pessoas lidam simultaneamente com relações interpessoais a arrasta em outras direções. É possível que o próprio gerenciamento das relações (conceituais e interpessoais) resista realmente fora do mundo euroamericano que a antropologia habita de modo nativo? Às vezes, ela mesma gosta de pensar que suas práticas também se originaram em outros lugares.

Marilyn Strathern

Agradecimentos

Sou grata a Christina Toren pelo estímulo, em 2001, na conferência *Children in their Places*, coordenada por Suzette Heald, Ian Robinson e Christina Toren, na Universidade Brunel; partes de ambas as introduções foram, para minha sorte, arejadas lá, no painel sob a rubrica "Children in an information age".

Capítulo 1
Parentes são sempre uma surpresa: biotecnologia em uma era de individualismo

Estamos vivendo uma era de intenso individualismo.

Margaret Somerville, sobre pesquisa com
células-tronco, em conversa com Peter Singer.
TV ABC Dateline, 16 de agosto de 2001.

Em que tipo de gente a biotecnologia está nos transformando? "Nós" somos nada mais, nada menos que os usuários dessa tecnologia, podemos estar em qualquer lugar, embora as questões subsequentes discutidas aqui reflitam aspirações e preocupações especificamente euroamericanas. Ao longo dos últimos vinte e cinco anos, a biotecnologia tem nos fornecido poderosos elementos para reflexão; desafios à maneira como nós, usuários, imaginamos a sociedade e como imaginamos nossas relações uns com os outros. A opinião pública, por exemplo, aferroa-se à ideia de que a nova genética está fazendo novos tipos de pessoas a partir de nós.[1] Alguns veem essas

---

1 "Opinião pública" é um conceito evasivo. Para uma tentativa europeia de acessar a opinião pública, conforme iniciada por antropólogos, ver

Marilyn Strathern

novas pessoas como ultraindivíduos. Mas a nova genética também fabrica novas conexões, e restam aí algumas surpresas – as pessoas descobrem-se relacionadas umas às outras de modos inesperados. Então, o tipo de pessoa em que estamos nos transformando depende, um pouco, do que já somos – e nem sempre somos exatamente o que parecemos ser.[2] Se essa é uma era de individualismo, como insistimos em dizer a nós mesmos, e a biotecnologia influencia nisso, então o que é, exatamente, isso que a biotecnologia influencia? Começarei com um caso.

Uma era de individualismo

Eis uma fatia da "vida comum" (segundo Edwards, 2000), ainda que as circunstâncias que a tornam pública não sejam nada comuns. Diz respeito a avó, avô e netas – duas meninas – e a frequência com que eles se encontram. O pai e a mãe das crianças se separaram logo após o nascimento da segunda menina, e o pai voltou a morar na casa de seus pais, de modo que os avós paternos viam muito as duas meninas.

Avós não são o tipo de parentes que se imagina frequentando tribunais.[3] Mas foi na condição de avós que o casal peticionou

---

Lundin e Ideland (1997). Pálsson e Haraardóttir (2002) analisaram as reações de jornais ao projeto biogenético islandês, de acordo com o primeiro projeto de lei do Banco de Dados do Setor de Saúde.

2 O leitor pode utilizar a terceira pessoa do plural para referir-se a qualquer pessoa cujos interesses a tenham trazido aos tópicos deste livro. No entanto, sermos definidos por conceitos compartilhados não significa que nossas perspectivas sejam idênticas.

3 O caso ocorreu nos Estados Unidos. Direitos de visita de qualquer um que não sejam os pais, incluindo-se aí os avós, têm sido assunto da legislação na maioria dos estados norte-americanos, o que faz que

Parentesco, direito e o inesperado

pelo direito de visita a suas netas (DOLGIN, 2002). Cerca de dezoito meses após a separação dos pais das meninas, o pai faleceu. Elas continuaram encontrando os pais de seu pai, até a mãe achar excessivo e desejar limitar os encontros e proibir visitas com pernoites. Foi o que levou os avós ao tribunal. O julgamento em primeira instância determinou que, embora fosse benéfico para as crianças passar tempo de qualidade com seus avós, ele deveria ser balanceado com o tempo gasto com a sua "família nuclear". O caso teve várias apelações (a mãe recorreu, e então os avós recorreram da reversão da decisão em primeira instância).

Na apelação final, a conclusão seguiu os preceitos do direito comum, de que o tribunal não deve interferir no direito de um responsável de criar sua prole do modo como deseja.[4] Invocou-se a "família nuclear", e os avós foram colocados fora dela. O Supremo Tribunal dos Estados Unidos (última instância de apelação) considerou "deficiente a decisão em primeira instân-

---

essa afirmação seja um pouco retórica de minha parte (DOLGIN, 2002, p.371). É sempre um risco selecionar casos particulares de uma suposta gama inteiriça de circunstâncias e consequências potenciais; deve-se estar ciente do lugar privilegiado que o litígio tem na vida doméstica dos Estados Unidos, bem como da natureza específica dos argumentos apresentados no contexto de um tribunal. No entanto, as duas principais fontes para este e para outros casos ocorridos nos Estados Unidos, Dolgin e Finkler, podem ser consultadas para uma visão panorâmica de um cenário mais amplo. Seus trabalhos possibilitam situar a solicitação dos avós em um contexto no qual há uma série de casos similares e dissimilares sendo simultaneamente julgados em tribunais.

4 Boa parte do caso teve a ver com o argumento constitucional sobre os limites da interferência do Estado na vida familiar. Dolgin relata uma situação confusa e conflituosa nos tribunais e entre os juízes.

Marilyn Strathern

cia que favoreceu uma família ampliada, porque essa escolha falhou em defender adequadamente uma mãe apta a decidir sobre os relacionamentos familiares de suas filhas" (DOLGIN, 2002, p.383). Apesar de considerações sobre a importância do apoio de membros extrafamiliares em situações nas quais há apenas um responsável pela criança – e estatísticas foram citadas pelos juízes nos tribunais de apelação (em 1996, 28% das crianças menores de dezoito anos viviam em lares com apenas um responsável [população desconhecida]) –, a decisão final foi a favor da mãe e de sua autoridade sobre as filhas. Isso não apenas significou que o desejo da mãe teve prevalência em relação ao dos avós, mas também que o direito individual da mãe em ser o tipo de responsável que ela desejava ser foi endossado.

Os juízes rejeitaram uma visão atomística da vida em família,[5] mas endossaram fortemente a determinação parental – no caso, materna. Muitos veem a "biotecnologia" fazendo isso que o direito fez.

Principalmente enquanto técnicas de reprodução assistida, os avanços na medicina reprodutiva ampliaram a liberdade de ação parental. A fertilização *in vitro* (FIV) e procedimentos a ela associados têm sido oferecidos em nome da família nuclear, possibilitando que os casais tenham as crianças que irão completá-la (ver, principalmente, Haimes, 1990; 1992); em nome de pais solteiros e mães solteiras, permitindo que tenham filhos sem uma parceira ou um parceiro; e em nome da escolha reprodutiva, reconhecendo o próprio desejo de ter filhos como

---

5 O individualismo segundo o qual membros são separadamente autônomos para perseguir suas próprias escolhas; veja o Capítulo 3 para uma breve referência aos argumentos de Dolgin sobre os tipos de família.

Parentesco, direito e o inesperado

um possível terreno para reivindicar a paternidade [*parentage*].
O tipo de paternidade presente no caso levado ao tribunal que
envolvia os avós vincula-se profundamente a arranjos sociais,
enquanto a biotecnologia diz respeito à biologia e às capacidades do corpo. O primeiro diz respeito a educar [*rearing*] as
crianças; o segundo, a concebê-las – cuidado [*nurture*] e natureza, ou, se preferir, o cuidado ajudado pelo direito e a natureza
ajudada pela tecnologia. Ambos, contudo, podem encorajar um
tipo de individualismo.

Esse individualismo pode envolver outras pessoas, mas é o
individualismo que se refere ao eu [*self*] como a fonte das tomadas de decisão e às virtudes da ação autônoma.[6] Determinação
parental é também autonomia parental. Sob alguns pontos de
vista, isso pode parecer egoísta. Na verdade, a nora interpreta
como egoístas os motivos de seu sogro e sua sogra. Para ela,
os avós pensavam em si mesmos antes de pensar em qualquer
outra pessoa e estariam tentando transformar as meninas em
algum tipo de substituto para seu falecido filho.

Acrescentando debate

O interessante em acrescentar biotecnologia a essas situações comuns, por assim dizer, é que se acrescenta também o

---

6 Isto é, o individualismo da escolha parental. Apesar de a escolha repousar sobre os tipos de relações que deseja-se ter com outros (pais
e filhos), a fonte da escolha é inerente aos desejos dos pais como
assuntos autônomos. Um juiz, no caso dos avós em Washington,
evocou o "direito fundamental" dos pais de "tomar decisões que
dizem respeito ao cuidado, à custódia e ao controle de seus filhos"
(citado em Dolgin, 2002, p.390).

29

Marilyn Strathern

debate. O debate tornou-se parte do meio social em constante mudança no qual a nova genética se encontra (FRANKLIN, 2001b, p.337). Um médico, ao falar sobre o décimo terceiro bebê do mundo concebido via FIV, nascido em Victoria, Austrália, que havia acabado de completar vinte e um anos, disse:

As questões também mudaram. Há vinte e um anos, os médicos concentravam-se nas matinais corridas apressadas das mulheres ao hospital para coletar óvulos. Agora, debatem os dilemas éticos e morais de pesquisas com células-tronco e os direitos de mulheres solteiras à FIV. (*The Age*, Melbourne, 24 de julho de 2002)

Devido à visibilidade das "novas" técnicas e aos problemas que elas apresentam para os processos de tomada de decisão, pouco permanece inquestionável. Com efeito, a mídia constantemente chama a atenção para as circunstâncias sob as quais as pessoas escolhem intervenções reprodutivas, uma vez que esses casos parecem testar a validade não só desse tipo específico de tecnologia, mas, às vezes (aparentemente), de toda a tecnologia.

Dentre outras coisas, a biotecnologia tem nos transformado em pessoas que não se surpreendem se assuntos médicos íntimos, que dizem respeito a terceiros, são debatidos em público; e em pessoas que, em um segmento fortemente dependente da habilidade do médico ou do cientista, veem a necessidade de ponderar valores diferentes, aproximando moralidades públicas e privadas. Afinal, "mesmo que alguém considere uma união como um assunto privado, sem precisar de papéis [de registro], o nascimento de uma criança sempre é um evento

Parentesco, direito e o inesperado

público" (SEGALEN, 2001, p.259). O papel do perito aqui torna tudo ainda mais complexo.

Não se trata de um mero caso da ciência enquanto produtora de dilemas para a sociedade resolver; a biotecnologia tornou-se uma arena na qual a sociedade responde (NOWOTNY; SCOTT; GIBBONS, 2001; cf. Franklin, 2001b) e na qual o público se interessa pelas pautas dos especialistas, incluindo seus temas de pesquisa. Evidentemente, os cientistas não são os únicos peritos no campo; a biotecnologia nos torna também pessoas que ouvem especialistas em ética, filósofos e advogados. E isso não apenas porque suas intervenções afetam a vida dos indivíduos a ponto de as pessoas terem que tomar decisões difíceis; mas também devido àquilo que, frequentemente, torna essas decisões difíceis. Isso inclui o fato importante de imaginarmos que essas intervenções afetarão o tipo de pessoas que somos[7] – por exemplo, como escolhemos "ser humanos". O que é notável no campo da biotecnologia é que essa questão não tem a ver, aparentemente, com violência excessiva, ganância ou violação de direitos; mas, sim, com aplicações que podem conduzir ao avanço da medicina. Na verdade, violência, ganância e violação têm aparecido no desenvolvimento da biotecnologia, mas como o inverso daquilo que nos garantem que certamente serão benefícios, tanto em termos de tratamentos médicos como em termos de manter-se na linha de frente da pesquisa. O que emergiu como uma questão contenciosa, desde o início (ao menos no Reino Unido,

---

7 Não apenas no sentido geral de que tudo que se faz contribui para o que se é, mas por causa da natureza carregada das técnicas relacionadas à reprodução e ao cuidado nos primeiros anos de vida (ver Alderson, 2002).

com o Relatório Warnock, em 1985 [WARNOCK, 1985]), qual seja, a questão dos limites e de onde estabelecê-los, permanece presente.

Em um registro menor, se os euroamericanos não fazem a pergunta (em que tipo de pessoas estamos nos transformando?) sobre a humanidade, então poderiam perguntar sobre a sociedade; que consequências as decisões das pessoas têm para o tipo de sociedade na qual gostariam de viver? Aqui, interesses individuais emergem como questões contenciosas. Técnicas que foram calorosamente recebidas para resolver problemas de potenciais famílias nucleares podem ser vistas como suspeitas se têm como resultado final mais famílias com pais solteiros ou mães solteiras. Não obstante o desejo de ter um bebê ser considerado completamente natural, o desejo de ter um filho de um jeito específico ou para um propósito específico pode ser visto negativamente, como um exemplo de egoísmo parental.[8] É improvável que considerações sobre as consequências para a Humanidade ou para a Sociedade estejam, para os mais envolvidos, entre as tarefas mais difíceis; no entanto, disseminados pelo fervor da imprensa que coloca constantemente os casos sob os olhos do público, para todas as outras pessoas é, sim, difícil *pensar* no fenômeno.

O ano de 2002 trouxe a história de um casal surdo que intencionalmente teve um bebê surdo para corresponder à sua própria condição; foi o segundo bebê do casal, quando o

---

8 Procedimentos no Reino Unido para obtenção de consentimento da mulher para uso de seu tecido fetal (para pesquisa, após um aborto) explicitamente precaviam a mulher de fazer qualquer declaração de como ela preferiria que o tecido fosse utilizado (ver Nuffield, 2000, p.9).

Parentesco, direito e o inesperado

primeiro tinha quatro anos de idade. Isso aconteceu por meio de doação de esperma e não foi preciso envolver nenhuma "biotecnologia", mas a história cabe perfeitamente no gênero de histórias sobre "manipulação genética". Também era sobre parentalidade de pessoas do mesmo sexo, porque ambas as parceiras eram mulheres. "Bebês, modelados para serem surdos" [Babies, deaf by design] foi uma manchete na qual ecoava o debate sobre bebês modelados, criados pela nova genética (The Australian, 16 de abril de 2002).[9] "Ser surdo [de nascença] é apenas um modo de vida. Nós nos sentimos completas como pessoas surdas e queremos compartilhar os aspectos maravilhosos da comunidade surda."

Ao comentar essas palavras, de uma delas, o repórter do The Australian observou que as mães modificaram a surdez: de deficiência para diferença cultural. Sua decisão, portanto, destacava o enigma da escolha autônoma. O que foi planejado pelo casal como perfeição era, para os outros, um projeto de deficiência. Perceba-se que o projeto de perfeição, para o casal, não era se reproduzir – o que dependeria de caprichos da recombinação genética –, mas, sim, criar crianças que replicassem sua característica *eletiva* compartilhada: a surdez. Era essa a única característica que queriam ver em seu filho ou filha. Elas de-

---

9 Um tema central nas discussões gerais sobre técnicas de reprodução assistida que acompanhou os argumentos australianos sobre pesquisas com células-tronco em 2001. O monitoramento de doença e deficiência, por exemplo, por meio de diagnóstico (genético) de pré-implantação é outro tema. O especialista em ética Savulescu, entrevistado pelo The Age, em 19 de junho de 2002, comentou que muitos genes não têm nada a ver com as doenças – e, no entanto, são as doenças que frequentemente justificam o avanço nas pesquisas gênicas.

Marilyn Strathern

clararam sentir que poderiam cuidar com mais compreensão de uma criança surda do que de uma criança com audição normal. O casal foi retratado como egoísta por não pensar na criança. Ao mesmo tempo que elas destacavam o senso de pertencimento e do compartilhar vinculados a ser membro da "comunidade surda", o jornal destacava o fato de que os surdos são excluídos da sociedade convencional. "Mais cedo ou mais tarde, essas crianças terão que encarar o mundo da audição", observava o jornalista que descreveu o imenso sistema técnico que as amparava e as auxiliava na comunicação (por telefone, por exemplo). Interesses em comum ao mesmo tempo uniam e dividiam, e a sociedade convencional tem interesse suficiente nessas crianças para manifestar julgamentos fortemente avaliativos das decisões parentais.

O caso, ocorrido em Maryland (Estados Unidos), foi relatado na imprensa australiana tanto quanto o foi ao redor do mundo. A questão levantada para o público – como pensar a decisão das mães? – é, aparentemente, onipresente. Embora esses tipos de questões sejam debatidos tendo em mente questões locais, e muito embora os regimes regulatórios sejam diferentes, elas repercutem em tons parecidos. Os dilemas viajam acompanhando a tecnologia, isto é, os debates afloram de formas surpreendentemente similares em contextos muito diferentes.[10] Afirmo isso tendo em mente o trabalho de Bonaccorso (2000),

---

10 Discussões públicas sobre maternidade de substituição nos anos 1990 são um caso emblemático. O Reino Unido distinguiu-se dos Estados Unidos no que concerne à proibição da comercialização, embora a variação da opinião pública nessa questão (mercantilismo) tenha sido quase idêntica em ambos os lados do Atlântico. (Sendo a comercialização "não britânica", o *Sunday Age* [9 de junho de 2002]

Parentesco, direito e o inesperado

que, baseado em seu estudo sobre tentativas de casais de criar famílias por meio de reprodução assistida, chegou à mesma conclusão sobre as práticas italianas. Procedimentos de litígio podem diferir, mas o modo como os valores são ponderados e tendem a favorecer certos tipos de arranjos familiares parece muito familiar, no meio de um consenso geral sobre as causas tanto da congratulação como da perturbação.

Ora, o empenho do casal surdo pode conduzir à oposição entre a escolha individual e os valores públicos mais comuns. Contudo, prefiro formular da seguinte maneira: vemos uma interação entre o que são, na verdade, dois conjuntos de valores públicos — os quais, por sua vez, podem ser harmoniosos ou dissonantes. De um lado, a autonomia e o individualismo por ela promovido; de outro, o altruísmo e os interesses em comum.[11] Ambos os valores inscrevem-se nas reações públicas à biotecnologia; ambos podem tomar rumos positivos ou negativos.

Interesses compartilhados e individuais

A título de exemplo, enfoco brevemente questões concernentes à composição genética. O imaginário ocidental (euroamericano) rotineiramente representa a individualidade por

---

citou um especialista em ética para quem o pagamento das doadoras de fertilização *in vitro* por seus óvulos seria não australiano.)

11 Tal antinomia faz parte de uma persistente configuração euroamericana (sobre as diversas inflexões euroamericanas do altruísmo, ver Strathern, 1992b, capítulo 6). Não uso a palavra "altruísmo" em seu sentido evolutivo da psicologia, sobre o modo como os outros são inscritos em projetos individuais para sobrevivência, mas, sim, em termos da capacidade de se colocar no lugar do outro e, portanto, colocar-se sob uma noção mais ampla de sensibilidade social.

Marilyn Strathern

meio dos corpos únicos e singulares das pessoas, ressonante na compreensão dos modelos genéticos únicos. Ninguém tem a mesma exata combinação de genes, à exceção de gêmeos idênticos. A percepção da individualidade e o valor do individualismo caminham juntos, e a relevância da singularidade da combinação de genes é repetida à exaustão – uma descoberta do século XX tão facilmente absorta em noções preexistentes sobre individualidade que é, dentre outras coisas, a possibilidade de comprometer essa singularidade que faz da clonagem algo tão ameaçador.[12]

A singularidade corporal é tanto um signo quanto um símbolo euroamericano de autonomia e respeito pela pessoa como indivíduo (para uma discussão recente, ver Davies e Naffine, 2001; James e Palmer, 2002). Realmente, a própria integridade do corpo é o sujeito de direito. Por conseguinte, muito do atual questionamento sobre as células-tronco embrionárias evoca uma angústia anterior sobre pesquisas com embriões. Paradoxalmente, a biotecnologia, que, sob os olhos de alguns, destrói seres individuais, também se torna o mesmo veículo

---

12 Mas não se deve exagerar quanto ao caso. Em uma consulta, no Reino Unido (HGAC, 1998), sobre questões envolvendo a clonagem, enfáticos 80% disseram "não" à ideia de que a criação de um clone de um ser humano seria eticamente aceitável. Os mesmos entrevistados ficaram divididos diante da questão "Até que ponto uma pessoa pode ter direito a uma identidade genética individual?": 41% pensam ter esse direito, enquanto 50% levantaram a questão do caso de gêmeos idênticos, argumentando que a identidade é sempre mais do que genética (o contexto é, obviamente, importante). Savill (2002, p.44) indica, com efeito, observações legais sobre como o genótipo distintivo de um feto confere-lhe individualidade mesmo ele estando no ventre da mãe.

Parentesco, direito e o inesperado

por meio do qual a própria "individualidade" das características embrionárias se evidencia. E é o caráter intervencionista
da biotecnologia que nos leva a formular obrigações: como
tratar os outros.[13] Aqui, o embrião pode ser retratado como um
membro frágil e vulnerável da espécie que precisa de proteção
especial.

A individualidade da composição de uma pessoa também é
tornada visível por meio de seu perfil de provável saúde, com
uma qualificação interessante. O fato de o diagnóstico genético
oferecer a possibilidade de alguém ser capaz de dar sentido ao seu
próprio genoma tem, ao mesmo tempo, estimulado um aumento
do interesse no papel da hereditariedade – o que se herda dos
outros – na transmissão de doenças. Não obstante, é o que está
reunido em seu genoma individual que importará ao paciente, o
que pode ser visto tanto como positivo quanto como negativo. O
Capítulo 3 aborda o impulso das pessoas em procurar parentes
para além de suas famílias nucleares a fim de recuperar informações sobre si mesmos e suas perspectivas médicas. Também há
evidências, majoritariamente dos Estados Unidos (DOLGIN,
2000; FINKLER, 2000), que sugerem que algumas pessoas

---

13 Como contraponto, nascido de crenças acerca do determinismo
genético, à visão de que haverá um declínio na responsabilidade
pessoal pelos comportamentos e até "a perda do individualismo",
anunciado pelo filósofo social Fukuyama (*The Australian*, 27 de maio
de 2002). A biotecnologia nos faz pensar mais acerca dessas questões, conquanto não se deve desprezar quem despreza outros (como
o pesquisador que, a propósito de um debate sobre a patenteação de
material genético humano, referiu-se de maneira a menosprezar a
"ética e outras preocupações irrelevantes" (apud Nelkin e Andrews,
1998, p.55).

Marilyn Strathern

rastreiam parentes apenas para obter esse tipo de informação vital, deixando um pouco de lado as possibilidades de começar relacionamentos com eles.[14] Isso cria "famílias genéticas" (a expressão é de Dolgin), cujos membros são, antes de mais nada, ligados por meio das informações que cada um de seus corpos carrega sobre o outro. O individualismo aflora na medida em que esses laços genéticos podem ser desarticulados – desprovidos – de laços sociais.[15] Por outro lado, é claro, os genes não são de modo algum únicos. Novamente, encontramos tanto valores positivos como negativos. As combinações podem ser únicas, mas os genes, em si, são réplicas. As pessoas compartilham a mesma gama com todas as outras pessoas do planeta, e os mesmos mecanismos genéticos básicos com todos os seres vivos – ainda que compartilhem da composição genética encontrada em milhões de corpos humanos construídos de maneiras similares, quase, mas não exatamente, idênticos uns aos outros. Independentemente do intervalo de tempo em que isso tenha sido verdade, é a biotecnologia que leva as pessoas a fazer declarações sobre a solidariedade genética. A hereditariedade se torna herança, e o apelo é feito à macrocomunidade por ela criada:

---

14 Não se subestime a necessidade aqui: Finkler (2000, p.122-6) conta-nos sobre a angústia causada pelo fato de as pessoas não descobrirem cedo o suficiente do que padeceram seus parentes mais próximos.

15 No entanto, a privacidade do indivíduo no que diz respeito a seu histórico médico ou informação genética (central para o interesse de Dolgin nas "famílias gênicas") é rompida pela necessidade que outras pessoas da família podem manifestar por essas informações, como ilustra o Capítulo 3.

Parentesco, direito e o inesperado

O conceito de solidariedade e altruísmo genético pode ser resumido da seguinte maneira: nós todos compartilhamos do mesmo genoma humano básico, embora existam variações individuais que nos distinguem de outras pessoas. A maioria de nossas características genéticas estará presente nos outros. Esse compartilhamento de nossa constituição genética não apenas cria oportunidades para ajudar os outros, mas também sublinha nossos interesses comuns pelos frutos da pesquisa em genética médica. (HGC, 2002, p.38)

O que vem à mente são objeções aos "genes patenteados" (DNA) que, como alguns argumentam, colocam recursos comuns (de todos) em mãos privadas.[16] O argumento esteve presente com respeito à decodificação do genoma humano e o espectro da patenteação, uma corrida impulsionada por visões da propriedade pública contra a privada, de interesses comuns da humanidade contra a acumulação de capital por poucos. Há, na verdade, duas posições muito diferentes aqui. Ser membro da espécie humana confere pertencimento, uma adesão comum que estimula um senso de identidade em relação a outros seres humanos. A noção de interesses comuns, no entanto, começa a

---

16 Algo como uma história das reações públicas é feita por Radick (2002); o Conselho Nuffield sobre Bioética (p.22), do Reino Unido, inclui uma breve discussão sob a rubrica "Genes como propriedade pública". O juiz Michael Kirby, da Alta Corte australiana e membro do Comitê Internacional de Bioética, recorre a um simpósio internacional convocado especialmente pela Unesco, em 2001, para considerar propriedade intelectual e o genoma humano; isso estava no contexto da preocupação de que os resultados do sequenciamento do genoma deveriam ser de livre acesso para a comunidade científica em geral.

Marilyn Strathern

levantar questões de posse de um tipo de quase propriedade.[17] Isto é, ainda que as características de uma humanidade comum possam ser levadas a produzir recursos, há alguma competição acerca de quem deveria usufruir de seus frutos: quais deficiências devem ser tratadas, quem deve ter acesso à informação produzida, quem deve se beneficiar do desenvolvimento dos produtos farmacêuticos. Também fica mais evidente o que está implícito no modelo de humanidade comum, que um senso de inclusão em um nível (todos nós temos [mais ou menos] o mesmo genoma) corresponde a uma exclusão em outro (outras espécies ficam de fora).

Agora, o caso da hereditariedade diz respeito a pessoas lidando com as consequências da descoberta de conexões genéticas, enquanto o caso da herança remonta a justificações abstratas para um comportamento ético. Apesar dessas diferenças, sugiro que ambos impulsionam atitudes amplamente familiares nas imagens de "família nuclear" do Ocidente (euroamericano). Frente a isso, nada poderia parecer mais distante do que uma rede de parentes na qual os laços são tratados de modo instrumental (as chamadas famílias genéticas), em que apenas as menores unidades se unem para formar famílias (nucleares), e o corpo inclusivo dos seres humanos forma uma

---

17 E o pertencimento começa a parecer uma espécie de recurso. Assim, pode-se referir à herança genética com o ambíguo duplo sentido do termo "propriedade" em inglês, como em "propriedade comum da humanidade". Para um argumento mais explicitamente favorável à "conversão em propriedade" [*propertisation*], por exemplo, de recursos genéticos, ver Laurie (2002, capítulo 6). Helmreich (2002) faz um interessante comentário sobre a noção de conjunto genético como recurso de exploração.

Parentesco, direito e o inesperado

unidade[18] em um nível fundamental no qual não se deve interferir. Não obstante, mude um pouco a perspectiva e, se a família exclusiva aparece como um indivíduo em grande escala, então a comunidade da humanidade – sob esse ponto de vista, internamente não diferenciada – surge como uma família exclusiva em grande escala. Quer não contem os parentes próximos – como no caso dos avós em Washington –, quer a proteção se estenda apenas à noção do que compartilhamos com outros seres humanos, a família cuida de si mesma.

Uma das influências que a biotecnologia exerce sobre a imaginação diz respeito ao seu poder de intervir em realidades que já desempenham um papel no modo como as pessoas pensam si mesmas. Hereditariedade ou herança, em assuntos humanos, e em contextos mais estreitos ou mais amplos, pode-se pensar em genes. E as imagens-limite da "família" fazem seu trabalho duas vezes. Ao mesmo tempo, esse imaginário específico é altamente seletivo. Há muitas outras coisas que sabemos sobre famílias. Portanto, não presumamos o que elas são; recuemos uma segunda vez para retornarmos à família comum com a qual já nos encontramos.

Famílias recombinantes

Eis uma surpresa. Os avós em Washington que peticionaram por direitos de visitação descobriram que os tribunais

---

18 A Declaração Universal sobre a Diversidade Cultural da Unesco, em 2001, refere-se à "unidade da humanidade" e à diversidade cultural como "uma herança comum da humanidade". Quando esse lugar, o da herança da humanidade, é ocupado pelo genoma humano (Declaração Universal do Genoma Humano e dos Direitos Humanos, 1997), acrescenta-se a referência à família ("a unidade fundamental de todos os membros da família humana").

41

Marilyn Strathern

atribuem um peso diferente à família nuclear. Mas o que era essa família nuclear?[19] Quando da primeira audiência, a mãe já estava casada pela segunda vez. O lar onde as meninas então viviam incluía a mãe, seu novo marido – que logo as adotou –, um filho do novo casamento, três crianças de um casamento anterior da mãe e duas crianças do antigo casamento do atual marido: ao todo, uma prole de oito crianças, embora nenhum dos casais tenha tido mais do que duas ou três junto. Com efeito, Simpson, um antropólogo britânico, ao observar arranjos similares no Reino Unido, faz o trocadilho de que as constelações resultantes produzem famílias muito mais "difusas" do que "nucleares".[20]

Simpson (1994; 1998) estava comentando sobre um fenômeno que aparece em muitos arranjos posteriores ao divórcio na Grã-Bretanha. Não parece haver, de imediato, nada de desfavorável nesses arranjos familiares – arranjos semelhantes podem ser encontrados em diversas épocas e lugares, como no exemplo francês, dado por Segalen (2001, p.262-3), de

---

19 Vale a pena observar inteiramente a decisão judicial – a deliberação oral, não a escrita – da Suprema Corte de Washington, que primeiro julgou o caso. "As crianças beneficiar-se-iam em passar mais tempo de qualidade com os peticionados [os avós], desde que o tempo seja balanceado com o tempo passado com a família nuclear das crianças. A corte entende que os melhores interesses das crianças são atendidos ao passar tempo com sua mãe e com os outros seis filhos de seu padrasto" (apud Dolgin, 2002, p.375, incluindo os colchetes). A Suprema Corte dos Estados Unidos, com suas próprias razões para valorar a família nuclear (relacionada à autoridade da mãe sobre as crianças), apresentou a queixa de que o julgamento da corte em nível estadual favorecera uma família ampliada.

20 No original, *"Families that are 'unclear' rather than 'nuclear'"*. (N. T.)

Parentesco, direito e o inesperado

divórcios consecutivos em três gerações – com a exceção de não se encaixarem no modelo de "família" que temos considerado. Eles não são mais restritos nem mais amplos; não possuem fronteiras claras. Antes, unidades originárias de outras famílias se uniram para formar uma nova. A surpresa reside em ver o que acontece: a dissolução leva, frequentemente, à recombinação (cf. Bell, 2001, p.386).

O pano de fundo é bastante familiar. A Grã-Bretanha possui a taxa mais alta de divórcios em toda a Europa;[21] com mais de metade dos casais divorciados em 1990 tendo um filho ou filha de até dezesseis anos, o índice pode agora ter atingido um nível de estabilidade – com, no entanto, um configuração particular. Apesar dos rompimentos, tanto a família como o casamento continuam populares (um em cada três casamentos é um recasamento) (SIMPSON, 1998, p.viii). Esse mesmo cenário também ocorre na Austrália (grosso modo, um terço de todos os casamentos consiste em um recasamento).[22] "Dez

---

21 As imagens de Simpson aqui vêm de *U.K. Marriage and Divorce Statistics 1990, 1994, 1997, 1998* e *Social Trends 1994*. Sobre a década 1990-2000: um divórcio para cada dois casamentos; muitas pessoas se divorciando até três anos após o casamento. Na Austrália, o ano de 2001 aponta que mais de um terço das pessoas que recasaram tem filhos de um casamento anterior, embora deva-se dizer, no que concerne à popularidade do casamento, a longo prazo há um declínio gradual na taxa bruta de casamento (números *per capita*) (Australian Bureau of Statistics, 2002). Também relata-se o aumento das uniões estáveis.

22 De acordo com o *Sun Herald* de Sydney (23 de janeiro de 2000), as estatísticas vêm de *Australia Now, a Statistical Profile* (Australian Bureau of Statistics), *Household and Family Projections* (ABS), *Births, Australia, 1998* (ABS), o *Andrews Report*, House of Representatives Standing Committee on Legal and Constitutional Affairs, 1998.

coisas que você não sabia sobre as famílias australianas" é como o *Sun Herald* (Sydney, 23 de janeiro de 2000) anunciou uma série de estatísticas referentes aos anos de 1996 a 1998, com a intenção de surpreender ao mostrar quão tradicionais persistem os arranjos familiares australianos *e*, ao mesmo tempo, quão propensos a mudanças eles são. As mudanças concentram-se, por exemplo, na direção do aumento das taxas de divórcio (40% de todos casamentos após os 30 anos, beirando a taxa de 50% do Reino Unido) e no aumento da idade em que as mulheres viram mães; não obstante, a tradição é evidente no fato de que a maioria das crianças nasce com seus pais casados (70%) e que mais de 70% das crianças menores de dezoito anos que moram com os pais vivem em uma família nuclear (mamãe, papai e as filhas e os filhos que eles tiveram juntos).[23] No entanto, um senso de mudança é introduzido pela *projeção* de que 30% das crianças com menos de quatro anos estarão vivendo em famílias de pai solteiro ou mãe solteira até 2021 (a taxa atual é de 20%, dos quais a maioria são famílias de mães solteiras). O tradicional e o não tradicional existem lado a lado.

Não é novidade observar que o valor atribuído a casamentos e famílias está maior do que nunca; *como* eles são compostos

---

23 Uma imagem de certa forma correspondente a essa é citada por Dolgin (2002, p.344); a proporção de crianças vivendo com "pai e mãe biológicos" nos Estado Unidos é de 50%. Não se trata aqui de uma comparação propriamente estatística ou demográfica, e tampouco desejo superestimar essas imagens. Uma ampla variação nas práticas das pessoas, tanto em termos de extensão como de porcentagem, encontra-se ao lado de avaliações e questionamentos muito similares sobre a natureza da vida familiar e as tendências futuras.

Parentesco, direito e o inesperado

é outra história. Na Austrália, uma alta proporção de crianças vive com o pai e a mãe "biológicos", mas também há muitas que vivem com apenas um dos dois, quer numa família de pai solteiro ou mãe solteira, quer numa família recomposta. "Recomposta" é o termo que Segalen (2001, p.259) utiliza para famílias que, como no caso em Washington, são formadas após o rompimento das famílias anteriores.[24] O alto índice de divórcios atualmente traz à tona essas famílias recompostas e as torna visíveis. "O divórcio é o ponto no qual o casamento está oficialmente dissolvido, mas é também o ponto em que princípios, pressupostos [e] valores [...] acerca do casamento, da família e da parentalidade tornam-se explícitos" (SIMPSON, 1998, p.27). Com efeito, Simpson sugere que a novidade é até que ponto essas recomposições passam a fazer parte do tecido da sociedade. Os casamentos podem se dissolver e muitos lamentariam o índice que a dissolução atingiu, mas as famílias se reconstituem. Pegando-nos desprevenidos, por assim dizer, há uma nova realização de modos de organizar os relacionamentos.

Inseridos nessas circunstâncias ordinárias estão indicadores do que também é interessante sobre a biotecnologia. Ela se

---

24 Seu material documenta a nova proeminência dos avós na França. Ser avó ou avô tornou-se parte da rede de relações, dando amparo crucial a arranjos geralmente fluidos, ao mesmo tempo que o avô e a avó estão perdendo seus lugares de extensões óbvias do pai ou da mãe. A autora pergunta: onde repousam as obrigações dos avós quando netos e netas vão visitar com seus meios-irmãos, meias-irmãs ou irmãos postiços? Um em cada três casamentos na França termina em divórcio. Quando pais e mães solteiras constroem novos lares, invariavelmente é o homem que adentra a casa de uma mulher separada ou divorciada.

Marilyn Strathern

tornou parte do tecido social: "A TRA [tecnologia de reprodução assistida] é, atualmente, parte integrante da sociedade", para citar uma observação proveniente da Austrália ocidental (CUMMINS, 2002). O que tem emergido furtivamente é um mundo no qual, por exemplo, a ideia de repor partes perdidas de corpos – ou mesmo os corpos de pessoas falecidas – não está muito distante do conhecimento de técnicas de transplantes de órgãos ou de pedidos reivindicando o material reprodutivo de um cônjuge falecido. Procedimentos de concepção assistida que oferecem um remédio para pessoas incapazes de conceber filhos também encorajam outras pessoas a organizar carreiras com a expectativa de uma paternidade tardia. Obviamente nessa área (da concepção assistida) – mas também quando membros de uma família precisam tomar decisões que dizem respeito a outro membro, por exemplo, sobre prolongar a vida no nascimento ou na morte –, a biotecnologia tornou-se um fator no modo como as pessoas lidam com suas vidas. Ela acrescenta seu próprio campo de recombinações ao que é necessário para conceber filhos. E é, parcialmente, o quanto as aplicações da biotecnologia interferiram, por sua vez, na formação de famílias, que nos deu famílias recompostas. De sua perspectiva francesa, Segalen escreve:

> [Ao adotar] novas disposições jurídicas que refletem as novas atitudes diante do casamento e também ecoam o desenvolvimento das biotecnologias desde os anos 1970, os juristas desarticularam casamento e filiação [a relação reconhecida de sucessão entre pais e filhos]. Mais crianças [...] desfrutam dos benefícios de uma presença paterna, embora o pai [não seja o que parece] [...]. O pai, de acordo com o Código Napoleônico, foi o homem

Parentesco, direito e o inesperado

que deu seus genes, deu seu nome e, cotidianamente, criou o filho em sua casa. Esses três componentes de filiação foram dissociados nas famílias recompostas. (SEGALEN, 2001, p.259)[25]

Os juristas podem ter dissociado casamento e filiação, mas, conforme as pessoas dizem a si mesmas, a tecnologia reprodutiva já dissociou filiação e concepção. Se você olhar para a família nuclear comum, você pode muito bem descobrir que os genitores foram ajudados por um doador. O que acontece, então, em famílias legalmente recompostas por meio de divórcio e adoção também acontece na parentalidade biotecnológica, ao menos na medida em que os componentes férteis para constituir uma criança podem ser retirados de diversas fontes, de diversos corpos.

Podemos supor que famílias compostas por outras famílias, com filhas ou filhos já concebidos, seriam amplamente distintas das famílias que procuram aumentar por meio da doação de gametas ou da fertilização *in vitro*. Mas ambos os tipos de recomposição podem aparecer de maneira combinada. Novamente, o divórcio ou a separação torna essa combinação visível, e em seguida aos rompimentos ouvimos muito sobre a disputa do direito de dispor dos embriões congelados, por exemplo.[26] Esse é o momento em que as combinações devem

---

25 (E colocam problemas para outros direitos, como o de herança de propriedade.) Este tipo de comentário foi feito diversas vezes e, notoriamente, em relação à maternidade; note-se que, em seu relato, Segalen enfatiza não a fragmentação, mas, sim, a recomposição.

26 Ver, por exemplo, Dolgin (2000, p.537). Esta foi uma ação de divórcio pelo direito do estado de filiação das gêmeas concebidas por doação de óvulo; o "pai biológico" solicitou custódia exclusiva por

Marilyn Strathern

ser desenredadas.[27] A título de ilustração, o julgamento no caso da petição dos avós em Washington foi subsequentemente citado em um caso, em Rhode Island, que envolvia um casal de pessoas do mesmo sexo que tinha se separado, e um dos ex--cônjuges requereu direito de visita em relação a uma criança nascida de sua parceira por meio de inseminação artificial que ela ajudara a organizar (DOLGIN, 2002, p.402-4). O que pesou para os juízes foi o "relacionamento de tipo parental" que ela tivera com a criança durante os quatro anos em que viveram juntas, ainda que, uma vez conquistados os privilégios de visita, seu pedido acerca da ascendência tenha sido denegado. Nesse caso, a autoridade da "mãe biológica" da criança teve que ser balanceada com os interesses da outra parceira, que reivindicava direitos à coparentalidade.

Uma complexa gama de possibilidades é fornecida não só pelo direito, portanto, mas também pela biotecnologia. Com efeito, e de acordo com o uso de "recombinante" por Franklin (2003, p.81) como um epíteto para certos tipos de relações conceituais, podemos mais uma vez tomar emprestada a me-

---

ser a única pessoa geneticamente aparentada às gêmeas (um argumento rejeitado pelo tribunal, que considerou a receptora do óvulo e aspirante a mãe como a "mãe natural", responsável pela custódia, tendo o marido a possibilidade de solicitar direito de visita).

27 Deste ponto de vista, pode-se olhar para o caso envolvendo divórcio entre futuros pais de uma criança concebida *in vitro*, esboçado no Capítulo 3. Nesse caso, o tribunal, diante de pelo menos seis pais e mães em potencial, sendo que apenas um deles requereu filiação ou custódia, concluiu que a criança não tinha ascendência. A combinação de relacionamentos que produziu o bebê desmoronou completamente. No entanto, o veredito inverteu-se na apelação e alguns dos elementos foram postos em combinação novamente.

táfora: essas famílias não são nada se não recombinantes." Seria valer-se de uma noção elementar referente a um processo celular complexo, a saber, que as técnicas envolvendo recombinação de DNA eram, ao menos no início, descritas como permissivas à "combinação de informações genéticas de organismos muito diferentes" (BERG et al., 2002, p.320). A habilidade dos biólogos de "clivar [*to splice*] e recombinar DNAs diferentes" data de 1973 (REISER, 2002, p.7).

"Recombinante" é um termo apropriado para as formas sociais que essas novas famílias desenvolvem;[28] sua formação não é apenas uma questão de embaralhar partes ou de submergi-las em um todo indiferenciado, mas de cortar e unir de tal modo que os elementos funcionem em relação uns aos outros de modos distintos. Até certo ponto, os elementos podem ser mantidos como conceitualmente discretos. (Não se pode desfazer uma concepção, embora o DNA de um bebê vá carregar impressões que podem identificar, separadamente, cada um de seus genitores.[29] Pode-se bloquear as conotações

---

28 Não é preciso retroceder tanto na história europeia para encontrar antecedentes (inclusive famílias feitas de outras famílias por meio de morte e viuvez), mas o fenômeno descrito aqui é novo, pois origina--se de padrões específicos de divórcio e separação. Evidentemente, famílias não poderiam se recombinar se não fossem compostas por elementos com potencial para a auto-organização. Um dos leitores deste livro apontou que a recombinação genética depende da autossimetria orgânica ou molecular. De fato, os comentários de Pottage (2004, p.267-9) sobre o que sabemos agora sobre as propriedades de autoprodução dos organismos, isto é, organismos que causam a si mesmo, indicam uma revolução na linguagem da descrição científica que amplia a analogia.

29 E outros parentes próximos, a base dos programas de seleção genética. O uso de testes de DNA para verificar relacionamentos

Marilyn Strathern

sociais da concepção, como acontece rotineiramente quando o anonimato da doação separa os doadores de seu ato reprodutivo.) Quando utilizo "recombinante", portanto, é no sentido de que, ao separar os diferentes componentes da maternidade e da paternidade, está-se, ao mesmo tempo, unindo-os de modos diferentes, tanto em procedimentos de concepção *quanto* em práticas de educação e criação [*rearing*] e, novamente, em combinações de ambos.

Pensando sobre parentes

Há muito mais acontecendo além da "fragmentação" da sociedade. Os euroamericanos sabem que o pensamento acerca da biotecnologia ordena uma gama extraordinária de esperanças e medos; as preocupações específicas dos cientistas quanto ao desenvolvimento de tecnologia recombinante também datam dos anos 1970 (REISER, 2002, p.7). Eles sabem que não se deve "culpar" a tecnologia em si, mas muitas pessoas incorrem no pensamento de que as novas técnicas fizeram aflorar um novo ímpeto à fragmentação social nos moldes do egoísmo.[30] De alguma maneira, as esperanças e os medos se alinham, de

---

é levado a cabo, atualmente, no Reino Unido, na taxa de cerca de 10.000 casos anuais (CGH, 2002, p.160).

30 Ou uma ampliação do "indivíduo" como ponto de referência. O determinismo genético apossou-se da imaginação pública, nos anos 1980 e 1990, num grau que não cessa de espantar os geneticistas e os especialistas em ética. (Atribui-se a Suvulescu, médico e filósofo, a afirmação de que as pessoas teriam uma abordagem "irracional" sobre os genes [*The Age*, 19 de junho de 2002].) Uma descrição dos valores deterministas desse período pode ser encontrada, por exemplo, em Nelkin (1996).

Parentesco, direito e o inesperado

modo que esperanças um tanto quanto utilitárias – como de avanço na medicina ou melhora nos tratamentos – são dirigidas contra os medos de danos à sociedade ou mesmo danos à humanidade, na maneira como as pessoas pensam sobre si mesmas como criaturas éticas. Quis colocar a complexidade de algumas aplicações da biotecnologia em uma arena de relações interpessoais já tornadas complexas pelos tipos de decisão que as pessoas comuns, com ou sem a ajuda do direito, tomam o tempo todo. Aqui reside a capacidade dos parentes de nos surpreender. Divórcios aumentam; a família continua popular. Como isso pode acontecer? Embora famílias específicas se desfaçam, *relacionamentos* geralmente duram. Poderíamos até dizer que a família se dissolve, mas o parentesco permanece.[31] Já mencionei o fato de que, na cultura euroamericana, o corpo, na medida em que suas fronteiras são evidentes, pode manter-se como símbolo da pessoa integrada. Conexões entre pessoas são, geralmente, pensadas como estando fora do corpo, por meio de todos os tipos de comunicação e formas de associação. É no *parentesco*, no entanto, que os ocidentais pensam as conexões entre corpos.[32] De fato, se eles utilizam o corpo para pensar

---

31 De fato, o *parentesco* enquanto termo antropológico começa a ser útil. *Parentesco* refere-se a parentes conectados uns aos outros sem qualquer suposição de qual tipo de grupo social ou de família eles formam. Assim, ele pode abranger as conexões e desconexões implicadas nos divórcios, nos segundos (terceiros, quartos...) casamentos, nas adoções e nos acordos de visitação, bem como nos arranjos de concepção assistida.

32 Assim como as práticas de parentesco euroamericanas que são pós-natureza e, ao mesmo tempo, perseguem a natureza, este é um tipo de cômputo de parentes que pode se estender por meio de

Marilyn Strathern

a unicidade do indivíduo, também o fazem para falar sobre o modo como as pessoas conectam-se umas às outras – não por meio do que compartilham de modo geral, como trataríamos da humanidade enquanto família, mas, sim, por meio do que foi transmitido de maneiras específicas. Então elas traçam conexões específicas (genealogias) e a rede lhes diz quão intimamente relacionadas elas são (graus de conectividade). O conhecimento moderno da genética endossa esse modo de pensar: os genes fazem cada indivíduo único *e* os conectam a muitos outros indivíduos próximos – assim como a incontáveis mais distantes.

O DNA recombinante, isto é, o DNA em sua característica de segmentos separáveis e rearranjáveis, é um convite à intervenção humana. Há uma tendência, quando se pensa em genes, em enfatizar a conexão, seja ela restrita (o indivíduo único como produto da família nuclear) ou ampla (toda a humanidade). Além disso, o DNA recombinante nos convida a considerar as *desconexões*, a habilidade de apanhar coisas separadas e torná-las partes potenciais de novas constelações. "Os genes não são nós", de acordo com o especialista em ética Julian Savulescu, conforme relatado em *The Age* (19 de junho de 2002). Ele acrescentou que não somos a soma de nossos

---

quaisquer biotecnologias preocupadas com a reprodução, incluindo a transmissão genética. Algumas implicações gerais para o direito por entender "a interconectividade dos corpos" são oferecidas por Herring (2002, p.44). Ele escreve sobre a doação de órgãos "como uma reverberação da interdependência natural entre os corpos". Comparar com o retrato de MacIntyre (1999), para quem a interdependência desenvolve-se por meio de relacionamentos com outros específicos.

Parentesco, direito e o inesperado

genes e os genes não determinam quem somos. Sugiro que isso seja verdadeiro em um sentido muito profundo que mimetizaria as possibilidades proporcionadas aos genes pela biotecnologia, se eles já não as tiverem antecipado. O *conhecimento* comum acerca da genética oferece uma escolha; pode não haver escolha quanto ao reconhecimento do parentesco constituído na própria conexão genética (cf. Strathern, 1999b), mas as pessoas podem ou não estabelecer relacionamentos ativos a partir dessas conexões. Elas podem decidir ignorar potenciais conexões. Então, novas conexões podem ou não vingar: pessoas podem desaparecer completamente da vida de alguém, ou nunca parecer deixá-la. Ao valorizar *ou* desvalorizar seus relacionamentos, os parentes tornam-se, portanto, cientes do modo como estão conectados *e* desconectados (cf. Edwards e Strathern, 2000; Franklin, 2003). As famílias recombinantes apenas tornam isso muito mais visível, mostrando como a exclusão de alguns laços leva à feitura de outros, ou como os arranjos domésticos oferecem inúmeras permutações em graus de desconexão.

Então as pessoas já expressam diversos modos de pensar sobre si mesmas: não apenas como elementos isolados, separados uns dos outros, ou como membros de coletividades ou grupos, mas também enquanto seres que valorizam suas conexões com outros, que – quando as coisas estão indo bem – conseguem administrar o fato de serem, ao mesmo tempo, autônomos e relacionais.[33] As relações sociais de parentesco, podemos dizer, põem em marcha esse processo de administração.

---

33 Há uma integridade que repousa não na defesa das fronteiras, na manutenção de si como inviolável ou na afirmação de direitos, mas,

Como lidar com o vínculo com a família e, ao mesmo tempo, desvincular-se dela é um tema central para o parentesco na sociedade ocidental (euroamericana). Os regimes de parentesco ocidentais levam ao extremo a ideia de criar uma criança para ser independente, não apenas enquanto um "membro da sociedade", mas também como independente de família e parentes. Não é preciso ser nenhum especialista para afirmar isso; os euroamericanos já o sabem na maneira como agem. Mas, em contraste com o alto investimento que fazem na linguagem e no imaginário de indivíduos ou grupos, eles precisam de novas formas de contar para si mesmos as complexidades e ambiguidades dos relacionamentos.

Em decorrência de tudo isso, há dois resultados para o modo como os euroamericanos implementam seus valores. O primeiro é evidente em famílias recombinantes e nas oportunidades para novas conexões. O divórcio reordena o parentesco. Caso se deixe de olhar para as unidades que são reformadas e dirija-se o olhar ao rastro dos relacionamentos, encontram-se famílias interconectadas de novas maneiras. Os divórcios conectam crianças, isto é, crianças que vivem em famílias diferentes são conectadas por meio da dissolução do casamento de seus pais:[34]

---

sim, no adentramento em relacionamentos com outras pessoas – o relacionamento *cria* uma diferenciação que separa as partes. De fato, todo relacionamento é construído por conexão e desconexão; não haveria ligação se não houvesse diferenciação (cf. MacIntyre, 1999). Trata-se de um argumento baseado na lógica social; pode-se abordar a mesma ontologia a partir de outras perspectivas, notavelmente a psicologia e a psicanálise.

34 Se *eles* consideram a si mesmos como membros da "família" ou não dependerá das circunstâncias ou, ainda, precisamos saber como as

Parentesco, direito e o inesperado

Se falamos de família de uma maneira acrítica, as possibilidades criativas inerentes ao parentesco para estruturar as relações interpessoais obscurecem-se [...]. O estudo do divórcio como uma expressão cultural do parentesco, ao invés de um problema social com a família, demonstra a especificidade dos padrões ocidentais de organização relacional [...] [e] fornece a expectativa de localizar de maneira distinta os padrões de parentesco euroamericanos e colocá-los em perspectiva comparada. (SIMPSON, 1994, p.832)

Assim, Simpson faz a positiva sugestão de que devemos tratar essas conexões como fenômenos em si mesmos. Fica claro que as pessoas já fazem isso quando valoram seus relacionamentos.

O segundo resultado para o modo como os euroamericanos implementam seus valores diz respeito às desconexões. Além de deslocar o parentesco das famílias, o que dizer do modo como os novos relacionamentos, como a contínua ativação dos laços sociais, podem ser deslocados do parentesco no sentido

---

pessoas colocam o termo em prática. Elas desenham as fronteiras de diferentes modos, como os dados de Simpson evidenciam. Em seu dossiê como peticionários para o Supremo Tribunal dos Estados Unidos, os avós em Washington reivindicaram, por meio de seu advogado, que o tribunal considerou exclusivamente a relação pai/mãe-criança, enquanto, no linguajar corriqueiro, "os peticionários e suas netas seriam também descritos como parte da mesma 'família', embora em um sentido mais amplo. Os estatutos de visitação de avós ancoram-se no reconhecimento de que os avós são parte da família da criança" (argumentos conforme citados em Dolgin, 2002, p.389). A família, argumentariam os avós subsequentemente, deveria ser vista como "um conjunto de parentes".

da conexão genética? As novas "famílias genéticas", por serem frequentemente baseadas na informação médica compartilhada pelos parentes, não trariam novas dimensões ao individualismo (a autorreferência do paciente)? Deslocar relacionamentos do parentesco é, evidentemente, inerente ao anonimato na doação de material fértil e é sempre a alternativa após um divórcio ou uma separação. Assim, a recomposição de Segalen (2001, p.260) pode de fato agregar a redes familiares preexistentes de tal modo que, digamos, o pai biológico e o padrasto coexistam e inventem um *modus vivendi* – embora, ao menos na França, essa tendência exista especialmente em famílias de classe média, com renda relativamente alta. Em outros setores da sociedade, a recombinação pode também apagar uniões prévias, geralmente apagar laços com o antigo pai em casos em que o novo pai adota as crianças e dá a elas seu sobrenome. E isso pode conduzir a diversas maneiras de ver as novas unidades. Um exemplo britânico (SIMPSON, 1994, p.834-5)[35] convida-nos a considerar a perspectiva dos avós: os pais do marido dizem ter seis netos/netas, enquanto os pais da esposa falam em três; marido e esposa gostariam de ver todas as suas seis crianças – a prole de quatro casamentos diferentes – tratadas igualmente, mas os pais da esposa mimam apenas os filhos (frutos de dois casamentos) de sua própria filha.

Vimos que tanto a universal "família humana" generalizada quanto a família doméstica íntima – que provavelmente chama

---

35 Ele também compara reações diferentes entre parceiros; em alguns casos, há um senso de uma "expansão controlada dos relacionamentos, das possibilidades e das permutações", enquanto em outros há incômodo com a desordem da sobreposição de relacionamentos. As pessoas ou enfatizam as redes de relações ou então novas e exclusivas famílias nucleares podem surgir.

Parentesco, direito e o inesperado

a si mesma de "nuclear", de recomposta ou de outra maneira – corporificam noções de exclusão. Esses valores de exclusão fazem toda a diferença entre famílias que defendem fronteiras e famílias que enfatizam os relacionamentos recombinantes (por assim dizer) e, em decorrência disso, vivem a ideia de si mesmos como sobrepostos a outros. Nas primeiras, quando os parentes excluem-se uns aos outros, um conjunto é excluído do círculo de outro conjunto, como os desafortunados avós em Washington. Excluir, por conseguinte, é externalizar (os avós, então, tiveram de renegociar o acesso ao interior). Nas segundas, entretanto, excluir *define* as condições sob as quais as famílias se sobrepõem, isto é, a exclusão é interna à rede de relações subsequente. Se não houvesse separação nem rompimento de casais por meio de divórcios, não haveria recombinação.[36]

Os euroamericanos[37] não têm dificuldade em imaginar as pessoas como combinações diferentes de elementos – dos

---

36 Tampouco haveria, e ainda mais fundamentalmente, relacionamento. Não obstante, eu atribuiria *status* ontológico à separação inerente aos relacionamentos [ver nota 33], ao passo que as versões aqui descritas são arranjos específicos inspirados na condição universal de socialidade, mas não são as únicas expressões dessa separação. Em um sentido merográfico, há infinitos fractais potenciais para a replicação de fenômenos combinatórios em muitas escalas, porquanto as pessoas combinam-se em relacionamentos na medida em que também separam-se umas das outras por serem parte de outros relacionamentos.

37 Novamente: esse é um modelo merográfico para uma cultura ocidental, consistente com o modelo de reprodução que derivo do parentesco inglês (STRATHERN, 1992a). A distinção prévia de entidades atadas a relações ("com o entorno", "com o mundo") pertence ao modelo. (No caso melanésio, com o qual também trabalhei [1988], a partibilidade assume diferentes formas, e a composição de pessoas a partir de pessoas torna-se assunto explícito da atividade pública.)

Marilyn Strathern

genes e seu ambiente ao bebê e seus provedores de cuidado,[38] passando pelos parentes de alguém e seu círculo de amizades –, e cada combinação carrega consigo uma identidade cuja distinção é feita por meio das relações da pessoa com o mundo. O que a biotecnologia acrescenta – especialmente por meio das técnicas de reprodução assistida – é a chance de ler distintas identidades sociais no próprio processo da concepção (como por meio de doação de gametas, cujas fontes sociais têm proliferado).[39] Contudo, em um certo sentido, noções de parentesco nativas (euroamericanas) já fazem das pessoas combinações de outras pessoas. Não se trata de perder uma identidade, mas de especificá-la: o fato de todo mundo ser parte de outra pessoa é tido como algo que conserva a individualidade de cada recombinação.

***

38 O trabalho envolvido na concepção (confundindo natureza e nutrição) é evidenciado: "Espero que ela seja grata ao que passamos para tê-la", disse a mãe de um bebê de FIV agora com 21 anos de idade (*The Age*, 24 de julho de 2002) quando, conforme o clínico também percebeu, o procedimento era muito mais invasivo do que é atualmente.

39 Conforme relatado no caso da primeira menina nascida de maternidade de substituição por procedimento de FIV na Austrália. Ela disse ter três mães e três pais, incluindo cônjuges da mãe de substituição e do doador de esperma, apesar de dizer também: "Eu sei que tenho apenas uma mãe e um pai" (o casal que a cria) (*Sydney Morning Herald*, 11 de maio de 1999). Uma comentarista nesse jornal ressaltou que, em sua experiência, o trabalho de manter uma família/lar como um lugar funcional onde uma série de pessoas vive junto, íntima e cotidianamente, prevalece de tal forma a quase não deixar espaço para se pensar sobre origens.

Parentesco, direito e o inesperado

Isso é menos uma conclusão do que uma mudança de registro. Ser parte de outros carrega sua própria responsabilidade; o modo como nós (usuários da biotecnologia) tomamos decisões implica o modo como definimos tais responsabilidades. Dois debates da Austrália servem de impulso aqui. O primeiro é acadêmico, principalmente em resposta ao modo como o pensamento jurídico tem sido influenciado pela tecnologia, e é, inevitavelmente, inconclusivo. O segundo diz respeito a mudanças na prática clínica que, conclusivamente, implementam uma resposta a questões públicas.

Em seu livro *Are Persons Property?*, as australianas Davies e Naffine, teóricas feministas e do direito, escrevem sobre autonomia com referência a noções de "posse de si" [*self-ownership*] e sobre o problema específico que um fenômeno completamente comum e cotidiano, o da mulher grávida, apresenta ao direito. "A mulher grávida e o feto são uma única pessoa jurídica e essa pessoa é a mulher" (2001, p.84). A reação contrária, como todos sabemos, é reivindicar a singularidade do feto, a ponto de reivindicá-lo enquanto uma pessoa com direitos próprios (SAVILL, 2002, p.50). Mas a lei deve continuar sendo ambígua. Nas palavras das autoras, os fatos da reprodução tornam incoerentes as noções de individualismo nas quais essas visões se baseiam. As complexidades dessa situação agravam-se com as intervenções tecnológicas que produzem embriões fora do corpo. Retornaremos à questão da posse, na realidade, das pessoas como propriedade, nos Capítulos 5 e 6. Aqui, sigo a observação de que a biotecnologia tem fornecido novos modos de conceitualizar a individualidade do feto.[40] Se alguma vez já precisamos de novos

---

40 Savill (2002, p.65), citando Karpin (1994, p.41). Veja também sua referência a uma observação americana sobre a criação das per-

59

Marilyn Strathern

modos de pensar as pessoas como partes de pessoas, por contraste, a mulher grávida é um caso paradigmático.

Tal observação não é nenhuma novidade. Ao reavaliar "A mãe da pessoa jurídica", Savill (2002)[41] observa quão próximo a isso a lei pode chegar. Quando os juízes de tribunais superiores britânicos precisaram decidir sobre a culpabilidade em uma apelação sobre um feto morto devido a ferimentos provocados na mãe, os oradores referiram-se abertamente à ciência moderna da fertilização humana e à luz que ela jogara sobre a realidade da separação embriológica e fetal. Isso, por sua vez, provocou uma declaração incisiva de que, não obstante, havia "um vínculo íntimo" entre a mãe e o feto, cuja sustentação dependia do corpo da mãe. As palavras a seguir são atribuídas a Lord Mustill:

> Mas o relacionamento era de vínculo, não de identidade. A mãe e o feto eram dois organismos distintos vivendo simbioticamente, não um único organismo com dois aspectos. (SAVILL, 2002, p.44)

Esse ponto de vista não foi suficientemente poderoso para deslocar a doutrina de que o feto não possui personalidade ju-

---

cepções dos médicos sobre o feto como um paciente separado da mãe (SAVILL, 2002, p.49).

41 Ela se inspira em Naffine, e sua queixa de que "a concepção de pessoa no direito, com fronteiras corporais discretas e inquebráveis, deturpa a realidade corpórea de todos os seres humanos. Mas deturpa, particularmente, as realidades corpóreas das mulheres cujos desvios dessas normas são irrefreáveis quando grávidas" (NAFFINE, 2002, p.46, notas omitidas). Considerado "parte" da mãe, o feto não pode, nessa visão, ser uma pessoa (DAVIES; NAFFINE, 2001, p.91).

Parentesco, direito e o inesperado

rídica (é desprovido de autonomia total; como um ser humano incompleto, ele é *sui generis* em termos corporais). Esse ponto de vista também despreza o grau das mudanças ocorridas no corpo materno durante a gravidez, e como este se torna, em seu novo estado, dependente do feto para a conclusão dessa trajetória de mudanças em seu desenvolvimento. Este é o ponto em que Savill (2002, p.66) cita a iluminadora sugestão de Karpin, de que nós conceituamos o corpo materno como um "nexo de relações". Karpin não trata de

> um relacionamento no qual a mãe e o feto [...] são parceiros iguais, porque isso estaria amparado numa premissa básica de distinção. O valor de uma perspectiva que considera o "nexo de relações" é que ela torna obsoleta uma noção de subjetividade dependente de seu *status* de sujeito em distinção, separação ou oposição defensiva em relação a outros. (KARPIN, 1994, p.46)

Eu tenho uma discordância.[42] Penso que não precisamos temer distinções e separações. No mesmo volume, Gatens

---

42 Leio isso na glosa de Savill: ela sugere que Karpin pretende que não se deva "traçar fronteiras no corpo materno a fim de encaixá-lo em um quadro conceitual que tem a individuação como pré-requisito para a individualidade; ao invés disso, deve-se aceitar as conexões *e diferenciações* entre mãe e feto em sua complexidade, sem minar a individualidade e o *status* de sujeito da mulher grávida" (SAVILL, 2002, p.66, grifos meus; ver também NAFFINE, 2002, p.82). Karpin (1992, p.326) já formulara "uma configuração empoderadora" na qual "o corpo da mulher não seja visto como recipiente nem como uma entidade separada do feto. Até o nascimento do bebê, o feto *é* o corpo da mulher" (grifos no original). Uma perspectiva melanésia explicitaria o fato de um corpo poder ter relações internas a si mesmo.

61

Marilyn Strathern

(2002, p.168) recorre a Espinosa para sua compreensão de que os indivíduos

> não são "átomos" ou "mônadas", mas, sim, feitos de "partes" que estão em constante permuta entre si [...]. [Assim], a manutenção do indivíduo exige troca, luta e cooperação com outros indivíduos, os quais são, também, feitos de partes.

A ontologia ético-política de Espinosa, ela destaca, "facilita o entendimento da diferença como elemento que possibilita a identidade *e relações de interdependência como possibilitando autonomia*" (2002, p.169, grifos meus). A biotecnologia introduziu, no domínio da administração do corpo, tipos de separações, cortes e combinações que sempre caracterizaram relações entre pessoas.

Não obstante, permanece o fato de que os euroamericanos nem sempre falam sobre relações de maneira clara. Alguns de seus principais dilemas brotam daquelas áreas nas quais o vocabulário para os interesses em jogo está esgotado.[43] Sugiro que certos aspectos da biotecnologia, como recombinações genéticas, oferecem novos modos de pensar arranjos sociais e, ainda, as próprias intervenções da biotecnologia. Franklin (2003) fornece um fascinante relato sobre pessoas fazendo uso dos discursos da genética conforme lhes convêm ao lidar com relações de parentesco. Assim sendo, a virtude reside menos na novidade desses discursos e mais em sua ca-

---

43 Há momentos de esgotamento dentro da própria biotecnologia. Fox Keller (2000, p.72) aponta para o próprio termo "gene" como um impedimento para a explanação da genética.

Parentesco, direito e o inesperado

pacidade de trazer as pessoas de volta *ao que elas já sabem.* Elas já "sabem" que mãe e feto são, ao mesmo tempo, separáveis e partes um do outro; o que falta é uma linguagem adequada para esse tipo de relação. Isso limita o modo como as responsabilidades são conceitualizadas. É como se os euroamericanos pudessem apenas falar de cada um como fundido no outro ou completamente exterior a ele, uma unidade completa ou uma exclusão de um em relação aos interesses do outro. No entanto (para colocar os termos de Espinosa em outro registro), a base para sua interdependência é justamente sua separabilidade. Se a separação literal é a precondição para a recombinação nos casos das famílias, então, no caso da mãe e do feto, a separação é inerente a qualquer relacionamento entre eles.[44]

Eu repetiria que as pessoas já sabem disso. Mas uma razão para a escassez de idiomas relacionais é a sobredeterminação de outros idiomas. Porque quando se trata de legislação e litígio, um relacionamento não é (e não pode ser) um sujeito jurídico no direito ocidental (euroamericano). Esse é um problema com o qual temos de conviver. Dessa forma, os argumentos permanecem fascinantes, porém inconclusivos.

---

44 Sem pressupor distinção, Savill (2002, p.67) opõe-se a uma "visão relacional" que pressuporia o feto como uma entidade com a qual seria possível relacionar-se como se fosse uma pessoa distinta. Mas se partimos de um relacionamento, e não de entidades, nada é pressuposto sobre a dinâmica da interação, as trajetórias de desenvolvimento ou as assimetrias. Podemos dizer que o que há de tão importante para os euroamericanos em um nascimento não é apenas o fato de uma nova pessoa tornar-se visualmente aparente, mas, sim (nessa separação corporal), uma nova relação. Em outros contextos culturais, a separação corporal pode ser postergada por meio de diversos modos de identificação pós-natal entre mãe e bebê, e as relações se desdobram de outras maneiras.

Outros problemas aparecem, e as consequências de como as pessoas tomam decisões têm efeitos evidentes nas conclusões que elas elaboram.

Crianças nascidas de gametas doados – e, dada a natureza dos procedimentos, é mais provável que o doador do esperma, e não a doadora do óvulo, tenha sido completamente separado dos resultados da concepção – encontram-se em posição de ter que decidir sobre procurar ou não sua paternidade genética. Aos membros do Donor Conception Support Group [Grupo de Apoio aos Doadores para Concepção] de Sydney são atribuídas falas como "Eles apenas querem saber quem são. Eles não querem substituir seus pais" (*Sydney Morning Herald*, 29 de novembro de 2001). Alguns doadores não compartilham desse desejo, e o mesmo artigo continua: "Eu preferiria que eles simplesmente dissessem 'obrigado', aproveitassem suas mães e seus pais e seguissem sua vida", disse um doador que ameaçou entrar com uma ação judicial se fosse identificado. Uma mãe pode tomar essa decisão em nome de seu filho, como no caso de um doador de esperma que foi à Vara de Família em Melbourne para tentar acesso a um menino de dois anos de idade; à Vara alegou-se que não estava se negando um relacionamento à criança, apenas negava-se a "um relacionamento parental ativo" (*Sun Herald*, Sydney, 27 de janeiro de 2002).[45] Seguem-se outras decisões, como um clínica de fertilização *in vitro* tentando eliminar doações anônimas de seus procedimen-

---

45 A clínica (Sydney FIV) aparece em ambas as histórias. De cada mil ciclos de FIV realizados anualmente por essa clínica, o jornal observa que apenas cerca de vinte ocorrem com esperma doado; quase todos acontecem com esperma de doadores conhecidos.

Parentesco, direito e o inesperado

tos por causa dos problemas éticos que traziam à tona. "Atualmente, a clínica aconselha os clientes a pedir a um amigo ou a um parente que providencie o esperma", disse uma enfermeira (*Sydney Morning Herald*, 29 de novembro de 2001). "Ou a um parente"! Uma surpresa final, então, incentivada por parentes, nesse caso por parentes que – como amigos – estão dispostos a doar para parentes conhecidos. Lembremos todos os debates anteriores sobre a exigência de anonimidade para proteger a família nuclear, preservando-a tanto de intrusos estranhos quanto da sombra do incesto: o círculo parece ter se fechado. Aparentemente, aquele problema é deixado de lado e outro toma seu lugar: o do parentesco preexistente.[46] Evidentemente, isso não ocorre sem complicações. Edwards (1999; 2000) oferece um relato, um dos poucos relatos completamente etnográficos, sobre o modo como a família inglesa julga esses assuntos. Thompson (2001, p.174) descreve uma clínica de fertilidade na Califórnia onde amigos e parentes envolvem-se na doação de gametas, e onde "certas bases da diferenciação de parentesco são postas em primeiro plano e recriadas, enquanto outras são minimizadas". Embora possa ocorrer de os aspirantes a genitores revelarem-se, "por meio de cadeias de descendência intactas, como os pais verdadeiros", meu foco recai nas separações e recombinações que tornam isso possível. Em um dos casos, por exemplo, a mãe de substituição que pediu para gestar os óvulos e o esperma de um casal

---

46 Inversamente, podemos esperar que a anonimidade do doador também assuma aí seu lugar; não como um acréscimo de conceitos à família nuclear cuja integridade tem de ser preservada, mas, sim, ao criar tipos especiais de conexões (ver Konrad, 1988).

Marilyn Strathern

era irmã do marido. Isso não foi considerado incesto. No entanto, chegou perto, e a irmã zombava da sorte de ela ter as trompas de Falópio laqueadas, porque isso garantiria que nenhum de seus próprios óvulos encontraria o esperma que poderia acidentalmente ser transportado junto com o embrião. Outro caso mencionado por Thompson (2001, p.187) é o tipo de empreendimento conjunto que ganhou proeminência no começo das práticas de fertilização *in vitro*, a saber, mães e filhas ajudando umas às outras. Nesse caso, a filha forneceu um óvulo que foi inseminado pelo marido de sua mãe. O fato de ele ser seu padrasto ajudou, mas o fato de o óvulo conter material genético do pai da filha (o ex-marido da mãe) não foi mencionado. Nesse caso, a filha dispôs-se a ajudar a mãe, mas não gostava de pensar nos embriões dispensados, que não foram usados e que, fora do corpo de sua mãe, permaneceram como criação dela mesma com seu padrasto.

No entanto, não importa quão doloroso, casual, tomado como dado ou quanto esforço seja preciso, os parentes provavelmente conseguem lidar com o complexo trabalho de negociar proximidade e distância, a separação de si mesmo dessa parte da procriação para associar-se com aquela outra parte. Será isso porque, a despeito do que acontece em outras esferas de sua vida, o parentesco os ensinou a estarem aptos para lidar com dois tipos de relação ao mesmo tempo – não apenas conexões, mas também desconexões?

Agradecimentos

Sincero agradecimento ao Julius Stone Institute e a Helen Irving e à Faculdade de Direito da Universidade de Sydney

Parentesco, direito e o inesperado

pela oportunidade de participar na série 2002 da Macquarie Bank Lecture, *Biotechnologies: Between Expert Knowledges and Public Values*. O Gender Relations Centre [Centro de Relações de Gênero] e o Departamento de Antropologia na Research School of Pacific and Asian Studies [Escola de Pesquisa de Estudos sobre a Ásia e o Pacífico], Australian National University, Canberra, também meus anfitriões, propiciaram discussões mais aprofundadas; um caloroso agradecimento pessoal a Margaret Jolly e Mark Mosko. Permaneço grata aos outros autores de *Technologies of Procreation* por seus *insights* contínuos; no entanto, provavelmente devo mais do que imagino às reconceitualizações de Sarah Franklin (2001b; 2003). Janet Dolgin mais uma vez forneceu-me uma base, bem como Alain Pottage. O estudo de Monica Bonaccorso mostrou-se muito informativo, e Maria Carranza ajudou-me excepcionalmente a me familiarizar com as questões atuais na Austrália.

Capítulo 2
A ciência implícita

Nossa imagem da ciência ainda é fortemente impregnada de epistemologia – isto é, a "teoria" do conhecimento.

John Ziman, 2000, p.6

Em 2003, o Conselho Internacional de Ciência (CIC) preparou-se para lançar o que considerava uma de suas mais importantes críticas estratégicas até então. Tratava-se de uma crítica sobre as responsabilidades da ciência e da sociedade. Um fenômeno fascinante da última década, mais ou menos, é a circulação internacional da ideia de que a ciência precisa da sociedade tanto quanto a sociedade precisa da ciência. Programas como "Ciência e Sociedade" parecem pulular de todos os cantos. Ao invocar, em pé de igualdade, as habilidades combinadas de especialistas e não especialistas, tais programas tentam explicitar a interdependência de ambas. Assim, uma fórmula central na política científica sofreu recentemente uma mudança nessa direção, no Reino Unido: da compreensão

Marilyn Strathern

pública da ciência [*Public Understanding of Science*] ao conceito de ciência e sociedade [*Science and Society*].[1,2] A chamada é para um melhor entendimento de como a sociedade está implicada na ciência e como a ciência pode prestar contas à sociedade: um "novo contrato social".[3] Ao pensar sobre o que é a sociedade, sobre como saber quando ela está envolvida, a sociedade se transforma em objeto explícito de investigação. Há, aqui, um interesse substancial por uma antropologia social engajada com o que é tornado explícito e o que permanece implícito,

---

1 Iniciativas do governo do Reino Unido foram impulsionadas por crises nas áreas de alimento e tecnologia e por uma aparente queda no respeito público à ciência. O documento preparatório do CIC (2003) para a crítica em questão foi explícito: "Se o CIC realmente deseja expressar algumas das questões-chave acerca de 'ciência e sociedade', então talvez ele tenha que olhar para além de sua atual composição 'acadêmica' e procurar parceiros que representem outros setores da sociedade. Ao endossar os compromissos feitos durante a Conferência Mundial de Ciência em 1999, isso é algo com o que nos comprometemos em relação à Cúpula Mundial sobre Desenvolvimento Sustentável [Rio+10], na qual a comunidade internacional pediu 'um novo contrato entre ciência e sociedade'".

2 *Public Understanding of Science* e *Science and Society* são duas revistas bem conceituadas no Reino Unido. (N. T.)

3 Um engajamento com a sociedade, segundo o qual o entorno torna--se ator ("o contexto reage"), substitui o antigo contrato entre especialistas relativamente isolados que, em troca de permissão (financiada) para pesquisar livremente, oferece a contrapartida de benefícios públicos de tempos em tempos. Muito dessa modelação de relações é trabalhada por Gibbons (1999) e Nowotny, Scott e Gibbons (2001). O programa internacional Society in Science, da Branco-Weiss Fellowship, cujos primeiros encontros aconteceram em 2003, foi a inspiração para Helga Nowotny e seus colegas (do Instituto Federal Suíço de Tecnologia, Zurique). Strathern (2004a; 2004b) explora alguns desses argumentos.

Parentesco, direito e o inesperado

pois antropólogos frequentemente alegam que grande parte do conhecimento está incrustada em hábitos e práticas que o tornam implícito. Se a mesma alegação fosse feita à ciência ocidental (euroamericana) em sua sociedade de origem, onde dever-se-ia procurar por uma ciência tácita – ou incrustada? Supondo que a ciência já esteja "na" sociedade, então onde ela está? O que eu preciso tornar explícito para encontrar exemplos do seu embutimento? Apresentarei determinadas práticas de conhecimento. Argumentarei que os euroamericanos já atuam de forma a combinar conhecimentos "científicos", mas nem sempre reconhecem que o fazem nesses termos e, nesse sentido, as práticas apenas são ciência, tácita ou implicitamente. Duas arenas chamam minha atenção. A primeira é a dos antropólogos que se empenham na disciplina e, justamente por isso, habitam um lugar misterioso e esotérico na sociedade.[4] A segunda pertence a uma parte da vida social que está longe de ser misteriosa; de fato, partes de sua vida que as pessoas frequentemente consideram ordinárias, conforme explanarei na segunda metade deste capítulo.

A que ciência me refiro? Refiro-me à ciência que reivindica como antecedente a revolução científica do século XVII, precursora do Iluminismo europeu. Foi aquele o século que testemunhou "a autoconsciência e as tentativas em larga escala de mudar as crenças (e os modos de assegurá-las) sobre o mundo natural", quando as pessoas sentiram-se propondo "mudanças novas e muito importantes no conhecimento da realidade

---

4 Os leitores apreciarão o fato de que apresento uma versão da história da antropologia fortemente enfocada (selecionada). Para um relato fascinante da análise do parentesco enquanto reprodutor das utilidades econômicas capitalistas, ver McKinnon, 2001.

Marilyn Strathern

natural e nas práticas que asseguravam o conhecimento legítimo" (SHAPIN, 1996, p.5). Instituíram-se modos de pensar que ainda estão muito presentes, ou (melhor dizendo) que incitaram numerosas outras revoluções que mantêm a ciência ao mesmo tempo reconhecível e para sempre mutável. Pode-se ter um senso de época mais ou menos acurado, mas esse período precedente é, no mínimo, um ponto de partida para nos perguntarmos sobre os hábitos implícitos do pensamento científico.[5]

"O mundo científico é [...] aquele que verificamos" (BACHELARD apud OSBORNE, 1998). Para os propósitos deste livro, tomo "ciência" como correspondente não apenas a um tipo de conhecimento, tampouco — embora isso teria mais acurácia histórica — a vários tipos. Em vez disso, tomo-a como permitindo um pensamento geminado, pareado ou relacionado, embora divergente — amparado em, dentre outras coisas, dois modos de verificar informação. A divergência entre invenção e descoberta é o que está em jogo. Pode-se enxergar isso como a diferença entre verificar hipóteses estabelecidas por meio de novos instrumentos de conhecimento (como a invenção de um motor que usa a força do vapor comprimido

---

5 Dentre as quatro mudanças no conhecimento sobre o mundo da natureza que Shapin (1996, p.13) credita ao século XVII está a despersonalização do conhecimento sobre a natureza e a crescente separação entre sujeitos e objetos. As outras três são a mecanização, isto é, o uso de metáforas mecânicas para descrever processos naturais; a mecanização da fabricação do conhecimento, isto é, a introdução de *métodos* específicos; e a aspiração em dispor o conhecimento científico a serviço do julgamento moral ou político, dado que esse conhecimento era, em si, declaradamente desinteressado — um ponto sobre o qual Haraway (1997) reconhecidamente escreveu.

Parentesco, direito e o inesperado

ou uma técnica que usa o comportamento das enzimas para determinar sequências de genes) e verificar o que novas observações podem desvelar sobre o que já se conhece (como a descoberta de novas terras ou de micro-organismos, até então sem nome ou registro, mas reconhecíveis). A linha que as separa pode ser tênue, mas o direito transforma esse duplo em uma distinção crucial. No campo dos direitos de propriedade intelectual, a lei considera essa distinção como oriunda da ciência e atribui à ciência diferentes modos de se relacionar com os resultados.[6] De qualquer forma, tal divergência permite que as ideias apareçam e sejam coproduzidas junto com as críticas de si mesmas, criando a possibilidade da existência concomitante de diferentes tipos de conhecimento.

Esse duplo trabalha com o efeito fractal; a mesma divergência pode ser repetida em qualquer escala. Assim, cada elemento de um par pode se bifurcar, isto é, tornar-se ele mesmo um par. Ainda que não me detenha nesse processo, ele possibilita a articulação da narrativa que segue.

Conhecimento isolado

Em *A ilha do dia anterior* (1995), a espécie de herói de Eco veleja por ilhas habitadas por pessoas que vivem de acordo com diferentes teorias. Assim, em uma das ilhas, as pessoas estão sempre ajoelhadas, encarando as lagoas, pois sustentam que quem não é visto não pode existir. Na ilha seguinte, os

---

6 As versões legais adotam seus próprios atributos, como veremos na Parte II. Muitos desses pontos são levantados no trabalho de Alain Pottage, embora eu não me refira a ele em separado aqui.

Marilyn Strathern

habitantes existem apenas enquanto sujeitos de narrativas e, para manterem vivos uns aos outros, falam incessantemente, esforçando-se para tornar cada história única para, assim, serem capazes de distinguir uns dos outros. Esses ilhéus confundiram teoria com vida; não obstante, há uma verdade subjacente ao apuro dessas pessoas que pode ser relevante para o antropólogo social. Eco tem de colocar seus personagens em ilhas diferentes porque, caso contrário, eles poderiam ouvir falar de suas respectivas teorias e passar a sustentar as suas próprias de maneira menos tenaz.[7]

Um espetáculo que a nova genética trouxe para o palco central é a percepção de que o conhecimento científico não é uma ilha. Tem sido impossível isolar o conhecimento que as pessoas presumem que os cientistas estejam acumulando com o trabalho sobre o genoma humano. Pelo contrário, essa tem sido uma área primordial na qual se considera irresponsável *não* antever possíveis repercussões sociais (o que atrai muitos projetos da ciência e da sociedade). O que é interessante é a proeminência dada ao conhecimento em si. Não é apenas a implementação do conhecimento que está em questão na maneira como os protocolos, por exemplo, lidam com o risco ou com a farmacogenética ("My very own medicine" [Meu remédio exclusivo]),[8] mas também a própria posse do conhecimento

---

7 *Teoria*, da mesma raiz grega de *teatro*, cena ou espetáculo, foi expandida, no século XVII, para abranger a contemplação, uma visão mental, um esquema conceitual ou mental, e daí para um sistema de ideias ou declarações tidas como explicação para um fenômeno ou uma declaração sistemática de princípios gerais ou leis.

8 *My Very Own Medicine: What Must I Know?* (MELZER, 2003) é o título de uma crítica sobre política de informação sobre farmacogenética,

Parentesco, direito e o inesperado

enquanto tal quando este deriva do genoma humano (isto é, de alguma pessoa). Um dos produtos do conhecimento genético adquirido para propósitos clínicos é amplamente reconhecido como informação a respeito de uma série de questões sobre circunstâncias de vida que são de grande interesse para a pessoa em questão. O problema é que muitas delas também poderiam ser de grande interesse para terceiros. Sob esse ponto de vista, tornou-se um truísmo dizer que o conhecimento genético é frequentemente considerado como simultaneamente dotado de promessa e de perigo.

Na sequência do documento de discussão, o relatório da Comissão de Genética Humana do Reino Unido (CGH, 2002) aborda o debate nessa área. Ao que pode ser conhecimento para o indivíduo também atribui-se certa distância enquanto "dado genético pessoal", isto é, informação sobre outros indivíduos que é própria a eles. Algumas questões que têm a ver com o tipo de informação concernente a terceiros que é aceitável acessar e reter adquirem ainda mais importância quando isso inclui informação sobre composição genética. Em suas recomendações, o relatório da CGH passa rapidamente de sua premissa introdutória – de que a informação pessoal é informação privada – para o argumento de que ela não é nada privada:

---

completada por "The Wellcome Trust" do Departamento de Saúde Pública e Cuidados Primários, Universidade de Cambridge. A farmacogenética é o estudo de variabilidades geneticamente determinadas em resposta a medicamentos e suas aplicações. (A aplicação clínica de produtos envolve o teste genético em pacientes individuais.) Problemas éticos primordiais são encarados na revelação de informações para terceiros.

Marilyn Strathern

O conhecimento genético pode levar as pessoas a um relacionamento moral específico entre si. Assim, propomos o seguinte conceito de *solidariedade genética e altruísmo*, que visa promover o bem comum. (2002, p.13, grifo no original)

Tal interesse em relacionamentos não deve ser tomado de antemão como verdadeiro, mas, sim, ser assinalado como um valor claro a se considerar. Assim, como explica o relatório da CGH, embora muitos dos princípios aos quais o relatório adere se preocupem com a salvaguarda dos indivíduos, "é importante [...] ver o indivíduo como membro da sociedade" (2002, 2.8).[9] Observe o imperativo de *reconhecer* esse fato da sociedade. O reconhecimento, assim, produz um preceito moral que, por sua vez, torna-se um estranho problema. A sociedade é concretizada como "comunidade" e então – ecoando termos com os quais nos deparamos no capítulo anterior – revelada em uma forma particularmente específica, a família:

Não vivemos nossa vida no isolamento, mas, sim, como membros de comunidades, grandes e pequenas. Devemos considerar também a família como uma microcomunidade. (2002, 2.10)

O problema é evidente: como equilibrar o fato de que compartilhar informações pode levar a melhores resultados médicos com as expectativas de um indivíduo no que diz respeito

---

9 Seguido de uma qualificação: "com um interesse compartilhado pelo progresso médico e subjugação das doenças". A biologia molecular desenvolveu-se ao lado desse debate entre sociedade e ciência.

Parentesco, direito e o inesperado

à sua privacidade? O equilíbrio é especialmente delicado no que concerne às relações com outros membros da família.[10] A informação que um membro da família tem pode ser importante para outros, e a "teia de responsabilidades morais" que caracteriza tais relações torna-se um exemplo de uma questão mais geral de equilibrar "interesses sociais e individuais".[11]

O ponto crucial é que o conhecimento que é pessoal para uma pessoa pode também ser informação potencialmente pessoal para outra, de modo que a revelação poderia ajudar terceiros. Apesar do emaranhado de relações, as dificuldades são criadas pelas convenções sobre como lidar com informações desse tipo. Assim, se a informação pessoal é considerada privada, descobrir a composição genética de outra pessoa torna-se invasão de privacidade; se testes para distúrbios genéticos tornam-se semelhantes a pesquisas ou cirurgias invasivas, então a preocupação é que se intervenha quando o

---

10 Para uma discussão do material acerca do direito nos Estados Unidos, ver Dolgin (2000), discutida no Capítulo I. A ironia de *família*, nesse sentido, corroborar a sociedade, embora diminuída pelo epíteto *micro*, não passará desapercebida pelas intelectuais feministas.

11 "Embora considerações sobre solidariedade genética e altruísmo [reconhecendo as responsabilidades de alguém sem coerção] geralmente estejam em segundo plano em relação ao princípio do respeito pelas pessoas [...] [enquanto seres humanos], pode haver circunstâncias excepcionais nas quais o contrário é verdade. Nesses casos, o interesse social – ou o bem comum – pode pesar mais do que o interesse individual, e alguns direitos do indivíduo podem ser relegados a segundo plano"; um exemplo é o armazenamento de perfis genéticos de criminosos (CGH, 2002, 2.11). O conceito de solidariedade genética é tomado da Declaração Universal sobre o Genoma Humano e os Direitos Humanos, da Unesco, adotada em 1997 (endossada pela Assembleia Geral da ONU em 1998).

paciente não é a pessoa que será beneficiária do conhecimento (2002, 4.54). O "consentimento esclarecido" tem seu escopo de certa forma ampliado para aqueles que tentam lidar com o que é percebido como a "ética" do caso.

É irônico que o que começou como um auxílio para a detecção de doenças hereditárias – possibilitando traçar conexões de parentesco – tenha se modificado e se tornado um tipo diferente de auxílio e um tipo diferente de problema. Foi-se o tempo em que o conhecimento genético só poderia ser construído por meio de informações conhecidas sobre membros da família por membros da família. O exame de DNA contorna confusas malhas de conexões familiares e vai direto ao cerne da questão; informações sobre hereditariedade estão contidas no próprio genoma do indivíduo. O relatório da CGH detém-se em questões que surgem no que ele chama de análise familiar, "a realização de um exame em alguém para verificar a importância de uma característica genética compartilhada com um parente" (2002, 4.54). Há a questão relacionada de se os indivíduos, ao saberem sobre sua composição genética, deveriam oferecer seu conhecimento para informar os outros (FINKLER, 2000), um tópico ao qual o próximo capítulo retornará. Os parentes, de fonte de informação sobre conexões genéticas (conforme inferidas a partir de linhas de descendência), passam a ser aqueles que precisam ser informados.

Tais questões tornaram-se as preocupações fundamentais de debates na mídia, no escrutínio ético etc. Quero sugerir que há algo mais aqui do que pode parecer, e isso diz respeito ao papel que atribuímos ao conhecimento. Posso usar a voz, ou o olhar, ou a teoria de antropóloga social para desenvolver esse ponto? Evidentemente, a antropologia não reside numa ilha,

Parentesco, direito e o inesperado

e suas teorias não são imunes à influência de outros. E, ainda que muitos assumam como tema arquetípico da etnografia as sociedades insulares, muitos outros assumem que as entidades estudadas não são mais ilhadas do que o são as pessoas. Tentarei elucidar isso.

Relações em todo lugar

Talvez não seja mesmo nenhuma surpresa as "relações" terem saltado aos olhos do material sobre parentesco no Capítulo 1. E eu poderia apresentar outros exemplos. No entanto, Gell (1998) é especialmente útil em nos dar uma resposta familiar à questão sobre como alguém entende a posição básica da antropologia social enquanto a pratica em um lugar não familiar. A que se assemelharia uma antropologia da arte? Ela teria de se assemelhar a outras teorias antropológicas, e todas elas parecem teorias das relações sociais, isto é, das interações sociais.[12] "A "teoria antropológica da arte" é uma teoria das relações sociais estabelecidas na vizinhança das obras de arte" (GELL, 1998, p.26). Um pronunciamento extraordinário, talvez para o mundo da arte, mas completamente comum

---

12 Ele faz uso intercambiável de *relações* e *relacionamentos*. "Minha visão é que, na medida em que a antropologia tem uma questão específica, essa questão são os relacionamentos sociais – relacionamentos entre participantes de sistemas sociais de vários tipos" (GELL, 1998, p.4). "A especificidade das teorias antropológicas é serem tipicamente sobre relacionamentos sociais" (1998, p.11). Ele continua dizendo que não se trata de uma questão de fornecer contextos para interpretar objetos de arte, mas, sim, entender a *relata* (aqui, objetos de arte) enquanto agentes sociais.

Marilyn Strathern

para um antropólogo social, exatamente o efeito almejado por Gell. Relacionamentos oferecem um contexto "relacional" que responde pela produção e pela circulação de arte, isto é, uma teoria das relações. *Mas como isso se torna a resposta dos antropólogos? Onde podemos obter uma visão relacional?* Relações são, ao mesmo tempo, o campo de pesquisa da antropologia, sua problemática e, sob os olhos de alguns, um problema para ela. A acusação é que parece impossível ver para além delas (WEINER, 1993; MOUTU, 2003). Mas por que a antropologia social constitui-se por sua relacionalidade? A quais necessidades ela está respondendo? Uma dessas necessidades aparentemente foi posta em seu caminho pela ciência, e a "relação da ciência" (ver a Introdução à Parte I) oferece uma resposta com dois aspectos.

Discutivelmente, a primeira parte da resposta remonta a algumas raízes da ciência social do século XIX. O desabrochar da ciência social foi possibilitado pela ciência natural e, ao mesmo tempo, trouxe consigo o autoconhecimento de que a própria ideia de ciência poderia ser incorporada ao estudo da sociedade por meio de alguns protocolos e métodos. Métodos estatísticos eram um deles. Aqui, Moore (1996, p.11) amplia as observações de Foucault. Se a noção da arte de governar enquanto meio de administrar as populações emergiu na Europa entre os séculos XVI e XVIII, foi também nesse intervalo temporal que a família (bem como o patriarcado) enquanto modelo de governo desapareceu. Em seu lugar, havia um novo entendimento da organização interna, amparada, na expressão de Foucault, na estatística enquanto ciência do Estado.

Não há novidade alguma em observar que os métodos estatísticos atuais desenvolveram-se em reação à abertura do

Parentesco, direito e o inesperado

mundo para a intervenção burocrática – depois dos comerciantes, os administradores – e às necessidades do administrador em conhecer as populações que controla. O ponto central sobre a estatística é que ela repousa na suposição de que o conhecimento é gerado ao se juntar distintas informações e então medir o grau das relações de umas com as outras. A procura sistemática por correlações entre entidades foi o resultado.[13] Descombes retrata a consequência para a ciência social:

> Os sociólogos inspirados pelo positivismo imaginam que, para serem científicos, devem curvar-se às regras do que chamam de "método naturalista": o trabalho científico consistiria, assim, em coletar dados, preferencialmente quantificáveis, e procurar correlações entre eles. (2000, p.39)

Tais dados são entendidos como elementos individuais do mesmo modo como as pessoas poderiam ser pensadas como indivíduos e a sociedade poderia ser definida como as conexões entre eles (SCHLECKER; HIRSCH, 2001, p.71). Isso conduz às inumeráveis questões acerca da definição da unidade de comparação (STRATHERN, 1991), mas, apesar disso, acredita-se que reflete uma abordagem científica. Há aqui, portanto, um sinal direto e *explícito* da influência da "ciência" nesse tema.

---

13 Criticado por Dumont, cujo argumento era de que a ciência social enganava-se ao pensar que deveria procurar por correlações ou mecanismos, e não coerência intelectual; não deveria almejar ser uma ciência causal, mas, sim, o estudo de relações significativas: "Para Dumont, estudar um sistema social é estudar uma forma de mente" (DESCOMBES, 2000, p.40). Descombes enfoca o papel da "mente" para criticar esse posicionamento.

Marilyn Strathern

A correlação pode ser encarada como um significativo passo à frente na busca por relações causais. Demonstrar relações causais – cuja verificação se dá por meio da predição do resultado – é outra característica distintiva do método científico. Não obstante, a ciência – e isso tornou-se particularmente verdade no que diz respeito à ciência social – não precisa dessa abordagem para reconhecer a força da correlação. Já é um feito por si só demonstrar que dados de diferentes domínios encaixam-se entre si.

Agora, independentemente das crenças pessoais dos profissionais, o mundo material e apreensível do século XVII tornou-se concebível como um sistema autoverificável (daí o atrativo dos mecanismos autorreguladores e do moto-contínuo – por exemplo, Crook, 2004). Se ele funcionava sem que alguém tivesse de procurar por uma causa ulterior, só poderia funcionar de acordo com seus próprios termos. A ideia de entidades existindo sob seus próprios termos foi replicada nos elementos que compunham o mundo natural – ou social –, isto é, os elementos entre os quais buscavam-se conexões. Se uma meta era colocada entre dados de diferentes domínios, então a própria independência desses domínios entre si tornava-se prerrequisito para determinar a covariação ou a correlação; isso se tornou o "problema de Galton" (JORGENSEN, 1979). As relações evidenciavam-se na medida em que os elementos em relação seriam, caso contrário, autônomos. Em suma, elementos aparentemente únicos no mundo poderiam ser explicados pelo modo como impactaram-se mutuamente ou conectaram-se uns aos outros de maneira variada, e o que a ciência determinava e descrevia seriam as relações entre eles.[14] Realmente,

---

14 A religião revelou o relacionamento entre homem e Deus. A ciência inventou, com muito esforço, um universo autorreferente. (Sou

Parentesco, direito e o inesperado

um não se explicava por nada além do outro e vice-versa, e o conhecimento vinha de nada menos do que a demonstração de inter-relacionamentos.

Podemos encarar o esforço para demonstrar conexões ao relacionar fatos até então não relacionados como algo que envolve a criação ou a invenção de novos tipos de relações, novos sistemas de classificação, por assim dizer, que ligam fenômenos já conhecidos de outras maneiras. Tais instrumentos de descrição transformam conexões hipotéticas em conexões reais, estáveis (LAW, 1994). No entanto, relacionar entidades aparentemente independentes umas das outras (inventar as relações que as conectaram) é só metade da empreitada científica. A outra metade tem a ver com descobrir, desvelar relações já existentes. No que diz respeito a elucidar a sociedade, talvez a preeminência das ciências sociais nessa esfera (da descoberta) signifique que associações entre esse aspecto das ciências da natureza e o desenvolvimento das ciências sociais tenderam a continuar *implícitas*. Essa é a segunda parte da resposta.

Ziman (2000, p.5, grifo no original) observa que há muitos modos de conhecimento: "O que faz que um modo específico seja o *científico?*". Ele resume a velha resposta na expressão "naturalismo epistemológico". A ciência é um sistema complexo, com vários elementos em interação, sendo ela

---

grata às discussões com Alan Strathern nesse ponto, o que não o faz responsável por minha interpretação delas.) Fara (2003, p.20-21) descreve a dor do rival de Lineu que "tentava descobrir a planta original de Deus para o universo e [...] acusou Lineu de escolher [inventar] um projeto arbitrário, em vez daquele divinamente ordenado". (Evidentemente, seu sistema de classificação tornou-se, em seguida, uma taxonomia embasada por descobertas posteriores.)

Marilyn Strathern

mesma um modelo de tais inter-relações. Embora ele espere por um novo modelo (não epistemológico, talvez possivelmente "do mundo e da vida"), para os presentes propósitos satisfaço-me em elucidar aspectos do velho. Com isso, refiro-me à ciência que expressa um mundo compreendido em seus próprios termos. Se relacionar fatos até então não relacionados envolve a invenção de novos tipos de relação, então mostrar ou desvelar como cada fato já é parte de tudo o mais, já previsível ou passível de definição por meio da coerência interna das relações já existentes, soa mais como descoberta.

A outra metade da empreitada científica, então, é especificar os elementos codefinidores em um sistema internamente coerente que fornecerá uma descrição de todo elemento como parte do próprio sistema – como alguém pode (literalmente) imaginar a tabela periódica ou o modelo do DNA –, criando, portanto, a noção de "ordenamento" de tipos. O conhecimento virá do fato de se especificar o que pertence e o que não pertence ao sistema. O sistema implica seus próprios cânones de verificação. A ciência aqui consiste em um circuito de sinais inteligíveis que se reforçam mutuamente – um modo de perceber seu campo, do qual os cientistas do século XIX estavam particularmente cientes (BEER, 1996). Isso não significa que o circuito seja englobante de tudo e todos ("Os paradigmas científicos nunca são epistemologicamente completos ou coerentes" – ZIMAN, 2000, p.198), mas significa que as definições são indissociáveis umas das outras. Nêutrons, elétrons, pósitrons – esses termos devem se sustentar mutuamente.[15]

---

15 E distinções entre elementos que participam da construção um do outro são estimuladas (LAW, 1994) por outras distinções. É

Parentesco, direito e o inesperado

Sistemas de classificação aparecem sob uma nova chave; não como invenção dos cientistas, mas, uma vez preenchidas as lacunas, como meios para se descobrir o que se sabe existir, mas ainda não foi revelado.

Pois bem, essa é, por assim dizer, uma abordagem do mundo com a qual as ciências sociais se familiarizariam (e ecoa a crítica político-econômica a economistas clássicos). Ela vem de uma crítica à primeira visão, que, transladada para a órbita da vida social, enxergava a sociedade como ligações entre indivíduos – entidades que, de outra forma, seriam independentes umas das outras. A crítica é que a compreensão das relações sociais como existentes entre indivíduos seria uma mistura de lógicas. Por definição, indivíduos excluem relações. Relações só podem existir entre *relata* – elementos da relação. Em vez de as relações serem vistas como *conexões* entre coisas, aqui as coisas já estão em relação, isto é, *coimplicadas* umas nas outras.

O contraste foi posto em prática com grande força na antropologia social entre funcionalistas estruturais e estrutura-

---

apropriada a escrita de Barry (2001, p.171-2): "A produção da informação científica envolve um duplo movimento. De um lado, a produção do conhecimento é um ato criativo. A realidade não é meramente refletida nas formas de informação ou conhecimento: ela é criativamente trabalhada e nela criativamente se atua [um movimento dentro do movimento] [...]. Segundo, para um novo objeto de informação [...] ser produzido, ele deve se sustentar e circular. Isso depende necessariamente não apenas das técnicas e dos procedimentos científicos, mas também de negociações políticas e barganhas, auxílios governamentais, [...] um vasto e crescente arranjo transnacional dos recursos e dos acordos técnicos, políticos e econômicos".

Marilyn Strathern

listas em meados do século XX.[16] Por um lado, supunha-se que a aliança, como encontrada nas relações estabelecidas por meio de casamentos, repousaria nas conexões que as pessoas criariam entre grupos sociais autônomos definidos por critérios independentes, como consanguinidade ou descendência. Por outro lado, objetava-se, a possibilidade de tais conexões já estaria implicada na própria definição de grupos como doadores e receptores de esposa uns dos outros. Ao invés de serem criadas no esforço de fazer conexões, suas relações coimplicadas são vistas como inerentes ao modo como as entidades são classificadas, uma precondição de sua existência.

Não obstante, o que parecia óbvio para os estudiosos da sociedade poderia ser ilusório como objeto de análise. Como verificar tal coimplicação? A relacionalidade como precondição torna-se ilusória ao se tentar atribuí-la a qualquer estado mental preexistente ou a características coletivas das pessoas e sociedades. Descombes (2000), assumindo a proposta de Winch (1958), de que o mental e o social são "dois lados da mesma moeda", vê a precedência dessa proposta nos esforços de Durkheim de elucidar representações coletivas:

> Não se pode mais perguntar se tal ou tal forma de representação (por exemplo, o conceito de espaço ou de causalidade) pertence a uma consciência individual ou a uma consciência coletiva. Mas é possível perguntar em qual mundo social as pessoas podem formar tal conceito. E, então, inverter a questão:

---

16 Edmund Leach (1976) retomou parte desse debate em seu contraste entre as suposições de Radcliffe-Brown e as de Lévi-Strauss.

Parentesco, direito e o inesperado

que conceitos alguém deve possuir para tal relação social se estabelecer? (DESCOMBES, 2000, p.39)

Ele conclui com o exemplo da propriedade.[17] O conceito postula uma relação social entre possuidores e não possuidores. Nesse sentido, a ideia de propriedade é uma "representação coletiva", uma vez que a ideia e a relação social que ela encarna são dependentes uma da outra. O ponto mais geral a se destacar do argumento é que relações existem "internamente", enquanto elementos de um sistema já descrito pelas relações que o constituem; é, nesse sentido dumontiano, holista (auto-organizado). A precondição da relacionalidade torna-se muito óbvia (autoevidente) em uma esfera, encontrada em um quinhão pouco usual da antropologia. Radcliffe-Brown e os estrutural-funcionalistas – que, segundo seus críticos, falharam em compreender os delineamentos dos grupos de descendência ou de elementos míticos – notaram brilhantemente a preponderância das relações nas análises de terminologias de parentesco. Foi nesse contexto que antropólogos sociais insistiram em "pessoa" (ao invés de "indivíduo") como termo analítico, pois a pessoa já era um elemento de um relacionamento social, já era uma *relata*, uma função do ato de relacionar. Realmente, era possível falar em *sis-*

---

17 Seguindo o trabalho de Gilbert (1989), ele usa, anteriormente, o exemplo de um jogo de duplas de tênis: não se pode confundir os agentes individuais que compõem os adversários com o agente coletivo social formado por dois jogadores que compõem um time. As ações sociais sempre dependem de parcerias. Sob um olhar mais atento, o exemplo não ajuda tanto; afinal de contas, há um sentido no qual todos os jogadores, não apenas as duplas, engajam-se, em uma busca comum que os define como partes desse todo.

Marilyn Strathern

temas de parentesco, que compunham uma "unidade complexa", ou, mais genericamente, de uma *estrutura*, que constituía "um arranjo de pessoas em relacionamentos controlados ou definidos institucionalmente, como o relacionamento entre rei e súdito, ou" – segue-se, rapidamente, a analogia ao parentesco – "entre marido e esposa" (RADCLIFFE-BROWN, 1952, p.53, 11). De maneira paradigmática, ser um pai ou uma mãe implica um relacionamento com a criança. Aqui está a evidência da coimplicação: entidades em um estado de definição mútua. As relações sobre as quais escrevo existem em sistemas de conhecimento desenvolvidos pela ciência. Eu disse que a relação permanece a problemática e o problema da antropologia. Sua elucidação toma caminhos divergentes. A comparação explícita com a ciência foi possível graças à suposição positivista de um mundo feito por entidades discretas, entre as quais haveria conexões a fazer. Ao mesmo tempo, o tipo de sistema fechado que as terminologias de parentesco sugeriram aos antropólogos, a matriz da definição mútua de termos coimplicados entre si, evoca uma comparação – que continua fortemente implícita – com o segundo conjunto de suposições científicas, no qual as relações esperavam ser descobertas. Mas o que o observador euroamericano (incluindo o antropólogo) imagina que seja produzido por tais exercícios relacionais?

Viveiros de Castro recupera um contemporâneo de Durkheim, Tarde,[18] que questiona: "O que é a sociedade? De nosso ponto de vista, ela pode ser definida como a posse recíproca, sob formas

---

18 *Monadologie et sociologie*, 1893. (Traduzido por Eduardo Viveiros de Castro, que me confiou o trecho após a leitura do que se tornou o Capítulo 6 deste volume; em comunicação pessoal, 2002.)

Parentesco, direito e o inesperado

extremamente variadas, de todos por cada um". As entidades não são nada mais, nada menos do que a soma total de suas posses recíprocas. Isso pode acontecer por meio da busca por conexão ou da descoberta de um estado prévio de relacionalidade. De qualquer modo, quero incorporar essa suposição aos *insights* do próprio Viveiros de Castro, de que a marca da filosofia modernista é a "conversão de questões ontológicas em questões epistemológicas" (1999, p.S79). Ele escreve que os antropólogos euroamericanos "insistem em pensar que, para explicar uma ontologia não ocidental, deve-se derivá-la de (ou reduzi-la a) uma epistemologia" (1999, p.S79, grifos omitidos), isto é, de uma preocupação com representações, com como as pessoas tornam as coisas conhecidas para si mesmas. Um exemplo é a concordância de Radcliffe-Brown (1952, p.7) com a ciência natural, "a base da ciência é a classificação sistêmica". A classificação é compreendida como uma questão epistemológica para o observador (como alguém organiza a informação) e uma questão cognitiva para o informante (como alguém entende). De ambos os pontos de vista, o conhecimento é tanto o fim quanto os meios.

Se alguém pergunta o que estimula o fervor epistemológico, uma resposta poderia ser encontrada na máquina de moto-contínuo, a ferramenta criada pela ciência a partir do duplo da "relação".[19] Seus dois tipos de relação são simultaneamente

---

19 Máquina de moto-contínuo a partir de Crook (2004). O Iluminismo tornou isso explícito: "A filosofia natural teve de ser sustentada por ideias sobre como era possível *conhecer* a natureza" (grifo meu), e as pessoas estavam preocupadas com "as relações entre o homem e a natureza, a possibilidade de conhecimento do mundo exterior e [...] a melhor maneira de organizar tal conhecimento" (OUTRAM, 1995, p.50, 48).

Marilyn Strathern

sobre criar conexões (entre coisas) e sobre a coimplicação prévia de tudo com tudo (as coisas já conectadas). Essas duas visões divergentes (se é que estão relacionadas) da relação e, portanto, dos modos de relacionar (-se), capazes de convocar sólidas posições teóricas, são potenciais fontes de críticas uma da outra. O positivismo desenvolve-se junto com sua crítica.[20] Ambos são consequências – quer manifestamente, quer não – do pensamento científico na medida em que colocam o "conhecimento" na linha de frente do esforço relacional e podem imaginar diferentes maneiras de abordá-lo.

Mas o que está parcialmente explícito, parcialmente implícito no que diz respeito às preocupações da disciplina antropológica é completamente implícito quando se trata da segunda arena, um segmento da "vida comum", sobre a qual traçarei considerações. Quis sugerir modos como o pensamento científico está incrustado no pensamento euroamericano sem necessariamente ser reconhecido *como* científico. Se ele (o pensamento científico) está realmente implícito na noção divergente de relação aqui esboçada, onde mais podemos encontrá-lo?

---

20 Um exemplo do debate que parece seguir esses contornos, que eu obviamente não tenho intenção de julgar, foi relatado por Israel (2001, p.249-51). Diz respeito a visões conflitantes sobre as leis do movimento; a visão de Espinosa confrontou-se com a da maioria: Descartes, Locke e outros. Eles pensaram o movimento como externo à matéria, introduzido no mundo material por Deus; Espinosa também sustentou ser Deus a principal causa do movimento, mas, ao mesmo tempo, o considerou como inerente às coisas, e as únicas diferenças entre corpos individuais repousariam na proporção do movimento e repouso que eles evidenciariam. Tudo é um equilíbrio de pressões contrárias.

O parentesco desvelado

Deixe-me lembrá-los da questão: por que uma abordagem *relacional?* Esbocei, muito rapidamente, algo sobre a natureza provocadora da questão para o modo como os antropólogos sociais empenham-se em sua disciplina. A disciplina não é o tipo de representante (CALLON, 1986) da "sociedade" em que a maioria das pessoas pensaria em primeiro lugar, e prometi outro campo onde encontraríamos a ciência já "na" sociedade. Não obstante, tem sido útil iniciar com o conhecimento acadêmico porque as preocupações que dominam o segundo campo não são tão diferentes. Refiro-me ao que a CGH concretizou, no Reino Unido, como microcomunidade, embora enfatizando menos a família e mais o parentesco. Refiro-me a como as pessoas pensam em seus parentes e como interagem com eles.

Dado seu caráter banal no mundo cotidiano no qual euroamericanos vivem, o parentesco é um candidato inesperado somente como o são os objetos de arte de Gell; se os objetos de arte não estão onde se espera encontrar relações sociais, o parentesco não está onde se esperaria encontrar ciência. Estaríamos procurando por uma noção de relação específica, divergente. Inspiro-me aqui em um exercício anterior, e peço perdão por refratar o pensamento euroamericano por meio do parentesco inglês.

Por um lado, a individualidade das pessoas é o primeiro fato do parentesco inglês, isto é, de um relacionamento (entre parceiros de procriação) nasce uma única entidade de uma ordem completamente diferente, cuja identidade é apenas parcialmente afetada por relações de parentesco. O parentesco (entre

Marilyn Strathern

outros conjuntos de relações sociais) é, portanto, entendido como algo que diz respeito ao indivíduo e, ao mesmo tempo, está acima dele. Os papéis de parentesco evocam a parte relacional do indivíduo (STRATHERN, 1992a, p.14, 78). A língua inglesa coopta o termo "conexão" [*connecting*] para tratar dessas relações. As conotações do termo fornecem ao parentesco inglês seu molde sentimental – a relacionalidade predicada na absorção da diferença pela comunalidade e comunhão [*togetherness*] (VIVEIROS DE CASTRO, 1999, p.S80) – e postulam os contatos como conexões entre indivíduos discretos. Mas, por outro lado, onde alguém encontraria o análogo a relações já coimplicadas umas nas outras?

Vimos que os termos de parentesco forneceram à antropologia social britânica um modelo de elementos mutuamente codefinidos, coimplicados. Esses sistemas de parentesco estavam sendo estudados em partes do mundo, na maioria dos casos de fora da órbita da revolução científica. A ciência estava longe de ter inventado parentes recíprocos que se definem mutuamente! No entanto, talvez seus hábitos de pensamento, *seus modos de conhecer*, tenham estimulado o pensamento divergente que permitiu aos antropólogos desvelar o fenômeno em outros lugares. Trata-se, de modo perverso, da característica de sistemas de parentesco não euroamericanos frequentemente muito mais bem desenvolvida terminologicamente do que o é, digamos, no inglês. O inglês tem recíprocos conceituais, como pai/mãe-filho/filha, mas, com exceção de "irmão" e "irmã" (para pessoas do mesmo sexo) e "primo/prima" [*cousin*], tem poucos recíprocos terminológicos. Pelo contrário, algo diferente acontece. Sugiro que um análogo às coimplicações encontradas em classificações de parentesco em outros lugares emerge em

Parentesco, direito e o inesperado

um campo que, aparentemente, em nada relaciona-se com o parentesco – aquele que os nativos chamam de *classe*.[21] Nada é tão simples, claro, e a classe social (no sentido nativo) existe não apenas como um anexo ao parentesco, mas também como um domínio divergente, se é que relacionado, da ação e do pensamento em si mesmos. O modo como a classe é considerada ou tratada replica o mesmo contraste entre dois tipos de relações que impulsionam a aquisição e a validação do conhecimento. Vimos isso em funcionamento nos sistemas de classificação.[22] Então, embora a classificação de parentesco (na elucidação antropológica de modelos nativos) pareça ser o lugar onde os antropólogos tradicionais perceberam a relacionalidade como uma questão de *coimplicação*, em outras esferas

---

21 Uma conexão merográfica (também de Strathern, 1992a). (Eu imaginaria fenômenos similares em outros contextos euroamericanos, mas não necessariamente sob a forma de classe.) Nesse modelo, as ideias inglesas sobre relações de parentesco são *sempre* modificadas por outros elementos, não relacionados ao parentesco. (Para uma brilhante aplicação da conexão merográfica ao campo do diagnóstico pré-implantacional, ver Franklin, 2003; para um igualmente brilhante esclarecimento concernente à prática etnográfica, ver Schlecker e Hirsch, 2001.)

22 No Iluminismo, "taxonomia" era "o princípio organizativo para *toda* atividade intelectual" (FOUCAULT, *As palavras e as coisas, apud* OUTRAM, 1995, p.48, grifo no original). Segundo Ziman (2000, p.120, notas omitidas, grifos meus): "Algo como o sistema de Lineu tornou-se necessário no século XVII para lidar com a diversidade em escala mundial de novos locais para espécies biológicas similares – muitas vezes, a mesma. Embora projetada sobre descrições de "similaridades familiares", e não propriedades mensuráveis específicas, esse sistema permitiu aos naturalistas identificar os sujeitos de suas observações *uns em relação aos outros* e, assim, trouxe ordem à biologia".

Marilyn Strathern

– como naquelas em que os antropólogos comparam "sociedades" – a classificação poderia assumir o caráter de *conexão* entre entidades discretas, individuais, exemplificando a criatividade do autor na análise.[23] Essa é também minha hipótese sobre a classe. Imagino se é possível perceber antecedentes do início da época moderna no modo como a classe combinou-se com o parentesco.

Em primeiro lugar, conexões: a classe reforça a visão positivista do parentesco como uma rede de relações. As metáforas, aqui, são as de associação, como teias de conexão através das quais os indivíduos movimentam-se. Não estou ciente do que acontecia no século XVII em termos de formação de parentesco. Mas, em paralelo com o que aprendemos sobre as sociedades do século XVII com relação à validação do conhecimento (SHAPIN, 1996, p.133),[24] o século XVIII inglês está repleto

---

23 E, realmente, essa característica também apareceu na abordagem da antropologia social sobre as classificações de parentesco, como quando funcionalistas estruturais foram censurados por, afinal de contas, lidarem com unidades discretas. Na verdade, eles simplesmente não foram longe o suficiente; eles podiam ver o irmão da mãe como coimplicado na definição da mãe, mas não estenderam essa ideia – como o átomo de parentesco de Lévi-Strauss fez – aos relacionamentos entre afins e consanguíneos. Leach (1976) condenou a obsessão dos funcionalistas estruturais em comparar sociedades enquanto unidades.

24 Shapin (1996, p.127, grifos omitidos) observa que, nos séculos XVI e XVII, "cada vez mais *gentlemen* tornam-se ávidos consumidores de um corpo de conhecimento reformado. A literatura da prática ética exortava os *gentlemen* a encarar o conhecimento como um auxílio à virtude e à civilidade". Fara (2003, p.57-8) recorda uma das intensas sociabilidades que transpassava os círculos científico, literário, diplomático e artístico na Londres do século XVIII.

Parentesco, direito e o inesperado

de parentes (em relação) atestando o *status* de sua associação um com o outro – literalmente, a "sociedade" que mantinham (HANDLER; SEGAL, 1990). Na verdade, o modo como os fatos científicos eram julgados, o que se reivindicava e o que carregava autoridade, localizava-se, em parte, nas conexões pessoais do cientista (SHAPIN, 1994).[25] Não havia um molde de parentesco específico dos esforços para se estabelecer procedimentos de verificação da informação científica e, portanto, de como "conhecê-la", mas havia suposições sobre a qualidade do *gentleman* da ciência com claras nuanças de classe: quem era admissível como conhecido social e cujo trabalho, por conseguinte, tinha credibilidade.

O século XVIII foi, assim, o momento em que, fora da esfera dos tribunais, as classes médias desenvolveram suas próprias regras para verificar o que era socialmente admissível. Quem contava como "um contato" [*connection*]? Àqueles que hoje o inglês chamaria de "parentes" frequentemente referia-se como contatos. Essa foi também a época em que uma distinção crucial surgiu entre contatos e a família (HANDLER; SEGAL, 1990, p.32). Handler e Segal argumentam que tal distinção capturou a distinção entre o que era feito pelo homem – ou construído – e o que era natural. *Contatos*, por um lado, eram mutáveis, criados, inventados naquele sentido, tornados socialmente conhecidos por meio de estratégias de reconhecimento. *O natural*, por outro lado, era encontrado na certeza dos laços de sangue e era passível de

---

25 Sobre a observação como empreitada coletiva, ver o relato do percurso do cometa de 1664 pelo país (SHAPIN, 1994, p.268): "A estabilidade social do conhecimento científico é um indicador razoável de sua objetividade" (ZIMAN, 2000, p.6).

Marilyn Strathern

ser descoberto, o que pode ter gerado muito drama devido a fatos bem-vindos ou indesejáveis – quando pessoas já conectadas por relações íntimas passam a saber-se "família". Ainda assim, aqui também reaparecem divergências na apreensão das relações. Isso porque, visto de fora, era o conceito de família – um termo que o dicionário Johnson usava para classe, tribo ou espécies (HANDLER; SEGAL, 1990, p.32) – que também evidenciava a distinção paradigmática entre unidades naturalmente individuadas e as conexões passíveis de serem feitas entre elas.[26] Retornarei a alguns desses pontos no Capítulo 3. A noção de família havia passado por mudanças sem as quais não poderia ter sido apropriada dessa maneira. Ao longo da Europa dos séculos XVII e XVIII, as famílias passaram a obter uma associação ambígua com a unidade doméstica, que, anteriormente, continha tanto pessoas aparentadas como não aparentadas. O principal índice foi a "casa" (o significado original de *familia*). Mas as classes médias urbanas tinham unidades domésticas [*households*], e não (grandes) casas. Uma vez que a ideia de unidade doméstica estava separada da ideia de casa, ela poderia abranger unidades menores de pessoas já relacionadas entre si enquanto parentes, "relações de sangue"

---

26 E a ideia de *classe* enquanto unidade analítica, como em classificação, pode aparecer desse segundo modo. Leach (1976, p.15) critica o tratamento de Radcliffe-Brown: "toda a discussão enfoca a separabilidade natural de classes de objetos reais", um argumento que conduziu Radcliffe-Brown a definir as sociedades como ilhas, "sistemas conceitualmente isolados". Leach louvou os apreciadores da ideia de que "o modo como cortamos o bolo empírico para propósitos analíticos é uma questão de conveniência, e não algo dado pela natureza" (1976, p.19).

Parentesco, direito e o inesperado

(MITTERAUER; SIEDER, 1977, p.7-10 *passim*).[27] As pessoas estavam se reclassificando no que dizia respeito tanto às suas identidades dadas quanto às relações por elas criadas. Em segundo lugar, coimplicações: sugiro que a classe social forneceu uma segunda maneira de pensar as relações. A classe era semelhante ao sistema; era englobante, holista. E trabalhava com um significado diferente de família, especialmente como o principal determinante do *status* de alguém. Com essa inflexão de classe, a família era, por assim dizer, a contrapartida holista de uma rede de conexões entre indivíduos. A classe fixava as pessoas. Porquanto as classes eram fixas, imóveis (eram os indivíduos que se movimentavam), elas eram totalizantes; tudo sobre o comportamento, estilo, sotaque e educação formal de alguém desvelava a classe a que o indivíduo pertencia antes de desvelar sua família. Certamente, no que concerne à classe média, o modo como as pessoas viviam suas vidas enquanto membros de uma família evidenciava e criava o meio social da classe média. Ao mesmo tempo, estava-se naturalmente em casa quando se estava na própria classe. Houve, inclusive, por um tempo, uma ideologia que traçou paralelos com o modo como as populações se dividem naturalmente (classes percebidas como sistemas naturais).

---

27 E os nomes das casas foram substituídos por números, bem como ocorreu com as ruas (na Inglaterra, entretanto, os sobrenomes fixaram-se por um longo tempo). Esses conceitos uniram-se ao de "comunidade de descendência" ou linhagem, que tinha sua própria história (HANDLER; SEGAL, 1990, p.32; MITTERAUER; SIEDER, 1977, p.10). Macfarlane (1986) inicia com a apresentação de um fascinante relato dos impedimentos que classe ou posição social outorgavam ao casamento, e este, por sua vez, revirava hábitos associativos outrora estabelecidos.

Marilyn Strathern

Essa dimensão relacional foi um fenômeno de que os atores envolvidos estiveram intensamente cientes, a saber, a posição relativa das classes e de gradientes intraclasses com refinados detalhes de discriminação. Em última instância, a questão acerca da posição ocupada por alguém em relação a outras classes *e* à sua própria é que era totalizante. Muitas atividades de classe exigiam o correconhecimento, isto é, protocolos indicando com quem alguém se havia preparado para se associar e, como se dizia à época, as possibilidades de ascensão e queda dos indivíduos. No entanto, as relações entre classes eram tidas como dadas.

Há pontos aqui que interessam ao pensamento contemporâneo sobre o parentesco, como o consagrado impasse entre o individualismo e seus críticos. Previsivelmente, as questões divergem. Por que a relacionalidade é, tão desajeitadamente, um objeto de exortação (um constante tema para (re)invenção)? Por que ela não é pressuposta (apenas à espera de ser descoberta)? Por que os euroamericanos precisam dizer a si mesmos – e vimos a Comissão de Genética Humana fazendo exatamente isso – que eles deveriam *reconhecer* quão relacionados eles estão? Finalmente, apesar das semelhanças entre sistemas de parentesco euroasiáticos e em toda a Europa, correlacionados com todos os tipos de valores concernentes à propriedade, agricultura e daí em diante, há um forte sentimento de que as sociedades do Norte europeu e da América do Norte e suas ramificações possuam comunalidades mais acentuadas. Talvez possamos construir o parentesco como um caso em que, há muito tempo, a ciência se incrustou na sociedade, e a sociedade, na ciência. A ciência não apareceu no mar como uma ilha. Modos de conceitualizar suas descrições e

Parentesco, direito e o inesperado

exigências foram emergindo por meio de empréstimos de outros domínios da vida (ZIMAN, 2000). Certamente, sabemos que os evolucionistas do século XIX olhavam para as conexões entre indivíduos (genealogias) para falar sobre as conexões (classificações) entre coisas e criaturas não humanas (BEER, 1983). Havia um sentido segundo o qual o parentesco supria condições prévias para certos modos de pensamento científico? Podemos arriscar dizer que se a ciência, por sua vez, inspirou-se no parentesco, ela também o modificou? Quando Viveiros de Castro fala do deslocamento da ontologia pela epistemologia, faz uma declaração mais comparativa do que histórica. Quero acrescentar que, quaisquer que sejam os fundamentos epistemológicos da história da Europa, vivemos, hoje, um tipo específico de epistemologia. Podemos chamá-la de científica, se assim o quisermos. Ela transforma o parentesco em um artefato do conhecimento, e em seu cerne está a possibilidade de conhecimentos – antitéticos, em paralelo ou em combinações – oriundos de mais do que uma única fonte. E, com isso, aparecem diferentes modos de verificar conexões entre pessoas. Na organização desse conhecimento, os euroamericanos possuem, digamos assim, um sistema científico de parentesco.

Aviso

"Não há nada comparável à Revolução Científica." Shapin mal terminara de proferir essa frase e, ao referir-se a seu trabalho de mesmo título, acrescenta, "e este é um livro sobre isso" (1996). Não havia evento, no século XVII, que não estivesse sob essa rubrica (a frase foi cunhada, aparentemente,

Marilyn Strathern

nos anos 1930),[28] nenhum corpo integrado de conhecimento que pudesse ser agrupado e designado como "ciência"; e, ainda mais fundamentalmente, se alguém se atentar ao que as pessoas realmente faziam ou diziam, a ciência não passava de uma ampla gama de pensamentos e práticas com trajetórias locais próprias, no contexto de um público genérico que era amplamente ignorante, indiferente ou cético. Ao mesmo tempo, fica claro que os precursores dos cientistas trabalhavam de uma maneira que tinha efeitos desproporcionais em relação ao que acontecia na época, ganharam força desde então e são de grande relevância para o presente. Um antropólogo pode formular de maneira diferente: ser incapaz de ver de perto o que parece extremamente visível de longe é uma questão de incomensurabilidade de escala.

Pois há uma questão referente a como validar meu argumento. Tenho especulado sobre fenômenos sobre os quais não posso produzir quase nenhuma evidência do tipo com que estão acostumados a lidar os antropólogos: fatos observados em campo, o permanente caso etnográfico. Não estão em questão, neste relato, as simplificações, mas, sim, saber que tipo de material seria qualificado o suficiente para ratificá-lo. Pode ser impossível encontrar detalhes históricos suficientes

---

28 Embora a noção de mudança radical estivesse emergindo então, Shapin (1996, p.3) escreve: "O início de uma ideia de revolução na ciência data dos escritos dos filósofos iluministas do século XVIII que gostavam de se retratar [...] como radicais", conquanto já houvesse especialistas no século XVII que "identificavam *a si mesmos* como "modernos" em oposição aos "antigos" modos de pensamento e prática" (1996, p.5, grifos no original). Ver Outram (1995, p.48-9).

Parentesco, direito e o inesperado

da ordem apropriada para fundamentar o que estou sugerindo sobre as características do cálculo de parentesco euroamericano e a imaginação científica, ou mesmo sobre a validade do euroamericano com configuração cultural enquanto tal. Na medida em que indivíduo e pessoa são fenômenos pertencentes a distintas ordens de descrição, poderíamos também afirmar que, ao reunir diferentes ideias sobre relações, eles existem em diferentes escalas. Concomitantemente, os dados são de uma escala diferente da dos modelos que venho descrevendo.

Eis o quebra-cabeça caótico: os pés parecem tocar a terra, mas amplie-os bastante e você encontrará convoluções e denteações na superfície que se repetem nas ampliações até que pareça que nada mais está tocando coisa alguma. A descrição de um organismo é relegada a segundo plano em vista das características moleculares de seu genoma. O que caracteriza uma população não necessariamente caracterizará um indivíduo que a compõe, e assim por diante. Essas são máximas antigas, e o são também na antropologia. Nem a sociedade de Durkheim nem a estrutura de Lévi-Strauss poderiam ser vistas no específico. Todo o argumento de *O suicídio*, conforme Durkheim expõe sua descoberta, era que as razões individuais não eram formas diminutas de razões coletivas; o ponto de distinção entre modelos estatísticos e mecânicos, que Lévi-Strauss inventou, era que um modelo não poderia ser refutado por material gerado por outro.

Há um outro modo de como o antropólogo pode formular isso diferentemente, e este comentário vem de Hirsch (comunicação pessoal, 2003). As pessoas só podem agir no mundo onde habitam, mas o ímpeto para a ação inclui dimensões imaginadas desta, situações dentro de seu alcance aparente e, portanto, culturalmente viáveis. A formação discursiva de Foucault (1972, p.191-2, "o conjunto total de relações", "um campo

Marilyn Strathern

indefinido de relações") diz respeito a tudo que cria condições de viabilidade. O Capítulo 3 desenvolve este ponto. Por ora, mesmo supondo que nada de minha especulação permaneça ou que os mundos imagináveis não sejam plausíveis o suficiente, as questões sobre o compromisso da antropologia com as relações e os diferentes modos como os parentes classificam suas conexões não desaparecerão tão facilmente; também vêm à tona novamente no Capítulo 3. Para este, um breve comentário acerca do papel do conhecimento em uma faceta contemporânea do cálculo de parentesco fornece uma conclusão.

Voltar ao caso do início, sobre a informação genética, é reconhecer a impossibilidade de existir outra tecnologia mais fortemente baseada no conhecimento do que o teste para descobrir conexões genéticas. Franklin observa:

> o que é "concebível" sobre o teste da amniocentese, ou o rastreamento genético para câncer de mama,[29] ou testes de paternidade, *já está incutido na* concepção de parentesco como híbrido de indivíduo e sociedade, de fatos naturais e culturais. O dilema de "o que fazer de nossos genes" deriva da pressuposição de que eles nos fazem quem somos, inicialmente. (2003, p.74, grifo no original; nota de rodapé adicionada por mim)

O que também está incutido na concepção de parentesco, proponho, é o duplo legado do conhecimento científico. Podemos, agora, precisar melhor essa conexão. Ela já está implicada no que eu disse sobre a dependência do conhecimento cientí-

---

29 Aqui, ela se inspira em duas investigações etnográficas de antropólogos estadunidenses, respectivamente, Rapp (1999) e Finkler (2000), a cujos trabalhos pioneiros presto meu reconhecimento.

Parentesco, direito e o inesperado

fico em dois modos de conceber as relações (o construído e o dado, conexões e coimplicações) e, segue-se daí, dois modos de validar o conhecimento (como invenção e como descoberta). Talvez não seja nada surpreendente que os euroamericanos vejam o parentesco como o lugar por excelência da relacionalidade e, entre antropólogos, cai como uma luva intrigar-se sobre os sistemas de parentesco de outros povos. Ao menos até onde diz respeito ao parentesco inglês, as relações são inerentes à teia de conexões que as pessoas fazem, suas redes individuais; pois é aí que veem muito do que está aberto à invenção, à identificação no sentido do reconhecimento ativo.[30] As famílias recombinantes do Capítulo I deliberadamente forjam relações entre elementos outrora componentes de outras famílias. Ao mesmo tempo, as relações também são inerentes ao reconhecimento (no sentido de desvelamento) de capacidades dadas, laços e características que já conectam as pessoas umas às outras; essas relações, que são passíveis apenas de descoberta, são baseadas na demonstração de relacionamentos existentes.[31] Uma clínica não poderia chamar amigos e parentes para ajudar na doação de

---

30 Finalmente, assim, a sociedade é feita, criada, no sentido positivista. Consequentemente, a sociedade difere de todos os sistemas constantemente produzidos pelos antropólogos enquanto contrapontos nos quais as pessoas aparentemente não têm escolha no que diz respeito àquelas a quem se associam. (O "pai" euroamericano pode ser reconhecido em distintos terrenos, sob exigência, convencionalmente, de instituições sociais como o direito para fixar seus determinantes.)

31 O que fornece a elas sua assim chamada natureza. Desta forma, a natureza difere de todos os sistemas que os antropólogos constantemente produzem como contrapontos nos quais o parentesco "biológico" é aparentemente inventado. (A mãe euroamericana deriva, convencionalmente, da definição de natureza, criada axiomaticamente no próprio processo de dar à luz uma criança.)

Marilyn Strathern

gametas se o laço preexistente não sugerisse obrigações preexistentes, mesmo que o caso transforme parentes velhos em novos. Ambos os casos tomam o conhecimento, se posso formular dessa maneira, como formativo do parentesco. Há muito mais a ser dito acerca do papel do conhecimento na formação do parentesco euroamericano. Altamente relevante para o momento presente é a questão de como noções sobre biologia e genética – um tipo de absorção explícita, secundária da ciência "na" sociedade – provavelmente sobrepõem absorções muito mais antigas e de vários tipos, recuperáveis apenas enquanto dimensões implícitas ou tácitas das práticas de conhecimento. O genoma está disponível para descoberta, mas as informações pessoais derivadas disso fazem as pessoas recorrerem às pressas a seus parentes e contatos, bem como ao direito, na esperança de que a regulamentação possa assentar as velhas questões acerca de quem deve estar informado. Caso contrário, novas regulamentações devem ser inventadas. Isso ocorre com a inflexão que já percebemos; se alguém autoriza outra pessoa a adentrar seu círculo de conhecidos, esta pessoa passa para o círculo dos autorizados a se familiarizar com a informação genética sobre esse alguém.

Agradecimentos

Agradeço a James Weiner e Andrew Moutu por me fazerem ver a questão que precisa ser perguntada. Alan Strathern saberá por que também o agradeço. Sob o título de "Living science" [Ciência viva], uma versão anterior foi apresentada em 2003 nas reuniões ASA Decennial, em Manchester, organizada sob a rubrica *Antropologia e ciência*. Sou grata a Jeanette Edwards, Penny Harvey e Peter Wade por seu generoso convite.

Capítulo 3
Propriedades emergentes

Genealogia, ou os descendentes que tiveram, Artes que estudaram, Atos que executaram. Esta parte da História é chamada Antropologia.

Richard Harvey, 1593, *Philadelphus*.
Primeira entrada do *Oxford English Dictionary* para "antropologia"

Realmente, seria trabalho perdido procurar parentesco entre todas as palavras, se muitas provavelmente não tivessem nenhum. Mas não é o caso; não há palavra que não seja [...] [a] filha de algo...

Richard Trench, 1882,
On the Study of Words

Antropólogos frequentemente gravitam em direção a debates, disputas públicas e até mesmo litígios, momentos marcantes na vida cultural. Isso porque tão interessantes quanto as posições defendidas podem ser os recursos culturais mobilizados pelas pessoas, as narrativas, as alegorias e as imagens convocadas a alistar-se a serviço da persuasão. Um estado de coisas incomum

Marilyn Strathern

torna-se familiar, ou uma situação torna-se vívida por meio de uma analogia com outra; a convicção pode repousar no apelo a velhas ou novas combinações de ideias que podem ser evocadas ou conjuradas. Evidentemente, o que é dito no calor do debate tende a ser uma referência empobrecida do que as pessoas ponderam em momentos menos carregados. Não obstante, um guia pouco confiável a esse respeito pode tornar-se um guia fascinante em outros aspectos. Se pelo menos com o intuito de persuadir, as narrativas, imagens, alegorias e analogias devem, ao menos, comunicar o possível, e o interesse antropológico por esses recursos é um interesse pelas implicações possíveis a partir do dito ou feito para o que os outros dizem ou fazem. É esse mundo possível e potencialmente realizável que os antropólogos abstraem como cultura. Essa não é uma visão idealista; antes, abre os estudos empíricos às potencialidades que as pessoas constroem o tempo todo para si mesmas (e para os outros) e, assim, aos mundos possíveis que informam suas ações no mundo presente.

Ao forçar a linguagem em prol do debate, as pessoas podem impor novas propriedades a velhos conceitos. Embora as arenas nas quais as propriedades emergem não sejam apenas amplas, mas também – e muito frequentemente – inacessíveis ao escrutínio, o debate e o litígio têm, ao menos, a virtude de serem acessíveis. Essas duas arenas fornecem parte dos materiais atuais para a minha exposição, embora eu os apresente com certa cautela.[1] Entretanto, se há uma questão latente para mim,

---

1 Os litígios fornecem uma arena que pode ser frustrante para a análise social, mas fascinante para o entendimento cultural. Advogados são pagos para esgarçar a imaginação – a questão é se seus argumentos terão adesão. (Sobre as capacidades de esgarçar as disputas, ver, por exemplo, os debates do NRT que precederam a legislação britânica sobre embriologia e fertilização [EDWARDS

Parentesco, direito e o inesperado

ela é sobre as propriedades emergentes e as novas reivindicações que vieram do mundo anglófono moderno, em seu início. Isso significa que também faço menção a materiais históricos, sem a pretensão, contudo, de lidar com eles como uma historiadora o faria. A questão é: o que fez a língua inglesa, nesse momento, dotar as palavras "relação" [relation] e "parente" [relative] da propriedade do parentesco, isto é, parentesco por sangue e casamento? Eu não a respondo, mas espero mostrar por que pode ser interessante fazer essa pergunta. As razões começam e terminam no presente. Eu intercalo questões históricas com questões atuais. Esse caminho de vaivém mimetiza, de certa forma, o modo como o parentesco, sob suas diversas facetas, aparece e desaparece como recurso cultural para se pensar sobre outras coisas.

I

Origens múltiplas

Inspiro-me em um antropólogo e advogado que acompanha como a família tem aparecido nos debates jurídicos dos EUA ao longo do último quarto de século. Legisladores americanos

---

et al., 1999; MULKAY, 1997].) No entanto, como acontece com o surgimento de novos elementos de vocabulário ou de interpretação, o nascimento de uma expressão enquanto um conceito ultrajante pode significar pouco; o que é revelador sobre a cultura é como essa expressão passa ou não passa a ser usada de modo geral. Minha apropriação da opinião jurídica como "entendimento cultural" diz respeito à intensidade com que as opiniões escritas dos juízes (a maioria dos materiais aos quais me refiro aqui) são produzidas sob o auspício de que "o que eles escrevem é tido como crítica cultural" (Annelise Riles, em comunicação pessoal).

107

preocupam-se, simultaneamente, com valores tradicionais *e* com novas regras que reflitam mudanças nas convenções. As famílias construídas pelo direito podem tanto ser "comunidades holísticas e solidárias" quanto ser compreendidas como "coleções de indivíduos autônomos fazendo suas próprias seleções, livres para escolher relacionamentos por meio de negociação e barganha" (DOLGIN, 2000, p.543). Dolgin inicia seu argumento com a opinião de um advogado que, em nome de seus clientes, enfatizara o amor que eles sentiriam por qualquer criança nascida para eles, evocando um quadro moral tradicional.[2] Ao mesmo tempo, os pais pretendentes faziam um anúncio ofertando U$50.000,00 por gametas femininos (óvulos) selecionados por conta de características (aguardadas) especificadas em detalhes. Pode-se obter no mercado os elementos necessários para se criar uma criança; depois disso, no entanto, uma vez que um bebê é parte da família, valores de mercado não devem mais irromper e os relacionamentos devem seguir o curso esperado. Talvez devamos simplesmente ver ambas as dimensões em paralelo: uma nova localização para a escolha individual também é uma localização para a expressão de valores persistentes de solidariedade familiar. O anúncio, diga-se de passagem, obteve muitas respostas.

Dolgin escreve sobre determinações de parentalidade em que relacionamentos complicados por doação de gametas e maternidade de substituição levam a disputas. Embora seja possível traçar um caminho por entre processos judiciais que

---

2 Dolgin utiliza *família tradicional* como abreviação para aquilo que emergiu durante os primeiros anos da revolução industrial, uma família "construída como a antítese cultural dos domínios do comércio produzido pela industrialização" (2000, p.524).

Parentesco, direito e o inesperado

mostrem o valor dado pelos americanos aos laços genéticos (DOLGIN, 1990), é igualmente possível mostrar até que ponto o fato e a qualidade do relacionamento são considerados fundamentais. Conhece-se a posição dos tribunais de denegar evidências de paternidade "biológica" e zelar apenas por relacionamentos familiares. Um homem que descobriu não ser o pai biológico e tentou romper laços com seu filho foi restituído ao relacionamento que ele já havia estabelecido: se um "laço pai-filho" foi formado, então "o relacionamento ainda existe para o direito" (2000, p.531).[3]

Mas o que cria uma relação? Embora seja possível deduzir o fato de um relacionamento a partir do comportamento entre pais e filhos após o nascimento, decisões jurídicas também enfatizam a possibilidade de determinações pré-natais voltadas para o nascimento, porém abstraídas do processo de nascimento. As reivindicações não se baseiam na biologia nem no comportamento, mas, sim, em uma condição mental: a intenção dos pais. Dolgin descreve detalhadamente um caso levado em 1998 ao Tribunal de Recursos da Califórnia.[4] Uma criança nascera de um embrião criado por doadores anônimos e gestado, em troca de remuneração, por uma mãe de substituição; o casal original, Luanne e John Buzzanca, divorciou-se, e Luanne solicitou o *status*

---

3 Nesse caso, o tribunal indeferiu a solicitação de teste sanguíneo ou as considerações sobre evidências de DNA; ele baseou-se em fatos sobre o relacionamento. O processo de um pai com reivindicações de direitos parentais pode ser confrontado com o argumento de que uma relação familiar adequada precisa incluir a habilidade de estabelecer um lar com a mãe da criança (DOLGIN, 2000, p.53).

4 *In re the Marriage of John A. and Luanne H. Buzzanca*; sou muito grata a Janet Dolgin por ter me enviado a gravação do Tribunal de Recursos da Califórnia, 10 de março de 1998.

Marilyn Strathern

parental, sob o argumento de que ela e seu ex-marido seriam os pais legítimos. Apesar de haver, conforme Dolgin destaca, seis pais em potencial (o casal divorciado, a mãe de substituição e seu marido, a doadora do óvulo e o doador do esperma), o tribunal concluíra em primeira instância que, segundo o direito, a criança não tinha ascendência.[5] O tribunal de recursos anulou a decisão; a intenção seria suficiente:

marido e esposa podem ser considerados pais legítimos de uma criança após a mãe de substituição ter carregado, em nome do casal, uma criança biologicamente não relacionada com eles [...]. [Uma] criança é procriada porque um procedimento médico foi iniciado e consentido pelos pais pretendentes.[6] (Tribunal de Recursos da Califórnia, 1998 – 72 Cal. Rptr.[7] 2d em 282)

---

5 Não foi possível encontrar nenhum laço biológico entre qualquer um dos pais potenciais e a então menina de três anos. A mãe de substituição (que dera à luz) não era sua mãe "biológica", e, *ipso facto*, seu marido não contava; Luanne não poderia ser a mãe porque ela não havia contribuído com seu óvulo, nem dado à luz; John não poderia ser o pai porque ele não tinha contribuído com nenhum material biológico; os doadores não foram considerados.

6 Argumentou-se isso em pé de igualdade com a atual regra de que um marido que consente com a inseminação artificial de sua esposa torna-se pai por direito: ao consentir com o procedimento médico, o casal colocou-se em posição similar à de um marido de esposa fertilizada por FIV. Note-se, ainda, a referência também a como os pais é que "iniciaram" o procedimento: "Embora nem Luanne nem John sejam biologicamente relacionados com [a criança], eles ainda são seus pais legítimos, dados seus papéis iniciais como aspirantes a pais na concepção e no nascimento da criança (Tribunal de Recursos da Califórnia, 1998 – 72 Cal. Rptr. 2d em 282). No veredito final, os Buzzanca foram declarados os pais legítimos, e a certidão de nascimento, alterada de acordo com a decisão.

7 California Reporter (N. E.).

Parentesco, direito e o inesperado

É o direito que valida a relação, julgando o que pode ser considerado como tal, mas é a intenção dos pais que dá razão a essa decisão.

O reconhecimento da intenção é consonante com a ênfase posta na escolha e no sujeito individual como alguém que toma decisões, em que "a lei reflete e promove uma ideologia de família que enaltece a individualidade autônoma, [considerando] [...] a arena doméstica em termos até então reservados para a vida no mercado" (DOLGIN, 2000, p.542). Ao mesmo tempo, fica claro que estabelecer parentalidades legais estabelece também obrigações. Quando isso é declarado, o relacionamento com a criança tem consequências – especialmente econômicas, nesse caso, dado que o marido divorciado tentava evitar ter de arcar com pensões para a criança. O Estado tem seus próprios interesses em estabelecer a paternidade precisamente porque o relacionamento acarreta responsabilidades; independentemente do modo como a parentalidade é criada, a criança ainda precisa ser cuidada, e alguém deve ser responsável por isso.

Vários argumentos estão se desenrolando ao mesmo tempo, inclusive aquele concernente ao lugar do mercado na feitura das famílias e ao fato de relacionamentos acarretarem responsabilidades. Toma-se como dado o papel da tecnologia médica, que (após Latour) tem alongado as cadeias de circunstâncias, pessoas e eventos necessárias à produção de pais e filhos.[8] Ela

---

8 Biagioli (2003) refere-se à longa cadeia de nomes que acompanha reivindicações de autoria na escrita científica. Na medicina reprodutiva, as possibilidades continuam a crescer. Assim, a tetraparentalidade refere-se à criação factível, via tecnologia, de um embrião com material genético de quatro pessoas (BRAZIER et al. 2000, cap. VII).

111

Marilyn Strathern

alimenta os interesses das pessoas em se vincular e desvincular umas das outras. Realmente, a tecnologia não multiplicaria o número de requerentes ou as bases nas quais as reivindicações podem ser feitas se não fosse pelo modo como as pessoas se apropriam das novas oportunidades.[9] A decisão judicial aqui relatada adicionou outra possibilidade. A criatividade está nos atos mentais, e os "aspirantes" a pais emergem com o poder de criar as crianças.

Neste ponto, dou um salto completo para outra arena; do debate nos tribunais de direito aos debates entre praticantes da ciência, especificamente, da biomedicina. Penso no estudo de Biagioli (1998; 2003) sobre os nomes científicos, como os autores tornam-se vinculados a seus trabalhos. Dentre as orientações do Comitê Internacional de Editores de Periódicos Médicos (ICMJE, na sigla em inglês), direcionadas a centenas de periódicos de língua inglesa, existe agora a exigência de que cada nome presente na linha de assinatura de um artigo "deve referir-se à pessoa *inteiramente* responsável pelo artigo como um *todo* (não apenas pela tarefa que ela desempenhou)" (BIAGIOLI, no prelo, p.23, grifos no original). Trata-se de uma reação a muitas questões, dentre elas a de os

---

9 Não fossem as escolhas a serem declaradas ou as reivindicações a serem feitas, o conceito de tecnologia não teria o mesmo valor que tem na imaginação: tomo como fato cultural a percepção generalizada da "tecnologia" – especialmente quando acompanhada do epíteto "nova" – como uma força presente na vida cotidiana contemporânea. Assim, o juiz Panelli, no caso da maternidade de substituição mencionado adiante (*Johnson v. Calvert*), iniciou com a seguinte observação geral: "Neste caso, expressamos várias questões jurídicas *levantadas* pelos recentes avanços na tecnologia reprodutiva".

Parentesco, direito e o inesperado

autores nem sempre estarem cientes de que seus nomes foram apropriados. Uma série de casos de fraude que questionaram como a responsabilidade estaria distribuída na autoria múltipla incentivou o debate (1998, p.7-8). Também como pano de fundo, o recente crescimento sociotecnológico – os "contextos de pesquisas [biomédicas] cada vez maiores, colaborativos e repletos de capital" (1998, p.6) – conduziu a uma explosão da nomeação autoral. Uma grande quantidade de nomes são colocados em conjunto. Na autoria científica, segundo a descrição de Biagioli, a nomeação múltipla tornou-se a norma. Ser nomeado traz consigo, ao mesmo tempo, crédito e compromisso; aqueles cujas reputações podem lucrar com a publicidade estão também declarando responsabilidade no que concerne ao conteúdo intelectual. Ao menos é assim que as diretrizes do ICMJE esforçam-se para fortalecer o conceito de autoria: enquanto uma declaração de responsabilidade que exige dos indivíduos a escolha de como se vinculam publicamente a projetos específicos. No entanto, as pessoas têm objetado à ideia de que os autores devam responder uns pelos outros. Uma carta dirigida à *Science* em 1997 invoca o que quase poderia ser a família moderna de sujeitos autônomos de Dolgin:[10] "Se, em um casamento, os cônjuges não são tidos como responsáveis pelas ações um do outro, por que deveríamos presumir que colaboradores científicos o sejam?" (apud BIAGIOLI, 1998, p.10). Outros ressaltam

---

10 A individualidade e a escolha, enquanto valores, pareceriam estar por trás *tanto* das diretrizes *quanto* dessa forma de protestar contra elas. Dolgin (cf. 1997) comentou mais de uma vez sobre situações judiciais nas quais os mesmos valores são colocados a serviço de distintos fins.

Marilyn Strathern

relacionamentos preexistentes. De fato, no outro extremo, uma organização adotou um modelo de não escolha: todas as publicações vindas do laboratório têm uma lista padrão que contém os nomes de cada um que contribuiu para a empreitada como um todo.[11]

O que Biagioli ressalta, então, são valores divergentes, não muito distintos dos dois modelos atuais de família americana. Lado a lado com um modelo de autoria está um modelo que (assim como a família tradicional) destaca a solidariedade entre todos os envolvidos na criação do conhecimento. Pois nem todos os cientistas concordam que a autoria deva se restringir à contribuição intelectual – defensores de um modelo corporativo incluiriam uma diversidade de trabalhadores científicos.[12] Uma solução, assim, bastante diferente é a proposta de substituir completamente a "autoria", com uma divisão, por exemplo, entre colaboradores e responsáveis. A colaboração incluiria todos, diferenciados pelas descrições de

---

11 O Laboratório de Física de Partículas, Fermilab; aprovado em 1998, espera-se que as propostas estendam-se ao Laboratório Europeu de Física de Partículas (em inglês, CERN).

12 Aqueles que tornaram o trabalho possível; assim, Biagioli destaca discussões sobre a entrada de revisores ou editores na autoria. (O termo "corporativo" carrega mais ressonâncias com corporações comerciais e o mercado do que ideias sobre uma comunidade de acadêmicos.) Haraway (1997, p.7) faz uma observação semelhante: "Apenas alguns dos 'escritores' necessários possuem a condição semiótica de 'autor' para um 'texto' [...]. De modo similar, apenas alguns atores e actantes necessariamente aliados em uma patente de inovação possuem a condição de proprietário e inventor, autorizados a atribuir a uma entidade contingente – mas eminentemente real – sua marca registrada".

Parentesco, direito e o inesperado

suas funções, disponíveis para o acesso do leitor,[13] enquanto outros garantiriam que controles de auditoria estivessem em funcionamento.

Um dos periódicos britânicos, *British Medical Journal*, interessado nessa última proposta, também comprometeu-se a oferecer a posse dos direitos autorais aos autores (Suplemento de Educação Superior do *Times*, 28 de janeiro de 2000). Os atuais métodos eletrônicos de produção e distribuição significam que autores podem buscar públicos antes de publicar e, de qualquer modo, podem ter um interesse independente na disseminação. Nas propostas do Reino Unido, em vez disso, as revistas assegurariam uma "licença de publicação".[14] Esse movimento pode ser visto tanto como endossando quanto como invertendo provisões anteriores que separavam

---

13 Na visão de Biagioli, o problema básico de como separar reivindicações imputáveis e o reconhecimento dos apoios que as tornaram possíveis não se resolve por um modelo corporativo. Esse problema está embutido em uma questão epistemológica sobre a relação entre particularidade (ou pedaços específicos de trabalho) e as condições gerais de (sua) possibilidade. Provavelmente ele se desenvolve sem mencionar que também há questões políticas perenes, que conduzem à variação nas práticas de diferentes laboratórios (Susan Drucker-Brown, em comunicação pessoal).

14 Em 1999, a Association of Learned and Professional Society Publishers [Associação de Editores Versados e Profissionais da Sociedade] do Reino Unido propôs que a "licença de publicação" fosse aplicada somente às editoras, renunciando o direito autoral dos autores. Os autores poderiam autoarquivar publicamente seus trabalhos (por exemplo, *on-line*) e teriam liberdade de distribuí-lo gratuitamente, embora todos os direitos de venda (em papel ou *on-line*) pertencessem à editora. (Uma vez que amplamente adotados.)

o direito autoral do direito moral.[15] Os direitos morais protegiam certos relacionamentos entre um trabalho e seu criador, como o direito de ser identificado como autor;[16] um criador, com uma reivindicação acerca da integridade do trabalho, é, assim, tecnicamente distinto de um proprietário que reivindica benefícios econômicos. Embora o direito autoral proteja a originalidade da composição autoral, a posse do direito autoral tem sido frequentemente adquirida pela editora. Essas propostas mais recentes universalizariam o "autor", literário ou científico, enquanto detentor dos direitos autorais. Desse modo, a divisão entre o criador do trabalho e o proprietário dos direitos econômicos permanece a mesma, mas o termo *copyright* desloca-se para o outro lado da divisão; ele agora repousa no autor, e a editora (ou quem quer que o publique) torna-se detentora da licença. Realmente, como Biagioli nota (no prelo), "o parentesco entre autores e trabalhos é uma ardilosa via de mão dupla".

---

15 Uma Minuta de Declaração, de 1997, produzida pela primeira Consulta Nacional de Autores Acadêmicos, um documento preliminar apresentado pela Sociedade de Licenceamento e Coleta para Autores [Authors' Licensing and Collecting Society] via as reivindicações de direitos morais simplesmente como uma garantia de autoria para a editora.

16 "Direitos morais" apontam claramente para o criador, mas, diferente dos direitos de propriedade, não podem ser vendidos ou delegados a outrem (podem ser renunciados). Estabelecidos há tempos em grande parte do restante da Europa (juízes na França do século XIX permitiam auxílio para direitos morais – Rose, 1993, p.18) e, no entanto, estranhos às leis de direito autoral nos Estados Unidos, os direitos morais foram introduzidos no direito inglês por meio do Ato de *Copyright*, *Design* e Patente do Reino Unido, de 1988.

Parentesco, direito e o inesperado

Entretanto, Biagioli não afirma isso com relação à propriedade intelectual.[17] Pelo contrário, as reivindicações de autoria científica que ele discute tangenciam os direitos (por exemplo, via patentes) criados pela lei de propriedade intelectual. Na escrita científica não há dicotomia entre direitos de propriedade – que excluem os leigos por meio da ficção do autor único – e o domínio público. Autores de trabalhos

---

17 A lei de propriedade intelectual oferece um caminho jurídico para reivindicações de natureza potencialmente econômica. O que significa *intelectual*? Um sistema de direitos de propriedade intelectual "cria incentivos para a acumulação de conhecimento útil" (SWANSON, 1995, p.11); direitos de propriedade exclusivos dependem, por sua vez, da demonstração de que o conhecimento oferece "novas informações". Swanson, que escreve no contexto de questões acerca da biodiversidade, fala prontamente sobre a criação do "conhecimento" (também proeminente nos debates sobre conhecimento indígena) onde outros podem frisar a proteção de ideias. Para parafrasear um guia de gestão dos anos 1990 (IRISH, 1991): propriedade intelectual é um termo geral para designar diferentes tipos de ideias protegidas por direitos jurídicos; a lei reconhece que o tempo gasto na criação de novos conceitos é um investimento que precisa de proteção. Ou: "Propriedade intelectual é um termo genérico que se refere aos direitos anexos aos produtos da criatividade humana, inclusive descobertas científicas, *designs* industriais, trabalhos literários e artísticos" (TASSY; DAMBRINE, 1997, p.193). A ênfase nos *produtos* (objetos físicos específicos como consequência dos esforços) tradicionalmente dominou a visão britânica. ("Frequentemente diz--se, sobre a lei britânica moderna de propriedade intelectual, com sua herança pragmática e positiva, que ela não está nem nunca esteve preocupada com a criatividade [...] e que diz respeito muito mais ao suor da fronte do que ao do cérebro" [SHERMAN; BENTLY, 1999, p.43], uma visão – como eles sugerem – que negligencia preocupações modernas da criatividade enquanto processo.) (Agradeço a Alain Pottage por me chamar a atenção para isso.)

científicos buscam modos de reivindicar o crédito por seu trabalho, que só pode vir do domínio público; atribuições de originalidade ou ganho monetário poderiam desviar a atenção de tais reivindicações e impedir sua verificação. O crédito literário é outro assunto: se, aqui, a criatividade individual é central, essa mesma noção de criatividade é resultado de lutas históricas sobre a propriedade intelectual, nas quais (ele opina) "o enfoque no autor individual como detentor de direitos de propriedade deturpou a longa cadeia de ação humana que produziu um trabalho literário" (BIAGIOLI, 1998, p.11).[18] Talvez, contudo, existam cadeias de distribuição tanto quanto de produção. Talvez, ao menos para os produtores literários, a figura emergente do novo detentor de direitos autorais manterá duas dimensões em paralelo: uma nova localização para a originalidade individual torna-se, ao mesmo tempo,

---

18 Autores literários podem, claro, adotar, sozinhos, uma visão coletiva, embora talvez tenham em mente uma comunidade que abranja tanto o público quanto seus colegas escritores. O primeiro parágrafo da Minuta de Declaração do Reino Unido (n.18) começa com: "Autores acadêmicos comunicam e compartilham ideias, informação, conhecimento e resultados de estudo e pesquisa por todos os meios de expressão disponíveis e de todas as formas. Eles reconhecem que os participantes desse processo de comunicação acadêmico inclui editores acadêmicos, editoras e especialistas em apresentação". Uma teorização mais radical e bem trabalhada da autoria múltipla é demonstrada nos textos pós-modernos, sempre um tecido composto por outros textos, como nos lembra, por exemplo, Coombe (1998, p.284). Rose (1994, p.viii) observa que um dos estímulos para sua pesquisa histórica sobre a noção de indivíduo criador, na qual baseia-se a ideia de *copyright*, foi sua experiência com a indústria do entretenimento, onde quase todo o trabalho é, ao mesmo tempo, estereotipado e corporativo.

Parentesco, direito e o inesperado

uma localização para um novo senso de comunidade. Pense no conhecimento e nas habilidades eletrônicas com as quais o autor-empreendedor pode, então, abrir redes originais de acesso a seus produtos.[19] Eu deveria comentar sobre esse salto de uma arena a outra – dos processos parentais à autoria científica. Em cada uma, os debates giram em torno das implicações de multiplicidade. Ainda assim, os ecos entre ambas parecem adventícios, triviais, um efeito fugaz de fraseologia. Evidentemente, não poderíamos sustentar suficientemente uma analogia a ponto de conseguir pensar de maneira útil sobre a primeira (a parentalidade) em termos da segunda (autoria)? Os paralelos em potencial nessa justaposição podem, portanto, ser interessantes por uma única razão: porque com eles vem à cabeça a possibilidade já percebida, uma ocasião quando alguém proferiu, de fato, conexões desse tipo. O que eu apresentei não é, enfim, uma analogia muito elaborada, mas, sim, os tipos de matéria-prima a partir dos quais são feitas as analogias e as possibilidades culturais que elas contêm. Minha analogia de faz de conta prepara o terreno para outra que nada tem de fingimento.

Uma analogia

Por trás da apelação de Buzzanca estava um caso muito mencionado, trazido ao Supremo Tribunal da Califórnia em

---

19 A Minuta de Declaração afirma: [3.1.] "O enquadramento jurídico de publicação em uma era da eletrônica deve ser reavaliado para se estabelecer um equilíbrio justo entre as necessidades dos criadores, outros detentores de direitos e usuários"; [1.3.] "especialmente as necessidades da comunidade usuária devem ser levadas em conta".

1993.[20] Uma das juízas, ao discordar, analisou o argumento decisivo do tribunal: baseado em uma comparação velada entre criatividade reprodutiva e intelectual. Ela expôs a analogia para descartá-la; em sua visão, ela induzia ao erro (e não voltou a aparecer na audiência do caso Buzzanca).

Anna Johnson assumira uma gestação como mãe de substituição em nome de Crispina Calvert e seu marido; o embrião veio dos gametas de cada um. Na disputa que se seguiu, cada mulher reivindicou maternidade (uma, por meio do parto; outra, por meio dos genes). O Supremo Tribunal decidiu que os Calvert eram os pais "genéticos, biológicos e naturais". Esse "e naturais" foi determinado por um fator crucial: a intenção de procriar.[21] A maioria objetou: "Se não fosse pela intenção [dos Calvert], a criança não existiria". Citavam um comentarista, que fez um jogo de palavras ainda mais terrível:

> O conceito mental de um filho é um fator que controla sua criação, e os criadores desse conceito merecem pleno crédito

---

20 Retirei isso de outro lugar (STRATHERN, 1999a, p.165), e esse é também um dos pontapés de Strathern (1995). Derek Morgan (ver Morgan, 1994) originalmente me enviou um relato datilografado de *Anna Johnson v. Mark Calvert et al.* (Supremo Tribunal da Califórnia, 1993, p.851 P.2d em 776) e, desde então, recebi a versão impressa de Janet Dolgin. Agradeço a ambos.

21 "Concluímos que, embora o Ato [Lei Uniforme de Parentalidade, Califórnia, 1975] reconheça tanto a consanguinidade genética quanto o parto como meios de se estabelecer um relacionamento mãe-criança, quando os dois meios não coincidem em uma única mulher, aquela que manifestou vontade procriacional – isto é, aquela que aspirou fazer nascer uma criança que ela tinha como intenção criar como se fosse sua – é a mãe natural sob a lei da Califórnia" (Supremo Tribunal da Califórnia, 1993, p.851 P.2d em 776).

Parentesco, direito e o inesperado

como *aqueles que o conceberam.* (Supremo Tribunal da Califórnia, 1993, p.851 P.2d em 795, grifo meu)

Eis o trocadilho ao qual retorno. O comentarista quis referir--se aos que concebem o conceito mental, valioso por fixar, "nos pais que 'deram início' à criança", um senso de suas obrigações (cf. Morgan, 1994, p.392).[22] Uma vez que a criança não teria nascido não fossem os esforços de seus pais pretendentes, escreveu outro comentarista, isso significa que estes eram "a causa primeira, ou o motor principal, da relacão de procriação". A juíza Kennard, por discordar, seguiu essa formulação: salientou que a lógica do criador do conceito é frequentemente desenvolvida para justificar proteção de propriedade intelectual.

Com essa razão – dentre seis – para não concordar com a visão majoritária de que a intenção deveria ser o fator decisivo, a juíza Kennard expôs, assim, essas frases como metade de uma analogia; a outra metade veio da filosofia da propriedade intelectual, que assegura (segundo ela) o pertencimento de uma ideia a seu criador por ser ela uma manifestação de sua personalidade ou seu eu [*self*]. A maioria concluía que, "assim

---

22 O comentarista continuou: "O conceito mental deve ser reconhecido como uma variável independente; ele cria expectativas nos aspirantes a pais das crianças e cria expectativas, na sociedade, de um desempenho adequado por parte desses iniciantes enquanto genitores da criança" (p.851 P.2d em 782). Outro argumentou que a tecnologia reprodutiva amplia a "aspiração afirmativa" e que as aspirações escolhidas voluntariamente deveriam ser determinantes da parentalidade legítima. Dolgin (2000) destaca que a doutrina da aspiração pode, assim, amparar tanto uma visão *tradicional* da família (ela ressalta a probabilidade de relacionamentos duradouros) quanto uma visão *moderna* (que sugere escolha e negociação).

Marilyn Strathern

como uma canção ou invenção é protegida como propriedade de 'quem criou o conceito'", também se deveria considerar uma criança como pertencente ao criador do conceito da criança" (Supremo Tribunal da Califórnia, 1993, p.851 P.2d em 796). No entanto, a juíza argumentou, há um problema nessa comparação com os direitos de propriedade: o mercado. Diferentemente de canções ou invenções, os direitos sobre uma criança não podem ser vendidos em consignação nem tornados disponíveis livremente; ninguém pode ter um direito de propriedade de qualquer tipo (intelectual ou qualquer outro) sobre uma criança porque crianças, antes de mais nada, não são propriedades.[23]

Mas a comparação não é apenas com respeito à propriedade; é também com os tipos de conexão existentes entre pai/mãe e criança e entre aqueles que criaram o conceito e sua realização. Tanto o é que, talvez por isso, a maioria dos juízes não tenha insistido muito mais na analogia com a propriedade intelectual. Eles podem ter se deparado com alguma das controvérsias atuais (presentes nas aplicações de tecnologia da informação [TI], por exemplo) entre ideia e expressão.[24] Se o paralelo é

---

23 Evidentemente, tampouco a maioria argumentou em prol da noção de criança como propriedade; ela simplesmente falou daqueles que a concebem, de que seus motores primeiros são aqueles que a produziram e da intenção implicada no contrato original com a mãe de substituição (ROBERSTON, 1994; RAGONÉ, 1994). "Pretendentes a pais" estavam previstos na legislação moderna esboçada em 1988, mas a Califórnia não a adotou, e o caso teve de ser discutido novamente (MORGAN, 1994).

24 Quando é impossível separar ideia de expressão, devido aos modos limitados, por exemplo, as ideias podem ser expressas em um programa de computador (BAINBRIDGE, 1992, p.63).

Parentesco, direito e o inesperado

com a patenteação de uma "invenção", não pode ser a ideia de uma criança que está sendo reivindicada – que já está em domínio público –, mas, sim, de sua corporificação em um novo resultado;[25] entretanto, caso se trate de uma expressão particular da ideia, como uma canção sujeita a direitos autorais, então a reivindicação só poderia ser concernente às características únicas da própria criança, e seria preciso argumentar como elas estavam presentes na intenção dos pais e o que, em qualquer caso, havia de copiável nelas. Na verdade, os direitos de propriedade intelectual levar-nos-iam de volta a considerações vagas sobre a criatividade em relação à criança específica que nascera. Ainda que vagas, as reivindicações faziam sentido culturalmente.

Em primeiro lugar, ao abstrair os pais do nascimento, a doutrina da intenção permite que a tecnologia médica apareça como possibilitadora de inclinações naturais, como o faz com as funções biológicas. (O papel da mãe de substituição não está sob disputa; é sobre a filiação "real" que há dúvidas categóricas – Strathern, 1998.) Em segundo lugar está o valor atribuído à abstração enquanto tal, como se as ideias carregassem a essência imaterial das coisas. (Isso foi vigorosamente contestado pela juíza Kennard, que salientou que, não fosse a gestação de substituição, a criança não existiria.) Em terceiro lugar, e acima de tudo, está o fato de que a analogia entre criatividade reprodutiva e intelectual não foi – como veremos – tirada da cartola.

---

25 E, no caso das patentes, também deveria haver um resultado passível de ser explorado comercialmente. A propósito do ponto a seguir sobre *copyright*, os direitos de novos intérpretes (depois do Ato de 1988 do Reino Unido) lidam com a proteção de algo único mas ainda copiável (ARNOLD, 1990).

É de interesse do antropólogo a possibilidade de a analogia ser articulada. O fato de ela ter sido descartada com argumentos consideráveis não representou nenhuma calúnia à criatividade dos juízes em sugerir o paralelo. Este tinha potencial, era culturalmente plausível. As pessoas estão culturalmente em casa quando podem saltar de um domínio da experiência a outro sem sentir que deixaram o sentido para trás. O que conecta os dois domínios, nesse caso – criatividade reprodutiva e intelectual –, é uma visão completamente calcada no senso comum (embora não inconteste) sobre os criadores das coisas reivindicarem benefícios ou terem responsabilidades atribuídas a si; o idioma dos direitos de propriedade intelectual enfatiza a "naturalidade" de uma identificação entre o concebido e aquele que concebe. Outra conexão é o alerta contra identificações obtusas com posse econômica quando há pessoas em jogo. A ideia de possuir uma criança como propriedade parece ir contra o senso comum, mas não é, em minha opinião, contra um senso cultural; o alerta permanece.

Não é tirado da cartola; algo que merece nossa atenção está sendo sustentado aqui. Velhos padrões emergem de novas convergências, ao que parece mais, e não menos, estimulados pelo ritmo da mudança. Há apenas um padrão no percurso: *simultaneamente, os anglófonos consideram possível falar sobre práticas relacionadas a fazer parentesco e práticas relacionadas a fazer conhecimento.*

Assim como na comparação entre esposos e colaboradores científicos, poder-se-ia supor que as relações de parentesco fossem, invariavelmente, a fonte da linguagem figurativa para a produção de conhecimento – e não o contrário. Note-se, por exemplo, como o termo "paternidade" se deslocou para o uso regular na designação de um dos novos direitos morais que a

Parentesco, direito e o inesperado

lei de propriedade intelectual inglesa reconhece (proteção da identificação entre autor e trabalho). Entretanto, dei espaço às opiniões da juíza Kennard precisamente por causa da direção de sua analogia. Ela afirmou que os argumentos apresentados em favor das reivindicações parentais eram *derivados de* argumentos familiares à proteção de autoria por parte da lei. Novamente, isso não foi tirado do nada; essa direção, por mais inesperada que seja, tem sua própria história. Recuperei um material já muito discutido para evidenciar a densidade dessa origem. Outro palco deve ser montado, e este será o palco para minha questão histórica.

II

Prole em propriedade

Se não se está atento ao modo como as expressões idiomáticas aparecem e desaparecem, uma olhadela rápida para trás sugere que a paternidade era um tropo há muito estabelecido. A verdade é que apenas recentemente ela foi incorporada às leis de direitos autorais inglesas. É, portanto, fascinante considerar seu objetivo no exato momento em que os direitos autorais nos trabalhos literários estavam se tornando uma arena de debate, isto é, a Inglaterra do século XVIII (ver Coombe, 1998, p.219-20).[26]

---

26 Parece que, após arranjos relativamente estáveis nos séculos XVI e XVII, agitações, primeiro por vendedores de livros e depois por escritores, em resposta a um crescente público letrado e à possibilidade de geração de renda pela escrita, viram um novo regime de desenvolvimento ao longo do século XVIII; foi então que o direito autoral, na Inglaterra, tomou sua forma atual. A evidência vem de

125

Marilyn Strathern

Quando Daniel Defoe protestou, em 1710, que "[um] livro é propriedade do autor, é filho de suas invenções, cria de seu cérebro" (apud ROSE, 1993, p.39), Rose sugere que ele estaria voltando a metáforas familiares para os séculos XVI e XVII: "A figura [de linguagem] mais comum no primeiro período moderno é a paternidade: o autor como progenitor e o livro como filho".[27] Atribuir importância em retrospecto aos direitos de propriedade modernos, no entanto, seria arrancar uma metáfora de seu contexto. Defoe não está falando de uma propriedade permanente,[28] mas queixando-se de pirataria por meio de impressões desautorizadas, que ele compara ao roubo de crianças. Ele está argumentando pela proteção do interesse do escritor em vender seu trabalho (a uma gráfica, por exemplo) por uma remuneração apropriada. Quando o autor é remunerado, a propriedade passa ao comprador; o autor retém a expectativa do reconhecimento. Sobre esses usos dos séculos XVI e XVII, Rose comenta:

---

debates publicados em revistas e periódicos, de tentativas de aprovar projetos de lei no Parlamento, que não pararam com o famoso Estatuto de Ann, em 1710, e de processos legais.

27 Outras figuras "empregadas na representação da relação entre autor e seus escritos" incluíam "o autor como bom pastor, lavrador do solo, vaso de inspiração divina, mágico e monarca" (ROSE, 1993, p.38). O relato que se segue inspira-se com gratidão e intensidade nessa fonte secundária.

28 Embora houvesse uma identidade (propriedade) permanente entre o autor e seu trabalho, na medida em que o autor poderia ser punido por libelo ou sedição. Havia, em todo caso, um entendimento geral de que era inapropriado publicar o trabalho de um autor sem permissão; entretanto, esse controle de interesse em sua publicação estava mais perto de um direito moral do que de um direito de propriedade (ROSE, 1993, p.18).

Parentesco, direito e o inesperado

Inscrita mais com a noção de similitude do que de propriedade, a metáfora da paternidade é consonante com a emergência do autor individual na sociedade de mecenato patriarcal, preocupada com sangue, linhagem e com o princípio dinástico de que o semelhante engendra o semelhante. (ROSE, 1993, p.39)

Noções de parentesco e parentalidade têm referentes bastante diversos, que reúnem tanto valores econômicos (a produtividade de crianças) como políticos (o paternalismo do Estado). De fato, Rose (1993, p.40) caracteriza o tropo de paternidade de Defoe como uma nostalgia das ideias cortesas de mecenato da Renascença e, ao mesmo tempo, uma evocação da domesticidade da classe média contemporânea. Direitos de *propriedade* autorais, em contrapartida, emergiram numa sociedade liberal e com outros argumentos. A batalha do século XVIII carrega alguma repetição da narrativa. Incrustada na causa dos autores estava uma velha equação entre propriedade literária e propriedades imobiliárias das quais se podia ganhar o sustento;[29] ao mesmo tempo, uma nova noção estava se desenvolvendo, a de que tal propriedade poderia referir-se não apenas ao material (como uma propriedade imobiliária), mas também ao imate-

---

29 Uma expressão idiomática que os autores tomaram emprestada de papeleiros (editores e livreiros). Os últimos argumentaram longamente que suas cópias (propriedade que fora outrora o manuscrito e o direito de multiplicar cópias de um título específico) eram o equivalente às propriedades de terra de outras pessoas. Rose (1993, p.40) cita a petição da Companhia de Papeleiros de 1643, que alegava que "não há razão aparente pela qual a produção do cérebro não deva ser imputável [vendida] [...] como o direito de quaisquer bens ou terras".

Marilyn Strathern

rial; não apenas a um livro como um corpo físico, mas também a uma entidade mais abstrata, à composição como um texto.[30] Aqui, longe de auxiliar as novas ideias em desenvolvimento sobre autoria, a expressão idiomática da paternidade parece atrapalhar. Ela estava, evidentemente, sendo impelida para fora do discurso político em geral – para os teóricos liberais do século XVIII, para quem a propriedade era a base dos direitos políticos, "a reivindicação de que gerar conferia direitos era problemática" (JORDANOVA, 1995, p.375)[31] –, mas talvez também haja razões locais.

---

30 Pessoas contrárias a essa visão argumentaram que não poderia haver propriedade sem a *coisa*, o *corpus* (ROSE, 1993, p.70; WOODMAN-SEE, 1994, p.49-50). O debate continua polêmico. Se o *copyright* pode ou não ser propriedade ainda é algo que se questiona; parcialmente devido a seu estatuto jurídico incomum (ele não existe de fato, apenas de direito; pode ser infringido, mas não roubado; e, ao invés de ser uma coisa que se protege enquanto existe, ele de repente deixa de existir ao término de um prazo determinado), mas parcialmente devido a "um considerável corpo de pessoas, do contrário inteligentes [...], mas que argumentam a partir de uma premissa equivocada de que algo não pode ser inteiramente uma "propriedade" a não ser que seja sólido e tenha atributos de presença física" (PHILLIPS; FIRTH, 1990, p.107). Mas uma advertência deve ser registrada: o que constitui uma coisa vai mudar não apenas ao longo dos períodos históricos, mas também de acordo com disciplinas; para um comentário sobre o tratamento de Rose, ver Sherman e Bently (1999, cap. 2). Eles também esclarecem até que ponto o conceito de "criatividade" tem sua própria e complexa história.

31 Dito no contexto de uma análise de continuidade entre as gerações. "Para os patriarcalistas, a herança era importante porque o direito de governar era transmitido de pai para filho. Para os liberais, era o mecanismo por meio do qual a propriedade era transferida, e a propriedade era a base dos direitos políticos" (JORDANOVA, 1995, p.375).

Parentesco, direito e o inesperado

No exato momento em que um conceito de autor baseado na criação toma forma, a expressão idiomática específica do parentesco, com sua ênfase na herança e na descendência, parece sumir de vista. A referência ao trabalho como prole continua, mas a visão vívida da paternidade desvanece. Seria a imagem do livro como um filho do autor concreta demais? Criança e dinheiro novamente! Rose observa que a metáfora enfrentaria problemas se a ideia de progenitura e prole fosse estendida ao mercado. Quem venderia sua prole por lucro?[32] Ele não vai tão longe a ponto de afirmar que esse notável absurdo foi a razão da extinção da figura; simplesmente observa que ele apresentaria dificuldades retóricas.[33] Mas dá uma dica sobre o que mais estaria acontecendo.

---

32 É o próprio Rose quem extrapola aqui e diz que a analogia jamais poderia ter ido muito além quando a questão dos direitos de autor transmutou-se em busca pelo lucro no mercado. No entanto, outra historiadora observa (JORDANOVA, 1995, p.378) que "muitos comentaristas do século XVIII realmente viram a produção como uma forma de reprodução; poderiam, assim, conceitualizar filhos como mercadorias", embora ela qualifique essa conceitualização ao conectar as crianças também ao capital, isto é, algo em que os genitores investem. [*Conceitualizar* não é o mesmo que *realizar*; a questão é o tipo de espaço que as ideias criam umas para as outras. As crianças também foram pensadas por meio de muitas outras expressões idiomáticas. Como Jordanova comenta, "processos e produtos reprodutivos eram espaços imaginativos que poderiam ser preenchidos de diversos modos" (1995, p.379).]

33 Embora haja, atualmente, instâncias de posições combinadas contundentes (e não dissimilares), realizadas sem dificuldade. No âmbito de uma sentença, em referência aos direitos indígenas: "Povos indígenas compartilharam seu conhecimento livremente no passado [eles o circularam sem nenhuma recompensa] e raramente receberam compensações ou reconhecimento adequados por isso

Marilyn Strathern

Emergindo em novos modos de pensar sobre a propriedade há, como vimos, novos modos de conectar escritores a seus escritos: o proprietário emergente não era o vendedor de livros, mas o autor, e o livro emergente não era o volume, mas o texto. Como na citação de Blackstone (apud ROSE, 1993, p.89), em defesa do argumento de que duplicatas do trabalho de um autor não o tornam menos original em sua concepção: "Agora, a identidade de uma composição literária consiste inteiramente no sentimento e na linguagem: as mesmas concepções, revestidas das mesmas palavras, devem necessariamente ser a mesma composição" (dos *Comentários*, de Blackstone, 1765-69, grifos suprimidos). Então havia a reivindicação de que o direito do autor baseava-se no fato de ele ter criado, e não apenas descoberto ou lavrado sua terra (ROSE, 1993, p.56-7, 116). Poderia ser possível que, paulatinamente, à espreita da progenitura paterna enquanto figura de linguagem, estivessem novas possibilidades nas ideias de concepção e criação? Mas outras possibilidades talvez oferecessem bases diferentes para identificar o autor com seu trabalho.

"Concepção" (e "criação", à época) já havia estabelecido conotações duplas, ao mesmo tempo procriativas e intelectuais, que permanecem: testemunho disso é o terrível trocadilho trazido para o caso da maternidade de substituição. Sabemos que, ao final do século XVIII, a perspectiva havia se erigido como a forma específica na qual autores (literários)

[eles devem receber recompensas]" (*1997 Guidelines for Environmental Assessments and Traditional Knowledge* [Diretrizes de 1997 para avaliações ambientais e conhecimento tradicional, Relatório ao Conselho Mundial de Povos Indígenas, Centro de Conhecimento Tradicional, Toronto, Canadá).

Parentesco, direito e o inesperado

expressavam ideias pertencentes a eles, e essa forma era a marca de unicidade de seus trabalhos.[34] Woodmansee (1994, p.36-7) descreve como essa noção do século XVIII, de a inspiração do autor partir de si mesmo, substitui perspectivas dos séculos XVI e XVII, do escritor enquanto veículo inspirado por ações exteriores – quer humanas, quer divinas. Recapitular esse relacionamento em uma expressão idiomática pai-filho – o escritor como progenitor de seu livro, como Deus fora o progenitor do mundo (GILBERT; GUBAR, 1979 apud ROSE, 1993, p.28) – reforçaria a percepção de dependência do escritor. Seria preciso que essas imagens excessivamente vívidas da dependência desaparecessem? A criatividade autoral estaria mais bem separada da armadilha nos relacionamentos?

Só me resta especular.[35] Talvez a concretude da imagem pai--filho estivesse parcialmente no tipo ou qualidade da relação ali pressuposta. Aqueles que faziam uso da imagem aparente-

---

34 Se eu escrevesse que era o modo como o texto era distintivamente moldado e formado (de modo que o texto, e não o volume, torna-se o "corpo") que estava sendo confiscado, isso seria feito com um estranho senso de *déjà vu* na medida em que formulações similares foram utilizadas em um *locus classicus* do debate antropológico acerca das chamadas teorias de concepção, o papel do pai trobriandês na procriação como modelador das características externas da criança. Observe-se que utilizo *texto* aqui de uma maneira não técnica; a ele é atribuído um valor completamente diferente, por exemplo, nas mãos de Barthes (1977; 1986, discutido em Coombe, 1998, p.284).

35 Mas talvez de modo não muito selvagem. Dorinda Outram (em comunicação pessoal) ressaltou a evolução dos salões literários na França do século XVIII, nos quais aspirantes a intelectuais encontravam uma espécie de "segunda família". Isso frequentemente parecia envolver um abandono da primeira, especificamente da relação com o pai biológico. Para o jovem letrado, "a liberdade da busca por

Marilyn Strathern

mente desejavam reivindicar o tipo de possessividade que os pais sentiam em relação a seus filhos;[36] seria possível que uma nova retórica de concepção e criação permitisse a alguém, em contraposição, assumir a perspectiva da criança? O texto do autor incorporaria então seu gênio, e é isso que o tornaria, conforme Woodmansee (1994) descreve, um trabalho único. O gênio repousa no estilo e na expressão. Eis a perspectiva da criança, por assim dizer, na medida em que o pai se torna supérfluo: o herdeiro onipotente pode criar seu próprio mundo.[37] Se há orgulho em dizer que alguém criará trabalhos até então inexistentes, então o autor tampouco deseja a existência

---

conhecimento desinteressado [...] só pode ocorrer como resultado da [...] rejeição da autoridade parental" (1987, p.21).

36 A possessividade repousa, geralmente, na identidade ou similitude, um senso de "pertença" entre pai/mãe e filha/filho e, à época, autoridade parental e poder sobre a criança. Entretanto, há arenas especializadas do debate que argumentaram sobre a importância da identidade. Alguns dos filósofos do século XVII discutidos em James (1997) distinguiram a unificação espiritual do sujeito com um objeto de conhecimento – como no amor benevolente do pai – da união física – como nos efeitos da mãe sobre a criança por nascer, que expõe a mente a "inescapáveis aflições de sentido" e a pessoa à excessiva influência de outros para ser capaz de formar um conhecimento claro sobre um mundo (1997, p.248-52). Uma suposta mudança tomou o lugar, ao longo do século XVIII, da então chamada associação natural da criança com seus genitores: mudança do pai para a mãe (JORDANOVA, 1995, p.373, 379).

37 Atribuiu-se valor à inovação. Woodmansee (1994, p.38) cita Wordsworth, de 1815, no que concerne ao grande autor que, por meio de sua originalidade, tem a tarefa de criar o gosto que o aprecia. (Aqui, como em outros lugares, mantenho o pronome masculino.) Wordsworth: "O gênio é a introdução de um novo elemento no universo intelectual" (WOODMANSEE, 1994, p.39).

Parentesco, direito e o inesperado

de genitores; ele deve ser tão original quanto seu trabalho.[38] Ao invés disso, o relacionamento entre autor e texto poderia ser imaginado como de correspondência, um tipo de geração não geracional ou, conforme as mães do norte de Londres (veja Introdução: Parte I) podem nos impelir a refletir, como extensões não apenas de si, mas do mundo conceitual onde seu trabalho se hospeda. De qualquer modo, a evidência de identidade autoral repousaria não na linhagem ou na genealogia, mas, sim, em uma matriz informacional (como se pode dizer nos dias de hoje) na qual um trabalho codifica informações sobre seu produtor.

Se o interesse antropológico pelos recursos culturais é realmente um interesse pelas possibilidades de que os ditos ou feitos das pessoas sustentem o que os outros dizem ou fazem, então há apenas um universo específico de coisas que alguém pode e não pode fazer. Nesse universo, não fazer conexões pode ser tão estimulante quanto fazê-las. Realocação, deslocamento, tornar ausente o outrora presente, recusar expectativas

---

38 Deve-se entender que essas são categorias culturais, e não psicológicas. Agora, se algo (o trabalho) é menos obviamente uma criança e alguém (o autor) é menos obviamente o pai, então seria algo (o trabalho) mais semelhante a ele mesmo (o autor)? O próprio argumento de Woodmansee termina com um comentário sobre a emergência concomitante da noção de que o trabalho poderia ser lido como desvelamento da personalidade do autor. Coombe (1998, p.219), assim, pode generalizar – como o comentarista citado pela juíza Kennard – que as leis de direito autoral visam proteger trabalhos "entendidos como corporificação da personalidade única de seus autores individuais". A perspectiva romântica tem de permitir a sensibilidade direta do observador, sua correspondência com o que está sendo observado. A criatividade é fixada na evidência do trabalho resultante.

Marilyn Strathern

dos outros – tudo isso pode capacitar os contextos nos quais as pessoas agem (BATTAGLIA, 1995; 1999). Podemos ver o *abandono* de uma metáfora de parentesco inadequada como *parte* de um nexo de ideias e conceitos que vinculam parentesco e conhecimento, e não apartado dele. Alguém poderia sugerir que a metáfora da paternidade foi na verdade deslocada em prol de novas noções de criatividade, poderosas na medida em que as ressonâncias com o parentesco poderiam ser mantidas à distância? Porque se "concepção" e "criação" retêm ecos de parentesco, elas aparentemente deslocam a ideia de um relacionamento interpessoal com evidências mais imediatas, mas, ao mesmo tempo, mais abstratas, de conexão: o próprio trabalho informa as pessoas sobre seu autor. Teria a criação se tornado uma espécie de procriação sem parentalidade? Se assim for, seria consonante não apenas com a emergente originalidade do autor, mas também com a emergente singularidade do texto literário.

Informação em conhecimento

Como sabemos, o que acontecia com o texto não foi exatamente o que aconteceu com a ciência. Os vendedores de livros dos séculos XVI e XVII originalmente tinham os nomes dos autores impressos para indicar as pessoas responsáveis pelo conteúdo caso fossem provados sediciosos ou libelos (cf. Biagioli, 1998, p.3). Realmente, Defoe apelara à complementaridade entre punição e recompensa (ROSE, 1993, p.38); se ele estava sujeito a ataques pelo que foi mal julgado, também deveria colher os benefícios do que fora bem executado.

A responsabilidade, naquela época, era e continua sendo importante na escrita científica. Queixas não são dirigidas à

Parentesco, direito e o inesperado

forma de apresentação, mas à qualidade da informação sobre o mundo que é comunicada: isso é o que precisa ser verificado.

A autoria científica está implicada em um tipo de produção textual definida pela responsabilidade reivindicada por seu conteúdo. Aqui, seu valor estava – e está – em como ele pode se manter perante outros tipos de informação sobre o mundo; o autor é, na verdade, abstraído dele nesse sentido.[39] Contudo, o autor abstraído do texto torna-se concretamente presente em outros lugares; ele ou ela torna-se um dentre um grupo de autores. Pois a autoria científica é, há tempos, uma entidade plural, uma situação que Foucault originalmente atribuiu ao desenvolvimento do método científico. Se há hoje muitos tipos de nomes associados a um artigo científico, seguidos de citações de outros autores de outros artigos, tudo isso é parte de um processo informacional; a presença de vários nomes não dilui a autoria, mas, sim, a fortalece, como ressalta Biagioli, em parte, possivelmente, ao posicionar o autor dentro de uma arena de relações sociais.[40]

---

39 O foco não é na visão do autor ou autora, mas na qualidade da informação que essa visão produz, verificada por comparação com outras informações. O procedimento, evidentemente, não se restringe à ciência; ao discutir a natureza da evidência, Hume (1748) mencionou sucintamente que uma razão para um fato será outro fato. A crítica de Haraway (1997) da testemunha modesta repousa precisamente em observar que a conjuntura na qual fatos tornam--se visíveis é a conjuntura na qual o testemunho torna-se invisível. "Essa [modéstia] é uma das virtudes fundadoras do mundo moderno. Essa é a virtude que garante que a testemunha modesta seja o ventríloquo, legítimo e autorizado, do mundo prático, que não acrescenta nada a partir de sua mera opinião [...]" (1997, p.24).

40 Se considerarmos o ponto de Biagioli sobre a importância atual da responsabilidade na ciência, então o manuseio da informação nas

Marilyn Strathern

Ao escrever sobre os problemas de confiança engendrados no personagem coletivo da produção de conhecimento empírico, Shapin (1994, p.359) observa que "o conhecimento científico é produzido por e em uma rede de atores" (grifos omitidos). Ele refere-se ao século XVII. À pergunta sobre como a verificabilidade era apurada, ele responde que "o conhecimento sobre as pessoas era constitutivamente implicado no conhecimento das coisas" (1994, p.302). O que contava como conhecimento dependia do que as pessoas estavam dispostas a atestar, e o valor de seus testemunhos, por sua vez, assentava-se no tipo de pessoas que elas eram:[41]

> O que era entendido de modo geral sobre os *gentlemen*, bem como o que era rotineiro e esperado nas suas relações sociais, podia efetivamente ser apropriado para padronizar e justificar

---

humanidades e nas ciências sociais segue um modelo semelhante. Paul Connerton observou (em comunicação pessoal) que convenções nas citações dificilmente se consolidaram, e isso complica o que quer que seja que se chame de autoria múltipla. (Composições pré-modernas podem consistir em longas cadeias de citações; era trabalho dos autores reunir autores [já falecidos]. As práticas de conhecimento sobre as quais Shapin escreve implicaram, recentemente, relacionamentos com pessoas vivas.)

41 As pessoas eram homens (cf. Haraway, 1997, p.27). Shapin examina os diferentes tipos de testemunhos que os homens permitiam e, assim, a avaliação daqueles testemunhos (ver Shapin, 1994, p.212). A tese geral de Shapin diz respeito às convenções de decoro e integridade evidenciadas pela confiança – necessariamente inspirando-se em credenciais já existentes (por exemplo, o comportamento de *gentlemen*) – que, na prática, definia como uma classe aqueles habilitados a responder uns pelos outros e que tinham que dispensar outros colaboradores para a produção do conhecimento.

Parentesco, direito e o inesperado

relações sociais dentro da nova prática de ciência empírica e experimental. (SHAPIN, 1994, p.123)

Textos que circulavam com uma presumida igualdade entre eles, tendo de ser tão bem-sucedidos quanto os outros, também circulavam entre pessoas que poderiam responder umas pelas outras. A responsabilidade tinha de ser uma questão social; as relações vinculavam as pessoas nas quais se podia confiar. Foram as relações que transformaram uma multiplicidade de pessoas em uma arena social de autoridade.[42] As relações também estavam fazendo algo mais. Foram elas que produziram conhecimento a partir de informação.[43] Se os elementos de informação, as categorias em cujos termos era possível descrever o mundo, fossem confrontados entre si,

---

42 Nos meus termos: uma retórica da igualdade deslocou velhos cânones de autorização. "A rejeição 'moderna' da Royal Society à autoridade em questões científicas mobilizou códigos bastante específicos de igualdade presumida, que operavam na sociedade moderna dos *gentlemen*. Assim como cada reivindicação por conhecimento estava destinada a um caminho no mundo, sem ajuda ou favoritismos, todos os participantes jogavam segundo as mesmas regras" (SHAPIN, 1994, p.123). (Isso não significa que todos tinham de ser pessoalmente conhecidos, apenas que todos mantinham a posição de serem considerados confiáveis.) De outro tempo e lugar, os jovens letrados mencionados por Outram (ver nota 35) eram especificamente cientistas novatos e, ao fugir de suas origens de nascimento, estavam fugindo do "mundo contaminado pelo fazer carreira, pelo mecenato e pelo lucro" (OUTRAM, 1987, p.21).

43 Shapin (1994, p.258) aproxima-se disso quando diz que "o conhecimento sobre a natureza das pessoas permitiu trazer de volta a experiência, de tempos e lugares distantes, e transformá-la em conhecimento público".

137

Marilyn Strathern

qualquer compatibilidade seria, simultaneamente, uma relação entre eles. O "conhecimento" passou a ser entendido como informação passível de ser responsabilizada, e foi pelo fato de ser relacional que ele tornou-se passível de ser responsabilizado. Aqui, retornamos à noção delineada no Capítulo 2, de que o conceito de "relação" e seu par "conexão" podem ter permitido o tipo de investigação secular estimulada pela convicção iluminista de que o mundo (da natureza) está aberto a escrutínio. As relações são produzidas por meio da própria atividade de entendimento, quando este tem de ser produzido de dentro,[44] isto é, de dentro do âmbito da mente humana e sem referência à divindade; quando as coisas no mundo só podem ser comparadas com outras coisas no mesmo plano terreno.[45] O que valida

---

44 "É evidente que há um princípio de conexão entre diferentes pensamentos e ideias sobre a mente e que eles [...] introduzem cada um com um certo grau de método e regularidade" (HUME, 1748, p.320). Todos os objetos da investigação humana, ele afirmou, podem ser divididos em dois tipos: relações entre ideias e práticas. No que diz respeito a "conexões entre ideias", encontramos três princípios: semelhança, continuidade e causa ou efeito. As questões práticas, por sua vez, são amplamente fundamentadas no último, as relações de causa e efeito: "Por meio dessa relação isolada podemos ir além da evidência de nossa memória e sentidos" (1748, p.322). "Qualquer ideia [...] pode ser a ocasião para que a mente una duas coisas e, assim, assuma uma perspectiva de percebê-las de uma vez só, embora ainda as considere distintas; assim, quaisquer de nossas ideias podem fundar uma relação" (LOCKE, 1690, p.234).

45 No último capítulo de *The Order of Things* [*As palavras e as coisas*], Foucault trata dos efeitos limitadores do conhecimento ciente de sua própria finitude. Podemos ver a relação (no sentido aqui utilizado) como um efeito de tal limitação, dado que o conhecimento científico concebe as coisas como "procurando o princípio de sua inteligibilidade somente em seu próprio desenvolvimento" (1970,

Parentesco, direito e o inesperado

um fato são outros fatos, contanto que as conexões possam ser sustentadas. E os pesquisadores do século XVII de Shapin estavam procurando conexões em todos os lugares, sempre contando que os fatos pudessem ser sustentados.[46] Permitam-me generalizar, por um momento, de uma perspectiva que começa com a perspectiva (do tipo) "relação da ciência", mas se desloca para além dela. Podemos reconhecer a divergência entre dois modos de relacionar característicos do interesse científico: criar conexões entre coisas (invenção) e elucidar relações preexistentes que já implicam as coisas umas na outras (descoberta). Contudo, com a relação da ciência em vigor, outras operações conceituais tornam-se visíveis – dentre elas, aquelas que fornecem à antropologia algumas de suas aquisições operacionais. A "relação da antropologia" também abrange características mais gerais de relações conceituais, oriundas de condições de socialidade, desvinculadas das ideias fundacionais de cultura e natureza ou da epistemologia gerada por elas. Ao mesmo tempo, na medida em que essas características são postas a serviço de uma antropologia enquanto

---

p.xxiii) ou como "contendo os princípios de sua existência dentro de si mesmas" (1970, p.317). Embora as doutrinas medievais da semelhança tenham sido ostensivamente desprezadas na substituição pela comparação por meio de medição e classificação, o que ele escreve sobre a analogia ainda se aplica a práticas culturais de persuasão. Esse é um dos muitos dispositivos por meio dos quais "o mundo deve se dobrar a si mesmo, se duplicar ou formar uma cadeia consigo mesmo" (1970, p.25-6). Para uma crítica dos exemplos do século XX tirados da biologia, ver Fox Keller (1992).

46 A autoridade técnica tinha de ser demonstrada por meio da replicabilidade dos experimentos. Tanto conexões quanto fatos exigiam aliados (LATOUR, 1986).

Marilyn Strathern

disciplina derivada do Iluminismo e da revolução científica, produzir conhecimento para fins de descrição e análise permanece um contexto contingente para elas.

Mas em que consiste, nesse contexto, essas características gerais das relações conceituais? Alguém denomina "conhecimento" um fragmento de informação ao se tornar ciente de seu contexto ou alicerce, isto é, de como ele sustenta um relacionamento com outros fragmentos de informação; em suma, adquire-se conhecimento por meio de conhecimento. Como resultado, ele (o conhecimento) também pode sempre aparecer como um termo intermediário de conexão; é o que sabemos sobre isso e o que sabemos sobre aquilo que nos faz reunir elementos. Teço comentários sobre duas propriedades significativas de relações conceituais sob esse ponto de vista.[47]

A noção de relação pode ser aplicada a qualquer nível de conexão; eis sua primeira propriedade. Portanto, pode-se, aparentemente, fazer conexões em qualquer lugar. Pois ao descrever fenômenos, o fato da relação cria instâncias de conexão de modo a também produzir instâncias de si mesma. Em qualquer nível ou ordem, demonstrar um relacionamento – seja por semelhança, causa e efeito ou contiguidade – reforça o entendimento de que, por meio de práticas relacionais – classificação, análise, comparação –, relações podem ser demonstradas. Poderíamos chamar a relação de construto autossimilar ou auto-organizador, uma figura cujo poder organizativo não é afetado pela escala. Sem esse poderoso dispositivo, não seria possível, por exemplo,

---

47 Outram (1995, p.53) cita de Condillac, *Treatise on Sensations*, 1754: "De nenhuma maneira as ideias nos permitem conhecer os seres como realmente são; elas apenas os retratam em termos de seus relacionamentos conosco".

Parentesco, direito e o inesperado

gerar novas propriedades a partir de velhas, nem, tampouco, permitir que velhas propriedades emerjam de novas. Para voltar aos séculos XVII e XVIII: talvez a capacidade de criar relações conceituais estivesse ela mesmo sendo "conceitualizada" (formando conceitos sobre conceitos), sob a pressão da pesquisa sistemática sobre práticas de produção de conhecimento.[48]

Relações conceituais têm uma segunda propriedade, bastante distinta: *elas exigem outros elementos para completá-las.* Elas são relações entre o quê? Isso torna complexas suas funções de conexão, pois a relação sempre evoca entidades além de si mesma, sejam — como vimos detidamente na relação da ciência — essas entidades aparentemente preexistentes (a relação ocorre entre elas), sejam elas obviamente tornadas existentes pelo relacionamento (e, portanto, existem dentro dele).[49] Não

---

48 Ao mesmo tempo social e intelectual. O mesmo se aplica a práticas de propriedade. Considere o desafiador relato de Macfarlane (1998) sobre desenvolvimentos decorrentes do direito feudal na Inglaterra, no qual ele utilizou o conceito de relações de uma maneira particularmente flexível. Em contraste com o direito romano, no qual a propriedade se assentava sobre uma coisa a ser dividida entre aqueles que a reivindicavam, os legisladores feudais "viam a coisa como indivisível, mas os direitos presentes nela, isto é, os relacionamentos entre as pessoas, o feixe de laços sociais entre as pessoas e os recursos, eram expansíveis até quase o infinito" (1998, p.113, grifos omitidos; 1986, p.339-40). Ele segue citando *Legal Values in Western Society*, de Stein e Shand, e afirma que a ideia de múltiplas relações concernentes a uma coisa auxiliava a aceitação geral de direitos abstratos, como direitos autorais, patentes, compartilhamento e opções como formas de propriedade (1998, p.111-2).

49 Conexões *dentro* podem ser vistas como outro exemplo de conexões *entre*; ver a discussão de Ollman em "A filosofia das relações internas" (1971). Ele cita Leibniz: "Não há termo absoluto ou desvinculado a ponto de não incluir relações, cuja análise perfeita não conduza a

apenas se percebem as relações entre coisas, mas, também, percebem-se coisas como relações.[50] Ainda, na medida em que as "coisas" (os termos que contêm ou que são ligados pela relação) são rotineiramente conceitualizadas à parte da relação, podemos (segundo Wagner, 1986) denominar a relação como um tropo com a capacidade secundária de organizar elementos quer similares quer dissimilares a si mesmo.[51] Consequentemente, a relação como modelo de fenômenos complexos tem o poder de unir ordens ou níveis de conhecimento heterogêneos enquanto, ao mesmo tempo, conservam-se suas diferenças. Ela permite que o conhecimento concreto e o abstrato sejam simultaneamente manipulados. Isso corrobora as inscrições bidimensionais de Latour (1986), os diagramas, mapas e tabelas

---

outras coisas nem mesmo a todo o resto, de tal modo que alguém possa dizer que os termos relativos marcam expressivamente a configuração que eles contêm." (1971, p.31).

50 A formulação é de Ollman e seu capítulo, sobre a filosofia das relações internas (1971, p.27), a respeito da tentativa de Marx de distinguir dois tipos de relação (cf. Marfarlane, 1998, p.104-5). Mas a noção de que termos aparentemente absolutos contêm relações dentro de si já era familiar à filosofia (ver Locke, 1690, p.235).

51 Um paralelo doméstico pode ser feito com o modo como os anglófonos comumente falam de uma *relação* entre indivíduo e sociedade: a relação é unir fenômenos de escala bastante diferentes. Um aparente contraexemplo dá o tom. Bouquet (1993, p.172), ao refletir sobre as perplexidades dos portugueses sobre a teorização antropológica britânica do parentesco, observa que, em português, "não há separação, como pode haver no inglês, entre pessoa [privada] e convenções [...] [públicas]". Em português, aparentemente, não se pode contrastar pessoas e sistema e, portanto, tampouco relacioná-los ou derivar um do outro, nesse sentido. Ainda assim, mesmo essa relação de identidade reconhece os termos (público, privado) separados de sua fusão.

Parentesco, direito e o inesperado

que há tempos possibilitam aos cientistas sobrepor imagens de diferentes escalas e origens. Realmente, ao funcionar como a tecnologia funciona, como alguns dizem,[52] as relações conceituais são parte do maquinário da explicação. Ninguém pode indicar uma relação sem mencionar seus efeitos. O próprio conceito (relação), assim, participa do modo como expressamos o que sabemos dele. Portanto, as próprias relações podem aparecer, ao mesmo tempo, concretas e abstratas. Elas podem produzir um sentido de conhecimento, incorporado ou corporificado, da informação que, de outra forma, seria abstraído do contexto e flutuariam por aí sem peso. Ou elas podem parecer etéreas e sem corpo, conexões hipotéticas pairando sobre fatos brutos e realidades de informação alicerçadas no chão. Contudo, e igualmente, as relações conceituais não são mais do que uma parte do tipo de relação da antropologia. Extraída da vida social em geral, tanto das observações da disciplina sobre a sociedade quanto de seus interesses nas descrições das pessoas acerca de suas conexões umas com as outras, o que a etnografia impulsiona para o primeiro plano são todos os tipos de interações. A relação da antropologia também reúne o que convencionou-se chamar de laços interpessoais.

---

52 A tecnologia carrega consigo ideias, conceitos, informação. A tecnologia não tem outra forma de funcionamento que não ativa; uma tecnologia falida não é tecnologia. Podemos dizer que é como um dispositivo que funciona para fazer outras coisas funcionarem. Esse é o sentido forte pelo qual denomino "a relação" como uma ferramenta (veja Introdução: Parte I), em contraste com o sentido fraco segundo o qual todos os conceitos têm efeito como veículos de comunicação.

Marilyn Strathern

À primeira vista, as relações conceituais de produção de conhecimento discutidas aqui podem parecer distantes da arena de relações sociais como as encenadas nos vários tipos de família que também apareceram neste capítulo. Teria eu simplesmente conjurado outro jogo de palavras (relações ao mesmo tempo conceituais e interpessoais), tão terrível quanto o duplo sentido de "conceber"? Não se, como prometido, eu conseguir articular a questão histórica de maneira apropriada.

Relações em relações

Não tenho ideia do que relações conceituais outrora conotaram,[53] ou como alguém diferencia o século XVIII do XVII sob esse aspecto. Portanto, não estou certa de quando ou de em qual meio social localizar essa questão. Porém, é mais ou menos como segue. Podemos imaginar a parte ocupada pelo conceito de relação no desvelamento das compreensões acerca da natureza do conhecimento. *Como, então, isso passou a ser aplicado ao parentesco?* Porque, aparentemente, *relação*, já uma combinação, em inglês, de diversas raízes do latim – uma narrativa, referência a algo ou comparação –, passara a ser aplicada a laços, nos séculos XVI e XVII, fossem eles de sangue ou de casamento,

---

53 Da perspectiva de certos filósofos do século XVII, por exemplo, argumentou-se que seria um equívoco tratar o conhecimento como uma questão intelectual divorciada da emoção ou da urgência em agir. Em vez disso, "a visão de que as emoções estão intimamente conectadas às volições possibilitou aos filósofos [...] criar espaço para uma concepção de conhecimento como sentimento" (JAMES, 1997, p.240). Nesse sentido, o conhecimento não era independente do sujeito cognoscente.

Parentesco, direito e o inesperado

por meio do parentesco. Embora uma definição de 1502 do *Oxford English Dictionary* para parentesco [*kin*] sugira que minha exposição seja exagerada, chamo a atenção para o fato de que *parente* [*relative*] (o substantivo) não se aplicava a parentes masculinos até meados do século XVII – o mesmo é verdade para o verbo *relacionar* [*relate*], em contraste com o excesso de usos, nos séculos XIV e XV, para relação, parente [*relative*] e relacionar [*relate*], no sentido de conexões lógicas ou conceituais.

Esses não foram os únicos casos; vários termos referentes a práticas de conhecimento, por um lado, e práticas de parentesco, por outro, estavam, aparentemente, em constante mudança.[54] Em muitos casos, tratava-se de adicionar novas propriedades às antigas, de modo que os termos existentes adquiriram duplos sentidos. As digressões sobre direitos autorais e sobre a verificação das investigações científicas já sugerem dois grupos, os quais menciono nessa discussão.

Um grupo refere-se à propagação, e o candidato mais velho aqui é o termo *conceber* [*conceive*] e seus correlatos, *conceito* [*concept*] e *concepção* [*conception*]. Criar descendentes e formar uma

---

54 Ao menos se seguirmos as citações no *Oxford English Dictionary* (edição de 1971). Esses termos não funcionam simplesmente como figuras de linguagem (metáforas ou comparações em relação um ao outro), embora por meio de analogia explícita (quando seus domínios diferentes são comparados) possam assim tornar-se. Note-se que *parentesco* [*kinship*] é um termo completamente moderno (parente [*kin*] e parentela [*kinsfolk*] são antigos, mas parentesco [*kinship*], ao mesmo tempo uma relação por descendência ou consanguinidade e uma relação concernente a qualidade ou caráter, foi cunhado no século XIX). Faço uso de *conhecimento* [*knowledge*] em vez de (digamos) *lógica* [*logic*] para o segundo grupo ao olhar em retrospecto para a questão, tendo em vista certos usos contemporâneos.

145

ideia: esse duplo sentido de conceber é registrado desde os anos 1300.[55] Mas também há *gerar* [*generate*], *reproduzir* [*reproduce*], *criar* [*create*] e *descender* [*issue*], e alguns desses termos só duplicaram suas referências muito mais tarde. Assim, *criação* [*creation*] era usada no século XIV para geração [*begetting*] e com conotações divinas de causar o vir a ser; seu primeiro registro com referência ao produto ou à forma intelectual data do período entre o final do século XVI e o começo do XVII. Isso se deu tanto no sentido de invocar por meio da imaginação como no então mais estabelecido sentido jurídico de constituir. Outros duplos também emergiram no começo do período moderno. Considere-se o segundo grupo – dominado, em minha mente, pelo termo *relação*, e que inclui, por sua vez, *conexão* [*connection*] e *afinidade* [*affinity*]. *Afinidade* parece ter sido um relacionamento por casamento ou uma aliança entre sócios antes de se tornar, no século XVI, um termo para semelhança estrutural (entre linguagens) ou conexão causal. Por outro lado, *conexão*, que surge apenas no século XVII, parece ter se referido à união de palavras e ideias por meio de processos lógicos antes de passar a designar, no século XVIII, a união de pessoas por meio do casamento ou (mais raramente) da consanguinidade.[56] Não

---

55 Segundo os sentidos duais de receber semente (engravidar) e trazer à mente (agarrar uma ideia); contudo, podemos observar que apenas mais tarde é que conceber passou a ser usado de modo mais frouxo, englobando tanto a concepção (por uma mulher) quanto a criação (por um homem), em registros a partir do século XVII.

56 Um uso que parece ter prevalecido, ao menos em alguns círculos, à época de Jane Austen. Handler e Segal (1990, p.33) sugerem que *conexão* enfatiza a dimensão socialmente construída e mutável (a formulação é deles) do laço de parentesco como oposta a seu embasamento sanguíneo natural. *Família* parece ter se referido à

Parentesco, direito e o inesperado

obstante ser de cunho mais recente, "conexão" enveredou pela mesma sequência de "relação" [*relation*] e "parente" [*relative*]. Os grupos estão conectados. Um elide concepções mentais e atos procriativos; o outro, os tipos de conexão que estes produzem. Elucidar a natureza das concepções mentais foi uma das contribuições da filosofia para os novos conhecimentos da época, visto que a relação entre procriação e parentesco alimentou as formulações emergentes entre natureza e cultura. Mas isso em prospecto; há algo a ser explicado em retrospecto.

Se esses foram mesmo originalmente jogos de palavras e conjunções possibilitados pela língua inglesa e pelo modo como ela criava conexões verbais,[57] então eles também devem ter sido possibilitados pelo parentesco inglês no modo como

---

unidade doméstica e àqueles relacionados por descendência comum antes de se tornar, no século XVII, um termo para uma junção de elementos.

57 Quando são explicitados, o efeito é realmente aquele do "terrível trocadilho", porque anglófonos defenderão que as conexões não são realmente intrínsecas ou, ainda, que as similaridades podem parecer completamente óbvias ou completamente obscuras. Ainda assim, os paralelos seguiram por trezentos anos, e os duplos sentidos igualmente persistem. Os anglófonos, portanto, continuam a usar as mesmas palavras para falar de propagação intelectual e de atos procriativos, e fazem a mesma coisa ao conectar conceitos para se instruírem sobre a natureza do mundo e conectar pessoas com quem desejam estabelecer reconhecimentos de pertença a um mesmo universo de parentela. Às vezes, as conexões foram exploradas na ficção. Beer sugere que o romance de George Eliot *Middlemarch*, publicado em 1872, possa ser lido como uma narrativa das duplas relações: o que acontece quando relações de amor e de casamento são eclipsadas pela busca obsessiva de relações e conexões entre fatos infinitamente compiláveis.

ele estabeleceu conexões entre pessoas.[58] Será que a atenção à produção de conhecimento, que nós associamos com as novas ciências, também estaria remodelando o modo como as pessoas representavam suas relações umas às outras? O que estava implicado no que a "relação" introduzia no pensamento sobre parentesco, a saber, um senso intelectualizado de conexão? E incrustada aí, ela adquiriria outras propriedades? Porque, uma vez iniciada no parentesco, "a relação" poderia ser tomada emprestada novamente.

Preste atenção agora a essa analogia deliberada, dirigida à elucidação de processos de conhecimento. O modo como conhecemos a parentela e o modo como conhecemos as coisas são lançados em um paralelo com toda a força de uma explicação relevante. Em seu *Ensaio sobre o entendimento humano* (1690), Locke evocou a imagem de dois casuares expostos no St. James Park, em Londres. Casuares são pássaros grandes que não voam, da Papua Nova Guiné e do sudeste asiático, e, para os londrinos, pareciam um tanto quanto enigmáticos, escapando à classificação imediata. No entanto, o filósofo quis ilustrar a circunstância lógica por meio da qual uma relação poderia ser claramente percebida – mesmo havendo dúvidas sobre a natureza precisa das entidades. Ele ofereceu um paralelo com esse estranho pássaro, sua identidade enigmática (a formulação não é de Locke) em contraste com o relacionamento claramente

---

58 Embora Haraway preferisse dispensar completamente a ideia de parentesco, isso oferece um paralelo à sua suposição sobre relações de gênero. Ela pergunta "se o gênero, com todos os seus nós emaranhados com outros sistemas de relações de estratificação, estava em jogo nas reconfigurações-chave do conhecimento e das práticas que constituíram a ciência moderna" (1997, p.27).

Parentesco, direito e o inesperado

percebido entre o par: eles eram mãe e filhote.[59] Um era cria do outro. A relação mãe-filhote, em termos de parentesco, ilustrou como era possível, em termos de conhecimento, conceber relações entre entidades.

Poderíamos presumir que o que estivesse em questão aqui fossem relações entre conceitos, como entre os conceitos de progenitor(a) e prole. Mas Locke não apenas inspirou-se no ato concreto de propagação (era "a noção de que uma botara o ovo de onde a outra saíra" (LOCKE, 1690, p.237) que deu a ideia de relacionamento); a conexão aviária fora precedida por várias referências ao parentesco humano e a relações interpessoais.

O parentesco evidencia uma propriedade não muito perceptível da relação: o laço que, de forma invisível, conecta os parentes tanto está corporificado em cada parente como também pode ser compreendido como separado deles. Assim, ao falar sobre o modo como o ato de comparação (colocar elementos em relação) é um exercício esclarecedor, Locke argumentou que "ao comparar dois homens, tomando como referente um parente em comum, é muito fácil enquadrar a ideia de irmãos sem, no entanto, ter a ideia perfeita de um homem" (1690, p.236). O que ele comparou foram os dois tipos de relação. Do começo ao fim, em sua investigação sobre a relação, ele considerou relações de parentela como exemplares imediatamente acessíveis

---

59 No original, lê-se: "ao ter a noção de que um botou o ovo do qual o outro saiu, tenho uma clara ideia da relação de mãe e cria entre os casuares no St. James Park; embora, talvez, eu tenha uma ideia muito obscura e imperfeita daqueles pássaros em si" (LOCKE, 1690, p.237). Os casuares seriam uma de uma longa fila de criaturas mantidas sob exibição pública, muitas das quais desafiavam a "imaginação classificatória" (RITVO, 1997).

de relações lógicas. Dessa forma, ele nos deu como exemplos correlativos termos óbvios a qualquer um: "pai e filho, esposo e esposa". O argumento prepara o terreno para a consideração da "relação mais abrangente, na qual todas as coisas que podem existir ou que de fato existem estão implicadas; e essa é a relação de causa e efeito [...] [da qual, por sua vez, vêm] as duas fontes de todo o nosso conhecimento, sensação e reflexão" (1690, p.237).

Ao fazer as comparações, Locke vinculou uma relação conceitual entre entidades com uma relação procriativa entre fêmea e seu filhote, como se ambos os usos estivessem igual e plenamente sedimentados na língua inglesa. Apenas em retrospectiva é que percebemos que a relativa novidade entre os dois era a relação aplicada à conexão entre a parentela. Assim, pelo fato de que a noção conceitual de relação pode ser tomada emprestada de volta tão efetivamente do domínio das relações de parentela, a questão histórica permanece: como ela passou a ser aplicada aos parentes, em primeiro lugar?

O leitor já sabe que não se trata aqui de procurar uma resposta. Mas os recentes desenvolvimentos da tecnologia talvez tenham contribuído com as razões pelas quais essa pergunta vale a pena. Embora parentesco e conhecimento forneçam recursos figurativos ou metafóricos um para o outro, ao se olhar em retrospecto e em prospecto, a direção histórica na qual o conceito de "relação" expandiu-se – de produção de conhecimento a conexão de parentesco – pareceria ter deixado alguns traços em uma certa assimetria persistente. Não apenas por esse motivo, mas talvez incluindo-o, "conhecimento" detém a posição privilegiada.

Parentesco, direito e o inesperado

III

Parentesco e conhecimento

A relação da antropologia ecoa e faz ressonar os modos como as pessoas transitam entre modos conceituais e interpessoais de relacionar. O restante deste capítulo oferece alguns exemplos euroamericanos. Eles retornam ao caso específico de conhecimento e parentesco que caracteriza o "sistema de parentesco científico" que sustentei no Capítulo 2. Mas retorno a esse ponto com a informação adicional sobre a aparente tendência direcional da língua inglesa, na qual novas conceitualizações do mundo aparentemente funcionaram, a seu modo, para apreender relações entre pessoas (aparentadas). Ao discutir as interpretações das pessoas, esse sistema busca um argumento acerca do papel das analogias como veículos comuns para tais manobras, bem como acerca do que se torna explícito e do que permanece como cruzamentos implícitos.

Analogias não são relações de causa e efeito; conceitos não procriam – apesar da opinião contrária dos Calvert e dos Buzzanca. As pessoas levam os conceitos por diferentes domínios, frequentemente por haver algum argumento a perseguir. Analogias são relações de semelhança; isso não significa que sua inventividade não tenha um propósito. Pelo contrário, muito da cultura é uma fabricação de semelhanças, um fazer sentido por meio de continuidades indicativas, assim como um texto aponta para outro texto.[60] Isso é verdade quer as analo-

---

60 Seja por meio de uma comparação de similaridades, seja, como na metáfora, por meio de descrição de uma coisa mediante aquilo que é

Marilyn Strathern

gias sejam inseridas a serviço da inovação, quer a serviço de manter os valores intactos. Daí segue-se que apreciar o poder de um paralelo entre relações conceituais e de família não depende de demonstrar uma derivação direta de uma à outra. É concebível, por exemplo, que os termos "relação" e "parente" [*relative*] tenham migrado de seu uso mais geral, à época – com referência a associados, pessoas conectadas por meio de reconhecimento mútuo –, para o parentesco. Semelhante ao círculo de cientistas, o círculo de pessoas que se reconheciam publicamente (como associadas) possivelmente antecipou algumas nuanças de classe do parentesco bastante evidentes à época de Jane Austen. Contudo, mesmo o uso da "relação" ("parente" aparece muito raramente com essa conotação) para associados não aparentados é razoavelmente recente; aplicá-la ao modo pelo qual as pessoas conectam-se mutuamente por meio de conhecimento e circunstância (e pela conjugação de tais associações) data, aparentemente, do século XVII.

O ponto é que uma vez que narrativas, tropos e imagens são alojados em um contexto ou domínio específico, passam a ser capazes de invocar outros contextos, sejam eles diretamente derivados dos primeiros ou não. Se o espectro que acabo de conjurar tende plenamente a um conjunto de paralelos entre conhecimento e parentesco, desde o início dos tempos modernos, aparentemente, os anglófonos mantêm esses domínios em paralelo. Embora cada um tenha tido sua própria trajetória de

---

sustentado (fora do domínio) como uma coisa inteiramente diferente para o propósito da comparação. "Fazer sentido" é, evidentemente, uma interpretação muito passiva quando se considera o efeito transformador da mímese e a "consciência epistêmica" por ela gerada (GELL, 1998, p.100, e antes TAUSSIG, 1993).

Parentesco, direito e o inesperado

desenvolvimento, cada um também aparenta oferecer às pessoas o poder de envolver o outro em si mesmo. Desnecessário dizer, o funcionamento de um no outro não tem o mesmo efeito; eles não são inteiramente simétricos. Aqui, devemos considerar como os termos se naturalizaram em seus novos domínios. Ao se deixar de lado sua posição metafórica, o potencial para a analogia pode submergir.

Na filosofia e na ciência, a linguagem referente a família e procriação fora há tempos naturalizada para referir-se não apenas a esquemas classificatórios, mas também a processos não humanos de reprodução. Em qualquer um dos casos, a evidência é que alguns desses termos foram amplamente usados, por exemplo, nos escritos sobre história natural e anatomia *antes* de se tornarem aplicáveis a relações humanas – um deles era o próprio termo "reprodução" (cf. Jordanova, 1995, p.372). Não há hesitação em se referir a células mãe e filha, tampouco. Tais termos têm um trabalho técnico a fazer quando definem certos estados, processos ou conexões entre conceitos, e qualquer recordação figurativa será irrelevante aos olhos da maioria. Beer sugere-nos considerar a seguinte descrição dos planetas:

> Quando contemplamos os elementos constituintes do sistema planetário do ponto de vista que essa relação nos proporciona, não se trata mais de uma mera analogia que nos toca, não mais uma semelhança geral entre os planetas [...]. A semelhança passa a ser percebida como uma verdadeira *semelhança familiar*; eles estão associados em uma corrente – entrelaçados em uma rede de relações mútuas. (CHAMBERS, 1844, p.11-2, do Tratado de Astronomia de John Herschel na Enciclopédia de Lardener, 1833, apud BEER, 1983, p.169, grifo no original)

Marilyn Strathern

Herschel desejou substituir um sentido fraco de analogia entre corpos planetários (que parecem iguais) por um sentido forte de redes de afinidade entre eles (cujas órbitas são calibradas umas em relação às outras). A primeira relação no trecho acima é a dedução matemática entre distâncias do Sol e translações em volta dele, enquanto a segunda soa como se tivesse adquirido ressonâncias de parentesco.[61] Mas ele tam-

---

61 Assim sendo, é quase como se ele também insistisse que a linguagem do parentesco não é nenhuma analogia. Cientistas que lidavam com organismos vivos e, portanto, que se reproduzem, tinham a vantagem específica de serem capazes de preencher quaisquer lacunas que existissem "entre a metáfora e a realidade". Beer (1983, p.170) cita Darwin nessa conexão. Em *A origem das espécies*, dá-se à ideia de família uma atualidade genética quando a descendência torna-se "o elo escondido de conexão que os naturalistas procuraram sob o termo de Sistema Natural" (1983, p.170). O parentesco não era figura de linguagem, mas expressava "afinidades reais" entre coisas vivas. Ele argumentou que "todas as formas vivas e extintas podem ser agrupadas juntas em um grande sistema [...] [de tal forma que] vários membros de cada classe sejam conectados juntos pelas mais complexas e radiantes linhas de afinidades" (citado de *A origem das espécies*, Beer, 1983, p.167). Beer observa que família, e o que podemos chamar de rede de conexões, era uma dentre várias expressões idiomáticas a que Darwin recorrera, incluindo árvore e rede. Assim, a noção de geração produziu "a árvore, a grande família, o/a pai/mãe perdido/a, o 'dialeto desafiante' da vida" (1983, p.55). Podemos ver uma situação similar (nas fronteiras das conexões biológicas) entre os trabalhadores atuais da vida artificial: "Termos de parentesco do léxico euroamericano foram lidos para conexões biogenéticas e *então usados para estruturar o conhecimento sobre as próprias categorias biogenéticas*. Um especialista em algoritmo genético [...] não parou de usar 'pais/ mães' e 'filhos/filhas' ao descrever relacionamentos entre cadeias de *bits*, mas acrescentou termos como 'avó/avô', 'tia', 'prima'" (HELM-REICH, 1998, p.152, grifos meus).

Parentesco, direito e o inesperado

bém poderia, da mesma forma, reforçar o uso tornado habitual na ciência. Uma família é uma montagem de objetos, e ele insistia, fundamentalmente, nas suas conexões necessárias ou sistêmicas.[62] O encrustamento dessas ideias nas práticas de conhecimento não precisava se dar expressamente enquanto parentesco.

Ideias acerca do conhecimento implícito nas práticas de parentesco eram outro tema: elas estavam lá *enquanto* conhecimento. Nisso, não havia nenhuma novidade. A questão é qual inflexão as ideias modernas sobre procriação intelectual e reações conceituais podem ter acrescido. Deu-se um novo ímpeto ao axioma jurídico de que, entre uma mãe e um pai, somente a mãe é que se conhece com certeza? Observe o papel desempenhado pelas relações nesse axioma. O pai tinha um relacionamento com seu filho/filha por causa de seu (indubitável) relacionamento com a mãe;[63] se uma relação fora

---

62 No sentido, por exemplo, usado por Arnold (1990, p.1): "O *copyright* é membro da *família* da propriedade intelectual" (grifo omitido).

63 Solitárias nos espaços das relações entre parentes, aquelas entre genitor(a) e rebento são bidirecionais (implicam-se mutuamente, destacam dois caminhos, oferecem perspectivas alternativas no mundo que pressupõem a relação entre ambos). A maioria das relações entre parentes é mediada (por exemplo, irmãos/irmãs relacionam-se devido à parentalidade mútua). Ouvir um anglófono chamar alguém de *parente* indica que há outra razão para a conexão além do mero reconhecimento dela; sabe-se que ele está relacionado por casamento ou que ela é parente por parte de uma tia. Anglófonos podem pensar as relações genitor(a)-criança de maneira semelhante: o vínculo aparece mediado por outras coisas (os fatos da vida, o conhecimento de tais fatos e assim por diante); mas eles também podem postular uma identidade (não mediada) entre genitor(a) e criança.

Marilyn Strathern

trazida à luz por meio de outra relação,[64] não se trata também de como o conhecimento estava sendo debatido (um fragmento de informação validado por meio de outro fragmento de informação)? Contudo, a analogia aqui é minha.[65] Em termos mais populares, tudo o que alguém precisava dizer era que o pai estava relacionado à criança devido ao fato de seu relacionamento com a mãe ser conhecido, ao mesmo tempo declarado e reconhecido. Em suma, o conhecimento já era *uma parte* do modo como os euroamericanos consideravam estar relacionados uns com os outros; e isso permanece até hoje.

Para os anglófonos, uma peculiaridade do conhecer em termos de parentesco é que a informação sobre origens já é apreendida como conhecimento. A ascendência implica relacionalidade [*relatedness*]; fatos sobre o nascimento implicam parentalidade, e as pessoas que descobrem coisas sobre seus ancestrais – e, portanto, sobre suas relações com outras pessoas – adquirem

---

64 Godelier (1986), tencionando uma observação universal, afirma de maneira poderosa: "O parentesco não é apenas reconhecer o pai, a mãe [...]. Mas, sim, igualmente e na mesma medida, conhecer o pai do pai [...], a mãe da mãe [...] e assim por diante. Isso, portanto, implica o reconhecimento de uma rede de relacionamentos transitivos que, por sua vez, pressupõem a habilidade de perceber relações entre tais relacionamentos".

65 Isto é, a analogia entre o modo como as coisas ou pessoas são conhecidas. A questão ("Deu-se um novo ímpeto ao axioma jurídico de que, entre uma mãe e um pai, somente a mãe é que se conhece com certeza?") e as observações que seguem são especulações minhas; talvez essa nem seja uma questão sensata a se fazer. Por curiosidade, além do esmorecimento de expressões idiomáticas de geração paternal no contexto dos direitos autorais, expressões idiomáticas de conhecimento carnal (*entendido* para intercurso sexual) também estavam desvanecendo à época.

Parentesco, direito e o inesperado

identidade por meio dessa descoberta. A informação é constituinte do que eles sabem sobre si mesmos.[66]

Um fato concernente a ser um parente, assim, é que a informação sobre a família não é algo que possa ser selecionado ou rejeitado *como informação* (cf. Strathern, 1999). A informação já confere identidade. Deixe-me desenvolver esse ponto. Uma vez que a identidade de parentesco é percebida dentro de um campo de relacionamentos, conhecer algo sobre um parente também é conhecer algo sobre si mesmo. Não há escolha sobre as relações; qualquer seleção ou rejeição subsequente implica selecionar ou rejeitar aqueles que já são parentes ou que já tenham revelado não o ser. Assim, a informação só pode ser examinada sob o injusto custo da aparente escolha ("Oh, eu não quero saber sobre eles").[67] Seja algo descoberto por alguém a base para decidir nunca mais ver determinadas pessoas novamente, seja para decidir recebê-las de bom grado em sua casa, a informação já é conhecimento, isto é, já engendra o modo como alguém vai agir em relação a esses outros. Isso nos possibilita dizer que o conhecimento cria relacionamentos: relações passam a existir quando o conhecimento existe. Isso pode ser levado em conta de maneira bastante literal como uma proposição sobre parentes.

---

66 Sem levar em conta se o conhecimento é absoluto ou contingente, uma diferença despontou na diferença tradicional entre mãe e pai. Diferentemente das mães, os pais estão vulneráveis a "descobrir" que, na verdade, não são pais, como no caso brevemente mencionado no início deste capítulo.

67 Sobre a escolha no parentesco britânico, ver também Strathern (1992a); no parentesco norte-americano, ver Hayden (1995), Robertson (1994), Weston (1991).

157

Então, que espaço resta para manobras figurativas? Enquanto os domínios ("parentesco", "conhecimento") forem mantidos em separado, talvez o potencial para analogia permaneça presente por meio de associações e conotações que não pareçam amparar-se neles mútua e imediatamente. E, conquanto mantidos em separado, um preenche o outro com suas propriedades específicas, trazendo consigo um senso de realidade diferente.

Um exemplo que permeia esse relato é que tanto o conhecimento como o parentesco pode fazer o outro parecer relativamente concreto ou relativamente abstrato. Conforme vimos, uma referência ao parentesco pode dar nova concretude à percepção abstrata das relações, do mesmo modo como Locke pareceu ter pretendido fazer — o mesmo fizeram e fazem as densas questões sobre filhos, dinheiro e propriedade. Ou, de maneira oposta, o parentesco pode parecer ter se tornado muito abstrato para o consolo de algumas pessoas. A documentação de Jordanova sobre as mudanças nos termos para procriação no século XVIII na Inglaterra oferece-nos um exemplo. *Reprodução* passou a ser aplicado a seres humanos, substituindo *geração*, o termo precedente. Reprodução "abstrai o processo [procriativo] dos corpos e das pessoas envolvidos, sejam eles genitores ou prole" (1995, p.372). De fato, seu senso abstrato de formar, criar ou surgir só foi aplicado à procriação humana com alguns protestos. Em contraste com *geração*, acreditava-se que a reprodução negligenciava a privilegiada genealogia da humanidade. Realmente, o ponto crucial era que a reprodução englobava todo o mundo orgânico; estendê-la aos seres humanos era uma nova maneira de organizar o conhecimento sobre o mundo. Para John Wesley,

Parentesco, direito e o inesperado

ela observa, o termo trazia consigo, portanto, uma negação do parentesco humano com Deus, ao equiparar o homem com – segundo suas palavras – urtigas ou cebolas.

Seria equivocado, então, inferir que o conhecimento invariavelmente oferece abstração e o parentesco, concretude. Ao invés disso, o que aparecerá como abstrato e o que aparecerá como concreto dependerá dos argumentos do momento. Dependerá, também, do modo como os objetos de conhecimento adquirem *status* e certeza. Abstrações conduzem a novas reificações e, no processo, podem adquirir novos corpos, por assim dizer. Quando o texto é dissociado do livro enquanto corpo material (o volume encadernado), ele é transformado em uma coisa imaterial, mas, não obstante, reconhecível, sobre a qual podem-se ter direitos. A percepção de uma "coisa" sobre a qual é possível ter direitos pode ser um estímulo a novas concretizações ou corporificações. Deveríamos nos surpreender com o fato de que foi também no século XVIII que o próprio termo *corpus* passou a, subsequentemente, associar-se à ideia de uma coletânea ou reunião de trabalhos?

A assimetria é outra questão. Dizer que o conhecimento é uma parte do parentesco contemporâneo de modo que o parentesco não seja parte do conhecimento, meu argumento geral aqui, recorda-nos da relação e de sua direção de expansão. Meu interesse nos primeiros materiais modernos tem sido, desde o começo, seus indícios de práticas de produção de conhecimento. Relembro a explicitação com a qual os praticantes da nova ciência estabeleceram sua tarefa, tão explícitos quanto têm de ser seus homólogos dos últimos dias ao escreverem para revistas científicas. O que eu não sei é como podemos ou não podemos, historicamente falando, alinhar a criação de conhecimento com a criação de parentesco.

Concluo com uma situação na qual os antropólogos sabem algo sobre práticas de parentesco. Ela nos traz de volta a argumentos contemporâneos, a práticas estimuladas pelas chamadas tecnologias reprodutivas e à arena do litígio. Podemos apreender a situação como um movimento em direção a uma grande abstração – uma nova forma de relacionar-se sem parentes – ou como um movimento em direção a uma maior concretude, na qual o valor é recuperado pela substância do parentesco, precisamente onde, alguém poderia dizer, o parentesco desvia-se do conhecimento para a informação. Nesse contexto, há momentos nos quais os domínios das práticas de parentesco e os das práticas de conhecimento não podem ser mantidos separados, e a analogia novamente torna-se impossível.

A família informacional

Geralmente presume-se que genitores têm interesse pela saúde de sua prole e que médicos informarão os pais sobre ela. Em 1992, a americana Donna Safer processou (por seu espólio) o médico de seu pai por não a ter informado sobre a condição de saúde dele. Ela havia sido diagnosticada com o mesmo tipo de câncer do qual seu pai morrera vinte e oito anos antes, quando ela tinha dez anos de idade. Sua queixa era de que, caso soubesse, poderia ter sido capaz de tomar medidas de precaução. O tribunal de julgamento de Nova Jersey concluiu em primeira instância que nenhum médico tinha dever legal de alertar a filha de um paciente sobre um risco genético. Foi dito que o dano já estava dentro da filha, que não era paciente

(DOLGIN, 2000, p.556). O tribunal de recurso discordou e disse que havia obrigação em informar sobre distúrbios genéticos em casos nos quais "[dada a natureza da tecnologia] o indivíduo ou grupo de risco é facilmente identificável". E continuou:

> [O] dever é corretamente visto como tal não apenas para o paciente [...], [mas] ele se estende além dos interesses de um paciente, para membros da família imediata do paciente que podem ser afetados de maneira adversa pelo descumprimento desse dever. (citado em DOLGIN, 2000, p.557)

Dentre os diversos casos citados por Dolgin, ela considera esse como o mais radical. Ele a compele a identificar um fenômeno emergente, a "família genética".

Alertar os genitores sobre a condição genética de seu filho/ sua filha é uma coisa. Isso simplesmente reflete entendimentos legais e sociais do relacionamento genitores-filho/filha, conferindo aos genitores o direito de saber e decidir sobre o que seus filhos devem saber. Do contrário, membros da família têm tanto direito à confidencialidade quanto qualquer outra pessoa. O caso reverso[68] não apenas remove a doutrina da confidencialidade do paciente entre os adultos, como também relega uma obrigação a terceiros – a de alertar membros

---

68 E, conforme Dolgin formula, com pleno desdém pelas compreensões tradicionais da relação pai-filho. No entanto, podemos atentar à voga das tecnologias de reprodução envolvendo doação de gametas: nesses casos, o chamado direito da criança de saber sobre suas origens genéticas está cada vez mais sendo considerado como normal e justificável.

da família sobre as condições médicas de outros membros da família. Dolgin percebe isso tanto como algo que mina a privacidade individual quanto como um tratar os membros da família como um grupo indiferenciado.[69] No meu ponto de vista, também poderia ser outra coisa.

Quando o conhecimento é conhecimento de composição genética, não há opção quanto aos fatos subsequentes do relacionamento. Mas, embora a informação sobre origens seja automaticamente convertida em conhecimento para a pessoa, sob outras circunstâncias – como, aqui, as concernentes à saúde de indivíduos que são membros de uma família – ele pode ser revertido em informação novamente. Isso é verdade na medida em que esse conhecimento torna-se similar a outros tipos de informação sobre o mundo, adquiridos de fontes externas. Realmente, e é isso que Dolgin ressalta, nada precisa ser conhecido sobre o relacionamento entre genitor e prole além do fato de que o corpo de um reteve ou retém informações que podem ser úteis ao outro.

Um sistema de parentesco com propensão a fundamentar a relacionalidade no que pode ser *conhecido* acerca das conexões entre as pessoas é fadado a se interessar intensamente pelas novas certezas fornecidas pelos testes genéticos. O que poderia ser mais concreto do que a hereditariedade, evidente em cada célula do corpo? A família genética, isto é, a família cujos membros prova-se ou presume-se serem geneticamente relaciona-

---

69 Ela já indicou a possibilidade de que traços hereditários suspeitos de estarem totalmente presentes em grupos étnicos ou raciais poderiam ser tomados como evidência se aplicáveis a indivíduos que são membros desses grupos. Ver Rabinow (1996a, cap.6).

Parentesco, direito e o inesperado

dos, é, ao mesmo tempo, mantida unida pela substância que as pessoas atribuem aos genes e pela informação que esses genes supostamente contêm. O que tem se mostrado importante recentemente sobre o laço genético é que ele dá a membros da família informações sobre outros membros. A concretude do gene tem o potencial de deslocar outras concretudes. De maneira semelhante a quando se encontra evidência direta de inspiração que vem de dentro de um trabalho literário, os genes oferecem conhecimento direto da hereditariedade não mediada pela ascendência – uma possibilidade que tem sido avaliada já há algum tempo (WEXLER, 1992). Apesar disso, na prática, o conhecimento pessoal da história genética de uma família é a rota pela qual as pessoas podem começar a se questionar sobre as próprias suscetibilidades dessa família ou descobrir mais sobre os sofrimentos já presentes nela; e, fundamentando-se no conhecimento pessoal, persuadem os médicos a aplicarem nela "testes genéticos" (FINKLER, 2000). Então, por que Dolgin fica tão chocada com as novas propriedades do que ela chama de família genética – ao menos quando ela é legalmente construída, por meio de casos como o de Donna Safer? Os parentes passaram a ser como os genes: seu valor está nas informações que carregam, e o que a choca em relação a isso é a capacidade de substituição de uma pessoa por outra. O que se perde aqui é a concretude dos relacionamentos específicos.

"Os genes não sugerem nada sobre relacionamentos sociais. Eles são simplesmente dados. E, como dados, eles não representam nem demandam conexões *morais* específicas entre as pessoas que eles descrevem" (DOLGIN, 2000, p.544, grifo no original). De fato, Dolgin também argumentou (comunicação pessoal) que a família genética desafia a presunção de que o direito pode salvaguardar famílias modernas – as chamadas famílias por escolha – como unidades de amor, solidariedade e comprometimento duradouro. O construto da família genética prescinde da escolha e é indiferente à natureza da vida familiar. Assim, a família genética *não é* a família americana "tradicional", com sua hierarquia ou comunalidade nas quais os membros encontram seus lugares com referências uns aos outros (com a privacidade pertencendo ao todo familiar, representado por seu chefe patriarca [sua formulação]) *nem* a família "moderna" conscientemente unida por meio da escolha autônoma, na qual a unidade de valor é o indivíduo único (e a privacidade é concedida aos membros individuais dentro dela). "Dentro da família genética, qualquer unidade (qualquer pessoa) ou combinação de unidades pode existir sem ter quaisquer outros como referência [...] [e] a unidade de valor [...] é o todo (definido de diversas maneiras) tanto quanto as partes (na medida em que espelhem o todo e um ao outro)" (DOLGIN, 2000, p.558). Quanto à privacidade: informações sobre qualquer membro da família fundem-se com informações sobre todos eles.[70] Em suma:

---

70 Ela não está negligenciando o fato de que o pai ou a mãe afetam a disposição genética de seus filhos, nem o contrário, e o fato de que a distância genealógica também afeta as probabilidades genéticas. Pelo contrário, o foco de Dolgin é no modo como nem as famílias nem seus membros podem proteger seus segredos de profissionais exteriores, recém-obrigados a revelar (ao invés de reter consigo) informações genéticas – sob essas circunstâncias, os membros da família são todos iguais.

Parentesco, direito e o inesperado

Os vínculos que conectam Donna a seu pai – ou qualquer membro de uma família genética a outro – são vínculos amorais que não definem nem dependem de um escopo e de um significado de relações sociais entre as partes. (DOLGIN, 2000, p.561)

Essa visão fractal presume uma família em cujo interior, como repositórios de informação, as pessoas são réplicas umas das outras.[71] Pode-se dizer: relacionalidade sem parentes.[72] Você pode pensar que é excessivo derivar isso de um caso de tribunal. No entanto, há algumas coisas que sabemos sobre práticas de parentesco contemporâneas. E, dentre muitas outras possibilidades, a família genética tem vida fora do tribunal americano. Ela pode, inclusive, ser revivida como uma família ampliada. No estudo de Finkler (2000, p.98), o aspecto

---

71 Os contextos se fundem: a família genética é indiferente a distinções entre domínios sociais – ela não pertence exclusivamente à casa nem ao trabalho, mas, sim, aos dois simultaneamente (DOLGIN, 2000, p.564) – porque traços genéticos são levados ao local de trabalho, podem ser inspecionados para efeitos de seguro e assim por diante. Isso não é novo nem, tampouco, inconcebível. Qualquer um pode pensar sobre caminhos do passado pelos quais, ao menos em determinados círculos, a reputação da família também viajava, ou em situações nas quais os parentes foram reduzidos a réplicas intercambiáveis mediadas pelo valor monetário que sua herança pode prover aos outros (Paul Connerton, em comunicação pessoal).

72 Apenas para observar que isso repercute no que está acontecendo com o modo como as pessoas têm estabelecido novas unidades procriativas. Uma pessoa pode estar relacionada em termos reprodutivos (quase parentes, amigos que são como "da família") sem ser parente; esse novo "parente" dissocia relacionamentos e parentesco. O trabalho de Weston (1991) é o clássico aqui; também recordaria o estudo de Bonaccorso (2000) sobre a ideologia da família italiana no contexto da doação de gametas.

positivo de ter câncer de mama, para uma mulher, foi seu "relacionamento com sua família ampliada. Estou chocada com isso. É bom saber que estou de volta à família". A informação genética que aparenta extrair a relacionalidade dos relacionamentos pode, igualmente, encorajar pessoas a procurar vastas conexões que podem ou não se transmutar em relacionamentos ativos. O ponto crucial aqui é que eles não precisam fazê-lo.

"Na sociedade contemporânea, as pessoas tendem a se separar da família – quando não de sua família imediata –, e família e parentesco assumem uma forma amorfa, por múltiplas razões, a mais óbvia delas sendo a dispersão geográfica". A observação geral de Finkler (2000, p.206) sobre a família americana está de acordo com o comentário específico de que noções de herança genética podem reuni-la novamente. Ela refere-se a um estudo sobre mulheres com histórico de doença hereditária na família ou diagnosticadas com alguma dessas doenças e sua busca por informações vindas de parentes com os quais podem não ter tido contato próximo por muito tempo.[73] Mas a recorporificação da família, se posso assim chamá-la,[74] vem acompanhada de uma ressalva cáustica:

---

73 Às vezes, englobar todas essas conexões como parentes; outras vezes, dissociar relacionalidade de parentesco, como no caso da mulher incitada por seu conselheiro genético a contatar várias pessoas que ela não considerava serem seus parentes (embora se referisse a eles como "primo", "tio", "tia" – FINKLER, 2000, p.67).

74 O argumento de Finkler é que parentes outrora vagamente conectados são reconectados por meio da ênfase dada aos laços genéticos e, portanto, essa reconexão se dá por meio de um senso de corpo compartilhado e "laços de sangue". Estes podem se sobrepôr aos laços já existentes: "As pessoas são compelidas a reconhecer a consanguinidade mesmo quando, no mundo vivido [...], [a] família

Parentesco, direito e o inesperado

A interação com a família e os parentes pode não ser mais necessária para que as pessoas reconheçam relacionalidade e conexão [...]. No sentido de que alguém é parte de uma família sobretudo por compartilhar os mesmos genes, sem exigência de nenhuma participação social ou senso de responsabilidade perante os parentes (com exceção de providenciar amostras de sangue para finalidades de testes), exclui o contexto moral das relações familiares. (FINKLER, 2000, p.206)

Além disso, a expectativa de Finkler, de que as pessoas culpariam seus ancestrais por genes "saudáveis" ou "defeituosos", foi subvertida; as mulheres entrevistadas por ela afirmavam que suas famílias não eram responsáveis por seu sofrimento. Os genes são entidades amorais.[75] Pois são, em certo sentido,

---

[...] possa ser ancorada na amizade ou no compartilhamento de afeto e interesse" (2000, p.206). Logicamente, contudo, as razões para as relações genéticas têm uma existência independente. Dolgin (2000) observa, similarmente, que a ideia (abstrata) de compartilhar conexões genéticas desenvolve uma realidade própria; ela se torna uma realidade social (concreta) sob as exigências de testes e diagnósticos genéticos. As conotações que Haraway (por exemplo, 1997, p.141f.) atribui à corporificação nesse contexto, isto é, uma nova reificação sobre as relações familiares, são discutidas por Battaglia (1999, p.135).

75 As pacientes com câncer de mama entrevistadas por Finkler foram unânimes em absolver seus antepassados da responsabilidade pela transmissão de doenças genéticas: como eles, enquanto indivíduos, poderiam evitá-la? Ao mesmo tempo, segundo a autora (2000, p.208), o DNA não encoraja a reinvenção do eu nem o embelezamento dos ancestrais. A verdade sempre prevalece (cf. Edwards, 1999)! Ela pode, no entanto, possibilitar a alguém reivindicar como seu ancestral alguém com quem não possui nenhuma conexão rastreável – exceto através do DNA, isto é, por meio do histórico de

Marilyn Strathern

igualmente arrelacionais: "Eles são outro tipo de coisa, uma coisa em si mesma que não admite qualquer tropo" (HARA-WAY, 1997, p.134). A localização dos genes no parentesco torna tudo ainda mais fascinante.

As rotinas da vida familiar usualmente significaram que relacionamentos sem responsabilidades tendem a esmorecer. Um truísmo sobre o *conhecimento* pode corroborar essa visão: os genes que carregam informações sobre o que você é também integram, ao mesmo tempo, mecanismos que têm o potencial de ter consequências sobre o que você é. Isso parece uma atualização de um velho tema, a natureza constitutiva do conhecimento sobre parentesco. Mas descobrir o conhecimento sobre o parentesco no gene é, por assim dizer, descobri-lo nele mesmo. Conhecimento e parentesco tornam-se momentaneamente inseparáveis. Não são análogos um do outro; ainda mais do que os planetas de Herschel, a semelhança dissolve-se em uma identidade. Somente um fator "estranho" poderia forçar novamente uma separação. E a separação feita pela juíza Kennard da analogia entre aqueles que concebem ideias e aqueles que concebem filhos introduz exatamente tal fator. Foi a posse de propriedade que os diferenciou: nesse contexto, a propriedade abre novas possibilidades de comparações. Assim,

---

uma doença (FINKLER, 2000, p.196). Devo acrescentar que esses dados referem-se a negociações nas relações familiares. Em outras circunstâncias, como no estudo da diversidade genética humana, a revelação de conexão genética pode conduzir a expressões de solidariedade ou mesmo injunções no sentido de que a demonstração de parentesco comum deveria levar todos a assumir responsabilidades uns pelos outros. Sou grata a Adam Reed (em comunicação pessoal) por essa observação.

Parentesco, direito e o inesperado

pode-se dizer, como um ponto de comparação deliberada, que o conhecimento pode ser considerado como pertencente a pessoas do mesmo modo como as pessoas podem imaginar seus genes como pertencentes a elas mesmas.

Realmente, no pano de fundo do processo de Donna Safer pelo malefício causado a ela devido à retenção de informação genética repousa um crescente nervosismo sobre estabelecer precedentes para posse, como Dolgin (2000, p. 550-1) descreve. Duas questões, dentre muitas outras, preocupam os comentaristas nos Estados Unidos. Por um lado, instrumentos legais (como estatutos) que definem a informação genética como propriedade daqueles a quem ela diz respeito o fazem tendo em mente os auspícios da privacidade individual. Por outro lado, há setores da indústria da biotecnologia que se opõem vigorosamente à própria ideia de que as pessoas deveriam reivindicar informação genética enquanto propriedade; eles encaram a imposição de regras de posse sobre informações genéticas como algo que pode vir a demandar um regime de manutenção de registros que inibiria a pesquisa e proporcionaria situações de litígio, além de interferir nos lucros. Os comentaristas têm sido tão inventivos como aqueles preocupados com a autoria.[76]

Foi proposta, nos Estados Unidos, a substituição da proprie-

---

76 A confidencialidade da informação pode ou não se submeter a rubricas de propriedade intelectual. A necessidade de proteger segredos industriais (ao menos em seus estágios iniciais de desenvolvimento) enquanto, ao mesmo tempo, estimula-se a disseminação da informação é uma das espinhas dorsais dos regimes de direitos de propriedade intelectual. Dolgin observa que o impulso para se refinar a noção de consentimento informado vem amplamente das cláusulas de seguro e de plano de saúde, mas igual e claramente trabalha segundo os interesses da indústria da biotecnologia.

Marilyn Strathern

dade pela doutrina do consentimento informado. As regras do consentimento informado garantem às pessoas o direito de saber dos usos feitos por outros das informações sobre seus genes. Segue-se outra analogia. De maneira semelhante à separação proposta no Reino Unido entre licença de publicação e direito autoral, esta poderia separar os proprietários de direitos à exploração da informação (aqueles que desfrutariam dos benefícios econômicos ou, diga-se, da tecnologia em desenvolvimento) das pessoas providas de consentimento informado (aquelas que desfrutariam de um tipo de direito moral, uma identificação com seus genes e uma potencial salvaguarda de sua privacidade genética). Para estas, e este é um lugar-comum cultural, o que parece despontar como questão sobre a informação genética é se essa pequena parte essencial do parentesco deveria ser acessada *como* conhecimento pertencente a, para e sobre elas mesmas.

***

Iniciei com algumas observações sobre recursos culturais. Práticas de parentesco e práticas de conhecimento integram campos que forneceram munição figurativa um ao outro, desde o início dos tempos modernos. As possibilidades complexas estabelecidas por termos como "concepção" existem há muito tempo, enquanto outros – dos quais escolhi "relação" – parecem ter se formado recentemente. No que diz respeito ao último, e até onde as evidências nos permitem ir, um uso (no contexto do conhecimento, a saber, as relações conceituais) teve prioridade histórica sobre o outro (as relações interpes-

Parentesco, direito e o inesperado

soais). Importante lembrar, novamente, que o termo "relação" já denotava prática intelectual — narrativa, referência em retrospecto a algo, fazer uma comparação — antes de se tornar aplicável a laços sociais, especificamente laços de sangue e casamento. Esse foi o período quando passou-se a atribuir à relação, em seu sentido conceitual, uma longa cadeia de efeitos em novas práticas de produção de conhecimento.

Ao longo do tempo, as analogias entre os domínios podem ter submergido, revivido e submergido novamente. Terminei apontando para um recente fenômeno social, a família genética, que fornece uma nova literalidade às compreensões sobre conhecimento, e na qual o conhecimento sobre as pessoas também aparece como conhecimento sobre o mundo. A identidade de parentesco pode ser imaginada como engendrada em um código informacional, e a informação pode ser imaginada como uma substância de parentesco. É como se as analogias entre conhecimento e parentesco fossem compactadas umas nas outras. Mas essa elisão é trazida à tona por circunstâncias concatenadas que, certamente, não esgotam tudo que alguém poderia querer dizer tanto sobre conhecimento quanto sobre parentesco. Chamei a atenção para como a propriedade iniciou novas analogias. Permitam-me voltar, de maneira muito breve, ao início e a um destino diferente para as ideias sobre substância genética.

As mulheres norte-americanas que esperavam, em resposta ao anúncio, vender seus óvulos por U$ 50.000,00 estavam preparadas para converter um tipo de substância (material genético) em outro (dinheiro), sem se preocupar com um sentimento de conexão duradouro. Em outra parte do mesmo mundo, no Reino Unido, onde, por lei, essa conversão não é possível, doadoras de óvulos fazem tipos diferentes de conversões. Uma potencial conversão é em conexões, mas conexões criadas fora de uma premissa de parentesco. Aqui, novas separações também emergem. Se alguém começa não com parentes ou pessoas conhecidas, mas com pessoas *desconhecidas*, um novo escopo para raciocínios relacionais também emerge.

Ao se reunir com várias doadoras de óvulos na Grã-Bretanha, Konrad ficou estupefata com o modo extremamente vago e amorfo que falavam da conexão entre doadoras e receptoras; ela sugere ser a partir da própria condição de anonimidade difusa que as pessoas concebem relações de um certo tipo (KONRAD, 1998, p.652). "Como a substância do óvulo é disseminada em múltiplas direções para inúmeras receptoras [...], doadoras e receptoras estão participando coletivamente em uma ordem de intercâmbio de relacionalidades não genealógicas" (1998, p.655). Nesse processo, a substância pode ser lixiviada de significado "biológico" (os óvulos "não são como uma coisa física que saiu do meu corpo", citado em 1998, p.651). O que é significativo é ele ser a origem de um processo que outra pessoa leva adiante. Aqui, a conservação da privacidade da mulher é importante;[77] elas almejam ajudar outras que não conhecem e que, geralmente, não desejam conhecer. O desejo de ajudar "alguém" contém a essência de sua própria ação, uma extensão de si mesmas que entra em vigor em um universo disperso de outras não identificadas.

---

77 Sua intercambialidade é reconhecida no tipo de agência trazida pela doação: "doadoras não apenas contêm (simbolicamente) dentro de seus corpos anonimizados as pessoas imaginadas por muitas mulheres (desconhecidas) — elas *são* essas muitas pessoas" (Konrad, 1998, p.655, grifo no original).

Parentesco, direito e o inesperado

Assim, Konrad descreve pessoas que formam a si mesmas por meio de uma relacionalidade estendida via múltiplas pessoas que estão separadas delas por não serem localizáveis nem nomeáveis.[78] Doadoras de óvulos não precisam efetuar nenhuma transação específica para avaliar sua ação. "O que aparece como a ação dessas doadoras assim o faz como o valor de múltiplas e irrastreáveis circulações de pessoas e partes de corpos anonimizados como outras ações e, ao mesmo tempo, ações de outras pessoas, como uma relacionalidade generalizada e difusa" (1998, p.661). Essa relacionalidade pode não ter parentes, mas tem pessoas importantes. Mulheres que seriam mães: as doadoras veem as suas situações (as situações tanto de doadoras quanto de receptoras) como paralelas.

Alcançar um público de múltiplas receptoras não soa tão distante das aspirações de autores. Mas, diferentemente da identidade autoral, ao menos a de tipo científico, o fundamento para essas relações específicas de doadoras com as mulheres vistas por elas como aquelas que puderam ajudar era que sua responsabilidade não teria efeito dali em diante: seu gesto continha sua própria definição de responsabilidade (ajudar alguém). As relações não se converteram em interação. Os óvulos não precisavam de um nome.[79] Portanto, parecia possível deixar indefinido se o que

---

78 Não posso desenvolver este ponto aqui, mas vários indícios no artigo de Konrad apontam para os mundos de doadoras e receptoras como (considerado como) simultaneamente separados, conjugados e paralelos, ou, ainda, *análogos* um em relação ao outro. (Se doadoras e receptoras se envolvessem na vida uma das outras, a analogia colapsaria em um tipo diferente de relacionamento.)

79 Em um contraste interessante com a perspectiva do parentesco enfático registrada por Edwards (2000). Como uma doadora de óvulo disse, "eu apenas forneci um meio para a gravidez e, no que

elas estavam fornecendo era algo que sentiram outrora possuir ou não. Konrad (1998, p.651) citou uma dentre aparentemente várias mulheres que disseram: "Eu não acho que os óvulos sejam meus, eles não são algo físico que são meus óvulos. Eu nem penso neles como óvulos". Dito de outra forma, o paralelismo repousa no que é também um abismo intransponível entre elas: nesse sentido, doadoras e receptoras estão em uma relação de analogia.

Muitos dos sentimentos das mulheres britânicas sem dúvida ecoam no lado americano (cf. Ragoné, 1994, sobre expressões similares em acordos de maternidade de substituição), e não estou trabalhando em busca de um contraste. Apenas ressalto o óbvio, isto é, que há sempre novos domínios a serem conectados e, portanto, novos materiais para analogias.

Na visão (euroamericana) prevalecente, a tecnologia e sua base científica têm tido um impacto tremendamente inventivo na criação de novos materiais. É intrigante, então, perceber o modo como algumas analogias ficaram trancafiadas juntas por séculos. Não podemos saber, a partir do fluxo atual, onde parentesco e conhecimento vão desembocar; podemos saber alguma coisa de circunstâncias do passado. A expansão do termo "relação" é um caso em particular. Então, volto a querer perguntar sobre conexões de parentesco entre os anglófonos do início dos tempos modernos. A quais práticas de parentesco o novo conceito de relação diz respeito; que problemas emergentes ou possibilidades na interação social suas propriedades

---

me diz respeito, uma vez que meus óvulos tenham sido doadores, tudo bem" (Konrad, 1998, p.652). Konrad (1998, p.659) oferece o epíteto *transiliente* [*transilient*] para pessoas formadas por meio de relacionalidades estendidas via múltiplas outras pessoas.

Parentesco, direito e o inesperado

podem ter abordado? Da perspectiva do parentesco, antropologicamente falando, as ciências do tempo passam a parecer um tanto quanto interessantes.

Agradecimentos

Inicialmente apresentado na Robert and Maurine Rothschild Lecture, em 2000, ao Departamento de História da Ciência da Universidade Harvard, como "Emergent properties: new technologies, new persons, new claims". Agradeço aos diretores e ao departamento pelo convite e pelos muitos comentários, especialmente a Mario Biagioli e Peter Galison. "Emergent properties" continua um ensaio de "The relation" (1995); agradeço a Annelise Riles por insistir em não me deixar esquecer disso. O projeto deve muito a muitos colegas, notavelmente Debbora Battaglia, Barbara Bodenhorn, Janet Carsten, Jeanette Edwards, Sarah Franklin, Frances Price, Heléna Ragoné. Também registro aqui os duradouros estímulos de uma conferência Wenner Gren organizada por Sarah Franklin e Susan McKinnon, *New Directions in Kinship*, na qual partes deste foram apresentadas. Paul Connerton leu o primeiro manuscrito minuciosamente, como também o fizeram Susan Drucker-Brown, Joyce Evans e, em vários pontos, Eric Hirsch e Annelise Riles. Minhas dívidas com Janet Dolgin e Mario Biagioli por artigos não publicados à época devem ser evidentes. Finalmente, os comentários subsequentes de Patricia Fara forneceram um olhar sobre as discussões entre historiadores que ajudou a localizar algumas das observações aqui presentes.

Parte II
A aritmética da posse

Introdução:
A aritmética da posse

Tenho lidado com o ímpeto de pensar o parentesco, estímulo fornecido pelas tecnologias que têm confrontado as pessoas com explicitações, até então sem precedentes, de relações nas quais o conhecimento tem um papel fundamental. As pessoas em questão são herdeiras da revolução científica. Hábitos de conhecimento já incrustados (para os euroamericanos) nas práticas cotidianas são visibilizados e então tornados novamente visíveis pela regulação ou legislação. Foi em relação a isso que a Comissão de Genética Humana (CGH) demonstrou tanta preocupação.

Ora, os documentos da CGH mencionados na Parte I, em sua maioria, confinam as crianças a capítulos específicos; crianças são tratadas, antes de qualquer coisa, como menores, pessoas jovens demais para dar consentimento, de maneira independente, a tratamentos médicos. Porém, em outro sentido, todo o processo é sobre crianças ou, melhor dizendo, sobre descendência e o que significa ser herdeiro de um outro tipo, referente a uma herança genética. Haveria muito menos alarde em torno da genética humana se a informação genética não fosse considerada

179

reveladora de características herdadas. A CGH generaliza isso quando diz que uma das características de identificação da informação genética é que ela "não é apenas informação sobre uma pessoa individual, mas sobre suas relações biológicas" (CGH, 2000, p.7). No entanto, embora o texto faça menção geralmente a questões que emergem para membros de uma família, é somente no contexto de crianças consideradas pessoas jovens que se lida também e explicitamente com crianças na condição de descendentes.

A Parte II apresenta materiais de povos que podem ter um grande interesse em suas origens através de seus pais, justamente por causa do tipo de descendência no qual a relação com os pais as coloca — um interesse que elas carregam consigo a vida toda. No pensamento atual do parentesco euroamericano, a origem genética é um tipo de marcador que expressa com toda a clareza — e descarta — as respectivas contribuições de diferentes tipos de parentes e indica quais e quantas são elas, de acordo com a natureza de sua contribuição (muitas gerações podem ser envolvidas). Mas, uma vez combinadas as contribuições parentais na criança individual, as múltiplas origens dessa criança tornam-se um assunto profundamente pessoal e privado perante terceiros que não fazem parte da família. Há locais, no entanto — e meus exemplos vêm do Pacífico — onde a multiplicação de distintas origens parentais forma um conjunto de origens sociais cruciais e duradouras. Para isso, importa o modo como as pessoas contam os números e os *tipos* de parentes que têm e, até mesmo — como relatado no capítulo final — o número de descendentes.

Nesses casos, observa-se a relevância da aritmética para as fontes de criatividade que as pessoas podem reivindicar e para

Parentesco, direito e o inesperado

o modo como formulam reivindicações acerca da descendência alheia e de sua própria. Quando essas posições encontram-se na duplicação e quadruplicação daquilo que uma antropologia mais antiga chamaria de papéis de parentesco, começamos a ver por que "sistemas" de parentesco são mais do que apenas complicados de se descrever; eles também são desvelados como complexos fenômenos em si mesmos (MOSKO; DAMON, no prelo). Sob um ponto de vista, os capítulos desta segunda parte do livro simplesmente ilustram essa questão. Sob outro, eles nos convidam a ver como podemos usar a ferramenta descrita na Parte I, isto é, a habilidade de lidar com dois tipos de relação ao mesmo tempo, a relação do duplo.[1]

O duplo trabalha em um mundo (euroamericano) simultaneamente perceptível a partir de pontos de vista diferentes. Transitar entre o que aparece como dado e o que aparece como construído, ou entre categorias e indivíduos, fornece posições que antecipam umas as outras. Essas são entendidas como pontos de vista em um mundo.[2] Para adotar a notável formulação de Riles para o modo como redes internacionais e relacionamentos interpessoais coexistem lado a lado, o duplo produz "a mesma

---

1 Aqui, estou pensando na relação da antropologia, mas, evidentemente, a questão também pode ser colocada para a relação da ciência. (Há potencialmente inúmeras possibilidades do duplo; o interesse está na manutenção de algumas poucas.)

2 Embora, coloquialmente (e eu mesma já fiz isso), as pessoas possam falar de múltiplas perspectivas criando múltiplos mundos. O coloquialismo refere-se a um efeito de infinidade – à miríade de posições tornadas possíveis pela miríade de indivíduos no mundo – que é tido como aquele responsável por moldar, sob diferentes aspectos, o mundo físico e ambiental que pode ser conhecido de diversas maneiras, mas que existe apenas de uma maneira.

forma vista duas vezes" (RILES, 2000, p.69; também p.115-6). A forma é a da relação. Mas vamos supor que tenhamos nos defrontado não com um mundo duplicado, mas com mundos que poderiam ser contados de modos diferentes: que restaria, então, de nosso duplo?

Concepção por intenção

É por um fio que aquelas que poderiam, muito facilmente, parecer proposições similares são separadas no vocabulário. Foi isso que Bamford (2004) descobriu quando ela pensava saber o que os Kamea nas Terras Altas da Papua Nova Guiné queriam dizer ao afirmar que seus irmãos e irmãs eram "um só sangue". A expressão idiomática do sangue nos soa familiar. No entanto, na verdade, não é o vocabulário que discrimina o que se quer dizer, mas, sim, àquilo do mundo a que ele se refere. Eles não estavam falando de descendência ou fisiologia; a formulação familiar refere-se a uma visão de conexão bastante estranha aos anglófonos e um tanto quanto específica – notadamente, a experiência compartilhada de ter estado, certa vez, "contido" no ventre de uma única mulher. Novamente, apresento uma vinheta para preparar o cenário.

Uma das questões que os Kamea fazem a si mesmos é por que as meninas crescem mais rápido do que os meninos. Eles têm uma resposta na ponta da língua: por causa dos pensamentos nas cabeças das meninas! Trata-se de nada mais, nada menos do que sua aspiração ao casamento que as faz maduras. Em uma maravilhosa repetição de se imaginar que já tínhamos ouvido de tudo, seguida pela grata surpresa de que, na verdade, não, não tínhamos, "as mulheres só pensam nos homens e em se casar",

Parentesco, direito e o inesperado

ela cita os Kamea dizendo: "É isso que as faz crescer mais rápido" (BAMFORD, 2004, p.296). A intenção de casar acompanha a intenção de conceber, um eco do princípio (amazônico) Wari' de que se tornar parentela é desejar parentela (VILAÇA, 2002, p.352-3). Nesse caso, a intenção é estimulada pela comida oferecida pela família de um futuro noivo à família da mulher a ser desposada, como um prelúdio da riqueza da noiva. Essas pessoas "constituem a capacidade da mulher de agir como um "recipiente" [ficar grávida] e, ao considerarem-na assim, engendram sua identidade como uma fêmea reprodutivamente madura" (BAMFORD, 2004, p.297). De onde, ou melhor, de quem vem a comida é bastante relevante: é a família do noivo que, desse modo, cria a mãe. O noivo, por sua vez, é feito pai, cujo ato constitutivo é continuar o fluxo de alimento e outras dádivas [*gifts*] para a família de sua esposa. A criança não irá necessariamente ter reações alérgicas caso ele falhe com seu dever, mas, indubitavelmente, permanecerá raquítica, pele e osso.

Embora o corpo registre os efeitos das ações das pessoas, um dos argumentos de Bamford é que o corpo não é um veículo que transmite substância, com exceção da substância procriativa, o material de conexão do parentesco. Isso assume outras formas. Por exemplo, o que está na cabeça delas também afeta os homens. Os homens prezam por suas conexões com seus pais e com os pais de seus pais, e a prova disso, para eles, é a herança da terra. Reivindicar a terra de um homem depende fundamentalmente do conhecimento, mais precisamente do conhecimento sobre onde seus ancestrais cultivavam para que ele possa cultivar lá (reivindicações que não sejam ativadas por meio do trabalho irão, eventualmente, desaparecer). De fato, homens e mulheres engendram seus próprios modos de se relacionar: especialmente as filhas de uma mulher estabelecem laços laterais por meio de conexões do tipo "um só sangue"; e especialmente os filhos (sobretudo meninos) de um homem se veem como parte de uma sucessão linear. Os modos são tão divergentes que a antropóloga refere-se à dinâmica da vida social Kamea como uma intersecção de "duas formas relacionais distintas" (BAMFORD, 2004, p.302).

Essa vinheta contém justamente o tipo de material que ininterruptamente estimularia os estereótipos euroamericanos sobre pequenas comunidades – caracteristicamente personalizadas, com relações face a face. Espero que as observações sobre o papel conceitual da intenção e o significado do conhecimento ofereçam, ao menos, uma pausa preliminar.

Deixar o "conhecimento" de um lado

O conhecimento científico fornece aos euroamericanos um modo de ser verdadeiro sobre a natureza do mundo. Ele é, literalmente, uma prática de verificação. A habilidade de ocupar duas posições ao mesmo tempo – fundamental para a ferramenta relacional que apresentei – não é nada mais do que uma ferramenta ou um instrumento, e existe ao lado de diversas tentativas de cooptá-la. Tudo que podemos dizer é que uma antropologia social possibilitada pelo modo como a relacionalidade é desenvolvida para fins epistemológicos de investigação e pesquisa também vê a si mesma praticando suas próprias formas de relacionalidade. A Parte I explicitou com clareza o interesse dual da antropologia em relações conceituais e interpessoais, ao investigar relações entre conceitos e relações

Parentesco, direito e o inesperado

entre pessoas. A antropologia não tem de invocar uma divisão natureza-cultura (presente na relação da ciência) para fazê-lo. Ela invoca, no entanto, práticas de produção de conhecimento. Explicitar a utilidade antropológica da ferramenta me incita a refletir de um modo bastante particular na Parte II, portanto, nos capítulos 4 a 6. (E essa execução pode unir as peças do quebra-cabeça e até conceder algum valor à sua independência original.) No início, o Capítulo 4 começa com um conjunto de estereótipos sobre os euroamericanos habitarem tecnologias, enquanto os outros – aqui, habitantes das Ilhas do Pacífico (da Nova Irlanda) – aparentemente habitariam comunidades. O Capítulo 6 termina com um exemplo internacionalista desse tipo de pensamento aplicado a novas tentativas legislativas no Pacífico, as quais, por sua vez, irão orientar novos interesses políticos e econômicos. Eis o conhecimento posto em prática; e, eu adicionaria, enquanto meio, e não como fim.

Ao inserir seus interesses duais em uma fonte de conheci-mento para si mesma, a antropologia pode, aparentemente, en-contrar arenas da vida social que correspondem a um ou outro lado da dualidade. Um aspecto da sociedade aparece como exemplar mais apropriado do que o outro. Assim, os dois tipos de relações frequentemente emergem como se pudessem ser distribuídos entre diferentes formas de associação, instituições e até mesmo sociedades. Esse é um dos modos como as práticas euroamericanas de produção de conhecimento funcionam. Elas destinam valores, percepções ou instrumentos para diferentes lugares (outras pessoas podem empenhar-se em fazer parecer que estão no mesmo lugar), em vez de fazer como os antigos gregos, que distribuíam vícios e virtudes entre os deuses. O Capítulo 5 fornece um exemplo de como o discurso euroame-

Marilyn Strathern

ricano sobre direitos humanos opõe relações categoriais e interpessoais. Mas, se atentarmos à admoestação de Gell (1999a, p.35) – isto é, de que uma mulher é mãe de uma criança não por meio de sua presença ou de seus atos, mas, sim, nos termos de uma relação –, devemos assumir o ponto de vista de que as pessoas não existem independentemente dos conceitos feitos delas. No entanto, nos surpreenderemos ao notar que uma posição que associa o parentesco a relações interpessoais o faz *contra* relações categóricas ou conceituais de sociedade – ou de propriedade, como nos lembra McKinnon (2001) – na tradição antropológica. Receio ser quase dessa maneira que o Capítulo 4 opera, utilizando os regimes euroamericanos de propriedade intelectual e as práticas memoriais melanésias como contraponto um do outro. O porquê de isso poder ser marginalmente defensável como uma comparação aparece no final do Capítulo 6. Entre essas incursões epistemológicas está uma narrativa de outro tipo.

A relação da ciência e, dentro de seus limites, a relação da antropologia provêm de muitos recursos uma sociedade cujo projeto reside no conhecimento do mundo. Destaquei, além disso, que a relação da antropologia não precisa evocar uma divisão natureza-cultura; ela evoca prática de conhecimento, e com essa expressão quero dizer o tipo de produção de conhecimento que informa a epistemologia.[3] Mas a antropologia (dentre outros caminhos para *insights!*) também nos força a perceber que nem todos os projetos são projetos de conheci-

---

3 Conhecimento de mundo e, de modo recursivo, conhecimento das práticas e dos métodos que constroem o conhecimento de mundo e, portanto, dos fundamentos que o sustentam.

Parentesco, direito e o inesperado

mento nesse sentido. Isso a imobiliza? Ou a antropologia pode usar sua ferramenta para perguntar *a que se assemelharia uma versão não epistêmica da relação?*

Não há nada obscuro nisso: já nos deparamos com a legislação pondo em atividade um contraste entre direitos técnico-científicos e direitos comunais. A Lei Modelo para as Ilhas do Pacífico (descrita no Capítulo 6) baseia-se em uma premissa sobre o caráter inapropriado de um regime de direitos de propriedade intelectual (DPI) constituído em uma economia político-industrial ciente da tecnologia para o tipo de proteção que os habitantes das Ilhas do Pacífico podem desejar obter para seus recursos culturais, entendidos como sua herança. Foram necessárias várias visitas exploratórias. É importante ressaltar que a missão dessas visitas não era entender mais sobre aquelas comunidades das Ilhas do Pacífico, mas, sim, fornecer um instrumento que proporcionasse àquelas comunidades reconhecimento formal perante processos legais.

Aqui, inspiro-me no trabalho de Riles (2003) pela segunda vez. Ao pensar sobre diferentes gêneros de conhecimento jurídico, ela traça uma distinção entre instrumentos cuja existência define-se pelos fins a que são postos e representações analisadas por seu significado e, portanto, pelo que expressam. Assim, ela argumenta que a modalidade expressiva da lei fabrica objetos como "comunidades" ao produzir significações sobre eles; ao mesmo tempo, em sua dimensão instrumental, ela cria documentos e veredito que não representam, mas dão concretude a, por exemplo, direitos de uma determinada comunidade. Nas palavras dela, o expressivo e o instrumental são, ambos, respostas sequenciais um ao outro. Assim, se considerarmos o conhecimento do mundo (epistemologia) como representação, isto é, um fim em si mesmo, uma analogia imediata sugeriria que o conhecimento não epistêmico seria encontrado quando os meios instrumentais viessem à tona. Como veremos adiante, essa não é a única conclusão.

Minha atenção dirige-se ao direito, como um domínio da vida institucional euroamericana, justamente porque ele trata o conhecimento como meio tanto quanto como fim. Qualquer esclarecimento que ele traga sobre o mundo pode ser substituído por seu valor instrumental ao estabelecer protocolos e fronteiras que orientam as ações das pessoas. Eis aqui o tratamento do conhecimento de maneira não epistêmica. Ora, a grande força do direito é o remanejamento de relações categóricas ou conceituais. Dessa forma, regimes de DPI intentam atribuir valor categórico aos produtos das atividades das pessoas por meio do conceito de propriedade. Frequentemente, no entanto, o direito expressa pouco interesse nas relações interpessoais. É também categoricamente que se deve lidar com as pessoas, enquanto sujeitos, no direito, como na definição conceitual de quem são aqueles que têm o direito de autointitular-se membros de uma comunidade detentora de direitos. Além disso, o direito insiste na separação entre assuntos jurídicos (conceituais) e pessoais (interpessoais). Um comentário sobre direitos humanos, concernente a esse ponto, é mencionado ao final do Capítulo 5, e uma vigorosa crítica aparece no Capítulo 6, a partir dos redatores jurídicos australianos, que já conhecemos no Capítulo 1. Realmente, essa separação – na qual o direito insiste – com frequência afirma a distinção em termos concretos que encontram uma ressonância bastante geral: euroamericanos gostam de dizer para si mesmos que distinguem *propriedade* de *pessoas*.

Parentesco, direito e o inesperado

No entanto, quando se trata de relações, é visível que essa apreensão não epistêmica do conhecimento lida com apenas parte do duplo conceitual-interpessoal e estabelece barreiras entre os dois tipos. Nesse contexto, como mostra a crítica ao discurso dos direitos humanos, a relação da antropologia só pode trabalhar trazendo à tona especificamente a evidência, para além do direito, em um tipo de contraequilíbrio ou maneira compensatória. O desafio é se o duplo (dos antropólogos) enquanto tal, com os dois tipos de relação em vista, também pode indicar fenômenos não epistêmicos. É fortuito aqui que minha atenção tenha se lançado ao direito na arena, na qual se lida, ao mesmo tempo, com conhecimento e com propriedade, isto é, a arena dos direitos de propriedade intelectual. Pois a disseminação global do pensamento sobre DPI, conforme culmina em protocolos como a Lei Modelo das Ilhas do Pacífico, transmite, na sua esteira, tipos de questões sobre pessoas e propriedade. Isso nos coloca frente a frente com cosmologias que incluem reivindicações de interesse considerável para o direito (de propriedade), mas repousam mais amplamente em conceitos de posse.

Os euroamericanos interessam-se apaixonadamente pela posse. De fato, a breve elucubração sobre posse no Capítulo 4 poderia ter sido escrita com Tarde em mente (ver o Capítulo 2). Mas trata-se também de uma tradução muito útil, de um modo que a propriedade não o é, para algumas maneiras segundo as quais as pessoas (inclusive as pessoas que não estão nessa tradição) percebem suas reivindicações umas sobre as outras. O argumento exige a introdução de material não euroamericano, principalmente da Melanésia.

Riles observa que as formas expressiva e instrumental do conhecimento jurídico agem harmonicamente uma em relação à outra. Mas há conhecimento, inclusive conhecimento à disposição do direito, que está para além desse par. A posse envolve descrições e representações do mundo, embora não seja, ela mesma, um projeto de descrição ou uma representação. E seria preciso qualificá-la (por exemplo, posse de propriedade) para torná-la instrumental. Ideias sobre posse, assim, nos fornecem um eixo possível para a comparação com modos de pensamento que se encontram fora da órbita do Iluminismo – e com aqueles que se encontram dentro, mas aos quais o pensamento iluminista dá apenas orientações desajeitadas.

Perseguir a posse pode jogar luz sobre o fato de que, apesar de constantes declarações contrárias, para os euroamericanos a questão sobre se as pessoas são ou não propriedades não expirará. O quebra-cabeça que o direito parece ter estabelecido, apesar de não por completo, perturba modos já presumidos de conhecimento de mundo. Isso porque perturba axiomas de ação consciente (sujeito-objeto e pessoa-coisa) derivados do nexo relacional baseado em natureza-cultura, biologia-sociedade, descoberta-invenção e daí por diante. Assim, deparamo-nos com tudo isso novamente – e o livro começou com esse exato interesse, sobre a biotecnologia suscitar, na mente das pessoas, novas questões sobre pessoas (incluindo corpos e partes do corpo) enquanto posses.

Ao abordar as ansiedades euroamericanas sobre esse tema, com materiais extraídos de vários lugares, deparamo-nos com outros interesses que impelem as pessoas a combinar e separar relações conceituais e interpessoais. Isso inclui um interesse na propagação, isto é, na criatividade e na procriação, nas quais – como supõem os Kamea – nada está concluído no momento do nascimento, e é por persuasão e influência que se deter-

Parentesco, direito e o inesperado

mina quem é prole de quem. O parentesco emerge como um campo primordial no qual reivindicações são feitas em relação a pessoas enquanto categorias. Se essas relações não são, num primeiro momento, nem expressivas nem instrumentais, são também não epistêmicas em virtude do fato de que tipos de conhecimento cessam de ser seu principal ponto de referência.

A aritmética da posse

O Capítulo 4 insiste nos direitos de propriedade intelectual e no tipo de investimento que o povo euroamericano faz para a sua posse. Se a invenção mostra a criatividade dos indivíduos, ela deve estar claramente separada da descoberta de fatos naturais que sempre estiveram à disposição de qualquer um para descobri-los.

Uma razão para reproduzir esse trecho é que ele imediatamente evoca uma aplicação instrumental do conhecimento. A distinção categórica entre invenção e descoberta torna-se muito menos significativa ao fornecer modos divergentes de verificar a natureza do mundo do que quando se torna, no DPI, uma ferramenta jurídica para julgamentos entre direitos. Hirsch (2004, p.184) destaca a famosa questão de um cientista americano, registrada por Rabinow (1996b), "Quem inventou a reação em cadeia da polimerase [PCR, na sigla em inglês]?", à qual veio a resposta "Concepção, desenvolvimento e aplicação são todas questões científicas — invenção é uma questão para advogados especialistas em patentes". Isso mais aproxima os euroamericanos modernos de seus homólogos da Nova Irlanda do que os afasta. Além disso, o que, por um momento, parece um contraste entre as distinções categóricas do direito de patente euroamericano e os rituais de procriação da Nova Irlanda – o primeiro produzindo coisas a partir de coisas; o segundo, pessoas a partir de pessoas – dissolve-se. Os euroamericanos também almejam produzir cientistas criativos que possam reivindicar posse, combinando a magia do individualismo com a invenção, enquanto os habitantes da Nova Irlanda, por sua vez, almejam produzir imagens de pessoas enquanto conceitos ou categorias cujas formas eles desejam possuir.

É o antropólogo que une esses povos e suas ideias. Mas o antropólogo também espera reconhecer seu duplo nas mãos de outros. A relação bilateral emerge no modo como as pessoas tentam fabricar artefatos conceituais – e, especificamente, categorias – a partir de relações sociais. Aqui, "povo" torna-se inclusivo, de acordo com a ênfase do capítulo no que há em comum entre aqueles com um *background* "euroamericano" e aqueles que nos saúdam da "Melanésia". Evidentemente, eles não são os mesmos. Os escultores da Nova Irlanda pensam estar reproduzindo o que sempre esteve lá, enquanto os pesquisadores euroamericanos pensam inovar. Não obstante, a analogia ampliada do "como se" que orienta o capítulo, "suponha que um tipo de escultura mortuária (Malanggan) da Nova Irlanda seja uma forma patenteável de tecnologia", tem como objetivo aproximar essas circunstâncias.

A posse determina diferenças de interesse (HAYDEN, 2003). Patentes dizem respeito à posse dos direitos para explorar uma ideia, enquanto o direito autoral é um direito de posse sobre a forma como as ideias são expressas contra os interesses que outras pessoas possam ter. O que os habitantes da Nova Irlanda possuem e, até certo ponto, distribui-se para outras pessoas é o conceito ou a imagem de uma (determinada) pessoa falecida. A imagem é uma interpretação categórica da pessoa, capaz de ser comunicada a outros e, portanto, retrabalhada de maneira interpessoal, por assim dizer. Como veremos, a interpretação da imagem (enquanto uma escultura ou máscara, por exemplo) envolve conhecimento em sua execução e no reconhecimento de suas características pelas pessoas. Talvez possamos denominar esse conhecimento de não epistêmico. Pois é evidente que o "conhecimento" Malanggan é transmitido não com o intuito de as pessoas conhecerem "o mundo" ou melhorarem sua estadia nele, mas, sim, de capturar poder (WAGNER, 1975), conceder título. O efeito persuasivo do trabalho é atingido ao simplesmente se evocar uma presença que é, esteticamente falando, memorável.

O Capítulo 1 não se deteve no intrigante título do livro de Davies e Naffine, *Are Persons Property?* [As pessoas são propriedade?] (2001). A mesma questão é feita na Papua Nova Guiné e é respondida de maneiras diferentes tanto pelo direito quanto pelo costume. O Capítulo 5, levando-nos mais adiante na rota da posse, começa, pois, com um caso levado ao tribunal na Papua Nova Guiné, com respeito a reivindicações sobre uma mulher que fora doada, como se fosse, aparentemente, propriedade. A imagem dela como ossos (literalmente, um crânio) em um saco parece agravar a indignidade. Mas esse eco do interesse euroamericano em partes do corpo nos leva a desvendar a fabricação melanésia ao longo de linhas sugeridas no Capítulo 5. A imagem de uma pessoa é a imagem de um relacionamento.

Uma imagem reifica (categoriza) um relacionamento ao apresentar a pessoa como um todo visto pelos olhos de seu requerente/parente. Nesse sentido, podemos falar de posse:

as pessoas podem possuir o conceito da pessoa (como um todo) enquanto parente. O relacionamento específico que elas evocam ou produzem a partir da pessoa é a própria pessoa (como um todo) em relação a elas. Podemos também falar de relações ou relacionamentos enquanto sujeitos do interesse político-ritual tanto quanto a pessoa individual, na jurisprudência ocidental, é um sujeito para o direito. Entretanto, no que diz respeito à ação, as pessoas se tornam agentes e devem escolher dentre tantos relacionamentos potenciais disponíveis para neles agir. São os relacionamentos, e não o conhecimento, que as pessoas descrevem como aquilo que as compele à ação. Como consequência, as pessoas podem aparecer tanto como singulares (como um todo, categoricamente disponíveis para serem posse de outras) quanto como plurais (divisíveis, um agente enredado em uma multidão de agentes).

O pensamento euroamericano acerca da propriedade indica premissas diferentes. Ideias sobre corpos e partes do corpo sugerem, em contrapartida, ser possível ter propriedade de uma parte, mas não do todo. Outros hábitos reflexivos também são contextualizados, como o equacionamento do parentesco com a tradição e a antinomia tradição-modernidade. O Capítulo 4 termina com um comentário sobre se as pessoas pensam estar à procura do novo ou do velho: aí, temos a retórica jurídica colocando o novo contra o velho. Por fim, é provavelmente supérfluo acrescentar que a relação da antropologia mantém-se no lugar pelo modo como a narrativa é construída. A análise, portanto, elucida uma interação entre relações categóricas e interpessoais da maneira como uma futura noiva era considerada por sua família e considerava a si mesma. Uma visão não substitui a outra.

Parentesco, direito e o inesperado

Vários temas presentes nos capítulos anteriores aparecem novamente no Capítulo 6. Este começa com um estilo semelhante ao do Capítulo 3, com um comentário sobre retórica, nesse caso em termos de questões (culturalmente relevantes) voltadas para o direito, mas não fazem parte dele. Ele também ecoa a discussão sobre "quantos" autores fazem um autor. Enquanto o Capítulo 4 inspira-se no pensamento jurídico europeu sobre patentes, nesse capítulo são os direitos autorais que se tornam a atração principal. Sobretudo, ele dá continuidade ao argumento do Capítulo 5 acerca das reivindicações categóricas sobre pessoas. Ao retomar o caso Malanggan, ele persegue a questão das relações não epistêmicas, em ambos os sentidos de não epistêmico (de um lado, como um tipo de conhecimento; de outro, como algo que absolutamente não diz respeito ao conhecimento). Isso conduz à questão proferida por Kalinoe e Simet, a saber, sobre se há algo de intelectual sobre a posse dos direitos sobre projetos [*designs*] ou outras coisas intangíveis que poderiam ser caracterizadas como conhecimento. *Intelectual* pode não ser o epíteto correto para efeitos imateriais como imagens; o que busco é o significado de sua localização na mente.

O Capítulo 6 confronta uma questão de posse [*ownership*]. Ele não constitui um questionamento sobre se as pessoas podem ou não ser propriedades, mas esse questionamento é tirado diretamente do trabalho de advogados acadêmicos. Um contraste apresentado pelos DPI mostra-se esclarecedor na medida em que elucida que o pensamento jurídico euroamericano permite às pessoas conhecer apenas (os direitos sobre) o que está intrincado em um objeto entendido como uma "coisa". Essa lógica ampara-se na aritmética da posse. O povo melanésio – e os exemplos vêm de áreas nas quais as imagens de uma pessoa ou de um relacionamento estão presentes em ornamentos e emblemas – computa as reivindicações sobre a pessoa na forma de posse categórica. Aqui, ornamentos e outros emblemas, como terra ou pinturas, podem ser considerados como os "corpos" daqueles que, portanto, "possuem" a pessoa, como o faz um corpo. As pessoas são, nesse sentido, corporificadas em outras pessoas. A futura mãe Kamea, cujos contornos vão se transformando conforme ela consome a comida oriunda das prestações matrimoniais alimentares (as garotas são alimentadas com quantidades abundantes de comida), consideraria isso familiar.

Mas talvez a mãe do norte de Londres não consideraria dissonante uma analogia que salta aos olhos nesse último capítulo. Trata-se da analogia entre sua experiência de ver sua prole como uma extensão tanto de si mesma (a mãe) quanto do mundo, de um lado, e as visões euroamericanas de propriedade que a veem melhorando a pessoa e, ao mesmo tempo, conectando-a a este (mesmo) mundo, de outro lado. De fato, filtrar, por meio da propriedade, a discussão sobre o conhecimento rende outro dividendo. Ela desvela uma condição de subjetividade sob a qual o conhecimento passa a ter valor enquanto fim, e não enquanto meio, isto é, assume uma característica epistemológica: o dever de conhecer a si mesmo.[4] Pois seria bastante tacanho enxergar apenas um mero retorno à instrumentalidade na compulsão da mãe por melhorar o modo como cria e cuida de sua prole (e mesmo sua própria

---

4 No entanto, para uma interpretação antropológica bastante diferente, sobre outra trajetória, consultar Rabinow (2003).

Parentesco, direito e o inesperado

relação com o criar e o cuidar, se tomarmos Adrian Mole[5] como nosso guia). O ímpeto científico para a melhoria, incluindo a melhoria de si mesmo, demanda, primeiro, um entendimento do mundo. O valor instrumental pode ser encontrado em qualquer medida liminar (você precisa conhecer o mundo como ele é porque você nunca sabe quando rá precisar desse conhecimento; a pesquisa é justificada pelo uso futuro, mesmo que nenhum uso seja evidente no momento, e assim por diante). Mas isso só é possível porque o mundo (único) é considerado como infinitamente aberto à exploração. E essa premissa não cessa de ser reiterada.

De que modo os dois lados da relação da antropologia funcionam para a posse melanésia? Ao criar uma conexão conceitual entre parentes, a pessoa (o relacionamento específico) torna-se categorizada, reificada, reivindicável; na representação, as reivindicações são então reintricadas em um nexo de relacionamentos interpessoais com histórias particulares que dizem respeito a cada um. Assim, a criança Murik ou Omie aparece com uma identidade singular e, simultaneamente, com múltiplas identidades. Os dois aspectos do ato de relacionar estão presentes também no contraste entre observar regras e criar [*nurture*]. Juntos, os três capítulos da Parte II sugerem como os respectivos instrumentos, ao conectar conceitos e conectar pessoas, funcionam uns contra os outros em situações nas quais as pessoas estão preocupadas com suas origens e

---

5 Um personagem masculino famoso (cuja idade é treze anos e três quartos) na ficção inglesa contemporânea, cujos "diários" almejam tanto o público adulto quanto o infantil. "É culpa da minha mãe, por não ter conhecimento sobre vitaminas", Adrian Mole: 2 de janeiro, sobre a espinha em seu queixo (TOWNSEND, 1989).

com as origens dos poderes conforme elas os conceitualizam. Os detalhes acerca do modo como essas pessoas melanésias separam-se umas das outras, enquanto os construtos euroamericanos supõem as pessoas como agregando-se umas às outras, joga alguma luz sobre os tipos de cálculos feitos sobre a posse do potencial (pro)criativo.

✳✳✳

A relação dos antropólogos é uma ferramenta, um duplo moldado pelo mundo social onde eles (e todos os outros) vivem, pelo modo como as pessoas alternam entre relações conceituais e interpessoais ao lidar umas com as outras. Esse ato de moldar ampara-se nas primeiras incursões aos sistemas de parentesco, muito antes das relações entre natureza e cultura passarem a ser debatidas. E esse mundo social inclui os euroamericanos, mas vai além deles, e, realmente, o parentesco não euroamericano forneceu à ferramenta grande parte de sua precisão e inovação. Apesar de estar em mãos antropológicas, o duplo tem uma limitação principal: ele se torna um artefato epistemológico. Porque, apesar de tudo que ele possibilita que alguém pergunte sobre relações não epistêmicas, sua limitação é (obviamente) a forma que assume: a da relação. Porque, embora seja eficaz em elucidar o outro lado das coisas – especialmente no caso de sociedades fora da órbita daquelas desenvolvidas pelo Iluminismo e pela revolução científica –, as coisas permanecem "outras", isto é, observadas *em relação ao* ponto de vista privilegiado do momento. Essa é a artimanha do "mundo único" euroamericano e uma derradeira surpresa que não deveria surpreender. O que acontece ao duplo quando os antropólogos

Parentesco, direito e o inesperado

descobrem ser possível contar mundos de modos diferentes é precisamente nada. Em suma, a relação não desaparecerá. Com isso, quero dizer que o duplo cuja forma é a relação traduz tudo em si mesmo. Assim, com essa ferramenta, é impossível compreender mundos diferentes que não em relação uns com os outros. A mensagem feminista duramente conquistada, de que o masculino só faz sentido em relação com o feminino, foi um significativo desafio ao essencialismo ou positivismo; mas quando se trata das "duas distintas formas relacionais" do gênero Kamea, o limite é que podemos *apenas* vê-las como correlatas uma da outra. Conforme o parente se corporifica em outro parente, os pontos de vista do filho e do filho da irmã, expostos no Capítulo 6 como uma contrapartida aos múltiplos mundos das interações humano-animal na Amazônia, já aparecem relacionados.

O limite dessa ferramenta, ao mesmo tempo, é o seu poder. Independentemente do que alguém declare sobre incomensurabilidade ou assimetria, os elementos da narrativa antropológica irão se rearranjar uns em relação aos outros. Assim, eles irão sempre traduzir diversos e múltiplos mundos em versões do – perspectivas sobre o – mesmo mundo. Nós somente precisamos estar cientes disso.

Agradecimentos

Minha dívida com Eduardo Viveiros de Castro deve ser evidente ao longo de todo o livro, mas o é especialmente aqui; o Capítulo 6 fornece alguma exemplificação. Seus três nanoensaios sobre parentesco e magia (no prelo) levam tudo um passo adiante.

Capítulo 4
A patente e o Malanggan

> O Malanggan não existe em um tempo nem em um
> lugar específicos, mas se movimenta através do tempo
> e do espaço, como uma tempestade.
>
> Alfred Gell, 1998, p.226

A percepção de que a tecnologia está em todo lugar – dentro de nós e à nossa volta – tem origem, dentre outras coisas, no modo como os povos modernos descrevem a si mesmos. Eles (modernos do tipo euroamericano) operam ao mesmo tempo todos os tipos de dispositivos, exemplos de engenhosidade e auxílios para o viver como se tivessem uma existência plena – mais poderosa do que qualquer engenhoca, por mais específica que fosse, poderia sustentar. O conglomerado aglutina-se por meio de duas premissas principais. No linguajar cotidiano, "tecnologia" indica o que há de contemporâneo e inovador na modernidade; ela também visa à inventividade criativa que a produz. Um *corpus* substancial de direitos de propriedade intelectual, por exemplo, diz respeito aos produtores de invenções quando esses produtores também podem demonstrar que são inovadores e os inventores originais. Gostaria de aproveitar o discurso predominante da tecnologia e o discurso cada vez mais predominante da propriedade intelectual para descrever uma parte de nosso mundo não muito comumente lembrada no âmbito desses construtos. Esta cria um contexto interessante para a questão: o que há de estranho na tecnologia, a ponto de os euroamericanos tanto insistirem em sua familiaridade com ela? Meu *kit* de ferramentas são alguns livros específicos sobre direitos de propriedade intelectual (DPI), um catálogo artístico de uma exposição de esculturas em madeira e algumas reflexões antropológicas sobre encantamento.

Apresentando o corpo

A Nova Irlanda, próxima à costa da Papua Nova Guiné, é famosa por suas esculturas cuidadosamente esculpidas e coloridas, denominadas *Malanggan*. A possibilidade de elas viajarem para além dessas ilhas está inscrita na tecnologia. Elas são, em geral, tanto portáteis quanto duráveis, embora extremamente efêmeras, na mente de seus produtores. Os Malanggan são produzidos para serem descartados. Criados com muito cuidado, eles podem ser expostos por não mais do que alguns dias, ou mesmo horas, antes de terem de ser destruídos ou jogados fora. Um jeito de destruí-los é colocá-los nas mãos de comerciantes europeus: eles são um dos tipos mais colecionáveis de objeto de arte de qualquer região etnográfica do mundo.

Os Malanggan vêm da Nova Irlanda setentrional, onde circulam entre vários grupos falantes de línguas distintas.[1]

---

1 Os conceitos Malanggan fundamentais aqui presentes são compartilhados na região (KÜCHLER, 1987, p.239 e nota 4); Küchler indica

Parentesco, direito e o inesperado

Podemos imaginá-los como corpos, embora o corpo apareça de muitas maneiras e em muitos formatos diferentes. Os mais familiares (e mais portáteis) assumem formatos de seres humanos e de animais; uma máscara, por assim dizer, com uma aparência geral de uma cabeça, feita de numerosas figuras menores – cobras, pássaros, peixe, asas de papagaio.[2] Seu propósito é conter a força vital de uma pessoa já falecida; os habitantes da Nova Irlanda dizem que ela fornece "corpo" ou "pele" ao falecido, em um momento em que seu outro corpo já não existe mais.[3] Os corpos presentes podem substituir imediatamente os corpos ausentes (segundo a exegese dos habitantes da Nova Irlanda) e (segundo uma exegese minha) podem ser apresentados como compostos por outros corpos, como uma cabeça composta por pássaros e peixes. A questão sobre se devemos ver os corpos menores como dentro do corpo maior ou como anexos à sua superfície é uma questão em aberto; de qualquer uma das perspectivas, no entanto, visualmente

---

especialmente Lewis (1969). Os clãs matrilineares dispersam-se ao longo de toda a área e estão concentrados localmente como grupos de parentela estabelecidos em aldeias, sendo conceitualmente reunidos sob um nome que abrange a região como um todo. O significado da observação de Küchler (1987, p.249), de que "os relacionamentos entre unidades localizadas de um clã matrilinear são apreendidos em termos de lugares e movimentos de pessoas entre lugares", irá se tornar mais aparente adiante.

2 Há várias ilustrações em Lincoln (1987) e, depois de este texto ter sido escrito, em Küchler (2002).

3 Há apenas um termo aqui (*pele* [*skin*], *tak* [ver KÜCHLER, 1992, p.100]); o Malanggan substitui momentaneamente o corpo em estado de putrefação da pessoa falecida, que é, de qualquer maneira, deixado a apodrecer.

Marilyn Strathern

falando, há imagens compostas por imagens. Então, que tipo de espaço de morada [*dwelling*] está sendo criado?

Imaginar entidades "contendo" entidades é uma maneira de dar concretude às noções de habitação e morada. Porém, é claro que tal estratégia é uma interpretação literal[4] dos entendimentos básicos da fenomenologia, a saber, de que não se pode descrever o mundo tal qual ele figura para um povo sem descrever o modo de ser desse povo, que faz do mundo o que ele é.[5] Tem-se daí que as pessoas estão dentro do mundo tanto quanto o mundo está dentro delas. Junto com essa formulação, vem a questão: em vez de ficarem surpresos por haver algo de especial em habitar a tecnologia, por que os euroamericanos pensam que a tecnologia exige técnicas especiais de habitação e, assim, por que eles efetivamente *se distanciam* da tecnologia?[6] Desse ponto de vista, diferentes percepções culturais de mundos dentro de mundos

---

4 Casey (1996, p.39) observa a insistência de Heidegger de que é "nas moradias que somos sensíveis ao máximo aos efeitos dos lugares em nossas vidas" (lugar, aqui, refere-se à corporificação).

5 Ver os Agradecimentos para as fontes dessas analogias. Não tenho certeza quanto a tomar emprestado termos – especificamente, "morada" [*dwelling*] – de argumentos filosóficos gerais sobre orientações conceituais e corpóreas que prefiguram o mundo conhecido (Heidegger, Merleau-Ponty) para então aplicá-los a contextos ou ambientes concebidos culturalmente. O empréstimo fica, talvez, em forma de questão: como os povos fabricam a ideia de um mundo *que contenha* coisas ou pessoas dentro dele?

6 Os antropólogos se inspiraram na morada [*dwelling*] para desenvolver uma dialética não com a tecnologia, mas com o viajar (FELD; BASSO, 1996, apud BATTAGLIA, 1999, p.129) ou, explicitamente após Heidegger, construir [*building*] (INGOLD, 1995). Para uma etnografia completa, que explora algumas dessas ideias de uma maneira esplêndida, ver Weiner (1991).

Parentesco, direito e o inesperado

começam a ficar interessantes. Essa máscara não é o espírito da pessoa morta, mas sim uma pele ou um corpo para o espírito dessa pessoa. O espírito está prestes a se tornar um ancestral, e o corpo é esculpido em um formato reconhecível como ancestral para o clã da pessoa. Um recipiente [*container*] passageiro para o que virá a ser um poder ancestral também é contido pelo poder ancestral. Mas o que há de tão especial no funcionamento desse poder, que é preciso primeiro colocá-lo dentro de um corpo para, depois, liberá-lo? Por que, assim como os euroamericanos quando pensam sobre tecnologia, os habitantes da Nova Irlanda se esforçam tanto para se *separarem* – o conteúdo em contraposição ao recipiente – daquilo que, apesar disso, veem como algo que os envolve? Voltaremos a isso mais adiante.

Sem dúvida, observadores euroamericanos teceriam comentários sobre a habilidade técnica aplicada na fabricação de Malanggan.[7] Eles também poderiam ficar tentados a interpretar os motivos animais como referências à natureza – interpretação pertinente às sensibilidades euroamericanas, que localizariam povos aparentemente não modernos mais perto de seu meio ambiente do que de si próprios, porque a esses povos faltariam os dispositivos interventores de alta tecnologia. No entanto, para os habitantes da Nova Irlanda, não pode ser a isso que os pássaros e peixe se referem. Esses povos não pensariam fazer

---

7 A virtuosidade técnica indica o controle absoluto, necessário à produção dos seguintes efeitos a partir dos seguintes materiais: estruturas leves, arejadas e fluidas a partir de madeira maciça (embora isso não seja mais espantoso do que a catedral feita de palitos de fósforo [GELL, 1999b, p.167; nota 10]). Na era pré-aço, muito do trabalho era feito com fogo.

205

Marilyn Strathern

parte da natureza ou a natureza fazer parte deles[8] tanto quanto não pensariam haver qualquer tipo de oposição entre a natureza e a aplicação do conhecimento que os euroamericanos chamam de tecnologia.

Encantamento

Por outro lado, essa mesma distinção está profundamente intrincada nos modos euroamericanos de pensar, e é a todo o tempo reinventada – assim como um de seus pares, a distinção entre o social e o biológico, é constantemente reinventado (POTTAGE, 1998, p.741).

Considere como a "tecnologia" habita a língua inglesa. Ao apontar para uma entidade substantiva, ela reúne várias coisas sob uma mesma rubrica; desse modo, os anglófonos mostram a si mesmos os produtos da tecnologia presentes em toda parte e os distinguem de outros produtos. No linguajar cotidiano, uma máquina de lavar louça é um artefato de um mundo tecnológico de uma maneira que a pia da cozinha simplesmente não é. A tecnologia, no sentido culturalmente pleno em que habita esse idioma, não apenas reifica o esforço ou a produção; ela reifica, isto é, atribui uma forma tangível a uma criatividade, considerada rejuvenescente. Assim, a tecnologia corporifica mais do que o reconhecimento das técnicas humanas de trabalho manual; ela é evidência da mente continuamente criativa que busca

---

8 Em parte porque este não é um conceito reificado em seu pensamento; em parte porque eles não têm uma concepção ambientalista daquilo que os euroamericanos chamam de mundo natural, no qual os habitantes da Nova Irlanda parecem estar situados.

Parentesco, direito e o inesperado

ampliar as capacidades da sociedade.[9] Além disso, ela mobiliza agentes cujos esforços estendem-se socialmente, não apenas do mesmo modo como uma ferramenta é uma extensão do esforço humano, mas, sim, como as inovações substituem trabalhos antiquados (a máquina de lavar louça supostamente libera quem deveria lavar a louça para gastar seu tempo de outras formas, uma imagem muito mais amigável do que a representação devastadora de Gell (1998) das minas terrestres como a ação consciente dispersa de um comando militar). Reúnam-se esses exemplos e acabamos de enumerar alguns dos valores presentes naquele tipo específico de criatividade que os euroamericanos reconhecem em uma invenção. Porque, além de todos os produtos da criatividade humana, as invenções são definidas pelo poder da tecnologia em dar-lhes vida. Considerando seus fundamentos inventivos, podemos dizer que a tecnologia vive entre nós em um estado de encantamento.

Aqui, faço menção, sem muito rigor, à detalhada explanação de Gell (1999b, cap.5) sobre o encantamento da tecnologia. Ele reside no "poder que os processos técnicos têm de nos

---

9 É o papel cultural que a tecnologia passou a ocupar nas percepções euroamericanas do lugar que os euroamericanos ocupam no mundo que, por sua vez, impulsionou o conceito de propriedade intelectual; os direitos de propriedade intelectual (DPI) refletem o esplendor da criatividade. Isso porque a "propriedade intelectual" aponta simultaneamente para um elemento ou uma técnica disponível para conhecimento – disponibilizando seu uso e sua circulação – e para o conhecimento – sobre o qual repousam as reivindicações, que, por sua vez, o tornaram um elemento ou uma técnica. As invenções são impotentes se há uma lacuna excessivamente grande entre a ideia e sua aplicação (PHILLIPS; FIRTH, 1990, p.42).

Marilyn Strathern

enfeitiçar" (1999b, p.163),[10] o modo como os artefatos são construídos como tendo passado a existir e, portanto, o que nos faz admirar a própria habilidade de traduzir uma ideia em uma invenção e uma invenção em um dispositivo que funcione. O poder parece ter fim nos próprios artefatos, controlando a energia humana que eles fazem aumentar.[11] Acima de tudo, eles são manifestações físicas da virtuosidade técnica e criatividade de seu criador. Em um mundo industrial, tais criadores podem

---

10 Uma parte importante na produção de seus efeitos é o deslumbramento da virtuosidade técnica (o encantamento da tecnologia). Seus termos são deliberadamente recursivos. A propósito da arte e da magia: "[D]o meu ponto de vista, a eficácia dos objetos de arte como componentes da tecnologia do encantamento [...] é, ela própria, resultado do encantamento da tecnologia; o fato de que os processos técnicos, como esculpir canoas [que têm propriedades mágicas], são [como se sabe] construídos magicamente, de modo que, ao nos encantar, fazem os produtos desse processo técnico parecerem embarcações do poder mágico" (GELL, 1999b, p.166). A propósito do modelo feito de palitos de fósforo da catedral de Salisbury que o espantou: "[O] modelo de palitos de fósforo, funcionando essencialmente como uma propaganda, é parte da tecnologia do encantamento, mas alcança seus efeitos pelo encantamento lançado por seus meios técnicos, a maneira como eles passam a existir ou, melhor ainda, a ideia que alguém forma do fato de eles passarem a existir" (1999b, p.167).

11 Enquanto conceito, a tecnologia "refere-se essencialmente aos princípios racionais [*logos*] que governam a construção dos artefatos e indicam um movimento de sair da produção [*techne*] artesanal ou manual em direção às possibilidades das habilidades intrínsecas às máquinas que podem, então, ser "operadas" por trabalhadores relativamente não hábeis" (HARVEY, 1997, p.6, segundo INGOLD, 1988; 1997). Conforme Ingold (1997, p.131) observa, a parte criativa da manufatura deixa de ser encontrada na aplicação das habilidades do artesão e passa a ser encontrada, outrossim, "no elemento de *design* ou planejamento" por meio do qual a máquina foi concebida.

Parentesco, direito e o inesperado

ser conhecidos por logomarcas que conjuram seus próprios feitiços (COOMBE, 1998) tanto quanto podem se perder na anonimidade. Esses inventores sem nome *poderiam* ser nomeados, mas – e isso é importante – quando não são conhecidos, eles podem refletir de volta uma aura de capacidade difusa ou generalizada, fortalecendo, nas pessoas, o sentimento de que são todas herdeiras de uma criatividade coletiva.[12]

O encantamento repousa numa dimensão mais profunda, o aumento da agência social. E, aqui, nos defrontamos com a tecnologia *do* encantamento. Uma técnica essencial para criar um espaço encantado é a separação. Eu disse que, antes da surpresa em notar que há algo de especial em habitar a tecnologia, as questões interessantes são sobre como alguém se distancia dela. Uma maneira óbvia é isolar a tecnologia de outros aspectos da vida. O efeito mágico-purificador da separação conceitual (LATOUR, 1993) sugere haver algo de especial na inventividade da ação humana; o acesso à tecnologia, por sua vez, tem sua relevância oriunda da extensão de tais capacidades gerais ao indivíduo. Como a purificação separa as funções? Se a Tecnologia habita a língua inglesa como uma entidade substantiva, ela também pode evocar outras entidades em oposição: às vezes, a Sociedade;[13] às vezes, a Natureza. Quando é a natureza que

---

12 Sobre o empoderamento [*empowerment*] da anonimidade, ver Konrad (1998). A criatividade pode ser pensada individual e idiossincraticamente, sendo, portanto, merecedora de recompensas pessoais (cf. Khalil, 1995, p.243), mas os euroamericanos também imaginam sua civilização como amplamente caracterizada pela inovação tecnológica.

13 Na arena das então chamadas novas tecnologias reprodutivas, um argumento que é bastante ouvido é o de que a tecnologia fornece um meio, e é a sociedade que deve decidir os fins em prol dos quais ele deverá ser posto a serviço (ver Edwards et al., 1999).

é contraposta, tecnologia e sociedade podem caminhar juntas, ampliando a esfera do esforço humano às custas da natureza. A natureza coloca a tecnologia distante de seu próprio mundo. Portanto, o que quer que seja categorizado como natureza simultaneamente provê uma medida para a efetividade da tecnologia e reflete graus de atividade humana. Além disso, a magia da lógica da soma zero faz que as medições pareçam funcionar automaticamente: quanto mais atividade humana, menos natureza intocada ou menos processos naturais no mundo. Você pode observar isso em cada avanço médico ou na diminuição do número de pássaros. A natureza, nesse sentido, é o derradeiro invólucro, que contém em si a tecnologia e a sociedade.

Há muitas maneiras pelas quais os anglófonos, em particular, e os euroamericanos, em geral, tornam tudo isso óbvio para si mesmos.[14] Eu menciono uma; os euroamericanos podem reivindicar, para sua cultura, a capacidade especial da globalização: a habilidade, fornecida por sua tecnologia da informação (TI), de estar em vários lugares ao mesmo tempo,[15] um alcance

---

14 Por exemplo, ao separar a tecnologia das outras coisas, nós criamos os materiais sobre os quais a tecnologia pode trabalhar. A linguagem que exclui tecnologia como uma forma marcada da indústria humana de todo o resto é consonante com aquela que separa o observador científico do observado, a cultura da natureza e a modernidade da tradição, para não mencionar o mecânico do orgânico, a intervenção humana da autorreprodução e assim por diante. O número de suportes conceituais que mantêm cada divisão por meio de divisões relacionadas, porém distintas, não tem fim (cf. Pottage, 1998, p.745). Partes desse antigo encantamento do mundo euroamericano são incessantemente destruídas (por críticos) apenas para florescer novamente (em novos contextos).

15 Ver Miller (2000), sobre os *sites* de Trinidad e Tobago. Estes podem ser entendidos como criadores de "armadilhas estéticas que expres-

Parentesco, direito e o inesperado

de eficácia incomparável em termos espaciais. O encolhimento do mundo por meio das comunicações e o recuo de espaços (naturais) intocados são medidas disso. Os euroamericanos podem, inclusive, descrever a si mesmos como habitantes de um espaço tornado possível pela tecnologia, que eles, sozinhos, são capazes de fazer. Nessa reivindicação autoral, através de uma espécie de lógica reversa – que presume que os povos sem os acessórios da TI devem viver em um mundo menos expandido –, eles podem presumir que outros povos habitam de maneira diferente. Pense em todos os seus estereótipos de sociedade como comunidades. Tome, por exemplo, as pessoas de Papua Nova Guiné. Talvez os habitantes de Papua Nova Guiné não tenham uma ideia de natureza, mas terão eles, certamente, ideias de comunidade, localidades duradouras e um tipo de habitação que, juntas, geram identidades estáveis, raízes e todo o resto?

O retorno à Nova Irlanda – I

O estereótipo seria enganoso no caso da Nova Irlanda. E não apenas devido à frequência do contato com europeus navegadores, comerciantes e que recrutavam mão de obra ao longo dos últimos 150 ou 200 anos;[16] também porque eles têm, há

---

sam a eficácia social de seus criadores e tentam aliciar outras pessoas para a troca social ou comercial com aqueles que objetificaram a si mesmos por meio da internet. [Assim como na troca melanésia], [...] esses *sites* almejam expandir seus criadores, envolvendo-os em um mundo muito maior de troca com lugares distantes" (2000, p.6).

16 Baleeiros, recrutadores de mão de obra e comerciantes seguiam a determinação Cartaret, de 1767, de que a Nova Irlanda era uma ilha, e os encontros com o povo da Nova Irlanda eram frequentes. Depois de 1885, a colonização alemã incluiu uma intensa atividade

Marilyn Strathern

tempos, seus próprios modos de se movimentar, em uma dimensão a um só tempo espacial, temporal e virtual. As pessoas nunca estão em apenas um lugar. E qualquer pessoa vive em um fluxo de pessoas que mudam de lugar ao longo do tempo, mais ou menos rememorado. Aqui, as técnicas de construção de corpos Malanggan começam a assumir as características de uma tecnologia.

Os Malanggan não assumem apenas formatos de máscara; eles podem ter formato de postes, frisos ou serem *displays* exibidos em pé.[17] Eles tampouco aparecem somente em ocasiões de morte, embora todos os Malanggan envolvam a corporificação de pessoas falecidas.[18] O que é constante é que tais

---

comercial e missionária (BODROGI, 1987, p.17; LINCOLN, 1987, p.35). A área, no entanto, era conhecida desde a viagem de Tasman, em 1643, e há registros das esculturas (embora, nesse caso, não os Malanggan) desde o início do século XVII (GUNN, 1987, p.74).

17 Küchler (1987) explica que os Malanggan horizontais e verticais podem agir como *árvores* e *galhos* uns em relação aos outros, enquanto, em alguns lugares (por exemplo, na ilha Tabar), as *casas* assumem o controle das *árvores*. Essas estruturas são a base das técnicas mnemônicas necessárias para recordar os padrões do *design*.

18 No caso de Tabar, Gunn (1987, p.75) oferece-nos uma lista das diversas ocasiões que fornecem a razão imediata para a exposição, mas a lógica da exposição baseia-se na mesma premissa de que uma pessoa honra os mortos do grupo de parentela de sua esposa ou esposo (da metade oposta) quando eles dispõem o Malanggan em um contexto apropriado. Entre as regiões de fabricação de Malanggan, tais ocasiões incluem iniciações, cerimônias de reconciliação entre partes em querela, validação de transações de terra e remoção de proibições sociais, assim como um anfitrião para novos eventos (Sykes, em comunicação pessoal). Estou abreviando e elidindo informações e análises de várias tradições sociais distintas; minhas principais

Parentesco, direito e o inesperado

artefatos são brevemente expostos durante o tempo de duração da cerimônia – dias, horas – antes de serem deliberadamente descartados. A força vital da pessoa morta é, então, liberada desse recipiente. No entanto, como observado por Gell (1998, p.226), podemos também dizer "a vida da pessoa", pois o que se mantém momentaneamente em um lugar é uma identidade composta das associações entre a pessoa e muitas outras, seja por meio das roças nas quais trabalharam juntas, seja por meio dos grupos nos quais elas e seus parentes casaram. Além disso, a identidade em questão não é apenas a da pessoa falecida, mas também do possuidor vivo do Malanggan que o fabricou de determinada maneira. O possuidor produzirá os *designs* que o seu pertencimento a um clã ou a uma unidade localizada do clã lhe permite por direito.[19] Mas os *designs*, assim como as pessoas, também viajam.

Os Malanggan são manufaturados de modo a sugerir múltiplas identidades. Lincoln (1987) mostra um Malanggan (número 40 do catálogo) composto de galinhas e uma fragata comum prendendo o rabo de uma cobra que ondula por entre a folhagem estilizada, conforme a descrição do catálogo. Em outra constelação de elementos (número 13 do catálogo) vê-se cobras e pássaros – inclusive galinhas – claramente distintos,

---

fontes publicadas são Küchler (1987; 1992), a interpretação de Gell (1998) sobre os dados de Küchler e os exemplos descritos em Lincoln (1987).

19 Os Malanggan podem ser fabricados para homens falecidos ou mulheres falecidas, mas são apadrinhados e fabricados por homens; o possuidor em questão será alguém que compartilhou, junto com a pessoa falecida, direitos sobre o Malanggan (KÜCHLER, 1987, p.240).

Marilyn Strathern

e guirlandas de folhagem com um calau no topo. A variação é necessária se as pessoas não desejam invadir os *designs* umas das outras, e não há duas imagens idênticas. Em algumas tradições Malanggan, a variação aceitável pode envolver algo mínimo, como dois ou três centímetros de entalhe (GUNN, 1987, p.81). Os motivos viajam por entre essas figuras, e então cada novo Malanggan é um compósito de elementos oriundos de outros Malanggan. Trata-se de um lugar que reúne lugares diferentes em si mesmo, uma pessoa (à qual o Malanggan está conectado) que reúne em si interesses de outras pessoas.[20]

O espaço social sendo modelado aqui é feito de movimento sobre o tempo e a distância.[21] Pois, na morte, os vínculos de uma pessoa ainda estão espalhados em vários locais.

As roças e as plantações da pessoa falecida, espalhadas aqui e ali, ainda são produtivas, sua riqueza mantém-se por intermédio de vários parceiros de troca, suas casas ainda estão de pé [...]. O processo de fazer o entalhe coincide com o processo [subsequente] de reorganização e ajuste [...]. (GELL, 1998, p.225)

---

20 De certo modo semelhante aos cocares Hagen (STRATHERN, 1999a, cap.2), cada uma dessas imagens, cada construção de identidade, é um amálgama de imagens, ou identidades sociais, derivadas de outras. Sobre lugares como eventos, e não como coisas, ou como local, e não geografia, e também sobre o significado geral de armazenamento como reunião de percepções, ver Casey (1996).

21 Weiner (1990, p.71) tece comentários sobre um antigo observador antropológico das línguas melanésias que disse que os hábitos de fala (por meio de locativos e assim por diante) implicavam que todas as coisas ou todas as pessoas ou estavam vindo ou indo, em um lugar de cada vez.

Parentesco, direito e o inesperado

O espaço social é, ao mesmo tempo, um espaço virtual em que o finado é completamente envolto pela persona maior de suas conexões clânicas. O clã é um meio ambiente sempre presente.[22] Se, no entanto, dizemos que há um sentido no qual uma pessoa habita um clã e o clã habita a pessoa, então devemos incluir aqueles relacionamentos para além do clã que o pertencimento ao clã também traz consigo. Todas as pessoas têm relacionamentos ativos com outros grupos, e as ações de uma pessoa viva são orientadas em diversas direções. Ao juntá-las, diz-se do Malanggan que ele reúne uma agência outrora dispersa.[23]

O ponto crucial sobre a destruição do Malanggan mortuário é que a agência reunida das pessoas falecidas precisa,

---

22 Enquanto corpo virtual, o clã contém todas as pessoas e ações, passadas e futuras, que o constituem. Pertencer ao clã significa, para qualquer indivíduo, tanto a possibilidade de viver através de todos esses outros quanto a possibilidade de se beneficiar dessas numerosas conexões; não é o clã enquanto unidade discreta, mas sim o clã e suas relações que envolvem completamente as pessoas (WAGNER, 1991). Observe-se que, em prol da simplicidade, argumento com a noção de *pertencimento ao clã* [*clanship*] para evocar a dimensão coletiva do direito de produzir Malanggan. A realidade torna-se mais complexa pelas identidades de e inter-relações entre subclãs localizados ou segmentos de clãs. (Küchler [1987, p.251] sugere que as transações envolvendo Malanggan e os seus compartilhamentos, no norte da região da Nova Irlanda, fornece seus próprios recursos de socialidade, conectados e, ao mesmo tempo, separados do papel organizacional ocupado pelos clãs matrilineares dispersos.)

23 A formulação é de Gell (1998, p.225): "Na morte, a agência de uma pessoa [falecida] está em estado disperso" e, por meio do Malanggan, a efetividade social da pessoa, então dispersa, torna-se "alguma coisa à qual um único índice material pode ser atrelado". Comparar com Hirsch (1995).

Marilyn Strathern

então, ser dispersada novamente – seja para revitalizar velhos relacionamentos em novas formas, seja para devolver, de uma maneira mais geral, o poder do finado para seu clã.[24] Quando uma figura é formada, ela pode recapitular figuras criadas por membros antigos do clã e, portanto, conter elementos que viajaram por entre gerações, enquanto outros motivos podem ter viajado por entre grupos locais, de modo que os elementos também podem vir de imagens originadas em outros lugares.[25] As dimensões são tanto espaciais quanto temporais, e, aqui, deparamo-nos com o que só pode ser denominado como uma *tecnologia do encantamento*. Pois as imagens são construídas de maneira a reunir, em um só lugar, referências ao passado, presente e futuro, simultaneamente.

O momento em que o Malanggan é descartado é também o momento em que ele ou seus componentes podem se dispersar para outros, o momento em que pessoas de outras localidades que olham para a escultura pagam pela habilidade de reproduzir as partes de seus *designs* em algum momento no futuro. Küchler (1992, p.101-2) argumenta que os *designs* Malanggan

---

24 "Absorta no sistema artístico, essa força vital é redirecionada aos vivos na forma de poder. Tal poder constitui autoridade política e é derivado do controle sobre as recorporificações, em novas esculturas, do imaginário memorizado" (KÜCHLER, 1987, p.240). Isso é fortemente pertinente a relações entre possuidores de unidades de terra, cujas queixas relativas uns aos outros são mapeadas por meio de seus direitos de reproduzir Malanggan específicos.

25 Aqui, há tanto relações interlocais como interclânicas, indistintas umas das outras neste relato. O direito de reproduzir Malanggan pode ser transferido entre partes de um mesmo clã matrilinear que vivem em diferentes localidades, bem como entre clãs afins conectados por uma história de casamento e corresidência (KÜCHLER, 1987, p.240).

Parentesco, direito e o inesperado

antecipam isso; esses são planejados já tendo em mente seus futuros possuidores. O passado já se tornou futuro. Então, o que é a tecnologia que tece tal encantamento? Há dois eixos distintos no Malanggan enquanto imagens entalhadas. Revestindo a estrutura tridimensional de madeira com seus motivos entalhados há uma superfície bidimensional, integrada por meio de desenhos pintados.

> Os planos de entalhe referem-se à história de intercâmbio da figura esculpida, ou à sua identidade "exterior", ou "pública", na qual o padrão de pintura significa a posse atual da figura, ou sua identidade "interna" [...]. [Esses elementos] reunidos constituem o que se chama a "pele" (ou *tak*) da escultura. (KÜCHLER, 1992, p.101)

Relacionamentos estratégicos entre grupos, acima de tudo aqueles estabelecidos por casamento, são criados por laços de "pele". O recipiente da força vital é também um mapa no qual os participantes, em uma cerimônia Malanggan, inscrevem suas alianças antecipadamente. Pois os atuais possuidores já sabem quem irá querer fazer reivindicações sobre os *designs*, e o Malanggan é esculpido de modo a reconhecer seus futuros possuidores.[26] O recipiente esculpido enquanto repositório de efetividade social (a formulação é de Gell) ao longo do tempo

---

26 Disso decorre, por exemplo, ratificar novas reivindicações pela posse de terra após a morte de uma pessoa. Na área onde ela trabalhava, recentemente colonizada por imigrantes de outros lugares da região e onde a terra era escassa, Küchler observa uma ênfase específica na readequação de reivindicações por terra. É essa reivindicação antecipada que o Malanggan registra.

é, assim, coberto pela pintura "dentro" dos relacionamentos atuais e estes, então, ficam declaradamente "fora". O encantamento é efetivado por meio da técnica pela qual a forma estende-se simultaneamente ao passado e ao futuro enquanto mantém tudo em um único momento no tempo e no espaço. Não é que o presente meramente encapsule o passado; o futuro é projetado como uma recordação do presente. Pois, por mais que os novos relacionamentos comecem a funcionar imediatamente, os motivos só reaparecerão à luz do dia dali muitos anos; então, irão emergir enquanto componentes dispersos em outros Malanggan. Eles darão vida a novas esculturas, *rememorando* o momento de aquisição. A conjunção de pintura e escultura faz isso: cada forma carrega a outra para dentro e para fora do presente.

O que os futuros possuidores recebem é, como dizem, "conhecimento" do Malanggan (juntamente com os rearranjos das relações sociais que lhes proporciona direitos sobre terras e assim por diante). Tal conhecimento os torna efetivos no futuro, e é isso que faz do Malanggan um tipo de tecnologia. Para usar uma expressão de Sykes (2000; cf. Küchler, 1992, p.101), eles são transmissores, ou condutores, e não memoriais ou representações. Eles não funcionam apenas para fazer as coisas funcionarem ou estender o alcance das pessoas; um Malanggan converte relacionamentos existentes em relacionamentos virtuais, matéria em energia, e agência viva em agência ancestral, anunciando a reversão dessas transformações em um estágio futuro no ciclo reprodutivo. O processo técnico-ritual de esculpir e pintar não produz *coisas* semelhantes ao que podemos entender como trabalhos artísticos; enquanto uma coisa, ao corpo não é permitido continuar existindo. Diferentemente,

Parentesco, direito e o inesperado

e do mesmo modo como a tecnologia – que combina conhecimento, forma material e efetividade –, a reprodução do corpo Malanggan torna possível capturar, condensar e, então, liberar o poder de volta ao mundo.[27]

Alguém pode objetar que isso acontece na vida social o tempo todo: nós reunimos o passado em vários de nossos projetos e, então, procuramos modos de influenciar o futuro. Há, no entanto, um modo de apresentar a tecnologia euroamericana como tecedora de algo como um encantamento comparável – o suficiente para fazer as pessoas sentirem que algo importante pode estar acontecendo. É aí que entram em cena as patentes.

Patenteando a tecnologia

Se o conceito de tecnologia cria um campo de artefatos e expectativas, o direito – com o qual nos defrontamos no Capítulo I – funciona de maneira semelhante: ele confirma a aplicação industrial de novas ideias como uma categoria genérica, de modo que todas as aplicações pareçam exemplos da criatividade humana.[28] Como? Por meio das patentes. As patentes são parte do direito internacional de propriedade intelectual e são

---

27 Sobre a reunião e a dispersão enquanto modelos recorrentes de arranjos sociais na Papua Nova Guiné, ver Hirsch (1995). Da perspectiva da Teoria da Rede do Ator (LAW; HASSARD, 1999), o Malanggan é um ponto de passagem temporário (ver Callon, 1986).

28 Tassy e Dambrine (1997, p.193) são explícitos: "Propriedade intelectual é um termo genérico para se referir aos direitos vinculados aos produtos da criatividade humana". A lei de patentes é "planejada para lidar inerentemente com a nova tecnologia (PHILLIPS; FIRTH, 1990, p.273).

Marilyn Strathern

uma contribuição vital para o depósito de informação técnica da humanidade. Estima-se que oitenta porcento do conhecimento técnico existente no mundo está disponível na literatura de patentes, organizada em um sistema de classificação internacionalmente reconhecido. (TASSY; DAMBRINE, 1997, p.196)

A ideia de ser possível patentear algo tem um duplo poder. Primeiro, o procedimento de patentear exige um corpo; a ideia inicial tem de estar manifesta ou corporificada em algum artefato ou dispositivo, uma invenção concreta que "contenha" a ideia, embora o que a patente proteja seja a ideia em si, o impulso criativo, minimamente um passo inventivo. Segundo, as patentes não apenas reconhecem a criatividade e a originalidade; elas transformam a criatividade em conhecimento passível de utilização ao conectá-la e, ao mesmo tempo, desconectá-la de seu inventor.

Tal poder de transformação apela à imaginação. Realmente, tem-se escrito sobre os sistemas de propriedade intelectual como um todo de maneira lírica, como se fossem parte de uma *tecnologia do encantamento*. Um escritor refere-se aos recursos genéticos sob a rubrica do feitiço dos direitos de propriedade intelectual (KHALIL, 1995, p.232); outro confessou que a propriedade intelectual sempre pareceu "a Carmen do direito comercial" – "uma personagem com charme, personalidade e força de caráter" (PHILLIPS apud PHILLIPS; FIRTH, 1990, p.vii). E, dentre todos os protocolos de DPI, a patente é paradigmática, "*a forma de propriedade intelectual par excellence*" (BAINBRIDGE, 1999, p.7, grifos meus), pois "a lei de propriedade intelectual garante um modo de proteção bastante especial e poderoso para invenções" (1999, p.317). Tal modo

Parentesco, direito e o inesperado

é um direito de propriedade que assume a forma do monopólio: a patente conecta a invenção exclusivamente ao inventor. Ao fazê-lo, ela também a desconecta dele, sob a forma do conhecimento: o acordo de patentes compele o inventor a ceder informações para o mundo acerca de como recriar o artefato. As patentes produzem, simultaneamente, propriedade privada e informação pública(mente disponível).[29]

Enquanto parte e parcela do projeto industrializador do Ocidente, regimes de propriedade intelectual exercem, hoje em dia, pressão internacional sobre países como a Papua Nova Guiné, que, atualmente, está em fase de considerar a implementação de legislação sobre direitos autorais e patentes (em reação à Organização Mundial da Propriedade Intelectual – OMPI, ou WIPO, na sigla em inglês – e sob a égide do Acordo sobre Aspectos dos Direitos de Propriedade Intelectual Relacionados ao Comércio, também conhecido como Acordo TRIPS, na sigla em inglês). Especificamente na Inglaterra, as patentes começaram a assumir sua forma atual à época da Revolução Industrial, com a meta de, dentre outras coisas, encorajar o desenvolvimento de ideias que conduzissem à inovação. Elas concedem um monopólio sobre os futuros benefícios oriundos de uma invenção, conquanto seja ela nova e conquanto sejam os

---

29 Especificações sobre a invenção devem ser detalhadas a ponto de serem inteligíveis para qualquer um em posição de explorá-la. O acesso deve ser total, sem retenção de nada substancialmente importante; caso contrário, ninguém poderia fazer uso da invenção quando da expiração da patente (BAINBRIDGE, 1999, p.317). (Refiro-me ao inventor, mas o eventual detentor de patente e o possuidor de direitos econômicos sobre a invenção também podem ser outras entidades sociais, como uma indústria patrocinadora.)

detalhes expostos a domínio público. A filosofia é que as invenções, a longo prazo, deveriam contribuir para o bem comum. Nesse ínterim, no entanto, o benefício é canalizado por meio do detentor da patente, que é livre para controlar o acesso a ela por um determinado período de tempo (até a expiração da patente). Qualquer invenção deve construir muitas outras:[30]

> Todas as invenções podem ser consideradas como compreendendo unidades de informação [informação é composta por informação]. Sob esse ponto de vista, aquilo que nos salta aos olhos como uma "invenção", uma criação de algo novo, não é mais do que uma síntese [um composto] de pedaços conhecidos de informação, de modo algum uma invenção.[31] (PENDLETON apud PHILLIPS; FIRTH, 1990, p.21)

Por trás dessas muitas invenções há, evidentemente, ainda muitas outras envolvidas no longo processo de desenvolvimento. No momento da patenteação, uma invenção se torna um lugar ou um ponto de passagem no qual diversas com-

---

30 Essa perspectiva tem recebido impulso, recentemente, pelo que é percebido como a taxa galopante de tecnologização, o tamanho do investimento comercial, a emergência da biotecnologia como protagonista e o ritmo acelerado pelo qual a pesquisa científica tem se tornado sujeita a interesses proprietários (cf. Nelkin, 1984).

31 Bainbridge (1999, p.349) cita dois comentaristas, o primeiro para a afirmação de que invenções não são novas maneiras de produzir algo velho, nem velhas maneiras de produzir algo novo; o segundo, para a afirmação de que toda invenção é "uma nova combinação de conhecimento pré-existente." Uma única invenção pode consistir de várias subinvenções que são reunidas sob uma patente enquanto um pacote substantivo.

Parentesco, direito e o inesperado

petências, todo o conhecimento para criá-la, são reunidas e condensadas em uma única unidade (cf. Strathern, 1996). Por sua vez, exatamente porque deve contemplar a especificidade de ser um dispositivo aplicável industrialmente, é por meio de sua aplicação tecnológica que o efeito dessa competência estende-se e se dispersa, tipicamente sob a forma de um produto manufaturado. Procedimentos de patenteação aceleram essa reunião e dispersão.

Deliberadamente, ecoo a análise da Nova Irlanda. A fabricação do Malanggan resulta em uma forma que condensa toda uma história de interações e, nesse processo, torna possível canalizar poderes clânicos – o clã e seus relacionamentos com outros clãs – para benefício futuro; podemos dizer que a patente resulta em uma *forma* – a potência da informação tornada produto – por meio da qual o poder tecnológico também é canalizado para o futuro. Dependendo do momento no ciclo reprodutivo, o Malanggan transforma a agência viva e a ancestral, uma na outra. As patentes implicam uma série mais linear de conversões: ideias intangíveis em direitos de propriedade executáveis. No lugar do clã englobante com sua potência ancestral, ao mesmo tempo dentro e fora de todos, os anglófonos, por sua vez, concedem à natureza um potencial similar, regenerativa e recursiva. A patenteação é de fato parte de um processo que continua a regenerar a natureza tão rápido quanto parece consumi-la. Um tipo de tecnologia dentro da tecnologia, as patentes, portanto, aumentam o *encantamento da tecnologia*.

Em primeiro lugar, as patentes perpetuam o próprio conceito de natureza. Se a tecnologia em geral cria a natureza como um mundo de materiais à espera de serem usados, ou um mundo de processos naturais que seguem sem a intervenção humana, o direito, então, cria o domínio da natureza em um sentido muito específico. Pois a lógica geral é a de que as patentes não podem ser aplicadas a quaisquer interpretações ou manipulações de processos naturais que não exijam o insumo específico de *know-how* humano, resultando em coisas que não existiam previamente. A invenção modifica a natureza; a descoberta, não. Assim, objeções às patentes podem ser rejeitadas como o resultado de "desentendimentos técnicos que emergem de uma expressa recusa em entender a diferença entre invenção e descoberta" (POTTAGE, 1998, p.750). A orientação é que a natureza não pode ser patenteada. Se, no entanto, ela pode ser utilizada enquanto um mecanismo de exclusão, a questão, então, passa a ser o que conta e o que não conta como natureza. Muitas patentes lidam com refinamentos de outras invenções já presentes no mundo construído, e há numerosos terrenos nos quais as solicitações de patentes podem ser recusadas, como patentes sobre o grau de inovação que um inventor tenha introduzido em materiais já trabalhados, ou sobre quão realista a exploração industrial pode ser. Mas excluir qualquer coisa que exista "naturalmente" é uma pedra angular da legislação sobre patentes que tem tido particular destaque com os desenvolvimentos recentes da biotecnologia. "[A] mera descoberta de uma substância até então desconhecida, mas existente na natureza, não consiste em uma invenção" (PHILLIPS; FIRTH, 1990, p.35). Por outro lado, Bainbridge (1999, p.368) cita o juiz Whitford, que, em 1987 (a propósito da tecnologia recombinante do DNA), disse que "você não pode patentear uma descoberta, mas se, a partir daquela descoberta, você pode dizer às pessoas como ela pode ser empregada de maneira

Parentesco, direito e o inesperado

útil, então ela pode resultar em uma patente de invenção". A natureza é repetidamente redefinida, reinventada por meio de tais exclusões. Em segundo lugar, há a questão do conhecimento sobre o mundo natural. Ao invés de pensar a natureza como uma medida axiomática da diligência humana, pode-se considerá-la como uma fonte de inovação tecnológica acrescentada de forma tão rápida quanto é removida. Na mesma velocidade em que a informação é tornada produto, novas fontes de informação sobre o mundo são desveladas. E elas necessariamente apontam para novos entendimentos dos elementos ou processos naturais até que estes sejam transformados pela engenhosidade humana e retirados do domínio do natural.[32] Desse modo, o escopo da natureza continua crescendo. E quanto mais ele cresce, mais pode ser consumido; e quanto mais consumido por meio de um regime de patentes, mais possibilidade de ampliação do conhecimento sobre ele.

Ainda assim, por que os euroamericanos por vezes acusam os cientistas de "patentear a natureza"? Na biotecnologia, insistem que a manifestação da natureza é a "vida em si mesma" (FRANKLIN, 2001). Então, além das objeções em patentear seres humanos ou indivíduos estão as coisas vivas e a vida

---

32 "O fato de que [determinado] material existia anteriormente na natureza não o impede de ser patenteado se ele for isolado de seu meio ambiente natural ou produzido por meio de um processo técnico" (BAINBRIDGE, 1999, p.378), interpreta o Artigo 2 das Diretivas do Parlamento e do Conselho Europeu de 1998, sobre a proteção jurídica das invenções biotecnológicas. Há diferenças entre a legislação sobre patentes dos Estados Unidos e a da Europa. Nos Estados Unidos, assim, é possível obter uma patente para uma nova raça animal (BAINBRIDGE, 1999, p.377).

Marilyn Strathern

(STRATHERN, 1999a, p.171-2; 1998, p.744). Não obstante, o próprio ato de patentear parece reafirmar uma forte separação entre a natureza, que não pode ser patenteada, e os artefatos, que podem sê-lo. O que poderia ser mais explícito do que a exclusão jurídica de variedades de plantas e animais, bem como de processos biológicos (WALDEN, 1995, p.182, a propósito da Convenção sobre a Patente Europeia de 1973), isso sem mencionar o corpo humano (nas Diretivas do Parlamento e do Conselho Europeu de 1998)? Então, por que as pessoas falam como se a natureza, ou a vida, estivesse sendo patenteada? Não é preciso olhar muito longe para se obter uma resposta. A patente confere posse, e há uma longa história de desconfiança euroamericana sobre o que as pessoas fazem umas às outras para fazer valer a posse.

A posse de patente concede o direito de se desfrutar dos benefícios oriundos do investimento de quem detém a posse da invenção. Da mesma maneira como em todos os direitos de propriedade intelectual, o direito é tido como propriedade privada; embora outras pessoas possam procurar liberação da informação (sob licença, por exemplo), o proprietário regula o acesso. Mas o que a propriedade contém nem sempre é claro. Uma preocupação constantemente levantada é sobre *o que é reunido na patente*. Deixe-me apontar várias preocupações distintas.

A primeira preocupação já foi mencionada: truncar a rede de cientistas por detrás da invenção, reduzindo-a àqueles que reivindicam o último passo inventivo que conduz a um produto patenteável. A segunda preocupação diz respeito à amplitude da patente: quanto reivindica-se sobre processos ou produtos futuros é uma questão atualmente controversa. A terceira preocupação diz respeito ao fato de que aquilo que as pessoas

Parentesco, direito e o inesperado

veem como a ordem das coisas muda constantemente, e é aqui que o apelo à natureza emerge.

Quando as pessoas reclamam que a posse de propriedade extraiu elementos de maneira inapropriada daquele mundo, elas vão atrás da decisão sobre se algo é uma invenção para investigar, antes de mais nada, o processo pelo qual a invenção foi criada, retornando ao momento quando todos os elementos ainda não haviam se modificado (cf. Pottage, 1998, p.753). Afirmar que a "natureza" está sendo "patenteada" é elaborar linhas políticas ou éticas para refrear a ação ampliada da interferência humana. Realmente, a crítica dos direitos de propriedade caminha lado a lado em relação ao desencantamento da tecnologia; alega-se que a separação entre tecnologia e natureza foi violada porque patentes devidamente aplicáveis à tecnologia estariam agora sendo aplicadas à natureza. A expressão *patenteação da natureza* é parte da política de desencantamento.

A quarta preocupação é bastante antiga. A afirmação da posse pelo caminho da patente inevitavelmente se liga a um longo debate euroamericano sobre a propriedade privada, historicamente considerada como retirada daquilo que, de outra forma, estaria disponível para todos. Isso pode ser a natureza ou outro artefato, ou conhecimento humano. Críticos das práticas atuais reintroduziram a linguagem de cercamento de um bem comum. Phillips e Firth (1990, p.21-2) continuam seu comentário sobre cada invenção ser uma permuta de invenções predecessoras, como segue:

> Uma premissa correlata a essa visão é a de que, se cada unidade de informação é um recurso comunal, parte da herança comum da humanidade, nenhum edifício construído por tais blocos

Marilyn Strathern

comunais deveria ser passível de constituir uma invenção que é propriedade privada. [Eles, então, acrescentam:] O advogado moderno com atuação em direitos de propriedade intelectual dificilmente aceita isso, a não ser que ele possa persuadir a si mesmo de que não há diferença entre um palácio e a pilha de tijolos a partir da qual o palácio foi construído.

A mesma coisa reivindicada para a sociedade (uma herança comum) é também reivindicada para a natureza:

[A] patenteabilidade das descobertas resultaria na expropriação, feita pelo homem, de si mesmo (o homem) da natureza, e é difícil justificar a expropriação por um daquilo que já é o legado natural de todos. (PHILLIPS; FIRTH, 1990, p.35)

A expropriação implica exclusão dos outros, a separação entre aquele que possui e os outros. A posse funciona como um tipo de ação consciente estendida, uma extensão da capacidade de uma pessoa, individual ou associada, que alcança até onde os produtos irão viajar. Se o que é possuído tem o caráter jurídico de propriedade privada, então a tecnologia, sob a forma jurídica de uma patente como o direito de explorá-la, está, por assim dizer, enredada no proprietário individual.

Isso é clássico. Tenho uma sugestão. Em relação a "ocupar" [*inhabiting*], o conceito de "contenção" [*containment*] transmite o sentido no qual partes de nossas vidas sociais parecem viver dentro de outras, imagens dentro de imagens, conhecimento composto por (outro) conhecimento. A inflexão "habitar" [*dwelling*] implica mais do que o tipo de encaixe com o mundo mais confortável e familiar; indica, pois, uma orientação

Parentesco, direito e o inesperado

existencial em relação a ele. Os euroamericanos refugiam-se momentaneamente na natureza ou na tecnologia – cada uma parece, ao mesmo tempo, circundá-los e os compor – ou, ainda, em todos os lugares de habitação fornecidos pelas noções de comunidade ou localidade. No entanto, há ainda outro candidato para a habitação, que nada tem a ver com meio ambiente ou comunidade, e que permite aos euroamericanos habitar um mundo completamente tomado como dado, um invólucro que os permite viver dentro de si mesmos.

Aceito meu candidato de um modo autorreconhecido como os euroamericanos modernos vinculam-se a um mundo que eles veem como pleno de coisas úteis e belas. É um mundo do qual, imaginam, as pessoas desejam apropriar-se, quer os indivíduos privados com posse exclusiva de propriedade, quer as pessoas comuns com posse aberta de sua recompensa. Posse. O que não é posse de alguém existe ou para ser possuído enquanto recurso futuro ainda não explorado, ou é nacionalmente posse da humanidade em geral, incluindo as futuras gerações. A posse engloba tudo. Será a posse um modo de habitação? A maneira como os euroamericanos vinculam as coisas a si mesmos os faz sentir em casa no mundo – seja contido pela tecnologia, seja pela natureza – do qual eles pensam que as coisas vêm. A posse é um tipo de segunda pele para esses dois recipientes, um mundo através do qual as pessoas estão infinitamente interconectadas por meio de inclusões e exclusões das relações de propriedade, e no qual a posse é considerada, ao mesmo tempo, um movimento natural e a justa recompensa pela criatividade. A propriedade – em direitos, em benefícios – parece confortavelmente ao alcance de todas as pessoas, sujeita apenas às limitações de dotes desiguais.

Marilyn Strathern

Seria, imagino, um mundo encantado, criado, dentre outras razões, pela separação mágico-purificadora no seio das relações de propriedade, um truque cultural que sugere que, assim como as coisas estão intrinsecamente separadas das pessoas, também as coisas intrinsecamente separam as pessoas umas das outras. Os princípios de posse carregam suas próprias exclusões e separações. O estereótipo é tal que teríamos de ir a outras culturas para fugir desse encantamento tão particular.

O retorno à Nova Irlanda – 2

Pela terceira vez, o estereótipo não faz jus à Nova Irlanda. Há muito que pode ser traduzido como posse.

Vimos que a ação consciente ou energia localizada em vários lugares sociais tinha de ser reunida em um só lugar, focalizada nas figuras esculpidas e pintadas dos Malanggan para então serem dispersadas novamente. Essa, entretanto, é apenas metade da história. Toda reunião, cada recombinação de motivos a partir de motivos, envolve uma reivindicação específica de designação. Não é possível incorporar os *designs* sem permissão. E isso porque apenas determinadas pessoas têm o direito de usar o conhecimento associado a um Malanggan específico.

Por um lado, a autorização para exibir a imagem pertence exclusivamente ao clã ou grupo local patrocinador; por outro lado, é preciso habilidade para esculpir a figura, e os possuidores do Malanggan devem delegar a tarefa a um escultor perito na função. Os responsáveis não possuem direitos sobre os *designs* tanto quanto possuem os direitos de sua reprodução, e os sujeitos da reprodução são figuras retidas enquanto memó-

Parentesco, direito e o inesperado

rias. É o direito de fazer corpos, de fazer matéria e de atribuir forma física às figuras que é transferido entre gerações e entre grupos. Tal transferência é selada por pagamento. Ora, se o Malanggan pode ser considerado tecnologia, no efeito cativante da habilidade exigida para reproduzir a figura, podemos ficar tentados a ver o *encantamento da tecnologia*. A habilidade em questão é tanto intelectual quanto manual e exige o trabalho tanto de quem possui quanto de quem esculpe.

Quando os Malanggan são exibidos, o novo possuidor leva consigo a visão da forma sobre a qual ele adquiriu direitos e que ele então mantém como uma memória que pode durar o tempo de uma geração. Isso significa que o futuro patrocinador (o possuidor) de um novo entalhe Malanggan terá vislumbrado a figura muito antes de ela ser reproduzida.[33] Ele então deve descrevê-la em detalhes a um escultor especializado, que, por sua vez, concebe a nova forma em sua própria mente, uma inspiração auxiliada pela magia ou pelo sonho. O que deslumbra os euroamericanos é a habilidade do escultor de produzir uma forma a partir de uma descrição feita por outra pessoa (o possuidor) como a memória de um Malanggan visto anos

---

33 Dentre aqueles com quem Küchler trabalhou, o escultor terá herdado sua habilidade de esculpir junto com o conhecimento mágico para induzir uma visão da figura a ser entalhada. A figura já fora descrita para ele pela pessoa de seu clã responsável por produzir a escultura e o que foi dito para ele inclui não apenas essa memória, mas também todas as modificações que as transações correntes exigem (1992, p.103). Gunn (1987, p.74) diz que podem se passar trinta anos, entre adquirir os direitos e passá-los adiante, para a figura ser reproduzida novamente pela próxima geração.

231

Marilyn Strathern

antes. O que, suspeita-se,[34] deslumbra os habitantes da Nova Irlanda é o modo como o corpo final emerge de dois corpos.

Anteriormente, perguntei por que os habitantes da Nova Irlanda se distanciam daquilo que consideram englobá-los. Talvez uma resposta resida no encantamento dessa tecnologia específica, o modo como os artefatos são construídos como algo que passa a existir. A reprodução exige duas pessoas, e elas têm de ser socialmente distintas. As técnicas por meio das quais os novos Malanggan passam a existir funcionam apenas devido à união bem-sucedida de dois esforços bastante *separados* (o trabalho de lembrar e o trabalho de entalhar).[35] Realmente, é importante que a forma oriunda do repertório clânico seja como a sua original somente em alguns aspectos; axiomaticamente, os Malanggan não se duplicam (cf. Küchler, 1987, p.244), tanto quanto a prole humana não duplica um de seus genitores sozinha. (Podemos dizer que o corpo Malanggan "ancestral" é a imagem do corpo dos genitores em seu filho ou sua filha.) O que está contido dentro da "pele" (corpo) do Malanggan deve manter-se distinto do recipiente: conserva-se a diferença social a ponto de o falecido também se fundir com os ancestrais. De maneira semelhante, entre patrocinador e escultor, é preciso haver o trabalho de união que faz da reprodução um processo único e surpreendente. O trabalho é visto

---

34 Para seguir as posições não producionistas da tecnologia nos debates de Weiner (2004) e Leach (2004) com Gell.

35 Isso pode ser lido enquanto referência ao possuidor e ao escultor; a um casal procriativo que produz uma criança ou a um grupo de parentela localizado no qual os cônjuges sempre terão identidades distintas um do outro para que nenhum conjunto de irmãos ou irmãs seja replicado.

Parentesco, direito e o inesperado

como o cerne do Malanggan (Sykes, em comunicação pessoal; LINCOLN, 1987, p.33).

Ora, o modo como esses direitos são reivindicados há muito incita comparações com a propriedade intelectual e, especificamente, com o direito autoral. Algumas figuras são feitas com uma língua comprida, à qual atribui-se a função de "ameaçar todos os infratores contra o direito autoral do proprietário" (HEINTZE, 1987, p.53). "Direito autoral" é, evidentemente, glosa do etnógrafo.

Alguém poderia, assim, pensar na totalidade da figura como um trabalho artístico sujeito a direito autoral, um tipo de texto literário repleto de citações (permitidas) de outros textos, consistindo em uma forma original de expressão. No entanto, consideremos a analogia passo a passo. O que se ganha é o direito de reprodução do *design*. E o que circula nas transações "não são objetos, mas as imagens que eles corporificam" (KÜCHLER, 1988, p.629; HARRISON, 1992, p.234).[36] Não é o texto idêntico que está em questão, a forma de expressão que é central para os conceitos euroamericanos de direitos autorais, mas, sim, a ideia por trás dele:

> Pois quando a licença [para um Malanggan] é vendida, não é a figura em si, mas a *descrição* da forma e os ritos a ela associados que ficam disponíveis ao comprador. (BODROGI, 1987, p.21, grifos meus)

---

36 Isso endossa o argumento de Harrison (1992, p.235) sobre o que é possuído enquanto propriedade intelectual: não coisas, mas, sim, classes de coisas ("suas imagens ou tipificações"). Ver o Capítulo 6.

Quando um Malanggan aparece, outras pessoas podem desafiar o direito do proprietário de reproduzir um *design* específico, e Gunn (1987, p.81, 83) fala sobre as pessoas terem que "defender o direito autoral asseverado por outro subclã" e sobre o processo de transferência sujeitar-se à inspeção pública para averiguar "violações do direito autoral". No entanto, o desafio vem daqueles que carregam consigo uma memória ou ideia da imagem que reivindicam ser sua, e não pela possibilidade de comparar a expressão ou realização dessa memória em uma forma material. O entalhe já não existe. Além disso, o detentor do suposto direito autoral necessariamente não pode autorizar outras pessoas a fazer cópias. Ele pode se desfazer do direito autoral enquanto propriedade, mas em muitas circunstâncias outra pessoa só pode fazer uma cópia ao adquirir para si o direito autoral. E então:

> Com a venda do direito autoral, o antigo proprietário é privado de todos os direitos para fazer o modelo [então] vendido.[37]
> (BODROGI, 1987, p.21)

Por fim, o *design* não é copiado tal e qual; em vez disso, é abrigado na memória como uma imagem a ser rememorada futura-

---

37 Lincoln (1987, p.34) reúne isso de uma maneira mais positiva. Um clã que reduz sua riqueza ao pagar por um Malanggan está, na verdade, convertendo dinheiro e trabalho em prestígio duradouro. Além disso, ela acrescenta, os direitos de posse adquiridos, que "provavelmente serão revendidos, constituem uma espécie de ativo semilíquido".

mente.[38] De fato, no que diz respeito a determinados elementos do Malanggan, podemos notar que o direito de reivindicar existe apenas *até* o momento da realização dos Malanggan na forma material, o momento em que eles são transferidos a outros; as pessoas os possuem de forma mais segura enquanto memórias ainda a ser realizadas. Reproduzidas, não replicadas: a analogia com o direito autoral não parece ir longe o suficiente.

Contudo, se pensarmos o Malanggan não apenas enquanto arte ou texto, mas também enquanto uma peça de tecnologia, então podemos nos referir aos direitos em questão como salvaguardados por algo próximo a uma patente.[39] Há diferenças claras. Uma patente garante o monopólio de exploração de uma ideia (corporificada em algum artefato) e pertence a um detentor por vez; outros podem obter a ideia ou o artefato por

---

38 Entretanto, Gunn (1987, p.79-80) distingue dois *modi operandi* nas Ilhas Tabar. Assim que um conjunto importante de Malanggan foi exposto e transferido, o possuidor original não pode expor aqueles Malanggan novamente. Isso se aplica a Malanggan transferidos entre gerações dentro do mesmo clã ou subclã. Entretanto, quando direitos de uma única escultura ou de motivos de uma escultura são transferidos dentro do grupo (por exemplo, de um pai para um filho nesse sistema matrilinear), é possível separar direito de uso do direito de reprodução e, dessa forma, o possuidor retém os direitos sobre suas próprias cerimônias. Nesse caso, podemos dizer que o Malanggan é duplicado.

39 Diferentemente do *copyright* (e direitos de *design*), que são efetivados tão logo publicados, as patentes têm de ser registradas (os *designs* também podem sê-lo), e não há nada equivalente a esse processo, nesse caso. Se alguém busca essas analogias, no entanto, então formas mais apropriadas de proteção à propriedade intelectual podem ser encontradas nos direitos de *performers* ou no conceito relativamente novo de direitos de *design*.

Marilyn Strathern

meio de licença ou compra. Em contraste, o uso do Malanggan é (geralmente) efetuado apenas por aqueles que, simultaneamente, detêm os direitos de "patente" na medida em que uma pessoa não pode expor o produto, a imagem corporificada, sem ter também adquirido a posse da ideia. No entanto, há um aspecto sob o qual um Malanggan guarda semelhança com uma invenção patenteada.

Tal invenção reúne em si a perícia (todo o conhecimento para sua fabricação) e, então, por meio de sua aplicação, dispersa o efeito dessa perícia (por meio dos produtos amplamente disponíveis). E esse reunir em si é feito por um período estabelecido: uma patente é feita para expirar.[40] Nesse ínterim, ela condensara múltiplas agências em si mesma, reproduzindo-as em nome de seus novos possuidores. Além disso, o elemento único, com sua combinação específica de motivos, é a materialização efetiva essencial para a transferência para a próxima geração; o molde conceitual mantido pelos herdeiros não se extingue, mas tampouco pode ser ativado sem estar corporificado em uma forma Malanggan específica. É claro que há diferenças: no caso da expiração de uma patente, são os direitos do detentor da patente que são extintos após muitos anos, mas a invenção continua a ser utilizada; os habitantes da Nova Irlanda, no entanto, extinguem a invenção específica (o Malanggan individual), e os direitos permanecem preservados.

---

40 Um ponto que deixa perplexos alguns comentaristas jurídicos: o direito fez existir uma coisa e, ao final de um período estabelecido, a coisa deixa de existir (PHILLIPS; FIRTH, 1990, p.24). Os euroamericanos ficam também supostamente perplexos pelo modo como, após tanto esforço orientado para a fabricação dos Malanggan, eles são rapidamente destruídos ou descartados de alguma maneira.

Parentesco, direito e o inesperado

Não obstante, podemos concluir que os Malanggan não apenas são como uma tecnologia em alguns de seus efeitos, mas são também como as próprias patentes subscritas para proteger a aplicação da tecnologia, ao mesmo tempo uma descrição de direitos transferíveis e uma especificação de como eles devem ser materializados.

As solicitações de patentes no Reino Unido somam cerca de 27 mil por ano, sendo que talvez 7 mil dessas sejam deferidas, com cerca de 180 mil renovações (BAINBRIDGE, 1999, p.336-7). Isso nos leva às patentes recentes expiradas no Escritório de Patentes, ultrapassando a casa dos 2 milhões.[41] A razão pela qual os Malanggan são um dos mais bem representados e colecionáveis tipos de objetos de arte, cerca de 5 mil abrigados dentro de museus ao redor do mundo,[42] é precisamente

---

41 O Escritório de Patentes mantém especificações e resumos para cada patente britânica desde 1617, mais de 2 milhões de invenções, e 23 milhões de publicações sobre patentes de outros continentes (BAINBRIDGE, 1999, p.335). Em termos de população, é concebível haver quase tantos Malanggan do norte da Nova Irlanda quanto patentes britânicas.

42 A estimativa de 5 mil vem de Küchler (1992, p.97), com referência ao período entre 1870 e 1990, aproximadamente; não se trata, é claro, de toda a produção, porque muitos mais devem ter sido queimados ou enterrados com os mortos em suas grutas, onde a vista não alcança (GUNN, 1987, p.74). Lincoln (1987, p.40) estima serem cerca de 15 mil todos os tipos de objeto da cultura material dos habitantes da Nova Irlanda (principalmente máscaras e esculturas) presentes em museus da Europa e das Américas somente do período germano de 1885 a 1914. Parte dessa prodigiosa produção, especula a autora, deve ser resposta à demanda estrangeira. Sem dúvida, houve ciclos de produtividade. Lincoln (1987, p.39) sugere que o uso do metal, introduzido no ato de esculpir nos anos

Marilyn Strathern

o fato de que sua função enquanto moradas únicas para energia e poder já terá, há tempos, sido extinta. Os direitos sobre a reprodução permanecem ativos até que a imagem seja devidamente reproduzida, mas então ela (a imagem) fixa-se em uma nova versão, cujos poderes são reavivados por uma nova geração.[43] Eis a tecnologia em um estado de perpétua transferência.

***

Segundo Sykes (2000), os habitantes da Nova Irlanda reivindicam o Malanggan como uma característica distintiva de sua vida cultural moderna e tradicional. Por mais imperfeita que a analogia com a tecnologia seja, ela chama a atenção para o modo como artefatos tais como os Malanggan afetam as pessoas e para o conhecimento que se acredita estar incrustado neles. E por mais impossível que a analogia com a patenteação seja, talvez a comparação possibilite-nos compreender um pouco do potencial imaginativo e ideológico dos conceitos euroamericanos de propriedade intelectual – uma das muitas formas que as racionalidades modernas assumem (RABINOW, 1996a).

A recombinação de elementos de informação; o amálgama de novas formas e de formas já existentes; as variações mínimas que podem ser suficientes para demonstrar intervenções cru-

---

1850, bem como a experiência da colonização em geral, estimulou a produção dos Malanggan.

43 E, atualmente, lado a lado com outros direitos, como direitos de propriedade cultural (SYKES, 2004). O termo *Malanggan* sempre incluiu cerimônias e outros eventos adjacentes à revelação da escultura e, nos dias atuais, os habitantes da Nova Irlanda podem estender o termo a toda uma gama de práticas costumeiras.

ciais; canalizar o conhecimento passado para um efeito futuro; um período de eficácia limitado: tudo isso poderia muito bem descrever um Malanggan tanto quanto descreve uma patente. No entanto, há um abismo de proporções ideológicas entre eles. Os modernos da Nova Irlanda consideram, de maneira convicta, os Malanggan nem como invenções (aplicação de tecnologias)[44] nem como descrições de um passo inventivo original (patentes). Enfim, os indivíduos são considerados apenas como produtores de imagens originais sob circunstâncias um tanto quanto arriscadas. A doutrina primordial é que artefatos são adquiridos e não criados; assim, as rotas de aquisição são uma fonte crucial de seu valor. Concomitantemente, não é a proteção de novas formas que os povos da Nova Irlanda procuram, mas, sim, o direito de reproduzir o que outros já reproduziram antes deles. Tal representação de seus esforços é uma representação tão *equivocada* (HARRISON, 2000) quanto o são as igualmente dogmáticas asserções dos anglófonos acerca da originalidade e inovação como a base do avanço tecnológico. A doutrina euroamericana está encapsulada na própria noção de direitos sobre patentes. Isso aponta para as invenções como artefatos criados – e não adquiridos –, de modo que o que se

---

44 Como Harrison (2000) nos lembra, a relação dialética entre invenção e convenção na vida melanésia é complicada, bem como o é o modo como atribuímos esses valores (WAGNER, 1975). Ao fim e ao cabo, no entanto, o Malanggan é uma invenção sem inovação. Embora cada recombinação tenha um novo frescor de inspiração, cada elemento individual é também a recordação de outro, e a criação de imagens completamente novas (por meio do sonho) é tida como perigosa; há uma imensa estabilidade no repertório das formas ao longo dos anos (KÜCHLER, 1987, p.239).

Marilyn Strathern

protege não é um direito de reproduzir uma invenção original, mas o direito de impedir que outros reproduzam livremente a capacidade criada pela invenção.

Vimos como o conceito de natureza assegura essa doutrina jurídica; ele subscreve a distinção entre descoberta (de coisas na natureza) e invenção (abstraída da natureza por meio da engenhosidade humana). E pode assim fazê-lo até o nível do absurdo. Ao falar sobre tentativas de patentear uma linhagem celular e inovações similares da biotecnologia, Pottage critica o modo como essa "distinção doutrinária banal" (1998, p.750) é usada para desmerecer objeções políticas ou éticas. Suas próprias objeções às "infinitas permutações entre 'natureza' e 'artefato'" (1998, p.753) são duplas. Em primeiro lugar, as distinções são mobilizadas para truncar argumentos concernentes a implicações éticas ou políticas acerca do que é ou não é mercantilizável. "Oposições políticas não são uma função de [não podem ser desconsideradas como] confusão doutrinária" (1998, p.753). A doutrina jurídica baseia-se, para fins de tomadas de decisão, mais em distinções linguísticas e categóricas do que no que está acontecendo com o que quer que seja que denominemos natureza. Em segundo lugar, há situações nas quais é cada vez mais obscuro identificar apenas uma invenção. "[A] produção de uma linhagem celular imortal demanda pouco mais do 'inventor' do que o domínio de uma técnica científica rotineira. O processo 'inventivo' parece meramente transcrever um código natural em um novo meio" (1998, p.752, nota omitida). De acordo com seu ponto de vista, a biotecnologia tornou transparentes ou implausíveis as próprias distinções que atam o direito de patente – no qual a biotecnologia ampara-se de modo bastante crucial (1998, p.745).

Parentesco, direito e o inesperado

A questão acerca da "expropriação da natureza praticada pelo homem [...] [enquanto] expropriação praticada por alguém de algo que já é o legado natural de todos" (PHILLIPS; FIRTH, 1990, p.35) está aberta ao debate. Mas há uma questão adicional sobre o modo como se trata o problema da distinção entre tecnologia e natureza, invenção e descoberta, e o restante; a legislação sobre patentes define, com efeito, o que *já* foi expropriado, isto é, o que não é mais natureza. Ora, os habitantes da Nova Irlanda refabricam pessoas a partir de pessoas, por assim dizer, corpos a partir de corpos, e a competição é sobre as reivindicações do poder ancestral, isto é, reivindicar o que já é identificado especificamente como deles próprios. Os detentores de patentes, por outro lado, lidam com as pessoas em termos de reivindicações de propriedade e, inversamente, fabricam seus dispositivos a partir das coisas, dos materiais e do conhecimento, por fim, partem de um "bem comum" pertencente a todos e a ninguém.

Ao pensar nos bens comuns como recurso natural, os euroamericanos podem imaginá-los como um domínio livre da inventividade das pessoas e, talvez, idealmente, até esvaziado de pessoas; ao mesmo tempo, ao pensar na morada [*dwelling*], é esse local que com frequência imaginam, e eles também apreciariam pensar nos bens comuns como um mundo que as pessoas "naturalmente" possuem e onde as pessoas encontram sua habitação "natural". É essa flexibilidade, poderíamos dizer, de tornar as pessoas aparentemente ora relevantes, ora irrelevantes à perspectiva de alguém (sobre o mundo) que tanto tem possibilitado a inovação tecnológica no Ocidente (Eric Hirsch, em comunicação pessoal). Eu, contudo, rompi deliberadamente com uma imagem de natureza enquanto um recurso – bem comum – que aponta para o interesse humano nela. Também não faz parte de nosso sentimento de conforto com a tecnologia, de morar "com" ela, o fato de que ela nos dá coisas que podemos ter e, portanto, de que podemos tomar posse para nós mesmos? A inquietude quando essas extensões patenteadoras da pessoa parecem inapropriadas faz parte do sentir-se à vontade com as técnicas e relações de posse.

Os habitantes da Nova Irlanda foram vítimas não só das exportações coloniais ou da legislação sobre direitos de propriedade colonial, mas também da própria separação entre tecnologia e o ocupar [*inhabiting*], que os coordenadores de uma conferência em 2000, intitulada *Inhabiting Technology*, problematizaram. Os habitantes da Nova Irlanda servem como um lembrete dos debates políticos e éticos que rondam a extração de recursos, a extensão dos regimes de propriedade, e assim por diante. Mas, muito frequentemente, um euroamericano irá reinventar a separação entre tecnologia e ocupação ao atribuir a povos como os da Nova Irlanda as qualidades que suas próprias ideias (euroamericanas) sobre tecnologia atribuiriam à natureza. Tentei, ao contrário, fazer esses povos e suas ideias presentes de uma maneira diferente, ao enfatizar os muitos pontos a partir dos quais podemos traçar paralelos para salientar aqueles a partir dos quais não podemos.

Agradecimentos

Inicialmente apresentado em uma conferência organizada conjuntamente em 2000 por Mike Featherstone, Scott Lash e Philip Dodd, para o Instituto de Artes Contemporâneas (ICA), no periódico *Theory, Culture and Society* e no progra-

Parentesco, direito e o inesperado

ma do Conselho de Pesquisa Econômica e Social do Reino Unido (ESRC) *Virtual Society?*, intitulado *Inhabiting Technology*, no Instituto de Artes Contemporâneas, Londres. Foi escrito como resposta ao tema da conferência de como "moramos na" tecnologia. Não é original. Reúno o conhecimento de vários antropólogos dispersos em toda uma gama de estudos, especialmente Susanne Küchler, em cujo trabalho amparo-me fortemente, embora provavelmente de forma um tanto quanto torta (ver seu volume subsequente, 2002), e meu retrato de Malanggan é uma combinação de características de diferentes áreas etnográficas, seguindo apenas um caminho analítico dentre muitos possíveis. Um agradecimento essencial a Karen Sykes e aos resultados de suas próprias investigações na Nova Irlanda. Sou muito grata à permissão para tirar partido de material não publicado (sigo a enunciação de Sykes). Também agradeço a Terence Hay-Edie, que andou explorando outros mundos encantados. O estímulo da conferência na ICA é autoevidente; agradeço também aos membros do Instituito de Verão para Arte Mundial da Universidade de East Anglia pelos vários comentários.

Capítulo 5
Perdendo (a vantagem em relação a)os recursos intelectuais

Quando seu "transplante" terminou, o "povo raiz",
de um lado, sentiu que o outro lado violara seu rela-
cionamento divino.

John Muke, parafraseado em Dorney, 1997

I

"Não se deveria permitir que homens ou mulheres vivos sejam tratados como [uma] parte do pagamento compensatório, sob nenhuma circunstância". O costume é "repugnante aos princípios gerais da humanidade" (PNGLR,[1] 1997, p.150, 151). Assim falou o juiz Injia ao declarar seu veredito do que ficou conhecido nas manchetes locais como o "caso da garota Compo". O caso foi ao Tribunal Nacional de Monte Hagen em

---

1 Papua New Guinea Law Report [Relatório Jurídico da Papua Nova Guiné] (N. T.)

Marilyn Strathern

1997; ele dizia respeito ao povo da parte Minji da região Wahgi das Terras Altas Ocidentais da Papua Nova Guiné.[2]

O caso fornece uma interessante apreciação sobre o papel ocupado pela técnica jurídica na identificação de pessoas e coisas. Em alguns aspectos, ele ensaia questões que há muito perturbam os antropólogos quando descrevem arranjos matrimoniais. Tais aspectos incluem a questão sobre até que ponto uma equação entre mulheres e riqueza torna as mulheres "coisas", no clássico *locus* das prestações matrimoniais, os pagamentos do preço da noiva, que alimentam uma ansiedade epistemológica, a questão sobre até que ponto a análise antropológica, por sua vez, trata seus sujeitos como menos do que sujeitos, cujo *locus* clássico é "a troca de mulheres".[3] Com essas questões como pano de fundo, examino o papel ocupado, nesse

---

2 As fontes incluem os comentários de Gewetz e Errington (1999) sobre a audiência preliminar (junho de 1996) e a decisão do tribunal (fevereiro de 1997), reportagens de jornal (PALME, 1996; DORNEY, 1997) e notas de um artigo apresentado em um seminário no Departamento de Antropologia Social de Cambridge, em outubro de 1996, por John Muke, que deveria fornecer um depoimento juramentado ao tribunal. Banks (2001) foi disponibilizado enquanto este capítulo estava sendo revisado. Há uma citação de Miriam dizendo que ela se sentia constrangida quando se referiam a ela como a *garota Compo* (*Post Courier*, 20 de fevereiro de 1997).

3 Seja a troca de mulheres por mulheres, por exemplo, por meio da troca de irmã; seja a troca de mulheres por riqueza, como quando os casamentos são arranjados com pagamento do preço da noiva por parte da parentela do noivo para a da noiva; as transações poderiam ser fácil e equivocadamente entendidas como implicando um tipo de troca de mercadorias. Antropólogos que embasam suas análises nas trocas de mulheres enquanto objetos correm o risco de torná-las menos do que sujeitos em seus próprios relatos (ver Hirschon, 1984).

Parentesco, direito e o inesperado

caso, pela referência aos direitos humanos. Esse papel auxiliou na identificação de pessoas;[4] a antítese entre pessoas e coisas nunca esteve muito longe.

Trata-se de um exemplo em que a análise pode ser beneficiada por meio da projeção de uma distinção euroamericana entre pessoa e coisa no material da Papua Nova Guiné, embora as técnicas de identificação serão de natureza político-ritual, e não jurídica, e a distinção não funcione exatamente como os euroamericanos podem esperar. Ele, ao menos, permitirá a comparação entre a referência aos direitos humanos e algumas formulações papuásias. O vernáculo aqui evocado é comum aos modos de pensamento e ação encontrados em muitas partes do mundo, inclusive em Minj. Considerar esses materiais como semelhantes — ao invés de distintos — aos tipos de premissas euroamericanas que estão por trás da linguagem dos direitos humanos serve para destacar um recurso bastante significativo. Trata-se de um recurso intelectual, modos de pensamento que

---

4 Como Gewetz e Errington também argumentam, embora com intenção diferente. Eles discutem o caso devido à luz que lança em sua tese sobre as novas diferenças sociais (incipientes diferenças de classe) que estão desabrochando na Papua Nova Guiné. (Elas são baseadas em estimativas da classe média sobre o valor das pessoas e oportunidades na vida que introduzem um fosso na relação entre aqueles com e aqueles sem prospectos monetários realistas.) Nesse ponto, eles argumentam, o testemunho veio de um pequeno punhado de pessoas escolarizadas, que falavam em nome de outras e que se tornaram árbitros e exemplos do comportamento "sensato" e "comum". Quanto ao conceito de pessoa, dele me utilizo, no contexto da Papua Nova Guiné, de uma maneira um tanto quanto análoga à da compreensão jurídica da pessoa: uma entidade resultante de relações e, portanto, de procedimentos que as instauram (por exemplo, transações de troca).

nos ajudam a pensar. Seria lamentável perder possíveis modos de pensamento sobre a maneira como as pessoas tecem suas reivindicações sobre outras apenas porque os vernáculos parecem locais e estranhos.

Os termos de um acordo

Um pagamento compensatório pela morte de um homem foi combinado entre clãs de dois grupos tribais Minj, o Tangilka e o Konumbuka. Muke pertencia ao mesmo clã paterno (Tangilka) que o homem morto, Willingal, e foi, posteriormente, convocado a prestar depoimento. Willingal foi morto pela polícia, acusado de ser o guarda-costas de um homem procurado – fato esse questionado por seus parentes. O acordo final consistiu em 24 porcos, K20.000 em dinheiro e uma mulher que deveria ser enviada, por meio de casamento, ao clã lesado.[5] O clã lesado, nesse caso, não foi o clã do homem morto (de Tangilka); pelo contrário, a ele é que estava sendo solicitada a compensação. As demandas vinham do clã de sua mãe, em Konumbuka. A lógica era que o clã paterno do falecido não protegera devidamente seu "filho" (o filho da irmã). Essa acusação tinha dois componentes: primeiro, de que o clã fora indiretamente responsável por causar a entrada da polícia em seu território; segundo, o argumento mais geral de que ele

---

5 Àquela época, a *kina* da Papua Nova Guiné valia aproximadamente £0,50 libras esterlinas, de modo que a quantia estabelecida fora de cerca de £10.000. Para fins de simplificação, utilizo os nomes tribais desses agrupamentos patrilineares, embora as unidades relevantes de ação tenham sido clãs ou subclãs de dentro de cada uma das tribos (Tangilka Kumu Kanem e Konombuka Tau Kanem).

Parentesco, direito e o inesperado

teria falhado em tomar conta dele (o homem morto). Foi uma perda para os parentes dos dois lados; cada um tinha o dever de cuidado que, embora posto em prática por cada um de maneiras diferentes, eles deviam um ao outro. Os dois lados chegaram a um acordo e uma das filhas de Willingal, Miriam, despontou como a noiva óbvia para os Konumbuka.

O acordo teria seguido adiante não fosse por uma intervenção jurídica. Uma ONG de direitos humanos sediada em Port Moresby, o Fórum de Defesa dos Direitos Individuais e de Comunidade [Individual and Community Rights Advocacy Forum] (Icraf) solicitou uma liminar do tribunal para reforçar os direitos constitucionais de Miriam.[6] Gewertz e Errington (1999, p.125) resumem o fundamento da causa da Icraf: "Apesar dos costumes locais, a comercialização de mulheres não pode ser permitida porque consistiria uma violação de direitos humanos fundamentais". Conforme relatado na imprensa nacional (*Post Courier*, 11 de fevereiro de 1997; *National*, 12 de fevereiro de 1997), o juiz Injia ordenou às duas tribos que se abstivessem de fazer cumprir seus costumes. Ele teceu um comentário sobre a avaliação às vezes precipitada dos costumes por parte de órgãos externos — incluindo aí

---

6 A Constituição da Papua Nova Guiné estabelece o reconhecimento do direito consuetudinário (ele pode ser debatido no tribunal enquanto fato relevante) até o ponto em que não entre em conflito com o direito constitucional — que inclui a promulgação de vários direitos — ou até o ponto em que não repudie os princípios humanitários gerais. Quando da primeira exposição da história pelo *Post Courier* (9 de maio de 1996), e antes de a Icraf apresentar sua queixa, o juiz Injia já havia iniciado as investigações com base na competência do Tribunal Nacional em garantir o cumprimento de direitos constitucionais/humanos.

os tribunais contemporâneos –, mas observou que a questão era constitucional em outro sentido: envolvia a precedência do direito nacional sobre as práticas consuetudinárias. Na visão de Gewertz e Errington (1999, p.133), o juiz estava um tanto quanto constrangido acerca do papel ocupado pelo profissional de "classe média" ao promover a razoabilidade da moralidade moderna.

O Capítulo 4 referiu-se à modernidade da Nova Irlanda; aqui, podemos escutar acidentalmente uma conversa sobre como ser moderno e os lineamentos que encontramos anteriormente (Capítulo 1). A moralidade moderna e suas implicações fornecem os termos de um acalorado debate do qual, notavelmente, temos registro. A conversa aconteceu no hotel Mt. Hagen Lodge, na véspera da audiência preliminar no tribunal, um ano atrás (GEWERTZ; ERRINGTON, 1999, p.123). Com exceção dos dois antropólogos, as outras pessoas eram profissionais papuásios: o advogado empregado pela Icraf para argumentar sobre o isolamento cautelar de Miriam e o padre sob cujos cuidados o advogado esperava que ela ficasse, bem como a proprietária do hotel – que tinha suas próprias opiniões fortes – e seu sobrinho. A conversa enveredou pelo tipo de pessoa que os modernos papuásios deveriam ser. Acima de tudo, estes eram imaginados como agentes, sujeitos e indivíduos que poderiam e deveriam exercer escolha.

O pequeno grupo dividia-se sobre a questão acerca de que tipo de pessoa era devidamente vinculada a que tipo de padrão, sendo os padrões "baseados em precedentes ancestrais ou em uma visão mais universalista dos direitos humanos" (1999, p.133). O advogado e o padre cederam ao argumento de que muitos costumes eram "bons", mas deploravam os "maus"

Parentesco, direito e o inesperado

costumes que iam contra os direitos humanos e, na visão do padre, contra os ensinamentos cristãos; a proprietária e seu sobrinho pensavam que pagamentos compensatórios visavam ao bem geral da comunidade e ajudavam a manter a paz. A cultura tradicional era "necessitada" por papuásios de áreas rurais pobres, bem como os de assentamentos urbanos; ela dava às pessoas algum significado em suas vidas. A conversa incluiu uma discussão sobre o dote, que a proprietária defendeu como selador de uniões que beneficiavam os clãs, enquanto seu sobrinho observou que, com o dinheiro enquanto meio de troca, as mulheres tornavam-se mercadorias (1999, p.127). Todos adotaram o ponto de vista modernista segundo o qual uma pessoa poderia escolher entre costumes, de modo que uma avaliação racional pelo "moderno e educado" possibilitou a aplicação de questões concernentes aos direitos humanos em um contexto local. Miriam, por sua vez, não deveria ser constrangida por costumes que a privaram de sua própria capacidade de escolha – não apenas escolha de um parceiro de casamento,[7] mas também

---

7 O fato de que nenhum parceiro específico fora identificado foi utilizado por ambos os lados – para dizer que sua liberdade de escolha estava intacta e para dizer que isso poderia expô-la ao abuso. Observem-se dois incidentes contrastantes relatados anteriormente por O'Hanlon e Frankland (1986, p.189-90). No primeiro, a escolha pessoal de seu amante, feita por uma mulher, foi julgada em retrospecto enquanto satisfazendo uma dívida entre dois grupos; no segundo, uma garota foi marcada como compensação, embora nenhum parceiro específico tenha sido a ela designado, e ela foi arrastada para fora contra a sua vontade. O'Hanlon (em comunicação pessoal) escreve, subsequentemente, que o povo Wahgi é afiado em distinguir encontros de amor e casamentos forçados, *apesar* da rubrica sob as quais as uniões são classificadas.

de uma futura educação e de um estilo de vida. O exercício de ação consciente de Miriam estava em jogo.

A lógica cultural para os benefícios aos clãs foi revelada no depoimento juramentado que Muke preparou. As mulheres são vistas como movendo-se pelos mesmos canais por onde flui a riqueza. Elas criam laços entre grupos porque as crianças criadas por elas tornam-se conexões consanguíneas para os descendentes. Ao mesmo tempo, seu trabalho e sua fertilidade trazem benefícios primeiro ao clã de seu marido, ao invés de ao seu próprio clã (do pai, do irmão). É apropriado, assim, que os pagamentos incluam a "compensação" pela "perda" que o clã natal da mulher sofre. O clã do marido não remove algo de que o clã natal poderia desfrutar por si mesmo – apenas quando os poderes reprodutivos femininos são transferidos, via casamento, é que o clã natal pode desfrutar dele, isto é, quando eles são tornados reais por meio da prole que a mulher carrega –, mas o fluxo contínuo de cuidado [*nurture*] e bênção por meio de presentes e apoio ancestral (espiritual) deve ser reconhecido. Assim, um clã irá indenizar o outro, primeiro, por uma noiva e, depois, pelos filhos que a mulher carrega. Quando há derramamento de sangue, esses laços são cortados e isso, em si, é uma injúria. Os parentes patrilineares que tinham sido os beneficiados imediatos pela existência do falecido devem oferecer alguma recompensa aos parentes maternos, que indiretamente desfrutaram da corporificação de sua fertilidade em um membro de outro clã. Os Konombuka, lesados, demandaram que uma contrapartida pela mulher original, uma ancestral de Willingal, fosse-lhes enviada via casamento; Miriam era apenas parte de um "pagamento *per capita*" [*head payment*] (dádivas mortuárias que se deve à parentela materna).

Parentesco, direito e o inesperado

O juiz poderia não fazer nenhuma objeção a pagamentos como esse e disse que práticas consuetudinárias de compensação envolvendo "dinheiro, porcos e outros itens pessoais de valor", isto é, coisas, não era problema; quando, no entanto, o pagamento "assume a forma de mulheres jovens e solteiras", isto é, uma pessoa, a coisa muda de figura (PNGLR, 1997, p.130; *National*, 12 de fevereiro de 1997). Uma preocupação era com relação ao grau de ação consciente permitido a Miriam: como ela teria concordado voluntariamente com o acordo? O juiz concluiu que Miriam fora coagida a consentir, decidindo a favor da Icraf em todas as instâncias.

Deixe-me apontar três aspectos das conclusões do juiz. Primeiro, o juiz prestou considerável atenção com o intuito de compreender o pano de fundo do acordo de compensação, auxiliado pelo depoimento juramentado extenso e detalhado de Muke. Em segundo lugar, não obstante, "independentemente de quão doloroso isso possa ser para a pequena sociedade étnica de que se trata, esse mau hábito deve ceder espaço aos ditames de nossas leis nacionais modernas" (PNGLR, 1997, p.153, apud *The Independent* [PNG], 14 de fevereiro de 1997). Em terceiro lugar, o juiz invocou um universalismo inerente à Constituição da Papua Nova Guiné. Esse pagamento compensatório específico pela vida de um ser humano seria inconsistente com a constituição nacional e repugnante aos princípios de humanidade. Em tudo isso está presente o que designarei de distinção entre Tradição e Modernidade.

Tradição e modernidade

O que quer que tenha ocorrido no passado, a aplicação desse costume agora era julgada perante uma constituição moderna

Marilyn Strathern

que protegia os direitos das mulheres. Evocar uma linha entre as categorias *tradição* e *modernidade* ecoa a estratégia vista no Capítulo 4, que Pottage (1998) descreveu no caso do uso de *natureza* e de *cultura* de maneira tão sem cautela nas reivindicações sobre patentes. Documentar o que conta e o que não conta como moderno nas práticas contemporâneas é como documentar o que conta e o que não conta como intervenção humana (cultura) na distinção entre invenção e descoberta.

A analogia com o procedimento de obtenção de patente é, novamente, proveitosa. Caso se determine que a natureza permanece intacta, então ela é deixada em paz; reivindicações de posse não podem ser feitas. No caso da tradição, se o costume pode ser provado, então ele também permanece intacto; ele é visto como detentor de sua própria lógica. Mas se a investigação da natureza exigiu a intervenção de artifícios humanos óbvios, então o que é descoberto, em virtude das invenções concomitantes, não mais pertence simplesmente ao reino da natureza. De maneira similar, se a tradição já foi modificada pela modernidade, então não se pode apelar a ela de uma maneira simplista.[8] A declaração juramentada de Miriam incluiu o fato de que ela pensava que o costume Wahgi de casamento como pagamento *per capita* teria caído em desuso desde a chegada dos missionários; isso foi registrado no *Post Courier* no começo do caso (9 de maio de 1996) e repetido novamente recentemente (11 de fevereiro de 1997). Na verdade, o juiz considerou o costume como ainda vigente. Contudo – e talvez

---

8 Essa foi a provocação do argumento de Clifford (1988) a propósito do caso da terra indígena de Mashpee. Às pessoas que prestavam queixa da terra foi exigido que demonstrassem uma pura continuidade cultural.

254

Parentesco, direito e o inesperado

ele estivesse pensando nas aspirações de Miriam a educação e emprego – o que saltou a seus olhos foi o fato de que os moldes da constituição "pensavam sobre uma [Papua Nova Guiné] moderna". Em outras palavras, a tradição não era vista como intacta, mas, sim, como já aberta à invasão de valores modernos, que claramente abriam caminho para uma interpretação moderna dos costumes como "bons" ou "maus".[9] O costume oposto à escolha individual, a tradição oposta à modernidade: essas distinções categóricas estão implicadas uma na outra, enquanto cada par também deriva convicção do outro. Conforme vimos, o juiz Injia sustentou o valor do costume em algumas arenas, reconhecendo sua função dentro da comunidade e, assim, reconhecendo a força da tradição; ao mesmo tempo, tratar essas questões como um pacote tornou possível colocá-las todas no mesmo balaio. Outras coisas também estavam sendo deixadas de lado.

Qualquer necessidade de determinar o tipo de *obrigações* em que alguém como Miriam encontra-se presa, enredada na situação, estava longe de vista. Exemplos óbvios são as obrigações implicadas nas relações entre parentes. É como se o parentesco pudesse ser simplesmente empacotado e descartado como uma parte da tradição. E é ao deixar de lado tais considerações

---

9 Para uma sociedade étnica, disse o juiz Injia, o costume de pagamentos *per capita* envolvendo mulheres pode soar ofensivo e, ao mesmo tempo, não ser ofensivo para o grupo étnico que o pratica; os legisladores da constituição estavam pensando em uma Papua Nova Guiné moderna e na "promoção dos costumes tradicionais bons e no desencorajamento e eliminação dos costumes ruins, como vistos pelos olhos de um papuásio moderno comum" (GEWETZ; ERRINGTON, 1999, p.132).

que um recurso intelectual passa despercebido: as reflexões das pessoas sobre os relacionamentos e sobre o que acontece quando os laços de parentesco entre elas são traduzidos em expectativas de atos e comportamentos (ver Banks, 2001). Considerar o parentesco – em qualquer lugar – como parte da tradição é um velho euroamericanismo.

Ora, no contexto das solicitações de patentes, Pottage levanta a questão acerca do que exatamente conta como intervenção humana. Quando uma tecnologia torna-se rotinizada, o que ela tem de inventivo? Dado que a apreensão de fatos naturais é amplamente mediada por múltiplas camadas de representação social, podemos, diz ele, sempre perguntar o que é "natural" acerca do terreno que as ciências naturais conquistaram para si mesmas (1998, p.753). Indo mais diretamente ao cerne da questão, por meio dos litígios e disputas que acompanham os processos de solicitação de patentes no campo da biotecnologia, aquilo que deve contar como natureza e aquilo que deve contar como artefato tornam-se, em si, um artefato de tomada de decisão política e jurídica. Concomitantemente, no contexto de modernização dos costumes, podemos levantar a questão do que conta como moderno. Mas enquanto Pottage indicou avanços na biotecnologia que efetivamente desafiaram – se não dissolveram – as linhas ao longo das quais várias distinções foram traçadas, aparentemente aqui (na modernização dos costumes) as distinções permanecem extremas, e o parentesco enrosca-se nelas.

Este capítulo tenta desembaraçar o parentesco e a questão das obrigações da antítese entre tradição e modernidade (JOLLY, 1996). Sombras de *Antígona* (cf. Fox, 1993): dever divino (em relação a um irmão) em oposição a dever cívico (em

Parentesco, direito e o inesperado

relação ao rei); e um eco de um elemento no artigo de Muke, registrado no relato de jornal presente em sua declaração juramentada, que soa incomum aos ouvidos ingleses, a saber, sua referência à divindade. O clã da mãe, ele disse, "sempre exercera seus poderes curativos divinos" ao ajudar o homem morto a prosperar; eles não foram a causa da morte de Willingal, como poderiam ter sido por meio do poder de maldição que eles também exercem (PNGLR, 1997, p.132; DORNEY, 1997). Nesse conflito de deveres, as ramificações de parentesco – divinas ou não – ferem a visão do Estado sobre si mesmo enquanto protetor das virtudes modernas. A pessoa individual moderna enquanto sujeito e agente era superior na mente judicial.

II

Para dar continuidade a um tema do Capítulo 3, algumas questões podem ser deixadas de lado; outras também podem ser trazidas à tona. É interessante observar o que é que os processos jurídicos ignoram (optam por ignorar) em vez de acolher, a fabricação por padrão, alguém pode dizer. A controversa questão acerca da posse do corpo é paradigmática.

Apesar da diferença entre o pragmatismo cínico do direito anglo-americano e a tradição jurídica francesa, para a qual o corpo é a fundação inalienável do individualismo jurídico (POTTAGE, 1998, p.745), sob nenhum dos dois regimes pode-se possuir pessoas – incluindo os "homens e mulheres vivos" de Injia – enquanto propriedade. Os problemas surgem com a corporificação e o simbolismo (euroamericano) que equipara a pessoa com o corpo individual. O escândalo da escravidão foi que ele envolvia o corpo *inteiro*, também entendido como sendo toda a pessoa. O trabalho era comprado e vendido, mas também o era a autonomia da ação, privando a pessoa de ação consciente.[10]

Como a noção euroamericana de totalidade ou de inteireza é fabricada nesse contexto? O corpo parece ser considerado como total no duplo sentido de ser um organismo em pleno (ou em casual) funcionamento e de ser uma parte integrante da pessoa individual enquanto sujeito e agente. Mas há equívocos. Embora com a partida da *anima* um cadáver possa ser tratado como um corpo total, ninguém sequer cogitaria considerá-lo como uma pessoa em sua inteireza, ainda que haja ocasiões nas quais os corpos mortos e os vivos tenham de ser tratados da mesma maneira.

A imagem do corpo total produz uma segunda imagem: a do corpo que não está inteiro. Há um número crescente de circunstâncias sob as quais parece desejável argumentar que corpos totais e corpos parciais não deveriam ser tratados como semelhantes. (Um argumento, apresentado durante a época da Diretiva Europeia sobre Biotecnologia, em 1998, dizia respeito à patenteação de material biológico, incluindo partes do corpo humano, e sugeria que as partes poderiam tornar-se patenteáveis desde que não fossem mais imputadas a indivíduos espe-

---

10 Com qualquer argumento que rememore a escravidão, devemos lembrar que todos os euroamericanos modernos sabem o que a escravidão significa (um ataque à dignidade humana) e (seguindo com o saber) quais eram suas atitudes (era um "mau" costume); afinal de contas, historicamente falando, a abolição ocorreu entrelaçada com o próprio desenvolvimento da noção de direitos humanos. Essa, quando invocada, apresenta a imagem mais forte possível da inalienabilidade do corpo-pessoa, visto como uma entidade completa.

Parentesco, direito e o inesperado

cíficos.) No entanto, a situação geral sobre as partes do corpo parece estar, no presente momento, completamente equivocada. Algo desse equívoco foi discutido no Relatório do Conselho Nuffield de Bioética do Reino Unido (1995) sobre questões éticas e jurídicas concernentes à doação de tecido corporal, órgãos ou material reprodutivo, e mergulharei brevemente nisso.

O modo como a defesa e o julgamento no caso de Miriam evitaram questões sobre obrigações de parentesco evoca o quanto o pensamento jurídico e ético do Reino Unido evita julgar se é ou não apropriado falar de posse ou propriedade de partes do corpo. Recorrer a um esquema de consentimentos (para remoção, eliminação etc.) evita o problema. Ainda assim, a questão sobre os tipos de interesses que alguém tem sobre seu próprio corpo e suas partes, ou sobre corpos de outras pessoas, bem como as circunstâncias sob as quais tais interesses podem ascender a interesses de propriedade, permanece como pano de fundo.

Distinções que aparentam ocluir tal questão de fundo também apontam para isso. Principalmente, nesse caso, há a diferença entre tratar o corpo humano como uma "coisa" e tratá-lo como, se não como uma "pessoa", então ao menos como pertencente a uma pessoa. A mesma diferença não está exatamente replicada na (nem apoiada pela) *possibilidade de tratar as partes do corpo separadamente do corpo inteiro*. As pessoas têm em mente órgãos e tecidos destacáveis, dissociados. Um efeito da divisão euroamericana entre pessoas e coisas é a promoção dos direitos de propriedade (entre pessoas com respeito a coisas) como se essa fosse uma exemplificação paradigmática da posse, de tal modo que, quando alguém fala de posse de propriedade, está implícito que os direitos sejam exercidos sobre ou em relação a alguma outra coisa ou pessoa. Quanto mais as entidades aproximam-se

Marilyn Strathern

a coisas, mais legítima parece a posse. E, talvez, um efeito das questões não respondidas sobre se as partes do corpo constituem ou não propriedade é a percepção de que a dissociação deve ser fabricada tanto conceitual quanto fisicamente.

Ora, e quanto a outras formas de posse? Sugiro que a questão da obrigação no caso da Papua Nova Guiné fornece uma situação na qual podemos, de maneira experimental, falar em posse de pessoas. O material papuásio também sugere haver partes que são tratadas separadamente das totalidades, embora elas conectem-se a "pessoas" e "coisas" de maneiras bastante diferentes. Podemos, ao menos, a partir disso, tecer uma questão comparável sobre a fabricação: como, antes de mais nada, as partes e os todos são construídos?

Posse sobre o corpo

As notas a seguir provêm do relatório Nuffield (1995), que tem a virtude de ser um relato coerente e franco destinado aos leigos. Ele ocupa um papel retórico no meu argumento ao expressar de maneira clara algumas suposições euroamericanas sobre partes do corpo. Podemos lê-lo como um tratado sobre o fazer das coisas. As pessoas não estão explicitamente presentes nele; e, de fato, é obviamente possível discutir posse de um corpo sem pôr a pessoalidade [*personhood*] em relevo.[11]

---

11 A não ser que tomemos as referências a seres humanos como um argumento aqui subentendido, como na declaração de que uma consideração ética primordial é mostrar respeito "pelos seres humanos e seus corpos" (1995, p.124, ou "vidas humanas" e "o corpo humano", Capítulo 6). Em contraste, debates que concernem ao embrião invariavelmente tocam em conceitos de pessoalidade.

Parentesco, direito e o inesperado

O direito inglês, à época do relatório, silenciou-se sobre se alguém poderia reivindicar direito de propriedade sobre um tecido retirado de si. Ao enfatizar a ausência de uma direção jurídica nessa área (simplesmente não havia nenhuma jurisprudência sobre a qual se basear), o relatório sugeriu que uma provável abordagem seria baseada no fato de o consentimento para a remoção ter ou não ter sido dado. Em casos em que o tecido fosse removido no decorrer de algum tratamento, o consentimento ao tratamento implicaria abandono da reivindicação. Em casos de doação de tecido, qualquer reivindicação refletiria os termos da doação. Assim, diz o relatório, evita-se a questão da posse. A visão de que o direito inglês não reconhece o direito de propriedade em um corpo é atribuída à tradição (a "visão tradicional"), e evitar a questão da posse parece análogo a não interferir na tradição, mantendo-a intacta. Assim, o instrumento jurídico do consentimento pode lidar com circunstâncias (modernas) de mudança (como a até então inimaginável circulação de partes do corpo) sem desafiar a visão tradicional do direito inglês de que não se pode obter propriedade sobre o corpo humano. A visão tradicional foi formulada, presumivelmente, a partir da ideia de corpo como uma entidade total.[12]

As partes dissociáveis do corpo alteram as circunstâncias. O relatório preocupa-se com até que ponto a posse pode ou

---

12 Com a exceção de casos marginais, como os espécimes de cirurgiões. A visão inglesa tradicional deriva de, dentre outras coisas, práticas relativas à eliminação de cadáveres; o corpo morto, sem vida, mas potencialmente capaz de se reunir com sua alma, foi um tipo de caso limite (um recurso intelectual) para pensar sobre os corpos vivos. Os cadáveres humanos enquanto corpos totais não podem ser propriedade, embora exista o dever de se efetuar um enterro decente e o direito correspondente ao de posse para esse propósito.

Marilyn Strathern

não implicar direitos de propriedade e, para tanto, inspira-se em distintos contextos jurídicos que trazem evidências comparativas.[13] Assim, aponta que a questão da propriedade tem

---

13 O relatório cita um caso de Maryland, nos Estados Unidos, no qual o abandono é tido como uma alternativa à intenção de uma pessoa em fazer valer "seu direito de propriedade, posse ou controle sobre material [corporal]", como um exemplo de "uma abordagem pelo viés da propriedade". Ele sugere que uma certa linguagem estatutária inglesa implica uma abordagem pelo viés da propriedade – trata-se da linguagem "das coisas, da propriedade, da reificação do sangue e das partes do corpo" (Conselho Nuffield, 1995, p.70). Ele também menciona o notório caso *John Moore vs Regentes da Universidade da Califórnia* (1990, 13p 2d), no qual Moore teve sua reivindicação sobre os lucros de uma linhagem celular desenvolvida por seu baço recusada, porque sua reivindicação a um direito de propriedade foi rejeitada. Os equívocos são notórios; o que segue vem de Rabinow (1996a, cap.7). A primeira instância (Tribunal Superior) sustentou que Moore forneceu consentimento esclarecido aos procedimentos médicos que liberaram seu baço, dissociado de seu corpo, para os médicos nele trabalharem. A segunda instância (Tribunal de Apelação) reverteu a decisão. O veredito majoritário foi que o tecido removido cirurgicamente mantém-se como "propriedade tangível, privada" do paciente; sem a permissão explícita de Moore, acontecera uma conversão – sua propriedade (células e produtos sanguíneos) foi convertida em lucro para outra pessoa. (Uma minoria discordante argumentou contra a aplicação dos princípios de propriedade privada sem orientação legislativa.) Finalmente, o Supremo Tribunal argumentou que, embora o direito nos Estados Unidos reconheça uma variedade de interesses sobre o corpo de uma pessoa, nunca se havia criado um direito de propriedade sobre partes removidas cirurgicamente. Porquanto o tecido terapêutico não mais fornece sustentação para a vida da pessoa, o direito considera que ele deve estar à disposição da saúde da comunidade; não havia conflito com o direito de posse ou de propriedade de Moore porque, antes de mais nada, esse direito não lhe fora designado. Os estatutos da Califórnia com relação a órgãos, sangue, fetos etc. lidam com materiais biológicos humanos enquanto *res nullius* (enquanto coisas, mas que não pertencem a ninguém).

Parentesco, direito e o inesperado

sido evitada no caso de gametas: a Lei de Fertilização Humana e Embriologia (HFE, 1990) exige que doadores de gametas e embriões consintam em qualquer armazenamento ou uso feito deles. "Ao adotar um esquema de consentimentos [...], [a Lei HFE] evita dotar o doador de qualquer possível reivindicação por propriedade [...], *driblando a necessidade de resolver questões de posse e propriedade*" (Conselho Nuffield, 1995, p.68, 69; grifos meus). Não obstante, continua o relatório, a solução oculta "uma abordagem pelo viés da propriedade", na medida em que contempla o fato de que o controle de gametas e embriões pertence ao doador até aquele momento. Observa-se que a Lei de Tecido Humano do Reino Unido, de 1961, e outras leis (como a de Transplantes de Órgãos Humanos, de 1989) permitem que o tecido possa ser removido como uma dádiva [*gift*] incondicional, isto é, livre de quaisquer reivindicações. Isso não nos esclarece se a dádiva é ou não é uma dádiva de propriedade.[14] Finalmente, o relatório (Conselho Nuffield, 1995, p.68) fornece um exemplo hipotético de como vários conceitos podem funcionar conjuntamente.

1. A paciente consente uma operação que envolve a retirada de seu apêndice; 2. por seu consentimento, ela abandona reivindicações perante ele; 3. na remoção, ele adquire o *status* de uma *res* (coisa) sob posse do hospital antes de sua eliminação; 4. em resposta a uma solicitação da paciente para que ele seja devolvido a ela, o hospital o dá a ela como dádiva; 5. o apêndice, assim, torna-se propriedade da paciente.

---

14 Comentário meu. Um exemplo de dádiva que não é uma propriedade seria "a dádiva da vida".

Marilyn Strathern

Comentaristas argumentaram que, uma vez removido, o tecido vivo axiomaticamente "torna-se propriedade da pessoa de quem ele foi removido"; a remoção, por si só, não implica o abandono. Como? Aparentemente, o tecido se torna (apto a ser considerado) "propriedade" porque, *devido à sua dissociação*, tornou-se uma coisa (*res*) legal. O que o torna uma "coisa"? O inverso prevalece. Ele parece tornar-se (apto a ser considerado) uma coisa porque *direitos de propriedade* podem ser exercidos sobre ele.

> O tecido pode, de fato, ser abandonado ou doado, mas essas ações implicam uma existência prévia de uma *res* e o exercício de direitos sobre ela. Realmente, uma análise como essa é logicamente essencial [...], mesmo que a propriedade resultante (isto é, a asserção de uma pessoa por um direito de propriedade sobre uma nova *res*) exista por um mero instante (uma *scintilla temporis*). (Conselho Nuffield, 1995, p.69)

Se esse argumento é aceito, então o apêndice deveria ter permanecido propriedade da paciente, desde que ela não tivesse implicitamente renunciado aos direitos sobre ele. No entanto, a discussão não termina aí. Outra visão sustenta que o tecido, no momento de sua remoção, é *res nullius*, ou seja, é uma coisa, mas não pertence a ninguém, até que seja dominada ("o exemplo jurídico tradicional é o animal selvagem ou a planta", isto é, a natureza); o tecido, então, torna-se propriedade de quem o removeu ou, subsequentemente, obteve sua posse. A pessoa de quem ele foi removido não tem chance de reivindicação.[15]

---

15 Um artigo canadense sobre tecido e órgãos humanos (citado em Conselho Nuffield, 1995, p.70-1) apresentou a visão tradicional de que não há propriedade no corpo, contra a visão de que aqueles

Parentesco, direito e o inesperado

Quanto às reivindicações daqueles que removem ou fazem uso de tecido, é obscuro se, por exemplo, espécimes anatômicas podem ser apropriadas enquanto propriedade: "É provável que o usuário do tecido adquira ao menos o direito de possuí-lo e, provavelmente, um direito de propriedade sobre [ele]" (1995, p.77, 81). Enfim, o relatório Nuffield conclui haver uma ausência geral de clareza no direito inglês. Ainda assim, ele acrescenta, ninguém poderia dizer que a University College London não "possui" o esqueleto de Bentham. Contudo, é aquela parte de Bentham que é seu esqueleto, e não Bentham como tal, que a University College London considera possuir. Possui-se a parte do corpo como uma coisa ("esqueleto"), e não como uma pessoa total ("Bentham"). E, realmente, vimos que uma maneira de o esqueleto tornar-se uma coisa é sendo possuído.

Se esse não era o caso, podemos, diferentemente, então, pensar sobre a tenacidade ímpar do termo "parte". Afinal de

---

cujos tecidos são removidos podem reivindicá-lo, e a recorrência ao consentimento para a eliminação como um meio-termo para o impasse. Em seguida, cita uma regra francesa segundo a qual o esperma congelado não seria propriedade, já que o material reprodutivo humano não era hereditário (!) nem objeto de comércio. Ela, porém, reconheceu uma reivindicação oriunda dos termos sob os quais o esperma fora armazenado em um banco de esperma. "Em nome da dignidade da pessoa, o direito francês basicamente recusa ao indivíduo o direito de dispor de seu corpo e suas partes; o direito americano permite uma maior liberdade para relações de propriedade e comerciais concernentes ao corpo e à pessoa, privilegiando a autonomia e o valor em detrimento de uma dignidade inerente e inalienável" (RABINOW, 1999, p.93). A dignidade, e não o consentimento esclarecido, está na base do direito francês, de acordo com Pottage (1998, p.745).

Marilyn Strathern

contas, por que é que a entidade dissociada e então independente é pensada como uma parte?

Talvez o que se esteja fabricando seja exatamente a possibilidade de considerar partes dissociadas do corpo enquanto
coisas das quais se possa reivindicar propriedade. Possuir a
pessoa como um todo é juridicamente impensável; possuir
o corpo como um todo é proibido. De um modo incrivelmente
ilógico, mas perfeitamente sensato, no exato momento em que,
por meio da dissociação, o tecido ou o órgão não poderia mais
ser considerado como uma parte do corpo, ele é reconstituído
nem como entidade total nem como parte intrínseca de um todo
prévio. Coloquialmente, ele é, de algum modo, uma "parte" independente. Assim, o que se mantém ativo nessa nomenclatura
é o próprio processo de dissociação; aparentemente, enquanto
a dissociabilidade da pessoa permanece evidente, o tecido ou
órgão pode ser considerado uma "coisa" – mas não a ponto de
ser considerado uma "coisa como um todo". Uma interpretação
poderia ser a de que tal designação ("parte") refere-se a uma
incompletude essencial; o tecido ou órgão existe apenas ao
ser destinado a outros seres humanos. Outra poderia ser que
conceitualizá-lo enquanto uma entidade total apontaria muito
enfaticamente para uma existência independente, nos dizeres do
mercado, e, portanto, para uma coisa que facilmente se tornaria
uma mercadoria.

Pessoas totais: coisas

O material sobre a Papua Nova Guiné fornece-nos diferentes mudanças de perspectiva. Ele é baseado em uma síntese
de análise antropológica (assim como o relatório Nuffield

Parentesco, direito e o inesperado

também é uma síntese) e se aplica, primeiramente, a sociedades das Terras Altas da Papua Nova Guiné, com minha própria inflexão do Monte Hagen – que faz fronteira com a área Minj – e, secundariamente, à Melanésia em geral. Ele sugere uma situação na qual poderia ser apropriado imaginar pessoas sob posse de outras pessoas. Essa é também a situação em que pessoas aparecem como coisas, embora *coisa* aqui deva ser entendida como uma fabricação que repousa fora de um contexto de propriedade.[16] Possui-se as pessoas como coisas por meio de uma fabricação político-ritual[17] que apresenta a pessoa reivindicada por outra como singular, inteira e *total*. Em outras palavras, é o todo – e não a parte – que se assemelha à coisa.

Então, que tipo de coisa é imaginada? Entendo as técnicas de muitas das atividades públicas (inclusive rituais) das culturas das Terras Altas como algo que torna as relações visíveis, apresentando-as como objetos aos quais as pessoas dirigem sua atenção. Itens de riqueza do tipo dos que fluem nos pagamen-

---

16 Sinto-me confortável em usar o termo "coisa" apenas graças ao suporte analítico que posso fornecer a ele; em uma versão resumida, assumo uma conduta diferente (STRATHERN, 2000). Harrison (1992) faz uso do conceito de propriedade ao analisar material melanésio, enquanto, ao mesmo tempo, respeita a peculiaridade de uma dádiva como oposta à economia de mercadorias. De maneira interessante, ele evita a distinção pessoa-coisa até o final de seu artigo. Como caixas-pretas, suspeita-se que tais eliminações (parciais) sejam fundamentais para qualquer exposição de dados complexos.

17 Político-ritual, doravante ritual, é uma expressão englobante para as técnicas públicas por meio das quais uma pessoa é feita (criada, originada) para aparecer em um estado de transformação, incluindo a riqueza da noiva e cerimônias fúnebres ou, no passado, ritos de iniciação. No contexto papuásio, ela oferece uma analogia para a intervenção jurídica.

Marilyn Strathern

tos de compensação objetificam relacionamentos ao dar-lhes a forma de coisas que podem ser expostas, como dinheiro, porcos e outros itens de valor. Os mesmos relacionamentos também podem ser ativados por meio de pessoas; as relações se tornam visíveis nas posições em que as pessoas se separam umas das outras, como a parentela da mãe pode se separar da parentela do pai e uma pode confrontar a outra com suas reivindicações. São as pessoas que emergem como divisíveis, e retornarei a esse ponto na próxima seção. Em seus múltiplos papéis, as pessoas sempre estão parcialmente ocultas umas das outras. Em contrapartida, uma forma apresentada para ser vista deve ser vista como uma imagem total é vista; uma imagem só pode ser, sempre, uma coisa total.[18] Por forma, refiro-me a contorno, massa, cor, gênero ou entidades, em suma, a aspectos do "corpo".

Dessa perspectiva, as pessoas podem ser reificadas, assim como a riqueza e outros itens similares podem ser personificados.[19] Homens, por exemplo, são reificados, ou se autorrei-

---

18 Embora ela também seja composta por muitas imagens. Faço uso do maravilhoso *insight* de Wagner (1986) aqui; pode-se ter uma imagem de metade de alguma coisa, mas, lógica e fenomenologicamente falando, não se pode ter meia imagem. Uma apropriação melanésia do perspectivismo amazônico (VIVEIROS DE CASTRO, 1998) poderia consistir em dizer que só se pode possuir seu próprio relacionamento com outra pessoa (e não o de outra pessoa).

19 Para um resumo sobre reificação e personificação, ver Strathern, (1999a, cap.I; 1988, p.176-82). O termo entificação [*entification*] (ERNST, 1999) foi introduzido para chamar a atenção a compromissos contemporâneos com processos políticos e jurídicos de desenvolvimento que levam as pessoas a apresentar a si mesmas e a suas terras como entidades ou unidades (ver Hirsch, 2000). Mantenho reificação, incluindo aí modos indígenas de representação (estética, formal).

Parentesco, direito e o inesperado

ficam, quando representam a si mesmos em decorações que os fazem objeto explícito de atenção. A intervenção ritual aguça um dos processos regulares da vida social no qual a singularidade da pessoa se manifesta. As condições sob as quais as pessoas aparecem enquanto coisas são também as condições sob as quais elas aparecem enquanto entidades totais e singulares. Essa é, podemos dizer, a singularidade não do individualismo, mas do relacionismo. Para aparecer, sob os olhos de outrem, como alguém levado em consideração por outro alguém, a pessoa aparece como se direcionada àquele relacionamento específico. Assim, a pessoa que corresponde àquele relacionamento (objetifica-o) está, na verdade, eliminando todos os outros em favor daquele um. Portanto, alguém pode ser representado como um iniciado (em relação a uma geração mais velha), uma noiva (prestes a conhecer um noivo), um membro de um clã (de um grupo, e não de outro), com suas múltiplas identidades eclipsadas pela identidade única do momento. Podemos denominar esse eclipse como abstração ou dissociação. A pessoa é abstraída de todos os outros contexto sociais para existir, ainda que momentaneamente, em apenas um, assumindo um papel específico ou uma posição categórica. Enquanto o processo de dissociação pertence à partição das pessoas, a imagem apresenta uma coisa já completa. É o momento visível quando um iniciado, uma noiva ou um membro de um clã, ao aparecer sob a forma do "um", aparece enquanto total e inteiro. E a pessoa aparece enquanto total e inteira a partir da perspectiva de um outro específico. É para o clã de seu esposo que a esposa em potencial existe enquanto noiva. Essa é a imagem da mulher que eles, por assim dizer, criaram. Eles a possuem.

Se, experimentando os construtos euroamericanos, digo que as pessoas podem ser tomadas como posse quando aparecem enquanto coisas, também posso dizer que elas são coisas devido à sua capacidade de serem vistas pelos outros como uma corporificação de um relacionamento específico, isto é, porque são posse. Persigamos essas fabricações melanésias das coisas com referência a outros construtos euroamericanos; faço uma breve digressão sobre propriedade intelectual e mercantilização.

Em uma inspiradora interpretação do ritual enquanto um tipo de propriedade intelectual, Harrison propõe que "uma maneira útil de olhar para a propriedade intelectual é vê-la como a posse não de coisas, mas de classes de coisas, de suas imagens ou tipificações" (1992, p.235).[20] Mas – para dar continuidade à analogia com os processos jurídicos – deixe-me transpor o *insight* sobre a propriedade do ritual para outro, sobre os efeitos do ritual como uma prática de intervenção. Se nos perguntarmos o que se possui da pessoa tornada visível – a imagem criada –, poderemos ser impelidos a dizer que se trata *da ideia ou do conceito* do relacionamento que ela corporifica. Quando um homem se apresenta completamente adornado em seu corpo transformado – o novo membro de um clã –, os homens membros de seu clã possuem, por assim dizer, o conceito

---

20 Um ritual existe enquanto objeto-pensamento compartilhado, "um pedaço congelado de ação social objetificada, com toda a sua contingência e indeterminação reduzidas a um mínimo [...]; realizá-lo é tentar expressar esse objeto intelectual preexistente em uma ação social" (HARRISON, 1992, p.235). Ele argumenta, dessa forma, de modo geral e para além da Melanésia, em prol de insígnias, práticas cerimoniais e religiosas.

Parentesco, direito e o inesperado

de sua pessoa enquanto um homem membro do clã. Ele tem de parecer, agir e se comportar como tal. Os membros do clã o reconhecem ao reivindicá-lo; nele, eles veem, naquele momento, a corporificação de um conceito. Eles possuem esse conceito ou essa imagem dele, que se manifesta enquanto seu "corpo", e o possuem tanto quanto possuem a si mesmos.[21] Nos termos de Harrison, a imagem enquanto tipificação é composta por elementos genéricos e universais; qualquer um nesse papel se assemelhará. É isso que o ritual exige que o iniciado encene. Os comentários de Leach (2002, p.728) sobre as práticas de iniciação entre um povo de fora das Terras Altas, de língua Nekgini, de Reite, na província de Madang, fundamentam-se no fato de um homem ser criado [*nurtured*] em sua própria terra:

> O trabalho do pai e de seus parentes, e das terras sobre as quais eles criam os filhos, é o de produzir potencial a partir do qual a forma possa ser feita. Não há nada de místico nesse processo, porquanto a forma é especificamente dada pelo conjunto de relacionamentos aos quais determinada pessoa em potencial é impulsionada. O menino é sobrinho desse homem, e não de outro; relações jocosas são estabelecidas entre esses primos cruzados, e não entre aqueles.

---

21 Embora minha formulação genérica pretenda-se aplicável ao longo de uma série de situações melanésias nas quais as pessoas concebem aquilo que os euroamericanos poderiam chamar de conceito de uma pessoa como imagem de uma pessoa, estimula-me, particularmente, o relato de Coppet (1994) sobre as Ilhas Salomão. Os 'Are'are distinguem o corpo tanto de sua *anima* quanto de seu nome ou imagem.

Os afins[22] [*affines*] do pai (os parentes de sua esposa e seus espíritos) dão forma à aparência dos meninos em sua iniciação, como resultado do tipo de nutrição que os primeiros concedem aos segundos. (A substância dos meninos é oriunda da terra de seu pai.) Ora, a importância de a iniciação ser levada a cabo entre as pessoas específicas que dão à presença social do iniciado sua forma específica depende também da existência de um sentido em que eles (os afins do pai) trazem à existência o universal ou genérico (filho da irmã). Em Reite, pode ser mais verdadeiro dizer o filho do marido da irmã do afim. Por meio de suas ações, eles reificam esse homem específico como, ao mesmo tempo, filho de *sua* irmã e *filho* de sua *irmã*. O último é uma abstração, uma imagem, uma ideia. O mesmo ritual pode ser realizado por qualquer menino precisamente porque cada um é uma manifestação de um filho de uma irmã.

E, por meio da intervenção do acordo compensatório, algo muito similar teria sido o quinhão de Miriam. Membros de seu clã reivindicaram o controle de dispor sobre suas irmãs e filhas, enquanto o clã ao qual ela unir-se-ia por meio do casamento a reivindicou como uma potencial esposa e mãe. (Isso se complicou, em seu caso, pelo fato de ela ter sido criada por sua parentela materna, parte da mesmo tribo com a qual ela estava prestes a se casar, e que, com a morte de seu pai, presumiu ter direitos outorgados sobre ela.) O momento em que Miriam foi dissociada de todos os seus outros relacionamentos e apareceu como uma corporificação única e total do *conceito* de reciprocidade entre clãs foi o momento em que poderíamos falar de ambos os lados desfrutando de posse sobre ela.

---

22 O termo em inglês, *affine*, implica alguém que se tornou parente depois de um casamento, ou seja, os parentes do cônjuge. (N. E.)

Parentesco, direito e o inesperado

Isso permitiu às pessoas inspirar-se em múltiplas lógicas para a dádiva em geral, incluindo a compensação por homicídio como causa secundária da morte, pagamentos mortuários ao clã materno ("pagamento *per capita*") e lógicas relacionadas a casamentos entre os grupos no passado. Em determinado momento, Muke insistiu que, como um elemento do pagamento geral, este último era a principal rubrica aplicada a Miriam; ela não estava sendo vendida como parte de uma compensação por homicídio, mas, sim, retornada como parte de pagamentos concernentes ao ciclo da vida.

As condições gerais de um pagamento mortuário eram relevantes. Um clã enviar suas mulheres para casar contribui para a prosperidade de outros clãs; por meio de suas ramificações – o filho ou filha de uma irmã é denominado um "transplante"[23] –, o clã materno expande suas próprias esferas de influência. Assim, se essa progênie prospera por meio dos cuidados desse clã, então a morte, como vimos, o prejudica. Quando seu "transplante" foi morto, observou Muke em sua declaração juramentada, as "pessoas raiz" de um lado sentiram que o outro lado violara seu relacionamento divino. No idioma local, os "ossos" ou a "cabeça" do morto (a riqueza masculina) deveriam ser enviados pelo clã paterno de volta ao clã materno, que, ao longo de toda sua vida, assegurou seu bem-estar. Tal riqueza, o pagamento *per capita*, é considerada como regenerativa para o futuro. Mas se a parentela exige que uma neta real da mulher seja retornada, então ela está pensando em como seus grupos estabeleceram casamentos entre si no passado. Os parentes

---

23 Ou o irmão da mãe como uma raiz do filho ou da filha da irmã, enquanto um "corte" (O'HANLON; FRANKLAND, 1986, p.185).

Marilyn Strathern

procuram "um crânio em uma bolsa", isto é, a força ou o valor (ossos) da progênie de uma mulher dentro da e na forma de outra mulher (a bolsa de malha ou o ventre), como O'Hanlon e Frankland (1986) descrevem (ver também Muke; PNGLR, 1997, p.132). Uma mulher que casa sob a rubrica de um crânio em uma bolsa, como era o caso de Miriam, está indo ao encontro de obrigações estabelecidas por casamentos anteriores. Que tipo de partes do corpo são esses "ossos" e "ventre"? Sugiro que os ossos não são conceitualizados como partes, mas, sim, como um todo; eles são o corpo todo tornado manifesto sob a perspectiva dos reclamantes. Isso é, a riqueza que eles veem como oriunda das mãos dos doadores é equacionada com as reivindicações que eles têm (na imagem dos ossos fortes); eles possuem a pessoa na forma de ossos (riqueza) que esperam receber em retorno.[24] E não seria qualquer mulher (ventre), genérica, a satisfazer a necessidade da parentela materna de recuperar o que dera no passado. Um relacionamento específico foi escolhido: a mulher deveria ser alguém situada

---

24 Quando os relacionamentos são tornados visíveis por meio de coisas que aparecem sob uma forma específica, podemos nos referir aos relacionamentos de uma pessoa com outras como corporificados em um artefato, item de riqueza ou qualquer outra coisa (daí a riqueza que acompanhava Miriam como os "ossos" do homem falecido). Porquanto a totalidade da relação entre os dois clãs está resumida nesses ossos, os ossos existem não enquanto parte, mas como totalidade: *como a pessoa agora aparece, da perspectiva daquele relacionamento.* (A carne e o sangue que eles ajudaram a fazer voltam a eles sob a forma de ossos; a referência clássica aqui é Wagner, 1977; ver também Viveiros de Castro, 1998a, 1998b.) Embora essas formulações pareçam abstratas, sua origem são análises de material etnográfico feitas por muitos estudiosos que se debruçaram sobre a Melanésia.

Parentesco, direito e o inesperado

como neta[25] em relação à mulher outrora enviada em casamento. Essa é a importância de cada lado possuir "uma neta", corporificada em Miriam, que um poderia dar e o outro, receber. Uma coisa criada por mercantilização também corporifica um conceito; seu valor deve ser especificado em termos abstratos, em contraste com elementos equivalentes. Recordemos a conversa no hotel Mt. Hagen Lodge, que incluía uma discussão sobre o dote da noiva (GEWERTZ; ERRINGTON, 1999, p.127). O sobrinho da proprietária observara que, com o dinheiro como meio de troca, as mulheres se tornavam mercadorias: o dinheiro tornava as mulheres equivalentes a toda

---

25 Ou uma substituta, uma neta classificatória que poderia situar-se enquanto tal. O laço relevante de descendência, nesse caso, foi o dos ancestrais do homem ou dos homens que concederam a mulher em casamento. O'Hanlon e Frankland (1986, p.189) observam que estava em jogo menos a manutenção de parceiros de casamento em relacionamentos já preexistentes (como antropólogos frequentemente analisaram regras de prescrição matrimonial entre primos cruzados) do que pagar uma dívida criada por um casamento prévio. A dívida poderia ou não se vincular a pagamentos compensatórios por morte; poderia ser estabelecida por qualquer homem que tivesse enviado qualquer garota para casar, cuja escolha de casamento tenha sido por ele controlada. Entretanto, tais arranjos tinham de preservar o conceito de que a mulher agia como um terceiro retorno geracional ("neta") para uma mulher anteriormente doada. Quem quer que ocupasse esse papel, substituta genealógica ou não, ocupava um papel específico (o de neta) devido à especificidade *da avó* referida na transação anterior. O retorno não era com referência a qualquer mulher da geração anterior, mas, sim, a uma ancestral específica cuja progênie identificável sustentava o testemunho concreto da fertilidade de seu clã natal. (Não sabemos, afirma O'Hanlon [em comunicação pessoal], se Miriam já havia sido designada desse modo, mas as evidências sugerem que não.)

Marilyn Strathern

e qualquer coisa que alguém quisesse comprar, algo que não acontecia no passado. Elas se tornaram não apenas equivalentes a coisas, mas também substituíveis uma pela outra (cf. Demian, 2001). Esse é o processo descrito por Minnegal e Dwyer (1997, p.55) de quando as pessoas passaram a vender porcos, e não mais trocá-los (grifos meus, omitindo os grifos originais).

Um porco participa de uma troca não como um porco, mas como um porco *específico*. Sua constelação específica de atributos e sua história não o tornam apenas adequado, mas, sim, em um sentido real, a única oferta adequada. Em contrapartida, quando os porcos são vendidos, atributos como tamanho, sexo e cor podem influenciar o preço, mas não mais incidem sobre a adequação ou não do porco específico para a transação pretendida. Um porco é adequado para venda simplesmente [isto é, universalmente] por ser um porco. *Assim, parece que a ideia de "porco" tornou-se reificada.* A fronteira entre "porco" (como uma categoria) e outras coisas tornou-se mais proeminente para direcionar a ação social do que as diferenças entre porcos específicos.

Observe-se que a coisa criada por meio de mercantilização carrega consigo informações categóricas sobre si mesma, e não exige contextualização para além de sua avaliação com relação a entidades similares. Tal é o modo como iniciados podem ser comparados uns aos outros, ou como o podem ser noivas ao longo de gerações marcadas por casamentos interclânicos. Diferentemente de uma mercadoria, no entanto, embora uma pessoa possa ser apresentada como uma coisa com atributos genéricos e universais, longe de estar dissociada de suas origens sociais, cada imagem indica precisamente a fonte de sua cria-

Parentesco, direito e o inesperado

ção. Além disso, os filhos das irmãs podem ser todos semelhantes na forma convencional como expõem seus vínculos com os irmãos de suas mães, mas a possibilidade de substituições é salvaguardada por regras restritivas. Haverá condições para equivalências "classificatórias", isto é, para quem se qualifica como substituto – quais irmãos da mãe irão ser considerados como filhos da irmã. A posse se aplica apenas se determinadas precondições relacionais são atendidas.

Essas duas digressões nos conduzem à questão sobre quais direitos a posse traz consigo, anunciada no capítulo anterior. Quais direitos fluem da posse de uma imagem? No caso do ritual enquanto performance, alguém pode ser capaz de imaginar direitos reprodutivos como o direito de reprodução, como Harrison sugere. O direito de realizar um ritual, ou de produzir uma música ou dança, prevê a realização específica de uma entidade conceitual. Algumas pessoas podem prestar queixas sobre o conhecimento envolvido ou sobre direitos de patrocínio ou de performance; esses podem ou não ser direitos passíveis de serem transferidos a outros. No caso de pessoas, compensações ou outras formas de reciprocidade são concebidas para proporcionar uma abstração equivalente ao valor outrora corporificado no então ausente outro. As reivindicações do clã materno do pai de Miriam incluíam o fato de eles terem sido privados de uma oportunidade reprodutiva, não como uma questão da continuidade da existência da pessoa falecida, mas da continuidade do relacionamento por meio dela (a pessoa falecida) para outros. No entanto, a questão de decidir o que pode ou não contar como direitos não nos é muito profícua.

Consideremos, em vez disso, a questão acerca do que a intervenção pública, jurídica ou ritual, cria. Tendo estabelecido

Marilyn Strathern

a possibilidade de pessoas serem posse, tanto como objetos do pensamento quanto como coisas, sinto-me forçada à conclusão de que é na própria ativação da posse *enquanto* uma questão de direitos e reivindicações que uma intervenção de tal tipo já ocorreu.

Os entendimentos euroamericanos de posse de propriedade invariavelmente implicam a posse de direitos; uma pessoa possui não a coisa enquanto tal, mas os direitos a respeito de outras pessoas com relação à coisa. Todavia, o direito é uma expressão idiomática estranha para as ideias de posse às quais tenho me referido, em que a posse parece uma questão de expansão ou aumento da identidade, um direito que permite àqueles – e não a outros – que reivindicam a posse reafirmar sua própria identidade (a parentela materna para os filhos da irmã ou da filha). As pessoas prontamente fazem reivindicações referentes a essas conexões, atentas, à espreita, sugerindo reivindicações aparentemente por direitos, mas que, enquanto uma intervenção – como uma ação –, são reivindicações mobilizadoras que alteram a perspectiva que os atores têm uns sobre os outros. Aqui, precisamos nos lembrar da diferença entre parte e todo. Se é plausível sugerir que o que se possui é uma imagem de uma pessoa (um conceito), então pode-se deter a posse apenas de uma totalidade; direitos e reivindicações estabelecem, conjuntamente, um campo social diferente, no qual nada parece total. A disputa sobre Miriam mostra isso.

Pessoas-particionadas: agentes

Não há nenhum sentido simples na tradução de "parte do corpo" para vernáculos melanésios que apresentei até então; ao

Parentesco, direito e o inesperado

mesmo tempo, a noção toca em pontos tão provocativos sobre o modo como as *pessoas* podem ser particionadas que se faz um convite à comparação.

Discorri, com referência específica às Terras Altas da Papua Nova Guiné, sobre a apresentação de pessoas como formas ou corpos totais. Objetificada a partir da perspectiva de outros, a pessoa (a coisa-imagem) encontra-se em um relacionamento específico e, portanto, singular em relação a eles. Mas corpos totais são, em outro sentido, pessoas parciais. Sob uma segunda perspectiva, que essas outras pessoas têm, o que elas veem é substância dividida. Porque, além de serem singulares, as pessoas também podem ser plurais. Por ser a pessoa total dissociada de outras relações, todos esses relacionamentos reunidos compõem a pessoa enquanto uma entidade com um caráter múltiplo ou plural. Isso gera outra perspectiva sobre o corpo.

A saúde ou a doença do corpo são consideradas consequências de um amálgama de *ações* da parte de múltiplos outros. Nesse sentido, é uma montagem [*assemblage*] de partes, não como membros ou órgãos ou tecido, mas como substâncias paternas e maternas: osso e carne ou sangue e sêmen. Ou essa é, ao menos, a lógica atribuída a várias transações. Realmente, já a possibilidade de compensar pessoas pela dor sentida (o sangue do parto), pela nutrição conferida (o leite do seio da mãe) ou pela injúria sofrida (danos ao corpo) fabrica uma visão do corpo como partível. Por meio de suas ações, incluindo a concessão ou a retenção de bênçãos ou maldições, as pessoas concedem energia corporal umas às outras. Como resultado, a substância de uma pessoa pode ser considerada como um corpo que faz parte de outros corpos. Quem paga e quem recebe é o que delimita as reivindicações. Assim, o clã da mãe reivindica a criança porque espera receber a riqueza prevista por ela; o clã do pai reivindica a criança porque é capaz de pagar a riqueza exigida por ela. Cada lado, ao "cuidar" da criança pelo outro, reproduz a si mesmo não apenas por meio da criança, mas um por meio do outro e vice-versa.

Podemos, então, imaginar a pessoa como distribuída ou dispersa (GELL, 1998) ao longo de um espectro de relacionamentos, pertencente a diversos agrupamentos. Contudo, embora esses relacionamentos convirjam em uma única pessoa (tornando a pessoa um compósito de diversos laços), os laços em si são dispersos e podem nunca se reunir em nada mais além de naquela pessoa específica. Eles não formam um outro todo do qual a pessoa é parte, como os euroamericanos gostam de imaginar os indivíduos enquanto parte da sociedade. Se construirmos essas relações como "partes", então a única entidade da qual podem ser parte é uma pessoa.

A mudança na perspectiva é criada na ação. Porque, no momento em que reivindicações ou direitos são ativados, a pessoa singular (a coisa-imagem abstrata) é vista como tendo muitas origens sociais, uma entidade partível combinando em si mesma muitas histórias concretas particulares. O ponto em que uma reivindicação é traduzida em dádiva ou no cumprimento de um dever é o ponto em que um relacionamento é (re)percebido como sendo um dentre muitos outros. A pessoa tem outros destinos possíveis.

Deixe-me explicar um pouco mais. Assim que a posse é realizada pela ativação das reivindicações, as pessoas precisam lidar umas com as outras enquanto agentes. E assim que os relacionamentos são realizados pela ativação da posse, as pessoas

Parentesco, direito e o inesperado

se separam umas das outras. O que os irmãos da mãe pensaram possuir como produto de sua própria criação [*nurture*] ou proteção parece então ter sido também o resultado da criação de outras mãos, tanto espírito quanto carne, tanto sêmen quanto sangue. Isso porque quando a ação é efetivada, quando a riqueza é mobilizada ou quando alguém procura cumprir com uma obrigação, as decisões precisam ser tomadas, e elas trazem para o primeiro plano todos aqueles outros relacionamentos que demandam agir, enviar riqueza ou cumprir com obrigações. A realização cria seu próprio momento no tempo, ainda que ele não seja mais do que um *scintilla temporis*. Efetivar a ação é, em si, uma intervenção na qual uma categoria abstrata passa a ser uma entidade particular em uma história de particulares. Talvez a própria ideia de direito ou de legitimidade em exercer o direito, ou de reivindicação, seja proveitosamente pensada como a posse em uma forma já ativada. Assim, o que eles possuem – e aproveito a deixa de uma observação de Kalinoe (em comunicação pessoal) – é o modo como as pessoas "pertencem" umas às outras.

No acordo de compensação de Minj, havia muitos cordões de relacionamentos, eventos do passado e dívidas antigas sendo reunidas naquela que seria a única transação que, esperava-se, responderia a todas elas. Mas essa única transação, por sua vez, compunha-se de elementos de riqueza coletados por muitos contribuintes, de modo que cada um defrontar-se-ia com outras demandas – estas, por sua vez, em competição por seus recursos. Era preciso fazer escolhas, eliminar um dos múltiplos modos de agir. Se agir exigia escolher entre alternativas, estas são, basicamente, escolhas entre relações – e, assim, invariavelmente invocam relações prévias. Aqui, chega-se a um entendi-

281

Marilyn Strathern

mento local da ação consciente. *Ela se manifesta na habilidade das pessoas de orientarem (ativamente) a si mesmas ou alinharem a si mesmas a relacionamentos específicos,*[26] ainda que o resultado da decisão seja a confirmação do óbvio. Não se trata de livre-arbítrio (de fato, alguém pode ter poucas opções de escolha) e não há tradução direta em relação aos tipos de atos de escolha por meio dos quais a pessoa moderna pode ser reconhecida.

O parentesco é necessariamente condicionado às relações prévias, ao fato do relacionamento. A análise de Muke (1996) sobre o caso Minj localizou com precisão o cerne da questão: o parentesco em julgamento. Não eram apenas os clãs que estavam sendo julgados, mas todo um conjunto de suposições sintetizado no termo "parentesco" – a natureza dos relacionamentos como uma questão para a conduta e as obrigações das pessoas umas em relação às outras. Assim, atribuiu-se a Miriam a afirmação de que ela inicialmente concordava com o acordo de compensação, tendo em consideração suas irmãs mais novas e outras mulheres do clã, as quais poderiam ser solicitadas a participar no acordo caso ela se recusasse (GEWERTZ; ER-

---

26 Retomando a questão, incitada pelo Relatório Nuffield, sobre por que as partes do corpo continuam a ser chamadas de *partes* (sob seu caráter dissociável, elas são coisas, sem serem, necessariamente, mercadorias), podemos dizer que é a pessoa melanésia, conforme descrita aqui, que está em estado de perpétua dissociabilidade. A pessoa partível é constituída no processo de dissociar relações de relações. [Sobre o singular e o plural, ver Strathern, 1988, cap. I. Como sobre a distinção conceitual entre pessoa e agente: "A pessoa é construída do ponto de vista das relações que a constituem: ela objetifica essas relações – e, portanto, é revelada nelas. O agente é construído como aquele que atua graças a essas relações e é revelado em suas ações" (1988, p.273).]

Parentesco, direito e o inesperado

RINGTON, 1999, p.125-6). Em sua declaração juramentada, conforme apresentada pelo juiz, ela afirmou estar disposta a fazer parte do pagamento pela cabeça de seu pai, mas não a casar imediatamente ou a casar com qualquer um. Ela se sentiu pressionada a, provavelmente, ter de participar de um casamento arranjado às pressas, e o processo do pagamento a fez se sentir humilhada sob os olhos dos outros, "envergonhada por ser usada como uma forma de compensação" (GEWERTZ; ERRINGTON, 1999, p.130, citando o resumo do juiz). E, realmente, em sua primeira entrevista à imprensa (Palme, 9 de maio de 1996), foi relatado que ela se sentia perturbada e em choque com a decisão. (O mesmo repórter também apontou o desequilíbrio de poder entre os dois lados: os Tangilka estavam dispersos pelo território devido à guerra; os Konombuka, que haviam tomado alguns dos Tangilka, eram uma das maiores tribos da região.) O que quer que se tenha pensado sobre o apuro em que se encontrava Miriam, e qualquer que seja a pressão à qual ela tenha sido submetida, resta ao observador o fato do relacionamento. A questão é como levar em consideração as obrigações nas quais os clãs estão implicados. Como Muke sugeriu, como alguém age – que ação adota – com relação ao fato de seu clã estar em dívida espiritual perpétua com outro clã, pelo bem-estar de sua própria progênie?

Um conjunto de reivindicações bastante particulares está por trás da seleção de Miriam. Ela já era bem conhecida dos parentes maternos de seu pai e, com efeito, morava com eles desde que a mãe fora enviada a eles por precaução, para manter sua segurança durante brigas anteriores; seu pai, Willingal, por sua vez, permaneceu com os homens de seu clã paterno.

Marilyn Strathern

Na realidade, essa família – as duas esposas de Willingal e seus cinco filhos – era uma das várias famílias Tangilka que lá viviam como refugiadas, sem ter pago qualquer "aluguel" a seus anfitriões até então. Além disso, o clã da mãe do pai de Miriam enviara muitas esposas ao clã de seu pai, que deram à luz muitos filhos homens que o fortaleciam, mas poucas mulheres retornam para o clã materno. Tudo isso era percebido como dívida de um clã em relação ao outro. O casamento de Miriam ajudaria a reduzir o desequilíbrio. Em suma, dessa perspectiva, o caso que dizia respeito a Miriam e sua parentela materna e paterna gira plenamente em torno das obrigações e de como as pessoas encaram as dívidas. As reivindicações percebidas pelos atores como razões imediatas para suas ações baseiam-se no fato de seus relacionamentos uns com os outros. É por causa desses relacionamentos que eles têm de agir.

O juiz do Tribunal Nacional aceitou essa ideia em sua resposta. Todavia, sua objeção dizia respeito, aparentemente, ao grau de obrigação. O juiz Injia considerou que obrigar uma mulher a ser parte de um pagamento *per capita* infringia seus direitos constitucionais. Seu direito à igualdade de tratamento, por exemplo, era violado porque o costume apenas considerava aptas as mulheres, e não os homens (cf. Dorney, 14 de fevereiro de 1997). Além disso, ele opinou, embora uma solicitação aberta situasse a obrigação a qualquer uma das garotas do clã, quanto mais próxima a relação com o falecido, maior a pressão.

Como, então, o veredito final desse cuidadoso e solidário juiz evita o fato do relacionamento? Mais uma vez, a rubrica da tradição *versus* modernidade entra em cena. Assentar a questão da obrigação em termos de obrigações *entre grupos*, tribos e clãs,

Parentesco, direito e o inesperado

tem como efeito invocar uma comunidade cujos interesses parecem "contrários" aos dos indivíduos. Ao enfocar o modo como os grupos pressionam as mulheres como indivíduos, essa opinião judicial ensaia uma posição familiar. As obrigações começam a parecer constrangimentos comunais e, portanto, culturais – e constrangimentos culturais, de certa forma, pertencem ao domínio da tradição e do costume. Entretanto, quando Miriam falou, ela tinha em mente parentes individuais específicos, "homens e mulheres vivos", nos quais ela pensava. Ao fim e ao cabo, ela era, ela mesma, um agente nessa história.[27] Em uma entrevista ao *Post Courier* (20 de fevereiro de 1997) de Port Moresby, Miriam dissera estar temerosa do modo como os membros de seu clã interpretariam "a lei" (a sentença do julgamento, proferida alguns dias antes). Ela disse querer que seu povo realmente entendesse a decisão do tribunal: sua preocupação era que "seu povo pensasse que o tribunal lhe tivesse 'libertado' de uma obrigação tradicional e que isso lhe retirasse seu apoio tribal".

---

27 Observação minha: sua ação consciente, manifesta em sua orientação com relação a esses distintos parentes, não deve ser depreciada. Retome a observação de O'Hanlon sobre casamentos livres e forçados (nota 6). O próprio arranjo "crânio em uma bolsa" é, frequentemente, uma questão de classificação retrospectiva se há uma combinação em que serve a carapuça; essas não são "práticas consuetudinárias impiedosas que demandam ser suplantadas pelo respeito à autonomia do indivíduo" (em comunicação pessoal). Os comentários de Jolly (1996, p.183) de Vanuatu acrescentam uma qualificação à noção de tradição relevante para Miriam: "Direitos humanos não são necessariamente inconsistentes com *kastom* (em Bislama, "tradição") [...], [e] a tradição não é um fardo estático do passado, mas, sim, algo criado para o presente".

285

Então, Miriam também recorre à noção de tradição. É uma questão aberta se ela referia-se aos constrangimentos culturais ou ao exercício de sua própria ação consciente. Qualquer que fosse, o último não seria ouvido. Reconhecer reivindicações enquanto obrigações no contexto do parentesco soa, aos ouvidos modernos, uma perpetuação da dependência, do controle e da coerção. O discurso dos direitos humanos – fundado na igualdade entre indivíduos – passou uma vassoura nisso tudo. A questão de Muke era se também o parentesco seria varrido e eliminado.

III

Levei o duo euroamericano, pessoa e coisa, até seu limite para os tipos de materiais da Papua Nova Guiné que apresentei aqui. O momento em que as pessoas mais se assemelham a coisas (corporificam um conceito) é quando são consideradas unitárias, totais e abstraídas de todos os contextos sociais com exceção de um; e o momento em que mais se assemelham a pessoas (partíveis) é quando se veem engajadas em uma abundância de relacionamentos em múltiplos contextos. Sob a primeira rubrica, pergunto-me se é pertinente referirmo-nos a pessoas enquanto posses; a segunda conduz a reivindicações e direitos e, nesse sentido, uma pessoa que orienta a si mesma na direção de relacionamentos específicos só pode agir por si mesma. Na última circunstância, o que se possui é um conceito ou imagem da pessoa, tornado visível (reificado) por meio do corpo. Essa é uma posse que aumenta o *status* de quem possui, como o clã da avó de Miriam aumentou seu senso de si por meio da fertilidade que conferiu a outro. Sua prole, como Willingal, o filho da irmã

Parentesco, direito e o inesperado

deles, aparecer-lhes-ia sob a forma singular e ideacional de um exemplar do "filho de uma irmã". Na circunstância anterior, quando o fato do relacionamento – de que uma pessoa é sempre um compósito, uma parte de uma pluralidade – é traduzido em ação, ele torna visíveis as obrigações e as expectativas por meio das quais os parentes, ao pertencerem uns aos outros, atam-se uns aos outros e se separam uns dos outros. A ação inclui o reconhecimento das dívidas a serem quitadas, que incluem, por sua vez, dívidas vitalícias.

O caso de Miriam convida-nos a pensar, novamente, sobre intervenções jurídicas que apelam aos direitos humanos. Podemos pensar nos direitos humanos encaixados em uma entidade anônima abstraída de todos os contextos sociais menos um (a humanidade comum) ou, pelo contrário, como investindo o sujeito com a dignidade da escolha (entre múltiplas opções). Mas o que dizer quanto à natureza da obrigação enquanto inerente às interações humanas, as expectativas de dependência no sentido revitalizado por MacIntyre (1999)? O discurso dos direitos humanos, ao menos do modo como invocado pelo juiz Injia, a ONG e os jornalistas, nesse caso, parece não deixar espaço para o fato do relacionamento.

Descontextualização

Alguma coisa similar, mas não idêntica, a essa crítica tem sido a tônica de antropólogos ao comentar as intervenções em nome de direitos humanos. Wilson (1997a; cf. Rapport, 1998) defende fortemente um maior engajamento antropológico nessa arena, um recurso intelectual que, sugere ele, está

Marilyn Strathern

subutilizado.[28] Ele gostaria de ver um estudo comparativo sobre direitos humanos com foco nos modos de materialização dos discursos transnacionais em contextos específicos.

Para lidar com violações de direitos humanos, argumenta Wilson, o antropólogo não precisa escolher entre imitar o universalismo supralocal das declarações legalistas e ceder a uma relatividade que supõe que qualquer representação local seja tão boa quanto qualquer outra.[29] Deve-se enfocar o terreno médio entre o local e o supralocal. A antropologia, ele afirma, é bem adequada para julgar a idoneidade de relatos específicos de abuso, para prestar atenção a circunstâncias históricas e biográficas, para avaliar exemplos concretos de acordo com o contexto em que ocorrem. Ela poderia mostrar como as pessoas se engajam em narrativas acerca de direitos humanos a partir de seus próprios pontos de vista.

Rapport (1998) revisa a insistência de Wilson de que vivemos em um mundo "pós-cultural" no qual direitos humanos

---

28 Embora ele critique antropólogos que evitam universalismos e refugiam-se em relatividades culturais, Wilson reconhece quão ultrapassado é o conceito de cultura que os críticos do relativismo cultural frequentemente põem em uso. Contudo, ele argumenta, insistir no relativismo da diversidade cultural − o que, queixa-se ele, os antropólogos frequentemente fazem − é negligenciar tanto as forças de hibridização e globalização *quanto* uma arena contemporânea fundamental na qual as ideias sobre a humanidade comum têm sido formuladas: o discurso dos direitos humanos. Onde, ele pergunta, têm estado os antropólogos no desenvolvimento de noções da humanidade comum?

29 Para uma exploração desse dilema em um contexto melanésio, ver Jolly (1996); a perspectiva criminológica de Banks (2000) sobre a especificidade cultural também é pertinente.

Parentesco, direito e o inesperado

pertencem a uma governança global. Essa é uma política que "postula os indivíduos como ontologicamente anteriores ao meio cultural que eles criam" (RAPPORT, 1998, p.386). São os indivíduos que animam e transformam as culturas: atores individuais são "o concreto antropológico" (segundo Augé, 1995) que pode adotar ou rejeitar *persona* culturais. "Em suma, a política liberal que é ser globalizado respeita publicamente os direitos do cidadão individual de suas próprias liberdades civis *contra* os preconceitos culturais" (RAPPORT, 1998, p.386, grifo no original). Nessa visão, as identidades se unem e, ao mesmo tempo, permanecem distintas, e é possível investigar direitos humanos sem cair em universalismos – o que não significa ter de harmonizar diferentes moralidades:

> Tudo que se espera é o respeito comum pelas instituições processuais da política, que buscam equilibrar de maneira concreta, *ad hoc* e caso a caso as demandas conflitantes de diversas perspectivas, sem ceder aos interesses exclusivos de alguma delas. (RORTY apud RAPPORT, 1998, p.385)

A maneira da intervenção adquiriria, assim, seu próprio significado: regras processuais tornariam os candidatos aptos à sua aplicação universal. Se os direitos humanos são entendidos como procedimento político (direitos humanos como um "processo jurídico transnacional"), então a cultura se torna "um recurso opcional" a ser empregado por atores individuais em um palco global onde eles são livres para criar identidades para si mesmos (RAPPORT, 1998, p.387, 388; WEINER, 1999). É, evidentemente, uma posição modernista imaginar que se pode escolher. Grande parte da justificativa retórica

Marilyn Strathern

em torno da Cultura é, na verdade, moldada em termos de conceder às pessoas o "direito" a praticar seus costumes do modo como elas sempre o fizeram; em contrapartida, as críticas ao conservadorismo percebem as culturas como cegamente agarradas a práticas que as sensibilidades modernas repudiam. Wilson deseja elaborar uma teoria sobre a operação de direitos. O direito jurídico fundamentado na igualdade perante a lei implica o sujeito despido de circunstância social, como quando as descrições de vítimas as abstraem de sua família e recorte de classe (1997, p.146). Contudo, ele argumenta, embora o discurso dos direitos humanos modele a si mesmo pelo discurso jurídico, ele não precisa fazê-lo. Seu pleito é para que os antropólogos se direcionem a intervenções específicas e, assim, forneçam os contextos locais cruciais nos quais as decisões são tomadas. Contextualizar é um recurso intelectual poderoso e familiar. Portanto, um antropólogo pode observar prontamente, no caso de Miriam, que provavelmente existiria algo mais nas ações dos dois clãs, além das representações de tradição, costume ou cultura. Explicar as ramificações de dívidas que existem por entre as pessoas às quais Miriam estava relacionada é exatamente o tipo de contextualização sócio-histórica, o terreno médio, que, considera Wilson, os antropólogos estariam em posição primordial de fornecer.

No entanto, estaríamos limitados a fabricar esse terreno médio a partir das intersecções entre o local e o global supralocal (ou translocal)? Uma análise contextual é insuficiente se ela apenas fornece circunstâncias suplementares para uma ação, motivos para um movimento. Tenho mais interesse na fabricação de um terreno médio enquanto fenômeno em si. Seguindo os passos de Augé, eu retornaria à concretude antropológica

Parentesco, direito e o inesperado

fundamental: as relações. E, assim, reforço o deslize de Wilson no trecho seguinte (1997, p.15, grifo meu):

> Se os relatórios de denúncias de violação de direitos humanos desnudam os eventos da consciência dos atores e dos contextos sociais, então parte da tarefa do antropólogo é restaurar a riqueza das subjetividades e traçar os complexos *campos de relações sociais*, agregando às macroestruturas valores contraditórios e acompanhamento emocional, que os relatórios de direitos humanos frequentemente excluem.

Pois a frase seguinte dá o tom quando ele declara que são as relações sociais que vinculam a conexão local aos processos globais macros. É claro que ele considera os relacionamentos como fornecedores, principalmente, do contexto que fora subsumido. Contudo, do meu ponto de vista, considerar as relações de dívida vitalícia, como no caso de Miriam, como uma questão de contexto ou de pano de fundo é contar apenas parte da história.[30] O relacionamento entre os dois clãs era

---

30 Muitas das contribuições (para Wilson, 1997) endereçam o contexto – histórico, sócio-cultural, político econômico – sem explorar a questão das relações concretas. A respeito do assassinato de uma antropóloga na Guatemala, Wilson aponta que nenhuma das denúncias de violação de direitos humanos lidava com sua situação (interpessoal) enquanto cientista social profissional, tampouco havia qualquer menção de que seu filho estava com ela em campo. "Ao desengajar um agente de suas circunstâncias sócio-históricas, o que nos resta é um indivíduo universal, descontextualizado e que é a unidade básica da política, da economia e da teoria jurídica liberal" (1997, p.148). Ele contrapõe isso com a visão antropológica habitual: "Em oposição a um indivíduo maximizado universal

291

Marilyn Strathern

levado a cabo por pessoas que, por sua vez, envolviam-se em conjuntos bastante específicos de relações umas com as outras.

No espírito da defesa de Jolly (1996) a propósito de Vanuatu, meu próprio pleito seria: temos de tratar relações sociais como um campo complexo (complexo no sentido de complexidade) em si mesmo. Isso irá nos trazer toda uma outra perspectiva. Certamente não precisamos reinventar o contraste entre a tradição e a modernidade. Há outros recursos intelectuais disponíveis. Se considerarmos a noção de que a cultura é levada adiante por pessoas, um papuásio pode dizer que as pessoas também são levadas adiante por outras pessoas. Os indivíduos não interagem "com" a cultura – eles interagem com as pessoas com as quais têm relacionamentos. Embora possam estar conscientemente de acordo com valores culturais ao seguirem este ou aquele caminho, boa parte da motivação para agir vem das reivindicações que os ligam uns aos outros. Há, portanto, um aspecto não opcional nos relacionamentos ao qual as pessoas estão trancafiadas, o que produz uma situação em que, uma vez que passa a existir, o próprio fato do relacionamento torna-se uma condição prévia ("ontologicamente precedente") à ação.

O caso de Miriam pode proporcionar exemplos locais, mas são exemplos de um fato social completamente translocal. Em nenhum lugar as pessoas são livres para criar relacionamentos. Essa afirmação é verdadeira tanto porque cada relacionamento tem tempo e características próprias – isto é, deve assumir a

---

com um conjunto natural de direitos, há [na visão antropológica] pessoas sociais engajadas na fabricação e re-fabricação de processos sociais complexos interconectados, cujos direitos, nesses contextos, não são naturais, mas resultado de lutas históricas por poder entre pessoas e grupos corporativos" (1997, p.148).

Parentesco, direito e o inesperado

forma de uma relação (específica) e, portanto, corporificar uma imagem particular de si – quanto porque cada relacionamento envolve outras partes, um mínimo para sustentar a relação. Para colocar as palavras na boca de Miriam – palavras que possivelmente há pessoas que queiram colocar na boca de qualquer outra pessoa –, talvez ela quisesse estar apta a cumprir com suas obrigações.

Recursos intelectuais

A crítica de Wilson foi provocada pela descontextualização percebida por ele nos relatórios de denúncias de violações de direitos humanos. A perícia antropológica na recontextualização poderia, sob seu ponto de vista, corrigir o desequilíbrio – uma intervenção acadêmica com potencial ativista. Entretanto, há recursos que estão além dos procedimentos antropológicos.

O problema com os relatórios de denúncias de violações de direitos humanos não é exatamente a dissociação do contexto – uma impossibilidade lógica –, mas, sim, a remoção de uma entidade de um contexto para outro. A vítima é *re*descrita sob um tipo de detalhamento semelhante à presunção de igualdade (humana) perante a lei, sendo o novo contexto social o universo de outros que sofreram violações de direitos humanos. A crítica é que, ao evitar detalhes pessoais, as denúncias de violações de direitos humanos podem perder tudo que se poderia querer saber sobre as circunstâncias, a carreira, a família de uma pessoa. Tudo isso é parte da "vida" da pessoa, e Wilson observa que é essa vida que é frequentemente posta em risco ou violada. Somente a particularidade das circunstâncias definiria o que uma titularidade ou um direito poderia significar nessas

Marilyn Strathern

condições específicas sob as quais as pessoas vivem. Contudo, do meu ponto de vista, não iremos muito longe se entendermos o *deficit* apenas como um *deficit* no entendimento cultural. Trata-se de uma deficiência na análise social. Detalhes pessoais são – como Wilson na verdade percebe e podemos agora acrescentar – detalhes *inter*pessoais. Poderíamos perder (a vantagem em relação a) um recurso intelectual ao não levarmos em consideração os diversos modos como as pessoas visualizam a si mesmas enquanto levadas adiante por outras pessoas e, para o bem ou para o mal, por suas relações com as outras pessoas. Reclamar que o discurso dos direitos humanos considera as pessoas como um pouco mais do que coisas é uma acusação euroamericana costumeira – o respeito pelas pessoas enquanto indivíduos é incompatível com o tratamento delas enquanto coisas –, mas, antes de mais nada, a completa elevação do *status* de vítima concernente à violação de direitos humanos bem poderia servir de premissa para essa acusação. O construto melanésio da pessoa reificada como coisa-imagem, como sintetizei, fornece-nos uma rota diferente, que nos desafia a começar a especificar o que é que nós, enquanto seres humanos, podemos possuir uns dos outros.

Agradecimentos

Agradeço a Martha Mundy e Alain Pottage, organizadores do simpósio *Fabrications: The Technique of Ownership*, em 1999, na London School of Economics, por insistir em "pessoas" e "coisas". Sou especialmente grata pelo estímulo às reflexões de John Muke. Cyndi Banks e Claudia Gross foram generosamente hospitaleiras em Port Moresby em 1995 e

Parentesco, direito e o inesperado

1997, incluindo uma visita financiada pela British Academy, e me abasteceram com informações sobre o caso Minj. Partes deste relato reúnem-se com outras questões em um capítulo ("Global and local contexts") para um volume que é parte do projeto Property, Transactions and Creations: New Economic Relations, *Rationales of Ownership* (KALINOE; LEACH, 2000). Lawrence Kalinoe forneceu o Papua New Guinea Law Report e muitos *insights*, como também o fez James Leach. O estudo de Eric Hirsch (1999) foi estimulante para pensar a respeito de unos e múltiplos, como também o foi o debate do GDAT (Grupo para Debates em Teoria Antropológica) em 1999, em Manchester, sobre direitos humanos, com as pertinentes observações de Michael O'Hanlon sobre o caso. Um agradecimento final a Lisette Josephides (2003) por sua crítica a algumas das premissas nas quais este argumento é baseado; no entanto, o texto aqui apresentado está como foi concebido originalmente e, por ora, aqui, apenas agradeço a suas observações.

Capítulo 6
Origens divididas e a aritmética da posse

> *O empréstimo de informação entre grupos caracteriza a Papua Nova Guiné [...]. O compartilhamento de informações exige apenas permissão ou troca de dádivas. Nenhuma ação que possa interromper o fluxo da troca de informações por meio de canais tradicionais deve ser tomada.*
>
> Nick Araho, Seminário sobre Propriedade Intelectual, Biológica e Cultural, Port Moresby, 1997; Whimp e Busse, 2000, p.186-8.

I

Os antropólogos geralmente não lidam com seus trabalhos considerando o assunto de suas pesquisas como uma contingência. Contudo, esse se torna invariavelmente o caso quando o registro etnográfico — ainda que vasto — ou os modelos de estrutura social — ainda que inspiradores — são postos em relação com outros corpos de material. Eles não são os únicos. Na medida em que os corpos de conhecimento formam sistemas,

Marilyn Strathern

outros esforços devem ser deixados de lado – como parte do entorno, mas não parte do sistema.

Um *corpus* de conhecimento que se empenha permanentemente em direção ao sistêmico é o direito. Essa reflexão acerca da contingência é proposta pela discussão de Barron (1998) sobre as influências que, em 1991, instauraram-se no Tribunal Federal Australiano e sustentaram (contra sua vontade, nesse caso) que a noção do direito autoral como uma relação de propriedade entre um artista aborígene e seu entalhe de um emblema sagrado seria adequada. Ao questionar, antes de mais nada, como esse reconhecimento jurídico surgiu, a autora discute uma série de questões que denomina de contingentes – questões que, de seu ponto de vista, pertenciam ao entorno, e não ao sistema. Estas incluíam o então recém-descoberto valor artístico da arte aborígene, além do lugar completamente contingente ocupado pelos gênios do Romantismo com respeito às leis de direito autoral em geral. O direito autoral, nesse caso, era concedido ao artista enquanto criador do trabalho, sem invocar qualquer senso mais forte de criatividade ou mérito. Há muitas arenas culturais de debate – e premissas sobre a individualidade do gênio continuam aparecendo em discussões sobre propriedade intelectual – que abastecem a retórica das pessoas e que as possibilitam abordar o direito sem ser a base do direito. A forma dessa retórica, em si, pode bem ser de interesse dos estudiosos da cultura.

As fronteiras nem sempre são claras.[1] Duas teóricas de direito e feministas australianas observam exatamente isso ao ponderar

---

1 Entendidas como sinais de "sobreposição e intersecção" (BARRON, 1998, p.44). Observe que Barron intervém em um debate que afirma *ou* que o autor definido pelo direito autoral é um indivíduo romântico *ou* que não há conexão alguma. Ela argumenta que a

Parentesco, direito e o inesperado

se as pessoas podem ser propriedade (DAVIES; NAFFINE, 2001; ver o Capítulo 1). O direito de propriedade, elas argumentam, está rodeado por premissas que atualizam a ideia de que alguém pode ser proprietário de pessoas ou de aspectos de pessoas, muito embora o direito construa-se na negação disso. (Elas discutem principalmente as jurisdições dos Estados Unidos, da Austrália e do Reino Unido.) Na verdade, elas sugerem que a propriedade de pessoas, nos dias atuais, pode ser pressuposta exatamente na mesma arena que os pensadores juristas outrora consideraram a divisão radical que separava pessoas de coisas: a posse de si mesmo. Na medida em que as pessoas (enquanto sujeitos) possuem a si mesmas, ninguém pode possuí-las (enquanto objetos).[2]

conexão é de semelhança entre os diversos sistemas de prática, isto é, uma contingência. Sherman e Bently (1999, cap.2) estendem o papel que as ideias sobre a criatividade ocuparam nos primeiros desenvolvimentos dos Direitos de Propriedade Intelectual (DPI) e argumentam que, no pensamento sobre DPI do início do século XX, o intangível era pensado menos como coisa e mais como ação ou execução – o esforço produtivo – corporificada em forma material (1999, p.47-8). Porquanto é possível argumentar que esse é um elemento ainda presente no pensamento contemporâneo, a posição de Davies e Naffine, que assumo por sua interpretação de uma abordagem euroamericana, é controversa. Por fim, eu mencionaria a eloquente discussão sobre autenticidade aborígene na "arte" e na "posse", proferida por Myers (2004).

2 Ou Deus pode ter a posse delas (mas nenhum outro ser humano pode). Essa é uma versão truncada e democratizada de uma involução de ideias que começou com a fórmula patriarcal de que haveria apenas um possuidor de si, Adão, o intendente de Deus, que possuiria toda a progênie. Como deve ter ficado evidente no Capítulo 5, trato de posse de "pessoas", e não de "corpos"; ideias sobre corpos são proveitosamente analisadas como contribuições para diferentes modos de ser uma pessoa no mundo. (Devo mencionar que há uma

Marilyn Strathern

Ora, esse estado de coisas é, ao mesmo tempo, interessante e inquietante para o antropólogo. Pode ser uma contingência sobre a qual alguém poderia levantar questões similares às feitas aos muitos tipos de sociedades que os antropólogos estudam, inclusive às da Austrália aborígene. Mas se a retórica traz tais sociedades à órbita do debate, elas tendem a ser moldadas pelos projetos para o futuro de outros povos. Assim, apesar das permissões e proibições dos regimes nacionais de direito, a comunidade internacional pode ter seus próprios interesses sobre as pessoas serem ou não tratadas como propriedade. Uma contingência, em outras palavras, que produz efeitos.

Para ser direta, saber se é possível ou não falar de pessoas em posse umas das outras preocupou minha sensibilidade antropológica e feminista por bastante tempo. A posse começa a se assemelhar à propriedade em sociedades como as melanésias, nas quais os pagamentos passam de mão em mão por todos os tipos de serviços e direitos que as pessoas adquirem umas em relação às outras, quando os pretendentes esperam pagar a riqueza da noiva e os assassinos esperam escapar da vingança ao passar adiante montantes gigantescos. No vocabulário vulgar do dinheiro, homens e mulheres podem falar em comprar e vender noivas e em subornar a parentela da vítima.

Há, evidentemente, muitos modos pelos quais as pessoas podem negociar interesses sem ter direitos de propriedade umas sobre as outras, assim como há diversos modos de se atribuir a

---

forte tradição sociológica que considera os corpos como entidades primeiras [de modo que pessoas são corpos totais e partes do corpo, corpos parciais], resumida, por exemplo, por Richardson e Turner, 2002.)

Parentesco, direito e o inesperado

alguém a posse de outra pessoa. O que torna a questão novamente interessante são os recentes debates que afloraram em relação à propriedade intelectual. Juntamente com eles apareceu um tipo de aritmética, isto é, a "descoberta" de que, embora deva haver um criador identificável de um trabalho ou produto, a quem o direito seja conferido (e isso se sustenta tanto para trabalhos que cumpram os critérios de direito autoral como para os de patente), o envolvimento de outros no trabalho ou no fornecimento de matéria-prima é uma contingência bastante relevante (por exemplo, Jaszi, 1994; Woodmansee, 1994; Biagioli e Galison, 2003). Esse ponto foi brevemente mencionado no Capítulo 3. O argumento continua: se os direitos conferem a oportunidade de recompensa, esses outros também deveriam ser recompensados, independentemente de serem ou não reconhecidos enquanto possuidores. Os outros podem ser contados como os muitos outros indivíduos envolvidos na fabricação da coisa em questão ou como uma coletividade com interesses prévios em um bem comum.

Este é o momento, como Davies e Naffine indicam ao final de seu livro, em que os materiais que não provêm da tradição euroamericana podem começar a adquirir valor comparativo. E é também quando podemos relembrar a razão pela qual o artista aborígene tentava se desvencilhar de um acordo de direitos autorais: este havia conduzido aos detentores da licença para quem ele vendera os direitos de sublicenciar o *design*, e outras pessoas organizaram-se em protesto. Essas outras pessoas incluem pessoas que ele consideraria como parentes. Ficou claro que membros de seu clã reivindicavam tanto ao *design* quanto a ele; o *design* havia originado o clã, e era o clã que determinava as condições de sua reprodução. Não desejo entrar na seara

Marilyn Strathern

acerca do que é coletivo ou comunal nesse caso;[3] os interesses de um *corpus* de pessoas podem ser concebidos tanto como singulares quanto como plurais, dependendo do contexto e do que é considerado, se as reivindicações ou se as pessoas.[4] Em vez disso, concentro-me em um tipo de multiplicidade, segundo a qual a existência de mais de uma pessoa significa a existência de mais de um tipo de reivindicação sendo levada adiante. Com respeito aos direitos de propriedade intelectual, isso implicaria, por sua vez, mais de um tipo de atividade geradora. Acredito que esse enfoque pode, no longo prazo, lançar luz sobre as premissas euroamericanas acerca da propriedade sobre pessoas. A indagação imediata, contudo, floresce dos materiais melanésios.

Desejo perseguir uma forte forma de reivindicações múltiplas no que diz respeito a certas sociedades melanésias, todas das terras baixas da Papua Nova Guiné. A Papua Nova Guiné está no livro de Davies e Naffine (2001, p.172-3), onde, na esteira de Pottage (1998), elas discutem reivindicações coletivas levadas adiante em relação a uma linhagem celular desenvolvida a partir de amostras de sangue coletadas no país; um dos "inventores" nomeados na patente subsequente teria atuado como um facilitador, e não como um cientista. Os materiais

---

3 Essa tem sido uma das atuais preocupações do projeto PTC (ver o Prefácio). As discussões feitas por Blakeney (1995; 2000) e Weatherall (2001) lidam com aspectos da situação australiana com relação à posse comunal.

4 A base das reivindicações *e* a natureza dos direitos podem diferir; em contrapartida, é possível imaginar diferentes motivos para fazer uma reivindicação, à exceção da atribuição de direitos similares de posse e eliminação. As cláusulas de "posse conjunta" no direito de propriedade euroamericano não são úteis para o presente caso.

Parentesco, direito e o inesperado

por mim considerados, no entanto, dizem respeito aos habitantes da Papua Nova Guiné em relação uns aos outros. Eles fornecem alguns exemplos notáveis da multiplicidade no modo de contar pessoas e pensam nas pessoas no que concerne a suas origens. As origens são legalmente concedidas pela paternidade e pelas relações de parentesco; diferentes tipos de reivindicações produzem diferentes tipos de direitos. Isso introduz uma contingência deliberada em minha narrativa. E afora a Melanésia, o que o parentesco tem a ver com qualquer outra coisa? Os anglófonos talvez usem a linguagem da posse para se referir a parentes, embora explicitamente sem qualquer conotação a direitos de propriedade (por exemplo, Edwards e Strathern, 2000). Não obstante, o parentesco está, curiosamente, ausente das questões dos advogados sobre as pessoas enquanto propriedade. Em todo o material que analisam, Davies e Naffine podem ter pensado relações de parentesco excessivamente obliteradas de seus interesses jurídicos e quase jurídicos, ou considerado que a posse ("'meu' filho", "'minha' filha") em tal contexto era meramente uma questão de identificação (como em "meu chefe") ou um reflexo de pertencimento (como em "meu time"). No entanto, o ponto crucial do cruzamento entre as culturas é que, em outros lugares, muitas reivindicações tanto sobre pessoas quanto sobre coisas que começam a se assemelhar a reivindicações de propriedade – chegando a levar as pessoas aos tribunais, como no caso aborígene – têm como premissa os direitos que os parentes têm uns sobre os outros.

A presente narrativa cria uma questão sobre múltiplas origens, então, a partir de um conjunto claramente heterogêneo de "intersecções contingentes" ou "particularidades descontínuas";

Marilyn Strathern

o alvo é "possibilitar que sua inteligibilidade seja apreciada de maneira diferente" (BARRON, 1998, p.42-3, em referência a Foucault e Levinas). E de forma separada. As ansiedades euroamericanas acerca da propriedade sobre pessoas, o papel do criador nos direitos de propriedade intelectual, conjuntamente com a natureza das transações de parentesco papuásias e o modo como as pessoas concebem suas origens umas nas outras: há contingências maiores e menores. Claramente, as preocupações não fazem sentido, mas, se consideradas em conjunto, talvez a inteligibilidade de cada um aumente um pouco.

II

Contando as pessoas: Murik

Imagine um grupo de especialistas euroamericanos voltados para ONGs que desejam averiguar relações genealógicas exatas. Isso poderia acontecer no contexto de aconselhamento sobre reivindicações pela extração de recursos naturais, possivelmente prevendo *royalties* ou alguma recompensa pelo conhecimento nativo (POSEY, 1996; TOFT, 1998). Os peritos presumem não haver qualquer líder comunitário – em todo caso, é parte de sua crítica antropologicamente informada às corporações multinacionais que esses extratores de recursos não prestam atenção às divisões locais – e serão sensíveis ao fato de ser fácil negligenciar as reivindicações das mulheres. Para dar espaço para as mulheres falarem, eles decidem coletar informações dos esposos e das esposas separadamente.

Se eles se dirigissem a uma aldeia Murik, como a que existia na área do rio Sepik em meados dos anos 1980 (LIPSET,

Parentesco, direito e o inesperado

STRITECKY, 1994), eles poderiam se surpreender. Sem dúvida, ficariam atônitos com a diferença entre o parentesco biológico e o social, não esperariam que as pessoas tivessem qualquer conhecimento sobre genética e estariam à procura de parentes classificatórios. Dever de casa feito, estariam então cientes de que esses povos papuásios alocam as crianças em grupos de parentes bilaterais, tanto os do lado da mãe quanto os do pai. Assim, sabendo que todos os quatro grupos de parentesco da criança poderiam reivindicá-la, também ficariam cientes da importância da educação e da criação [*nurture*] de acordo com os modos nos quais as reivindicações eram feitas. Então eles provavelmente iriam se contentar com o tipo mais simples de informação, a começar por questões sobre os filhos e as filhas que as pessoas tinham. Nesse momento, eles poderiam se surpreender ao descobrir que esposos e esposas podem discordar. Cada um tem sua própria versão e, ainda que elas frequentemente sejam concordantes, nem sempre é o que acontece: não apenas os nomes e o sexo das crianças diferem, mas também o número. Eles não contam as crianças da mesma maneira.

Por estranho que pareça, os reais pesquisadores de campo de vinte anos atrás que relataram isso buscavam *mais* discordâncias do que encontraram. Eles eram adeptos de uma teoria do conhecimento que postulava que os sexos articulavam o conhecimento cultural de maneiras diferentes, e as divergências genealógicas, então, apareceriam amplamente nos discursos de parentesco (LIPSET; STRITECKY, 1994, p.3, 18). Ao invés disso, o que encontraram foi uma considerável concordância, e as divergências na contagem resumiam-se a dois conjuntos de diferenças. Os homens Murik mencionaram, com mais frequência do que as mulheres, ter adotado crianças, enquanto as mu-

305

Marilyn Strathern

lheres mencionaram, com mais frequência do que os homens, as crianças que tinham morrido. Sugiro que essa questão aritmética específica necessite de uma solução matemática geral. Isto é, não se trata de pessoas incapazes de somar corretamente ou que somam coisas diametralmente opostas. Antes, trata-se de o observador ter de reescrever a soma como uma equação: reescrever o mundo "uno" que o observador vê, no qual as crianças são potencialmente contáveis, como "dois" mundos, percebidos separadamente por homens e mulheres, nos quais as crianças são separadas de seus genitores de modos diferentes.

Nesse exemplo e nos seguintes, dei uma guinada deliberada para longe das sociedades conhecidas na literatura antiga como grupos de descendência unilinear, isto é, nos quais as pessoas são claramente diferenciadas pelos grupos exclusivos aos quais são filiadas pela ancestralidade por meio de apenas um genitor.[5] A descendência unilinear oferece uma resposta rápida demais ao modo como as pessoas na Papua Nova Guiné podem perceber as origens. A ancestralidade aparece como uma origem na expressão de um agrupamento exclusivo que já pressupõe o pertencimento e o senso de posse que este traz[6] — e eu desejo

---

5 Dado o papel que essas sociedades ocuparam em diversos relatos anteriores de minha autoria, esse conjunto de materiais aparentemente contingentes é um desafio (o que é considerado grupo é um outro problema); Crook (no prelo) e Leach (2003) foram influentes nesse sentido. A presente discussão não faz uso das distinções antropológicas comuns entre relações de parentesco [*kinship*] e relações clânicas [*clanship*].

6 Isso não significa que as reivindicações das pessoas sobre outras pessoas sejam uniformes. Ao falar de interesses clânicos no caso australiano, Barron faz um ótimo trabalho ao indicar como o ensaio exato da reivindicação de alguém depende de diversos fatores de

Parentesco, direito e o inesperado

ter no horizonte algum entendimento da posse, e não tê-la como ponto de partida.

O que me atraiu no relato Murik foi a tese de Eduardo Viveiros de Castro (1992; 1998) sobre o perspectivismo amazônico. Em contraste com o senso (euroamericano) de perspectiva comumente entendido, no qual um ponto de vista de uma pessoa cria um objeto (exterior), o perspectivismo amazônico cria o sujeito. Pois a condição original de humanos e animais, ele explica, não é a animalidade ("natureza"), mas a humanidade ("sociedade"). O perspectivismo amazônico implica que qualquer ser que adota um ponto de vista se vê como humano e como pessoa, e as diferenças entre pontos de vista não estão nas mentes – elas são todas iguais –, mas nos corpos, de modo que todos os humanos veem alguns corpos como animais e outros como humanos semelhantes a si. Ser uma pessoa é perceber o ponto de vista que um sujeito assume. No análogo melanésio que eu pensava ter encontrado (STRATHERN, 1999a, p.249-56), a separação pertinente não seria entre humanos e não humanos, mas, sim, entre diferentes tipos de humanos, como as pessoas de um filho e um filho de uma irmã.[7] Suas filiações divergentes asseguram, de maneira axiomática, que ser um filho não é a mesma coisa que ser um filho de uma irmã; o argumento perspectivista seria o de que essas posições não são visões relativas do (mesmo) mundo,

---

sua própria história de vida, do estágio reprodutivo em que se está e das alianças que ele tem em outros lugares.

7 O sentido no qual as pessoas habitam diferentes mundos da vida não é uma questão de onde se está em uma grade genealógica (LEACH, 2003); Pedersen (2001, p.413) utiliza "grade" [*grid*] para distinguir a diferença totêmica das relações animistas/perspectivistas.

Marilyn Strathern

mas, sim, estados radicalmente distintos de ser em mundos dissimilares. A parentela paterna reivindica sua criança de uma maneira muito diferente de como o faz a parentela materna. Ora, meu exemplo explorou o gênero, mas ele também reside na presença da filiação ao grupo. Pois uma divisão entre o lado da mãe e o lado do pai, na qual repousa o caráter distintivo, isto é, a divisão entre genitores, é icônica em sistemas de grupos de descendência. A vantagem do material Murik é que ele se esquiva das premissas dos grupos sobre as conexões materna e paterna e, não obstante, localiza uma diferença intrigante em como as mães e os pais veem seus filhos. Poderíamos dizer, no rastro de Viveiros de Castro, que não se trata de eles contarem suas crianças diferentemente, mas, sim, que o que eles contam como crianças é que são entidades diferentes.

Esse, provavelmente, parece um modo mais elaborado de comentar sobre as diversas interpretações que homens e mulheres fazem sobre o parto. Por que não aceitar, simplesmente, que eles sustentam diferentes perspectivas no sentido euroamericano de pontos de vista "únicos" autorreferentes, lado a lado com diversos outros pontos de vista autorreferenciais e únicos (STRATHERN, 1999a, p.251)? A postura euroamericana implica diversos modos de "conhecer" o mundo uno que todos compartilhamos, mas que é descrito de acordo com diferentes pontos de vista. Entretanto, sabendo que o conhecimento importa quando se trata de propriedade intelectual, devemos nos aprofundar mais nessa questão.

Mundos análogos

O que me atraiu no perspectivismo amazônico de Viveiros de Castro é a clareza com que ele o localiza como uma questão

Parentesco, direito e o inesperado

de ontologia, e não de epistemologia. Não se trata daquilo que alguém sabe ou do conhecimento que se tem, mas, sim, de como alguém é, da natureza do corpo com o qual se habita e se apreende o mundo. O corpo é o órgão da percepção; as perspectivas diferem de acordo com o corpo que se tem. A referência ao corpo inclui seus afetos, suas disposições e suas capacidades (VIVEIROS DE CASTRO, 1998a, p.476, reiterado em PEDERSEN, 2001, p.420). Em suma, por entre as espécies há unidade espiritual ou intelectual e diversidade corporal. Ora, o caso melanésio não nos apresenta os pontos de vista que humanos e não humanos têm uns sobre os outros, e o paralelo com o perspectivismo amazônico deve ser hesitante. Mas há um tipo de perspectiva corporal que sugere, sim, diferenças de ordem ontológica.

Lipset e Stritecky (1994, p.15-7) desprezam algumas das razões mais óbvias do porquê os homens e as mulheres Murik deveriam contar suas crianças de maneiras diferentes, argumentando que a disparidade não diz respeito apenas às mulheres rememorarem natimortos ou aos homens ostentarem seu poder social. A razão que Lipset e Stritecky propõem tem a ver com o interior corporal de cada sexo e as influências que os poderes corporais internos têm uns sobre os outros. As mulheres simplesmente não se incomodariam em mencionar bebês mortos, enquanto os homens ficariam bastante incomodados. Os homens são responsabilizados pela morte das crianças durante o parto porque isso é um sinal de que eles falharam em seguir os protocolos da gravidez. O adultério, por exemplo, leva o corpo interior do esposo a um estado que é letal para o recém-nascido. No que concerne à adoção, as mulheres tendem a mencionar as crianças adotadas, mas não as dadas para ado-

Marilyn Strathern

ção. Para os homens, a transação faz parte de seus papéis mais amplos de educação [*nurturing*] (que eles aproximam ao de ser mãe, especialmente à amamentação),[8] o que inclui ajudar os outros ao lhes enviar crianças. São as mulheres que veem os filhos que perderam como truncando o tipo de nutrição [*nurture*] que elas ofereceram ("desmamando"). Assim como a observância dos protocolos durante o nascimento, argumentam as autoras, a nutrição [*nurture*] que cabe às mulheres exige a administração do corpo interior, pois, caso contrário, o corpo feminino núbil/ parturiente torna-se perigoso para os adultos em geral.

De maneira bem direta, então, os signos se invertem: os homens são mães dos adultos (os nutrem [*nurture*]) e são perigosos para as crianças; as mulheres são mães das crianças (as nutrem [*nurture*]) e são perigosas para os adultos. Nessa equação, os diferentes *efeitos* que homens e mulheres têm residem em seu ser, uma questão menos de administrar conhecimento e mais de administrar as consequências de sua condição corpórea. As condições são específicas. Assim, a responsabilidade pelo perigo vem dos corpos femininos, na forma das mulheres jovens em idade de ter filhos, e dos corpos masculinos quando suas esposas estão grávidas. Na medida em que as disposições internas moldam o mundo que as pessoas percebem como existente ao seu redor, então elas (tais disposições) têm *status* ontológico.[9]

---

8 A amamentação também pode ser uma forma de ser pai (STRA-THERN, 1988); a recursividade das perspectivas fechadas ou finitas é interminável (relações tornam-se metáforas para relações [um conjunto de umas para um outro conjunto de outras]).

9 Andrew Moutu (Museu Nacional da Papua Nova Guiné) escreve sobre ontologia e os limites da epistemologia euroamericana no que concerne às relações. Entretanto, como seu próprio trabalho estava

Parentesco, direito e o inesperado

Mas em que sentido os efeitos são diferentes? Seria este um caso daquilo que Pedersen (2001, p.413, segundo Viveiros de Castro; cf. Wagner, 1977) denomina identificação análoga? Podemos relembrar o contraste perspectivista "unidade espiritual: diversidade corporal". No caso Murik, os corpos masculinos e femininos pareciam semelhantes em suas capacidades internas de influenciar os outros (unidade interna); ao mesmo tempo, os corpos são diferenciados seguindo outro eixo, isto é, ao serem receptivos a outros corpos de pessoas em estados particulares de infância ou vida adulta (diversidade reprodutiva). Pois com algum drama, os Murik revelam uma diferença entre pessoas masculinas e femininas por meio desta outra diferença entre pessoas: entre adultos e crianças.[10] A temporalidade, ou o estágio de desenvolvimento, introduz distinções cruciais de modo que, sob certas condições (limitadas pelo tempo), os corpos dos homens e os das mulheres têm efeitos diferenciados sobre os outros.

Fica claro que está em curso mais de um tipo de atividade criadora. Primeiro como criança e depois como adulto, a pessoa deve a saúde e a vitalidade ao cuidado que os outros tomam, e o cuidado é de dois tipos: cumprir regras ou nutrir [*nurture*]. Os poderes interiores dos pais — tanto masculino quanto feminino —

---

em andamento quando este estava sendo escrito, evitei inspirar-me diretamente nele e espero não o invadir inadvertidamente. Ver Moutu, 2003.

10 Os estágios são sujeitos a transformações por meio de rituais. Por outro lado, o gênero pode ser usado para discriminar estágios de desenvolvimento, como em ritos que passam os meninos de um estado de gênero para outro conforme seus corpos se desenvolvem. Astuti (2000, p.93-4) comenta sobre as mudanças de perspectiva em Vezu, uma sociedade baseada em cognatos/parentes em Madagascar (na qual o estágio reprodutivo de uma pessoa é crucial para o mundo dos grupos de parentes e descendentes que ela percebe).

Marilyn Strathern

colocam em movimento diferentes influências, dependendo do estágio reprodutivo da criança ou do adulto. A forma exterior, por sua vez, permite que origens sociais específicas sejam reivindicadas em determinados momentos.

Assim, os homens e as mulheres Murik podem igualmente reivindicar o privilégio de decorar os corpos das crianças. A decoração acontece, por exemplo, no clímax de uma série de rituais que dão acesso a um grupo cerimonial, com seus títulos e símbolos, e é privilégio do detentor de título sênior do grupo, homem ou mulher. De fato, a capacidade de atribuição de determinados ornamentos nomeados é descrita pelos etnógrafos como um direito – exercido de maneira um tanto quanto competitiva. Especialmente as crianças primogênitas estão sujeitas às reivindicações de mais de um grupo de parentes que podem entrar em competição por elas (LIPSET; STRITECKY, 1994, p.5, 7). Note que estes não são grupos de descendência unilinear, mas grupos cerimoniais que podem fazer uso de laços tanto com filhos (ou irmãos) quanto com filhas (ou irmãs) para reivindicar filiados. Em vez de a filiação a um grupo ser estabelecida no nascimento, a lealdade é estabelecida apenas quando estiver assegurada a entrada na vida adulta. A filiação da criança é reivindicada pelos homens mais velhos que desejam conceder a ela seus ornamentos. Podemos concluir que o *design* dos ornamentos diz a que grupo a criança pertence – e, na medida em que eles declaram a posição de sujeito da criança, então a criança, por assim dizer, pertence aos ornamentos.

Contando ancestrais: Omie

Quantos corpos se fazem presentes quando as pessoas manifestam suas capacidades como se tivessem versões tanto

Parentesco, direito e o inesperado

internas quanto externas e quando se movimentam por entre estágios que podem – como quando os ritos de maturação são realizados – alterar estados corporais temporária ou permanentemente? Ou quando os corpos também sustentam a marca de suas diversas origens de parentesco? A criança Murik poderia ser reivindicada por grupos tanto do lado do pai quanto do lado da mãe, e é seu corpo que cada um deles reivindica para ornamentar. Onde se considera que os corpos das crianças vêm dos corpos dos genitores, a procriação pode introduzir outra dinâmica. Se as pessoas derivam substância da parentela materna tanto quanto da paterna, cada geração tem de levar em conta a nova combinação/separação, introduzida pela nova reunião dos dois genitores da criança.[11] Mas reproduzir os *mesmos* corpos em cada geração significa reproduzir o mesmo número de origens. Essa é uma meta explícita de alguns sistemas de parentesco papuásios que produzem consistentemente novas gerações a partir das antigas, com o mesmo número de ascendentes. Eles alcançam a meta dispensando, deliberadamente, conexões prévias, como na famosa matemática da concepção--desconcepção [*conception-deconception*] dos Mekeo do Mato (MORKO, 1983, p.1985).[12] Longe do efeito multiplicador

---

11 Que, por sua vez, envolve a supressão de parte daquilo que o genitor transmite. Em sistemas de grupos de descendência unilinear, cada um dos genitores, feitos de elementos diferenciados, transmite apenas uma de um par de diferenças.

12 Ao sustentar uma estrutura quadripartida para seu universo de parentes, de modo que uma pessoa tenha sempre quatro clãs originários, os Mekeo tem de desconceber uniões anteriores, para criar novas possibilidades de uniões. Só assim os filhos e filhas dessa pessoa também terão quatro clãs originários.

Marilyn Strathern

das genealogias euroamericanas, cada geração pode indicar um número idêntico de origens ancestrais. Algumas pessoas evitam completamente a matemática. Elas se desviam das questões de multiplicação e divisão simplesmente ao declarar que as mulheres pertencem aos grupos de suas mães e os homens, aos de seus pais. Tais sistemas são raros em registros etnográficos. A filiação exclusiva ao longo de linhas de gênero aparentemente contraria os tipos usuais de acomodações para combinar o pertencimento a um grupo com a reprodução baseada no pareamento parental. No entanto, em um famoso caso de "filiação por sexo", a simetria da identificação com o genitor do mesmo sexo conduz à reivindicação extrema, por parte do etnógrafo, de que os sexos em si formam "grupos sociais distintos".[13]

Ao escrever sobre os Omie da Papua Nova Guiné, a respeito de como as coisas eram há cerca de trinta anos, Rohatynskyj (1990, p.449)[14] observou:

> Claramente, os sexos compreendem dois grupos distintos. Os homens residem em coletivos na terra com a qual são identificados por meio de um conjunto de *ma'i ma'i* [totens específicos da terra] e *anie* [símbolos de plantas]. Intercaladas entre eles estão

---

13 E para uma crítica do modelo partível de pessoa baseado na criança enquanto elemento que recria o relacionamento entre os genitores (STRATHERN, 1988), na medida em que aqui o interesse de um deles no resultado procriativo é ativamente eliminado (ROHATYNSKYJ, 1990, p.437).

14 Além de seus trabalhos publicados (1990; 1997), refiro-me também à sua contribuição para a conferência PTC (2001); agradeço a permissão para citar a partir da versão escrita.

Parentesco, direito e o inesperado

as mulheres isoladas, que, ao não sustentar consistentemente os *anie* dos grupos dentro dos quais residem, permanecem como um todo em oposição aos grupos formados pelos homens.

Ela continua o argumento de que homens e mulheres são igualmente pessoas e estão igualmente envolvidos na reprodução do grupo. Isso se dá por meio de sua filiação *anie* – as mulheres assumem as de suas mães e os homens, as de seus pais. E eles têm os mesmos tipos de emblemas porque, segundo é relatado, também têm os mesmos tipos de corpos: as mulheres Omie têm os corpos de suas mães e os homens, os corpos de seus pais. Os Omie, então, podem pensar sobre si mesmos como tendo *ou* um genitor (do mesmo sexo) *ou* dois. Em outras palavras, eles podem contar o número de genitores que têm de um dos dois modos. A própria Rohatynskyj (1990, p.434) inicia sua análise dizendo ser o sexo da criança que determina a filiação ao grupo. Da perspectiva da criança, não há alternativa; cada pessoa tem apenas um genitor do mesmo sexo que o seu (feminino e masculino são análogos aqui). Ao mesmo tempo, a filiação ao grupo decorrente disso separa os genitores, de certa forma radicalmente, em dois tipos. O genitor do sexo oposto ao da criança ocupa papéis bastante diferentes e distintos; as crianças podem exibir a marca desse genitor em suas características externas, por exemplo. Mas a natureza estupefante do laço com o genitor do mesmo sexo não significa apenas que ele e a criança pertencem um ao outro (são identificados um com o outro), mas também que é a substância vital daquele genitor, e somente dele, que faz a criança existir e dá a ela uma origem. A isso, Rohatynskyj (1990, p.439) refere-se como *posse* [*ownership*].

Marilyn Strathern

Vale notar que o genitor do mesmo sexo da criança é duplicado, por meio de regras de casamento que não precisam ser explicadas em pormenores aqui, pelo fato de que a garota é, também, por meio dessa outra rota, identificada com a mãe de sua mãe e o garoto, com o pai de seu pai. (Diz-se que aqueles que compartilham a mesma planta como emblema vivem juntos e, aqui, os homens têm precedência; os laços dos homens com a terra introduzem uma importante assimetria entre as gerações adjacentes, que as regras de casamento resolvem em gerações alternadas.)[15] Isso aparece em rituais de maturação – alguns deles presumem que os corpos masculino e feminino são externamente análogos, e as meninas e os meninos têm seu septo perfurado da mesma maneira; outros divergem, para garantir o desenvolvimento apropriado das capacidades internas. Portanto, os meninos submetem-se ao renascimento nas mãos dos homens, que remodelam seus interiores por meio de regras dietéticas e de outros tipos, com os filhotes saindo do ninho da iniciação para assumir o lugar de seus avôs (pai do pai).[16] Conforme eles saem, os homens mais velhos entoam canções

---

15 O casamento entre primos cruzados patrilaterais supera a assimetria da residência; quando ele é cumprido, os netos e as netas substituem o par original de irmãos-avós residentes juntos em uma localidade (ROHATYNSKYJ, 1990, p.439). *Anie* também pode se referir ao grupo local (1997, p.441).

16 A premissa é a de que, nesse momento, seus avôs já terão falecido, ou estão próximos do falecimento (e, de qualquer modo, já são ancestrais). Os meninos adquirem o poder masculino do adulto que, nesse momento, pode causar danos a mulheres e crianças, assim como o contato com o poder das mulheres pode prejudicar o crescimento dos meninos, e suas manifestações de fertilidade são, geralmente, perigosas para o sexo oposto (ROHATYNSKYJ, 1990, p.445; 1997, p.443).

Parentesco, direito e o inesperado

que os avôs dos candidatos compuseram e, desse momento em diante, os jovens estão aptos a usar os nomes totêmicos de seu avô. As mulheres mais velhas tomam conta das meninas e lhes ensinam sobre o comportamento corporal adequado – podemos, segundo Houseman (1988), interpretar sua capacidade de dar à luz como herança da capacidade de suas próprias mães e das mães de suas mães. Neste caso, as gerações unem-se pela vitalidade que demonstram. Talvez haja nisso alguma similaridade com identificações feitas em outros lugares e, radicalmente, entre vivos e mortos. É pertinente a análise de Pedersen (2001) sobre determinadas sociedades (meridionais) do norte da Ásia. Esse povos partem do modelo amazônico de perspectivismo humano/animal também encontrado no norte da Ásia (setentrional), mas incitam uma espécie de perspectivismo ao longo de relações inter-humanas e, especificamente, relações entre pessoas vivas e espíritos ancestrais dos mortos. É preciso que os xamãs movimentem-se por entre essa separação e vejam por meio de olhos ancestrais. Nos casos melanésios, pode haver um desenlace igualmente dramático (uma performance especial), mas ele ocupa o lugar de um estágio no processo reprodutivo que revela a unidade dos ancestrais e descendentes. Um corpo externo modificado (a criança agora madura) indica o fluxo dos poderes internos ao longo das gerações. Esse é, enfaticamente, um poder corporificado; as crianças parecem com seus avós.[17] Posto de outro modo, a criança faz seu avô ou sua avó aparecer.

---

17 E vice-versa. No perspectivismo amazônico, a partida do corpo causa problemas para as identificações vivo/morto; o morto, sem corpo para ver, não é mais humano (mas, para uma importante qualificação que apresenta uma diferença de perspectivas entre os seres humanos relacionada aos falecidos, ver Vilaça [2000, p.94]).

317

Marilyn Strathern

Quem possui e quem faz

Voltemos à questão da posse. Rohatynskyj usou o termo ao descrever um genitor como a causa de seu filho, isto é, a causa de seu ser e de suas condições no mundo (a batalha para que a criança nasça como prole da mãe ou do pai ocorre, conforme ela observa, escondida, dentro do ventre.) Embora não possa existir um "original" na série infinita D-M-MM [em inglês, *daughter-mother-mother's mother* (filha-mãe-mãe da mãe)], somente o mesmo estado se replicava. Como Houseman (1988) demonstra, a reduplicação é um indicativo de indeterminação. Talvez possamos considerar o genitor do sexo oposto como um tipo de presença negativa cuja eliminação ativa, nesse caso, é o ato relacional que confere a posse ao genitor do mesmo sexo.

Dentre seus atributos e similarmente às canções entoadas em uma cerimônia de apresentação de um menino, o emblema *anie* apresenta uma imagem do que é que pode ser replicado de uma pessoa na próxima geração.[18] O emblema pertence a mais de um corpo, mas é produzido apenas por meio de um corpo específico, isto é, quando nasce de uma pessoa viva. Assim, o que a pessoa possui é uma imagem de seus antepassados, ou, podemos igualmente dizer, a imagem possui a pessoa (isto é, por meio dela esses antepassados possuem a pessoa). O *anie*

---

18 De Coppet (1981) descreve como os 'Are'are dissociam especificamente a imagem da pessoa falecida de seu corpo em sua cerimônia mortuária. Perceba que, assim como uma pessoa Omie adquire nomes, a terra também tem nomes, e um homem aprende sobre seus direitos em relação à terra ao aprender os nomes das espécies totêmicas (*ma'i ma'i*) que lá residem. Elas anunciam quem tem direito de trabalhar.

Parentesco, direito e o inesperado

permanece; uma sucessão de pessoas o carrega, mas o *anie* as torna uma pessoa só (o filho é tanto pai quanto avô). Se a mesma pessoa (S-F-FF) é contada inúmeras vezes, pessoas separadas (S-F-FF) são igualmente contadas como uma. Essa "uma" pode ser singular; seu poder deriva justamente do fato de ela ter passado por vários corpos.

Há, porém, uma questão relevante nas similaridades com o perspectivismo amazônico e sua ênfase em pontos de vista ontologicamente, e não epistemologicamente, informados. Um ponto de vista epistemológico não produz diversos modos de ser, mas, sim, diversas representações do mundo. Podemos tomar emprestado o último vocabulário para incluir as representações das pessoas sobre si mesmas no mundo. Esse é um dos sentido por meio do qual os euroamericanos entendem os produtos intelectuais. Contudo, os ornamentos, as canções e os hábitos de comportamento que esses povos da Papua Nova Guiné produzem não são "representações". São mais como demonstrações ou certificações — um ponto ao qual ainda retornarei —,[19] ou como produtos corporais produzidos ao longo da produção mútua de pessoas. Crook (1999, p.237) relata o gesto dramático por meio do qual um homem mais velho de Bolivip (Papua Nova Guiné), com o desejo de comunicar claramente o que/como ele estava transmitindo ao etnógrafo, fingiu uma incisão em sua coxa; ele havia dado parte de si, carne, músculo. De um modo geral, *conhecer* os protocolos não

---

19 Ver Hirsch (2000) sobre as histórias de origem de Fuyuge: o conhecimento não é uma representação, mas, sim, uma instrução para aquele que detém o conhecimento de como zelar (cuidar, nutrir, educar) pelas coisas, os lugares e as pessoas às quais o mito se refere.

Marilyn Strathern

é suficiente, pois eles não podem ser representados em modelos a serem seguidos pelas pessoas; ao orientar a próxima geração, o trabalho dos homens mais velhos não termina até eles terem testemunhado os homens mais novos performando os protocolos. Os homens mais velhos são os criadores das transformações corporais pelas quais os homens mais novos passam.

O que salva essa análise de outro binarismo euroamericano (mente: corpo) é a questão perspectivista sobre os corpos habitados serem um ou muitos mundos. Ou, ainda, sobre quantos *tipos* diferentes (ASTUTI, 1995) de corpos há. Seria absurdo argumentar que a distintividade corporal sozinha significa que as pessoas habitam mundos diferentes. Mas o fato é que, na Papua Nova Guiné, as pessoas deliberadamente tentam fazer novos corpos para *serem* pessoas em novos mundos. Hirsch (2001) desenvolve esse ponto vigorosamente. Os melanésios concebem novos modos de ser pessoas, evidenciando uma habilidade de transformar a si mesmos para fazer de si mesmos sujeitos em um novo mundo – para existir em um mundo transformado. Ele fornece um exemplo revelador dos dias de "primeiros contatos" em Fuyuge, quando as pessoas mataram vários porcos para converter um cocar de matadores de homens em um de matadores de porcos. Essa transformação do ornamento significou que o cocar podia continuar a ser usado, mas daria ao corpo novas conotações. Sua aparição não mais evocaria destreza em matar pessoas, mas sim o fato de seus portadores serem "pessoas de um 'novo' tipo, aqueles que conhecem a 'lei'" (2001, p.245). De maneira mais geral, os entendimentos das pessoas acerca das transformações em suas vidas afetam suas interpretações acerca do que significa ser a origem de algo. Dentre as transformações recentes está uma nova linguagem

Parentesco, direito e o inesperado

para o processo de transformação em si que o reveste de intelectualidade: o foco está no conhecimento envolvido.

A descrição de Rohatynskyj (1997; 2001) dos Omie contemporâneos é pertinente. Os Omie atualmente trabalham com
a noção de si mesmos enquanto um grupo com uma única cultura (1997, p.439), e essa cultura tornou-se uma "origem" de
suas autodescrições. Nesse contexto, as pessoas falam sobre o
que acontece com o conhecimento [em inglês] como o conhecimento que os homens mais velhos outorgavam à antropóloga.
Para a antropóloga, seus achados são, inevitavelmente,
representações; para os Omie, seja como um guia confiável
sobre o funcionamento das reivindicações sobre a terra, seja
como uma fonte de danos utilizada por gente não autorizada,
são mais do que isso. Mas "conhecimento" fornece uma nova
expressão idiomática para falar sobre as novas transformações,
incluindo as percepções dos povos sobre si mesmos como
povos com uma "cultura" – que, em grande parte, consiste
em conhecimento cultural. Traição ou perda de cultura ou de
conhecimento são expressões que os habitantes da Papua Nova
Guiné rotineiramente adotam para sua condição presente (cf.
Kirsch, 2001). Ao falar sobre o desaparecimento de canções
tradicionais, os Omie lamentam: "Perdemos nossos costumes"
(ROHATYNSKYJ, 1997, p.450). Este não é o lugar para
considerar as nuanças do "costume" melanésio;[20] globalmente

---

20 Bolton (2003) fornece uma síntese baseada nos materiais Vanuatu.
Blakeney (2000, p.251-2) observa que substituir *folclore* por *conhecimento tradicional* nas deliberações acerca de DPI "muda significa-
tivamente o discurso", de preocupações relacionadas ao *copyright* à
lei de patentes e biodiversidade, preocupadas com, por exemplo, o
conhecimento acerca das qualidades medicinais de plantas.

Marilyn Strathern

falando, parte de seu poder é o *status* que o conceito de conhecimento cultural possui na comunidade internacional. O conhecimento permeia a linguagem da Unesco e da OMPI.[21] Ao representar o que as pessoas transmitiam umas às outras no passado, no entanto, seu uso pode obscurecer uma dinâmica intergeracional, segundo a qual, aos olhos de uns (geralmente os mais velhos), outros (geralmente os mais novos) parecem ter perdido interesse na tradição (SYKES, 2000; 2004).[22] Também pode obscurecer uma mudança em curso de um senso de perspectiva ontológico para um epistemológico.

A nova geração Omie não reconhece mais as afiliações do mesmo sexo, o *anie* e as espécies totêmicas por meio das quais as reivindicações das pessoas umas sobre as outras repousara tão firmemente. A etnógrafa (ROHATYNSKYJ, 2001), por sua vez, deve fazer perguntas sobre a natureza das transações por meio das quais ela adquiriu conhecimento cultural Omie, o que é que a sua posse disso significa e o que, então, ela deve fazer com essa forma corporificada na narrativa gravada.[23]

---

21 Ver Hirsch e Strathern (2004). No projeto de Lei Modelo para o Pacífico, conhecimento tradicional abarca todas as inovações e criações baseadas na tradição, incluindo trabalhos literários, artísticos e científicos, juntamente com nomes, símbolos, informações etc.

22 Da mesma maneira como o discurso da propriedade, segundo Brown (1998) argumenta, obscurece ou desloca o que deveria ser uma discussão moral sobre as implicações da exposição do conhecimento sagrado dos nativos a um escrutínio injustificado.

23 O interesse das pessoas em seus futuros caminha junto com novas sensibilidades etnográficas sobre a posse do conhecimento nutrido por duas fontes distintas: a crítica pós-colonial e um mundo sensível aos DPI. Para uma crítica robusta paralela às linhas de minha própria pesquisa (e das de outros) em Monte Hagen, ver Muke (2000).

Parentesco, direito e o inesperado

Propagando imagens

Canções e narrativas são formas de expressão que os euroamericanos podem classificar como intelectuais. Incorporei alguns exemplos da Papua Nova Guiné no que parece uma outra descrição, o modo como as pessoas reproduzem a si mesmas ao longo de gerações. Isso é deliberado. Nessa parte do mundo, as relações de parentesco fornecem uma pista crucial para o modo como se possuem essas expressões. O Capítulo 5 sugeriu que a parentela detém aquela parte de uma pessoa que é um índice de seu relacionamento; ressalto um ponto relacionado a isso. Quando as pessoas são identificadas como membros de grupos de parentes, tais grupos são definidos pelo interesse que têm sobre a capacidade *reprodutiva* de seus membros; eles possuem pessoas por meio da capacidade de perpetuação da identidade (por exemplo, nome, insígnia) que a pessoa carrega para eles. De modo mais universal, podemos falar de tais pessoas como possuidoras de um interesse reprodutivo em outras pessoas. É isso que, axiomaticamente, separa os parentes dos não parentes – os não parentes, por definição, não possuem esse interesse. Desejo, agora, argumentar que o que as pessoas podem possuir em tais pessoas é também o que elas podem possuir em artefatos – a saber, a capacidade regenerativa.

Pode-se defender a consideração de uma gama de artefatos, tanto tangíveis quanto intangíveis, incluindo ornamentos e decorações, embora eu particularmente tenha em mente elementos que circulam em relações de troca. Eles podem ser generativos no sentido fraco de criar ou sustentar relacionamentos, mas podem também ser considerados capazes de multiplicar magicamente a si mesmos, como as plantas tuberosas

Marilyn Strathern

multiplicam-se no solo. A capacidade regenerativa do próprio possuidor é demonstrada na medida em que ele ou ela exerce o poder de reproduzir o artefato. A capacidade de ser possuído, por sua vez, torna-se um dos atributos do artefato em questão. Pode-se novamente argumentar que essas condições particulares ocorrem amplamente na Papua Nova Guiné. E, embora os dados apresentados até aqui sejam em grande parte históricos, não são descabidos para se entender uma boa parcela da prática contemporânea. Os Omie podem ter abandonado os *anie* e *ma'i ma'i* na maneira de pensar uns sobre os outros, mas estão muito interessados nas formas que várias "expressões culturais" – inclusive as canções – assumem.

Elementos, tais como canções, circulam prontamente entre pessoas e grupos.[24] E na Papua Nova Guiné eles podem fazê-lo precisamente devido ao fardo místico que carregam com referência à fertilidade e à potência. Trata-se amplamente do fato de que, embora essas formas de expressão sejam, em certo sentido, dissociadas das pessoas, sua referência às pessoas é, enfaticamente, parte de seu valor. Em outras palavras, a origem de um artefato na vida dos outros contribui para sua distintividade e importância. Inversamente, ele demonstra o poder reprodutivo daquelas vidas; a transferência do direito de posse é, ao mesmo tempo, um exemplo e um sinal disso.

A descrição seguinte (LEACH, 2000, p.66-7, parafraseado) vem de uma área Madang da Papua Nova Guiné:

---

24 Uma declaração atemporal para refutar tanto a atribuição de que é somente "hoje", com a mercantilização, que tais coisas circulam, quanto a atribuição de que as lógicas "tradicionais" para tais circulações perderam toda a sua significância.

Parentesco, direito e o inesperado

Em 1998, as pessoas de uma tribo denominada Goriong decidiram que queriam comprar a melodia, as palavras e os entalhes de um determinado espírito [ancestral] Tamberan da aldeia vizinha, Seriang. Dez homens que reivindicavam ser os descendentes do criador da voz do espírito foram receber o pagamento. Os compradores Goriong chamaram cada um pelo nome e colocaram dinheiro e outros itens em suas mãos, além de entregar-lhes um porco vivo. Os homens levaram o porco de volta a Seriang, o cozinharam e o distribuíram entre os moradores. Assim, a transferência da voz do espírito foi tornada pública.

A transação possibilitou aos Goriong cantar e dançar em nome daquele espírito. Por terem feito um pagamento, adquiriram o direito de passá-lo adiante e lucrar com os pagamentos que ele traria. Isso contrasta com as situações nas quais alguém solicita permissão para usar uma canção ou dança, mas adquire apenas os direitos de uso, e não o direito de ser chamado de possuidor, como os Goriong foram então qualificados. Nesse processo, os Seriang nada perderam: eles ainda podiam usar a voz do (espírito ancestral) Tamberan nas suas próprias celebrações.[25] O importante é as canções serem entregues de modo a terem sua integridade mantida. Elas evocam memórias dos

---

25 Ao mesmo tempo, o espírito passou a estar então alojado em outra rede de pessoas e, longe das vistas, as pessoas podem sonhar novos *designs* ou formas. "As canções [do espírito] Tamberan são o tempo todo inovadas" (LEACH, 2000, p.69). Isso inclui sonhar novos Tamberan, tornados públicos com a distribuição de carne de porco para todos comerem, isto é, entre os moradores da tribo, que, então, tornam-se copossuidores. Embora uma inovação possa ter um único criador, é o grupo residencial que a possui – e é ele que também será conjuntamente pago se ela for transferida a outro grupo.

325

Marilyn Strathern

mortos e são altamente cobradas por seus possuidores originais, e os novos possuidores não devem fazer nada que difame ou ridicularize o espírito Tamberan.[26]

A forma eventualmente exposta pode, assim, ser um original e um derivado ao mesmo tempo. Os novos possuidores reconhecem a fonte de onde a voz Tamberan veio, pois o que eles dançam é um Tamberan original em um lugar específico. As transações, no momento da transferência, não apenas asseguram a liberação das práticas para uso, como também multiplicam suas origens; tanto os que já a possuíam quanto os que a obtiveram podem ser considerados fontes de novas práticas – ainda que não no mesmo nível. Para além desses criadores, o que também passa a existir são as múltiplas destinações para a criação nas pessoas que irão testemunhar a exibição. A propagação de objetos *significa* vinculação a novas pessoas (DEMIAN, 2001).

A possibilidade de transação de tais elementos introduz uma outra possibilidade na reprodução das pessoas: o poder generativo de outras pessoas pode ser apropriado para si. Assim, há uma forma de generatividade [*generativity*] que pode ser transferida independentemente da propagação de um grupo "originário". Acrescida à lógica da filiação ao genitor do mesmo sexo (se o mesmo poder é replicado seguidamente, então também o é a referência à sua origem) está a lógica da parentalidade

---

26 O desenvolvimento ou a criatividade, o tempo no qual as pessoas incubam as inovações para os *designs* que possuem, vem das experiências que ocorrem fora das vistas públicas. Leach contrasta isso com o mundo dos negócios locais e dos empreendimentos de *marketing* nessa área, em que ninguém possui as inovações que as pessoas experimentam e todos se apressam em imitar as pequenas invenções das outras pessoas.

Parentesco, direito e o inesperado

dual. Quando as origens são divididas entre pessoas, o processo de divisão, o número de empréstimos e de transferências rememorados, não precisam ser finitos – embora seja provável que antepassados distantes sejam deixados de lado. Pois o interesse não reside apenas nas coisas adquiridas por meio de transações; atribui-se valor explícito à própria manutenção do fluxo (WAGNER, 1977). Empréstimos, compartilhamentos e trocas são todos efetuados via pagamentos; manter o fluxo ativo adquire suas próprias conotações generativas. Uma habilidade de liberar a capacidade generativa está implicada no direito de transmitir as coisas para os outros.

III

Produtos intelectuais?

As comparações com a propriedade intelectual vão se tornando evidentes. Tenho acumulado exemplos desse material melanésio com os quais se pode traçar paralelos com elementos que, nos regimes jurídicos euroamericanos, podem se tornar sujeitos à proteção de propriedade intelectual. Além de canções e nomes, nos defrontamos com entalhes, performances, direitos morais (na integridade de uma peça de trabalho), imagens ou emblemas pessoais e poderíamos até considerar grupos como tendo uma identidade proprietária a proteger. Embora sejam tornados visíveis e manifestos, muitos dependem de performance para tanto, de modo que aparecem apenas sazonalmente e, no ínterim, existem enquanto memórias de *designs*, padrões e movimentos. Além disso, há contextos nos quais o controle sobre a reprodução é restrito. Não é surpreendente que o direito autoral seja frequentemente considerado um modelo para a proteção da propriedade cultural (COOMBE, 1998; BROWN, 2003).

O advogado Kalinoe (2000), nascido na Papua Nova Guiné, observa uma tendência que o direito autoral introduziria. Quando os artistas contemporâneos inspiram-se em formas artísticas tradicionais, como as canções Tamberan, o direito autoral apareceria como o meio para proteger as expressões artísticas. Porém, embora o direito autoral declare sua originalidade, ele não lida, como se ouve frequentemente, com o outro lado da equação – a natureza derivativa do trabalho e, simultaneamente, suas origens múltiplas.[27]

Entretanto, tudo isso conduz rapidamente a uma comparação entre os protocolos indígenas que governam a transmissão e a transação de performances, artefatos etc. e os regimes que visam proteger os produtos de trabalho intelectual. Já vimos que a perda de costumes, atualmente, pode ser explicada como perda de conhecimento (tradicional/cultural). Talvez seja necessário analisar essa explicação. Kalinoe (2000) defendeu a consideração de proteção de vários itens de valor, especialmente da classe que ele denomina de sagrados (como aqueles com valor ancestral – não por serem antigos, mas por ser na presença viva dos ancestrais em seus descendentes que se garante a continuidade do poder interior). De maneira significativa, sua proposta é de que estes deveriam ser tratados, para propósitos jurídicos, sim-

---

27 Uma analogia, nos contextos euroamericanos, pode ser as demandas conflituosas sobre *copyright* quando solicitado em relação a alguma coisa que é, ao mesmo tempo, individual e replicável (SHERMAN; BENTLY, 1999, p.55).

Parentesco, direito e o inesperado

plesmente enquanto propriedade – enfaticamente, *não* enquanto propriedade intelectual.[28] Vale a pena investigar isso.

O registro etnográfico da Melanésia poderia ter fornecido muitos exemplos para transmitir o conteúdo dos dados aqui apresentados. Mais notavelmente, todos os elementos aqui mencionados (canções, nomes, entalhes, performance, direitos morais, emblemas, identidade proprietária) poderiam ser amalgamados no exemplo único das esculturas Malanggan da Nova Irlanda e as exibições que as acompanham, apresentadas no Capítulo 4.[29] O exemplo seria duplamente relevante com respeito aos *designs* trabalhados nas esculturas, visto que o modo como essas figuras são protegidas de imitação não autorizada compele os observadores, como vimos, a usar o vocabulário dos

---

28 Ele escreve que encontrar um regime regulatório adequado para "propriedade intelectual e cultural indígena e conhecimento tradicional" pode se intensificar se separarmos as questões relevantes para um regime de preservação de cultura das questões relevantes para proteção de DPI. Uma razão apresentada por Kalinoe para evitar a rota dos DPI na proteção de propriedade cultural é porque o DPI traz as coisas aos olhos do público. A restrição limitada garantida pela proteção de DPI não é nada se comparada à divulgação de longo prazo implicada quando o direito autoral (digamos) expira. Ele discute itens identificados com grupos específicos – talvez propriedade secreta, não muito diferente das canções Tamberan descritas anteriormente – que somente podem ser revelados sob determinadas condições, como quando o momento para sua reprodução está maduro. A dimensão do domínio público do DPI causa problemas para esse tipo de recurso (BROWN, 1998; BRUSH, 1999).

29 Inspiro-me em Küschler (1987; 1992; 1999); Lincoln (1987) e Sykes (2004). Muitas das formulações que seguem são diretamente oriundas dos vários escritos de Küchler; Malanggan também pode ser escrito como Malangan. Para um comentário crítico sobre a ênfase na exibição, ver Küchler (2002, p.170).

Marilyn Strathern

direitos de propriedade intelectual. As figuras Malanggan também resumiriam algumas das outras características que encontramos. Elas recordam os corpos interior e exterior dos Murik; as esculturas da Nova Irlanda são consideradas protótipos de um corpo externo para a presença de uma pessoa falecida cuja potência é retida dentro do Malanggan. Elas ecoam a emersão da criança/avô Omie, pois a escultura atribui forma imagística ao nome de um ancestral que, dissociado de seu corpo falecido, pode, então, ser passado adiante para um herdeiro.[30] Elas apontam para a diferença geral entre uma história de trocas e a posse atual (o plano dos entalhes refere-se ao primeiro e os padrões pintados, ao segundo), e para uma orientação consistente em direção ao futuro; os *designs* refletem reivindicações antecipadas, pelas quais os beneficiários fazem pagamentos. Acima de tudo, a imagem é possuída por, é retida na memória de quem tem o direito de reproduzi-la.[31] Mas a questão que desejo levar adiante é o comentário de Küchler: "A Melanésia é um exemplo

---

30 Küchler observa: "Os nomes, enquanto aquilo que carrega um corpo político transcendente, são considerados propriedade do domínio ancestral, são 'encontrados' e recolhidos por meio do sonho [anterior à reprodução] para serem validados e transferidos como imagens" (1999, p.66). A imagem nomeada, sujeito de tais direitos e que é o que pode ser trocado, é também o que os parentes possuem uns dos outros.

31 Figuras de efígies ("peles") aparecem como objetos materiais em uma forma específica e, uma vez desaparecidos, o que fica retido é a memória dessa forma como uma imagem abstrata. A não ser que indicado de outro modo em seu contexto, *imagem* refere-se principalmente à segunda formulação. Dentre o que se possui está também a capacidade de transformar tal memória em uma realização e fazer uma nova efígie (KÜCHLER, 1992, p.105, 107).

330

Parentesco, direito e o inesperado

bastante claro de uma cultura na qual a propriedade intelectual não é análoga à propriedade material" (1999, p.63). Dada a mistura de elementos tangíveis e intangíveis aqui, podemos questionar o que ela quer dizer com essa afirmação. A resposta irá nos conduzir à questão sobre se é útil, de fato, pensar em qualquer um deles como produtos intelectuais.

O contexto do comentário é uma discussão (iniciada por Harrison, 1992; 1995) sobre a natureza dos recursos mentais nas sociedades euroamericanas da "economia industrial moderna", que ressalta os "recursos materiais e a capacidade produtiva" (KÜCHLER, 1999, p.62). A reprodução dos produtos mentais é governada por um sistema jurídico no qual esforços intangíveis têm de ser corporificados em coisas para que se possa exercer direitos sobre eles. O contraste é com regimes, como na Melanésia, com o tipo de abordagem acerca do fluxo de informação enunciado por Araho. Küchler descreve as performances Malanggan intermitentes sobre a vida útil de uma pessoa como parte de "uma tecnologia do conhecimento compartilhada que assegura a continuidade generativa e a capacidade reprodutiva de seus recursos intangíveis" (1999, p.63). Ela refere-se à efemeridade planejada dos elementos produzidos para exibição; a posse (em suas palavras) centra-se menos no objeto enquanto produto material e mais no direito de projetar ou produzir uma imagem a partir de um repertório de imagens prestes a tornarem-se ausentes. Particularmente verdade no caso das esculturas Malanggan, o que se cria para passar adiante não é a coisa em si (que é destruída), mas "uma imagem inerentemente rememorável". O principal argumento da autora é que a imagem é criada como um recurso *mental* precisamente por meio da desaparição do objeto.

33¹

Marilyn Strathern

Küchler alcança, então, uma definição bastante específica de "mental", preferível à noção euroamericana de criação intelectual que frequentemente permeia o conceito relacionado de intangível. Meu entendimento é que a imagem Malanggan é realmente criada enquanto recurso, mas será um recurso mental nesse segundo sentido? Sua expressão "tecnologia de conhecimento" é um indicativo.

Enquanto recurso, trata-se de uma entidade que pode ser reproduzida novamente, geralmente no intervalo de uma geração, pelo modo como é rememorada. Assim, o conhecimento em questão é a memória que mantém a imagem na mente das pessoas. Outro modo de colocar isso seria dizer que o conhecimento se torna um meio para que a reprodução vá além (ao invés de um fim em si mesmo), a imagem mantida em suspensão, um resultado do que era visto na exibição original quando da aquisição ou confirmação dos direitos. Nesse sentido, seria a imagem inerte? A mente (memória) do detentor-possuidor a abriga quase como um tipo de parte do corpo; enquanto ela anima a pessoa, a imagem como tal não é afetada por sua localização. Talvez não seja tão extremo sugerir que o fato de estar na mente não confere atributos adicionais ou identidade à imagem; sua condição mental, intelectual ou intangível nada acrescenta. Embora a imagem que é no final das contas reproduzida seja negociada a partir de várias reivindicações esperadas em relação a ela, espera-se que o detentor-possuidor não inove naquilo que ele ou ela guarda na memória. Fazê-lo é, de fato, fortemente desaconselhável. O fim ou a meta, infiro, é a reprodução eventual da memória enquanto uma imagem que é também um corpo, e não enquanto conhecimento.

Parentesco, direito e o inesperado

Em outras palavras, não há nada particularmente "intelectual" no fato de a imagem, como as palavras de uma canção ou o *design* de um ornamento, ser uma imagem mental,[32] assim como não há nenhum ganho em separar uma categoria de propriedade intelectual. Isso também significa que podemos desconfiar de contextos nos quais o conhecimento é muito facilmente apresentado revestido de uma glosa para objetos intangíveis. Vale a pena ao menos levantar a hipótese de que tais regimes tratam as práticas de conhecimento como um meio — literalmente, enquanto práticas — e não como um fim ou como objetos com valor para circular.

Posse de pessoas?

O contraste entre regimes feito por Harrison e Küchler sustenta-se, mas podemos acrescentar uma condição. Se os direitos nessas formas melanésias de expressão são ou não tratados enquanto propriedade material depende do que é material no que concerne à propriedade. Relembro que no ponto inicial da discussão estava a pressuposição euroamericana de que, antes de mais nada, esforços intangíveis devem ser corporificados em coisas materiais para serem apreendidos enquanto propriedade (ver Sherman e Bently, 1999, p.47; Bainbridge, 1999, p.45). Retorno à exegese oferecida por Davies e Naffine e seus interesses nas interpretações modernas das formas de apropriação de Hegel:

---

32 Dizer que ela se mantém na cabeça (e na mente) já seria uma perspectiva euroamericana; dizer corpo já seria uma visão melanésia, com o vocabulário mais apropriado, porém ainda inadequado, que a língua inglesa pode oferecer.

Marilyn Strathern

Hegel argumenta que, ao se tornar uma pessoa, deve-se colocar a si mesmo no mundo exterior e, então, reapropriar-se do eu [*self*] por meio da apropriação dos objetos no mundo. Trazer o mundo até nós mesmos é o nosso método de completar nossa subjetividade e individualidade, porque isso envolve a pessoa puramente subjetiva externalizando sua personalidade e a tomando de novo para si sob a forma de um objeto exterior. (DAVIES; NAFFINE, 2001, p.4; ver MILLER, 1995)

Portanto, "[a p]ropriedade é vista como uma extensão da pessoa e como um meio pelo qual ela pode se relacionar transparente e livremente com os outros. A propriedade é vista como mediadora de nossas relações sociais" (DAVIES; NAFFINE, 2001, p.6). Utilizando particularmente o trabalho de Radin (1993; 1996) por sua defesa da "propriedade para a pessoalidade", Davies e Naffine citam a observação da autora de que, para "alcançar adequadamente o autodesenvolvimento – ser uma pessoa –, um indivíduo precisa de algum controle sobre os recursos no meio exterior" (2001, p.7). A propriedade que uma pessoa usa na construção de si mesma, continuam as autoras, é, na verdade, um relacionamento com uma coisa exterior que contribui para "os sentimentos de bem-estar, liberdade e identidade de uma pessoa".[33]

---

33 Elas observam que a ênfase de Radin na propriedade para a pessoalidade a compele a produzir uma categoria alternativa ("propriedade fungível") para abarcar a propriedade que é intercambiável por outras coisas e existe principalmente para a criação de riqueza. Podemos ver isso como uma versão romântica da premissa jurídica de que a lei torna possíveis os direitos de propriedade e, portanto, a troca de mercadorias, ao criar o indivíduo enquanto portador de direitos – o ponto de partida da investigação de Barron (2002) sobre as propriedades jurídicas da arte.

Parentesco, direito e o inesperado

Se as relações de propriedade são parte do modo como as pessoas, nas economias industriais modernas (isto é, euroamericanas), conectam-se com o mundo, então elas devem, ao mesmo tempo, moldar o modo como o mundo é percebido e ser moldadas por ele. Na medida em que o mundo é pensado como uma reunião de coisas materiais, tem-se que a propriedade só pode ser reivindicada sobre coisas materiais. A propriedade, desse ponto de vista, *é* a condição de apropriar as coisas do mundo.

Tem-se também que uma ideia só pode ser reivindicada enquanto uma expressão dos esforços e do intelecto de uma pessoa quando encontrada em uma "coisa".[34] Uma versão mais generalizada disso é que qualquer atividade humana, incluindo o esforço corporal, pode encontrar expressão em coisas exteriores, mas, ao ser corporificada em outra coisa, é expressa sob uma forma (conceitual) condensada e abstrata. Por exemplo, o trabalho manifesta uma capacidade corporal imediata, mas o que é incorporado nos produtos do trabalho é uma abstração, como quando ele é teorizado (categorizado) enquanto "força de trabalho" em termos de utilidade social. Entretanto, há uma inflexão especial para a atividade mental, pois o exercício do intelecto está intimamente associado ao exercício da vontade,

---

34 No direito, uma condição necessária para lidar com o intangível, que deve ser transformado em um objeto que "possa ser incorporado em uma mercadoria e sujeitado ao processo de troca [comercial]" dos tipos com os quais o direito lida (BARRON, 1998, p.56). Desde então, li Barron (2002), que coloca tudo isso de modo mais sucinto (por exemplo, seu comentário de que a exigência de corporificação ou fixação presente no *copyright* significa fixação em uma coisa; a materialização do trabalho não pode ser um ser humano enquanto tal).

335

a marca distintiva, nessa visão de mundo euroamericana, da pessoalidade (ver Davies e Naffine, 2001, p.104). A ideia que deve ser incorporada em um artefato (uma coisa) antes de poder ser legalmente possuída considera os efeitos da mente como separados dos do corpo, exatamente como a vontade do indivíduo expressa-se e se realiza em um mundo separado dele ou dela. Em suma, nessa visão, a energia interior é projetada no mundo, que devolve evidência dela ao seu gerador, como sinais da pessoa (resultados criativos, produtivos, da atividade pessoal).

Essa linha de pensamento dificilmente precisa de mais ensaio. O argumento a se extrair dela é que não estamos lidando com um simples contraste entre possuir coisas enquanto objetos materiais e o tipo de situação (como descrito para a Melanésia) na qual não há restrição de materialidade no fluxo de ativos. Em vez disso, podemos observar algo como um momento reprodutivo comparável na insistência euroamericana em intangíveis que só podem ser possuídos enquanto corporificados em coisas concretas. O que está sendo reproduzido? Minimamente, reproduz-se o eu [*self*] e sua visão de mundo. Isso é verdade repetidas vezes. E se aplica igualmente àquela parte do mundo exterior que envolve outras pessoas; quaisquer que sejam os encontros com outros sociais, as reações obtidas são absorvidas de volta no indivíduo como se fossem seus próprios sentimentos. Em outras palavras, essa forma (euroamericana) de materialidade é a condição sob a qual uma perspectiva, um ponto de vista de uma pessoa, cria um objeto (lá fora). Poderíamos concluir que o que é material nas relações de propriedade é uma função de uma apreensão epistemológica do mundo, isto é, de conhecê-lo enquanto um

Parentesco, direito e o inesperado

objeto (digamos, de contemplação). O contraste é com o tipo de perspectivismo que cria o sujeito.

Se qualquer coisa semelhante a esse perspectivismo (amazônico) mantém-se na Melanésia, talvez por meio dele possamos, concomitantemente, imaginar o que é material nos processos de reprodução melanésios. A perspectiva torna-se um modo de ser ontológico que altera a condição da pessoa ("cria o sujeito") de modo que tudo no mundo percebido (tangível ou intangível) defina e contribua para esse estado de ser.

Ora, se a propriedade, no sentido da capacidade de apropriar, é parte de como os euroamericanos reproduzem a si mesmos, também o é o conhecimento. Porque o que deve retornar ao *eu* ocorre tanto enquanto coisas para consumo corporal como enquanto qualidades abstratas que realçam o igualmente abstrato eu [*self*], que é exatamente onde o conhecimento pertence. O conhecimento do mundo é um poderoso meio para conectar-se a ele (e para dele se distinguir). Contudo, como já vimos, para os euroamericanos, trata-se de muito mais do que um meio: o conhecimento sobre o mundo retorna à pessoa que já conhece o suficiente para procurá-lo. Seu fim em moldar a subjetividade faz dele algo como um fim em si mesmo. Pois a mente reapropria essa conexão com o mundo de modo semelhante a como os intangíveis apropriam o modo da mente de pensar a si mesma (como tantos pensamentos, conceitos, percepções, fugas, perspectivas etc.). Estou, obviamente, falando tanto cultural quanto sinteticamente.

Como uma consequência, os euroamericanos realmente valorizam certas coisas como resultados do intelecto. É relevante que haja uma dimensão mental ou intangível dos produtos daquele local corporal que consideramos a mente. A tradução

337

de uma ideia ou de um esforço em um objeto material, e vice-versa, marca as fronteiras da pessoa. O corolário é que não se pode ter propriedade sobre os poderes generativos em si, sobre os processos mentais, porque isso seria quase equivalente a reivindicar propriedade sobre as pessoas. Nas sociedades liberais (industriais/euroamericanas), as pessoas não podem possuir capacidades de outras pessoas (ver Gray, 1991, p.299-300, para uma consideração diferente). É exatamente a natureza intangível de seus processos mentais que protege as pessoas das pessoas. Os direitos de propriedade só podem ser exercidos com relação a coisas no mundo, a propriedade intelectual só pode ser aplicada a objetos materiais que recorporificam, nas coisas, tais processos intangíveis. De acordo com essas visões, a criatividade não está axiomaticamente corporificada no corpo, mas é encontrada na mente, por um lado, ou, por outro, exatamente em tais coisas no mundo.[35]

Os dados melanésios indicaram pessoas concebendo como posse o que também pode ser transmitido e trocado em virtude de ser corporificado. Essa corporificação, no entanto, está nas pessoas antes de estar nas coisas (que são responsáveis pelas relações entre pessoas). Às pessoas outorgam-se capacidades humanas e poderes regenerativos, como a força de vida que, enquanto um nome, por exemplo, torna-se redistribuível após a morte. Assim, ao nome Malanggan é dada uma forma como uma imagem que é, por si só, considerada regenerativa (KÜCHLER, 1999, p.66) em um sentido quase procriativo, e é passado adiante (por trans-

---

35 É por isso que *performers*, que fazem de seus corpos, corpos criativos — na dança, na canção, no atletismo, nas acrobacias, no esporte —, são, exatamente, fora da rotina, *performers*. Devo acrescentar que, ao longo da discussão, presumi ser a propriedade uma relação (entre pessoas, com respeito a coisas). É o conceito de "coisa" que interessa aqui.

Parentesco, direito e o inesperado

missão e venda) sob a forma de direitos de reproduzir, duplicar o original. Mas alguém pode se perguntar se, no caso melanésio, é também o direito, e não a potência, que se possui e transmite. Isso seria ignorar o quanto as pessoas se esforçam para tornar a potência um fenômeno visível e passível de apropriação (DEMIAN, 2004).[36] Também seria ignorar uma diferença crucial.

O "direito" de reprodução melanésio sustenta-se não por um aparato jurídico, mas pela pessoa estar no estado ontológico apropriado e necessário para exercê-lo: filho da irmã, herdeiro, comprador, iniciado ou qualquer outro (KALINOE, 2000). Além disso, o próprio exercício do direito é um exemplo do que ele concede. Fazer duplicatas *é* (reproduzir) a capacidade de criação. Os euroamericanos, por outro lado, valorizam o direito enquanto portador de sanções, se não legais, então éticas ou morais, e é esse valor que permite o exercício para benefício do detentor. *A origem da criatividade não é passada adiante*; ela permanece intacta na pessoa do autor ou inventor original.[37] Voltamos à significação euroamericana de "intelecto". Uma vez

---

36 No caso Malanggan, Küchler (1999, p.67) ressalta que os nomes e as formas imagéticas dos Malanggan são produzidos a partir de uma origem (*wune*) que se refere a um ventre originário ou a uma fonte de água, o molde para a construção de uma imagem (1992, p.97); essa origem é transmitida conjuntamente com a imagem.

37 Isso é bastante explícito. Em outro lugar no livro observei a atual distinção, no *copyright* do Reino Unido e dos Estados Unidos, entre direitos econômicos, adquiridos por meio de proteção de propriedade intelectual, e direitos morais, que identificam o autor como o criador do trabalho. Os direitos adquiridos por meio de patentes podem pertencer a qualquer um dos possuidores do trabalho científico necessário à invenção, separados da reputação que o inventor pode adquirir por meio de publicações científicas.

corporificados em uma coisa, os processos mentais podem ser dotados de mais força generativa apenas por serem novamente processados (pelo criador ou por outra pessoa) por meio da mente de alguém.

Estou empregando o termo utilizado por vários escritores, "propriedade", embora possamos perguntar qual é o quinhão de propriedade nos tipos de relações de posse euroamericanas aqui consideradas. Uma resposta tem de ser que o detentor dos direitos de propriedade e o sujeito dos direitos legais caminham juntos. A contrapartida à coisa material específica na qual os esforços são corporificados é a pessoa concreta que pode ser portadora de direitos. (Direitos são intangíveis antes de serem concretizados.) Dá-se forma à concretude de uma pessoa por meio da individualidade (ver Sherman e Bently, 1999, para uma consideração diferente), de modo que alcançamos o ponto mais bem ensaiado: que interesses exclusivos definem a esfera das atividades do indivíduo. O que fica consagrado no direito é enfatizado pelos valores contingentes que repousam fora dele:

> Diz-se da propriedade sobre coisas, ao invés de sobre si mesmo, que ela aumenta a pessoalidade, porque estabiliza uma esfera ampliada de não interferência com a pessoa de alguém [...]. A propriedade e a pessoalidade também foram conectadas de maneira mais íntima pela afirmação de que às pessoas pode-se atribuir propriedade sobre si mesmas. [De modo contingente e] [c]omum a ambas as abordagens está o desejo de mostrar como os interesses de propriedade expressam e asseguram a autonomia do indivíduo e, portanto, sua própria pessoalidade. (DAVIES; NAFFINE, 2001, p.6)

Parentesco, direito e o inesperado

A aritmética, aqui – o caráter singular, recursivo das origens das ações de uma pessoa nela mesma –, é evidente.

Origens singulares e múltiplas

Davies e Naffine (2001, p.99) observam que o direito – inglês, australiano, americano, europeu – "falha em fornecer uma compreensão sensata, plausível, de nossos eus [*selfs*] corporificados". O conceito de pessoa jurídica não pode lidar, por exemplo, com mulheres grávidas ou com o corpo no momento da morte. Um dos problemas, eu acrescentaria, é porque ele não é capaz de contar. (E não apenas o direito; ninguém o é.) A razão é evidente: é o corpo que, normalmente, concede indivisibilidade à pessoa. Então, o direito cede à perplexidade diante de um corpo dentro de um corpo; ele não sabe quantas pessoas uma mulher grávida é, e o resultado, em termos de partes e todos, não agrada a ninguém.[38] Em suma, "o indivíduo jurídico possessivo é considerado incoerente pelos fatos culturais e biológicos da reprodução" (2001, p.92). A morte cria um problema diferente, o de que a vontade da pessoa continua sob a forma desencarnada (em seus testemunhos e documentos), e a seus desejos é preciso atribuir uma vida finita. O direito tem de acabar com essa personalidade desencarnada, um sinistro eco do modo como alguns melanésios têm de matar (a memória d)os mortos por meio do esquecimento deliberado, ao tornar ausente o falecido

---

38 Tratar um feto como parte da pessoa (a mãe) soluciona o dilema de se é "a mulher ou o feto que é a pessoa" (2001, p.91). Uma resposta melanésia indicaria o óbvio: que ela (a mãe) manifesta a múltipla corporificação que caracteriza todas as pessoas; pessoas são feitas de pessoas.

Marilyn Strathern

(BATTAGLIA, 1990). Entretanto, parece uma solução mais rápida para a contagem do número de pessoas porque, com a partida da vontade soberana, racional, do cadáver, argumentam as autoras, os advogados veem pouco da pessoa nele e tendem a tratá-lo como uma coisa. Mas isso também carrega suas próprias ansiedades sobre outros, entre eles, os parentes do falecido, que podem fazer valer seus direitos sobre o corpo.

Retornarei aos números em breve. Primeiro, observo que o possessivo do "indivíduo possessivo" (conhecidamente segundo MacPherson, 1962) refere-se à condição de ser, simultaneamente, proprietário e propriedade, como resultado de ter propriedade sobre si, ou seja, uma contingência cultural, segundo o direito. Sob certas perspectivas, essa propriedade sobre si (posse de si) é a garantia de liberdade sob a qual o livre-arbítrio é exercido.[39] Conforme mencionado no início, uma justificativa filosófica é que, na medida em que as pessoas têm a posse de si mesmas, ninguém mais as pode possuir. O material melanésio sugere que analisemos a questão sobre a propriedade por meio de uma questão mais geral sobre a corporificação. (Questões sobre pessoas e propriedade, portanto, desaparecem do relato.)

Na medida em que mais ninguém pode possuir o que é autopossuído, então as pessoas devem estar corporificadas *ou* em si mesmas, isto é, em suas próprias pessoas, *ou* em artefa-

---

39 Davies e Naffine (2001, p.9) citam a observação de que a propriedade ocidental baseia-se na posse de si como um direito de propriedade primordial, que embasa todos os outros. Esse axioma sustenta se o indivíduo com posse de si mesmo está dado no mundo (sendo, em última instância, posse de Deus, Locke) ou se tem de, nele, moldar essa condição (por meio de sua própria luta, Hegel).

Parentesco, direito e o inesperado

tos, isto é, objetos exteriores — mas não em outras pessoas. (A visão que considera a criatividade como produto do intelecto corporificado na mente e não no corpo, considerando o corpo como um outro em relação à mente, desempenha uma divisão interna da pessoa entre eu [*self*] e outro.) É a corporificação em coisas do mundo que assenta as condições para os direitos de propriedade e para todos os equívocos de que tratam Davies e Naffine, sobre o modo como as pessoas querem fazer uso da linguagem dos direitos de propriedade também para a autocorporificação.

Já mencionei uma peculiaridade sobre essa forma euroamericana de corporificação, isto é, que a incorporação dos esforços de uma pessoa em coisas não torna essas coisas similares a pessoas. Pelo contrário, elas são dissociadas do potencial generativo ou criativo que permanece com a pessoa. A pessoa produziu, a partir e para fora de si, uma entidade que passa a existir autonomamente no mundo enquanto uma "coisa". Se as reivindicações de propriedade são para manter essas coisas dentro da órbita da pessoa, elas devem amparar-se em uma reconceitualização do processo produtivo consonante com a "antinomia entre objetos e sujeitos de posse [...], [o que significa que] a subjetividade não pode residir em objetos enquanto tais, nem a objetividade em sujeitos enquanto tais" (BARRON, 1998, p.55). A conexão é simples. Imagina-se o produtor como a *origem* do produto. Em contrapartida, não pode haver reivindicação de propriedade em relação a um trabalho (a referência é ao *copyright*) "sem algum autor a quem se possa atribuir sua origem" (1998, p.55).

Uma vez imaginado, portanto, não é preciso demonstrar nada mais complexo. Esse é o fardo da explicação de Barron

343

sobre como os tribunais australianos apoiaram o *copyright* de uma gravura ancestral. Só era necessário mostrar que era o artista, e mais ninguém, que havia recriado a gravura. Ela escreve (1998, p.56): "No direito, a originalidade é simplesmente a descrição de um relacionamento causal entre uma pessoa e uma coisa". Daí segue, de acordo com essa visão, que o direito preocupa-se menos em estabelecer a natureza da criatividade do que em determinar se tal ou qual pessoa é capaz de demonstrar ser a criadora. Outros pleiteantes podem, evidentemente, ser potenciais criadores ou existir enquanto competidores esperados, mas são a multidão ausente contra a qual qualquer pessoa afirma originalidade.

Não é preciso repetir o argumento de que os euroamericanos equiparam fontes de potência com uma origem na pessoa enquanto entidade singular, e a pessoa é, nesse aspecto, literalmente indivisível. Segue-se que a origem (no sentido que buscamos aqui) não pode ser dividida. Que resta, então, da aritmética presente na observação de que o artista australiano era "um indivíduo de várias pessoas" (SAUNDERS; HUNTER, 1991 apud BARRON, 1998, p.45)? Antropologicamente, eu diria que o "indivíduo" euroamericano é a pessoa em seu estado indivisível, corporificado, tomado aqui como dado. As várias pessoas correspondem às diferentes posições sociais que o artista ocupa. Barron as lista: o autor do trabalho (um estatuto jurídico), um artista habilidoso (por reputação), um cidadão honrado da Austrália e herói local (reconhecido pelo Governo do Território Setentrional que comprou seu trabalho), um empreendedor de sucesso (conhecido por suas negociações), tanto quanto uma pessoa aborígene (que alguns sentiram ter profanado um objeto ritual) e um membro de um clã (cujos

Parentesco, direito e o inesperado

ancestrais estavam envolvidos). Ao seu estatuto jurídico, portanto, foram acrescidos muitos outros estatutos possíveis sob os quais ele poderia agir. Eles são contingentes perante o direito; não obstante, tais posições afetam o modo como a justiça do direito é percebida. Isso ecoa as reivindicações atuais em relação aos direitos de propriedade intelectual em outros lugares, a saber, como reconhecer todos aqueles múltiplos outros que participaram do processo produtivo, com a exceção de que, nesse caso, os múltiplos outros são aspectos do uno individual. As origens são singulares, mesmo quando são muitas.

Matemáticas aplicadas

Ora, a visão (euroamericana) de mundo que cria o mundo como objeto e o eu [self] observador como sujeito gera um problema para as outras pessoas: o que deve ser feito com todas as outras pessoas? Como elas deveriam ser contadas? Se esse problema está dentre aqueles que ainda orientam o amplo projeto do Iluminismo de "fazer a sociedade", deixe-me tecer um comentário sobre um pequeno movimento dentro dele. A propriedade oferece uma solução óbvia: manter os outros à distância. Há duas soluções relacionadas. A primeira é apresentar uma pessoa como sendo várias pessoas, como no caso do artista. A segunda é sustentar uma separação entre o que é essencial e o que é contingente, pois isso permitiria que várias pessoas se envolvessem na produção das coisas, bem como buscassem reconhecimento e recompensa, sem serem copossuidores dos direitos primários sobre a coisa em questão.

Apresentar uma pessoa como sendo várias pessoas abstrai ou categoriza a noção de pessoa em termos de papéis e esta-

345

Marilyn Strathern

tutos – e pode haver tantos desses quanto há nichos sociais. Podemos acrescentar cada vez mais e mais. Mas eles não se somam uns aos outros. Uma rápida olhada na lista de Barron mostra que eles não são entidades comensuráveis, que a lista é infinita (pode ser dividida em incontáveis partes) e que a principal forma de coerência é a biografia do indivíduo (uma vida corporificada). Uma pessoa se movimenta entre diferentes domínios enquanto diferentes pessoas; elas se sobrepõem, mas isso é tudo. Isso é igualmente verdadeiro no que concerne às reivindicações feitas em prol do reconhecimento de colaboradores que não são copossuidores de um processo criativo. Pode haver uma divisão do trabalho entre todos aqueles envolvidos na produção de um livro – quem edita, quem encaderna, quem imprime etc. –, mas cada um é hábil em sua esfera ou domínio, o que significa que cada um pode fazer uso da mesma habilidade para vários outros livros também. Em cada um dos casos, eles acrescentam suas habilidades às do autor, e a contribuição de cada um permanece discreta e reconhecível na publicação, na encadernação e em todo o resto. Uma percepção aditiva similar de múltiplos trabalhadores permite aos pesquisadores científicos construir conjuntamente os trabalhos uns dos outros de modo a poder distinguir os esforços únicos de um time de inventores, que pode publicar como coautores, tanto de eventuais técnicos, financiadores e outros necessários para o resultado quanto do trabalho de equipes anteriores ou competidores para os quais os inventores são o insumo essencial original. Essa aritmética torna possível que múltiplas outras pessoas sejam reconhecidas como habitantes do mesmo mundo, sem comprometer a perspectiva única de ninguém. Todas as pessoas têm suas perspectivas únicas, isto é, são as criadoras

Parentesco, direito e o inesperado

de visões singulares, e o conhecimento desse fato permite que uma pessoa seja agregada a outra sem a expectativa de fechamento ou soma.

Outro modo de colocar isso é dizer que, embora muitos outros habitem o mundo de um alguém, segundo essa visão euroamericana, e, embora haja muitos domínios especializados ou exclusivos nos quais esse alguém opera, todo indicador de atividade desse alguém aponta para a própria pessoa. Tudo que pode ser dito é que as perspectivas se sobrepõem, os signos não mudam. Em contrapartida, uma das descobertas da antropologia do século XX[40] foi que em muitos regimes sociais as pessoas imaginam mundos finitos nos quais há um tipo de divisão do trabalho entre as pessoas que enfatiza a interdependência dos *status* de cada pessoa, uma em relação à outra. Uma mudança de perspectiva muda, sim, os signos. Um exemplo extremo está no que aprendemos ao aplicar os *insights* do perspectivismo amazônico às divisões entre pessoas da Papua Nova Guiné.

Retorno à formulação melanésia de que ser um filho propele a pessoa a um mundo diferente daquele onde ela habita como filho da irmã. No mundo criado entre um filho e seu pai – e tomo um exemplo canônico, sob uma voz masculina –, o irmão da mãe pode ser identificado com sua irmã como uma mãe masculina. Quando, por outro lado, alguém age como filho da irmã (em relação aos irmãos de sua mãe), seu próprio pai ainda está

---

40 De modo mais explícito no estruturalismo, mas com antecedentes nas empreitadas comparativas para classificar terminologias de parentesco ou estruturas de grupo que tropeçavam em relações entre relações.

347

Marilyn Strathern

naquele mundo; ele não desapareceu, mas os signos mudaram. Os valores atribuídos ao relacionamento são diferentes. O pai aparece agora (digamos) como um parente via cônjuge [*in-law*] do irmão da mãe. O mundo se altera não apenas porque o filho passa a ver o pai com olhos diferentes (os olhos do irmão de sua mãe), mas porque o irmão da mãe fez dele um sujeito diferente. Ele passa a ser o filho não de seu pai, mas do esposo da irmã do irmão de sua mãe. Isso dificilmente é uma mudança de perspectiva que a pessoa pode tornar real ao desejá-la. Trata-se de uma mudança ontológica efetuada por meio do ser e da presença de outros parentes.[41] Nessa situação, ninguém pode "acrescentar" outras pessoas; novos indivíduos são assimilados a posições já existentes. Outro tipo de matemática é evocado – aquele que descreve as equações pelas quais diferentes conjuntos de signos aparecem. A limitação desse perspectivismo é que tudo que se pode fazer é mudar os signos; se alguém não é isso, é aquilo.[42]

Os homens e as mulheres Murik, que atribuem valores diferentes às crianças adotadas e às crianças mortas, ou os Omie, ao

---

41 Leach (por exemplo, 2003, p.24, 195) observa, nos falantes da língua Nekgini, da província Madang, que quando eles usam nomes de parentesco, esses usos não são classificatórios ou taxonômicos, mas, sim, parte do processo pelo qual as pessoas se fazem aparecer, sob a percepção de outras, como permanentes em uma relação específica para si e umas às outras.

42 Isso não exclui a criatividade. As pessoas podem elaborar sobre as mudanças de signo e, de fato, tais mudanças permeiam completamente as práticas de revelação na Melanésia; um exemplo notável é a demonstração Barok (WAGNER, 1987) de que, ao alterar posições, pode-se fazer um homem figurar como mulher e um idoso figurar como jovem. Reed (2003) fornece um provocativo e atual comentário sobre as práticas de revelar e ocultar.

Parentesco, direito e o inesperado

assimilar o menino ao seu avô, não estão confusos sobre quantas pessoas existem ou a qual geração as pessoas pertencem. Conforme esse tipo de matemática se aplica, fica claro não haver origem última ou singular. Pessoas, posições de sujeito, são criadas pelas relações nas quais elas devem se engajar (LEACH, 2003). Quando as pessoas enfatizam origens ou raízes específicas – e elas o fazem –, fazem-no para selecionar relacionamentos específicos dentre muitos, priorizando um sobre os outros. Para usar a linguagem apropriada ao processo de direitos autorais do artista australiano, por exemplo, Barron (1998, p.50, apud Morphy, 1991; cf. Kalinoe, 2004) observa os tipos diferentes de direitos que os parentes têm sobre as gravuras ancestrais uns dos outros. Assim, uma pessoa pode ter o direito de reproduzir uma pintura do clã de sua mãe ou, ainda, do clã da mãe de sua mãe, e será consultado pelos membros desse clã quando eles reproduzirem sua própria gravura, embora sua origem naquele clã não lhes dê os direitos que os descendentes do pai podem reivindicar. Não se trata de uma autoridade contingente ou subsidiária, mas, sim, de uma autoridade que manifesta um ordenamento distinto de relacionamentos por meio do qual a pessoa é *possuída*.

Ao imaginar como a posse do *copyright* poderia corresponder a conceitos aborígenes de posse de imagens e gravuras por parte do clã, Barron (1998, p.72) observa:

> mesmo se fosse possível, a unificação da posse do *copyright* em uma única entidade, ainda que coletiva, não refletiria a distribuição de direitos entre os membros individuais do clã [em suas relações com membros de outros clãs].

Marilyn Strathern

Um juiz, tentando transmitir quão "outros" eram os conceitos aborígenes em relação àqueles presentes no direito de propriedade, concluiu um famoso caso de reivindicação de terra[43] com uma observação que ele poderia ter encontrado em mais de um texto antropológico (e replicado nos ornamentos Murik e nos emblemas Omie), a saber, que o clã pertence à terra, ao invés de a terra pertencer ao clã (apud Barron, 1998, p.54). O mesmo poderia ser dito com relação às pinturas sagradas. Um artista pertence às pinturas, ao invés de as pinturas pertencerem ao artista. Pois uma pintura executada com referência a imagens ancestrais contém dentro de si suas condições de reprodução: do mesmo modo que o Malanggan, ela mostra em seus próprios *designs* quem tem o direito de pintá-la. Você deve ser uma pessoa em um relacionamento apropriado com outras pessoas que também tenham reivindicações (não necessariamente as mesmas que as suas) e que, portanto, tenham reivindicações sobre você. Dessa maneira, o *design* autoriza o pintor.

---

43 Comparar com De Coppet (1985) e, devo acrescentar, Bamford (2004, p.294), sobre Kamea. Os precedentes australianos estão situados em reivindicações aborígenes por terra (BARRON, 1998, p.52-3) como essa. Os tribunais tiveram de confrontar o fato de que as pessoas podem relacionar-se com a terra tanto como membros de uma faixa territorial quanto como membros de um clã, cuja marca sagrada reside no território. As queixas não remontam à propriedade, no sentido jurídico, nem isoladas nem em conjunto. São dois modos de ser – uma posição que o tribunal quase endossou ao interpretá-las como duas entidades com diferentes esferas de atividade ("econômica" e "espiritual"). O juiz poderia também ter se inspirado no sistema de registro de terra dos Torrens, na Austrália, segundo o qual o título relaciona-se não aos vários bens de um possuidor, mas aos vários possuidores de um bem.

IV

É exatamente esse tipo de modulação de autoridade com o qual o diretor da Comissão Cultural Nacional da Papua Nova Guiné se preocupou (SIMET, 2000; 2001b) com relação à Lei Modelo de proteção de propriedade cultural no Pacífico.[44] Essa diretiva atesta o estabelecimento de mecanismos de proteção fora dos regimes de propriedade intelectual, mas o faz insistindo nas reivindicações absolutas dos "proprietários tradicionais".[45] Estes são identificados como grupos. Ao sugerir serem singulares por natureza e, por consequência, homogêneos, aborda o problema da posse coletiva em termos que permanecem contrafactuais corriqueiros para o pensamento euroamericano sobre a propriedade privada: "posse comunitária", "direitos morais comunais", "direitos culturais [enquanto

---

44 Sob os auspícios da Unesco e OMPI: uma Lei Modelo para a Proteção do Conhecimento Tradicional e Expressões Culturais nas Ilhas do Pacífico. À época das observações de Simet, ela estava sendo discutida em vários fóruns, incluindo a Comissão do Pacífico Sul (por exemplo, Kalinoe, 2001); desde então, ela tem sido parcialmente adotada.

45 Segundo o principal mentor da Lei Modelo (PURI, 2002), os sistemas indígenas "são conduzidos por características de posse de direitos transgeracional, não materialista e não exclusiva ou comunal", o que tornaria o DPI inadequado. (Para uma crítica, ver Hirsch e Strathern, 2004). Não obstante, a Lei Modelo usa deliberadamente o termo *propriedade* de acordo com o uso internacional – concedendo, portanto, um "direito de propriedade" àqueles que possuem conhecimento tradicional e expressões culturais – e busca "possuidores reais" identificáveis caso a caso.

Marilyn Strathern

opostos a econômicos] ou comunais".[46] A questão radical apresentada pelos dados da Papua Nova Guiné e da Austrália aborígene é como acomodar múltiplos direitos quando eles derivam de ordens de relacionamento incomensuráveis.

Simet comenta sobre os Tolai (PNG, 2000, p.78):

> Uma ideia que pode facilmente formar parte do desenvolvimento de um mecanismo para proteção de conhecimento nativo é a premissa de que todo o conhecimento tradicional é possuído comunalmente. [Na verdade,] [...] os povos foram bastante específicos sobre aquisição, posse, transferência, proteção e uso do conhecimento. Somente alguns tipos de conhecimento eram de domínio público, enquanto o restante pertencia a indivíduos e grupos sociais.

---

46 A Lei Modelo baseia-se em uma objeção explícita às formas ocidentais de propriedade privada e considera o equivalente do Pacífico como propriedade comunal. Notas (de um rascunho) observam adequadamente que direitos sobre uma obra de arte são geralmente distribuídos entre vários indivíduos ou grupos de indivíduos mas, então, interpretam como o sujeito relevante da posse tradicional o grupo ou comunidade. Portanto, sob a "posse coletiva", nota-se que "direitos de propriedade sobre o conhecimento tradicional e as expressões culturais podem ser adquiridos por apenas um grupo, clã ou comunidade de habitantes das Ilhas do Pacífico", ou "posse e controle sobre a reprodução de trabalhos são adquiridos pelo grupo, clã ou comunidade". Simet (2000) almeja traçar uma distinção mais forte entre uma comunidade enquanto um tipo de domínio público, no qual certos tipos de conhecimento circulam em uma base não exclusiva, e clãs ou grupos – ou indivíduos – que afirmam reivindicações exclusivas. Mas, na visão de Simet, o acesso exclusivo não significa que o clã ou grupo tenha controle sobre toda a sua propriedade: aspectos de *sua* propriedade podem estar sob controle de *outros* (não membros) que agem como depositários ou guardiões.

Parentesco, direito e o inesperado

Ele segue na explicação (SIMET, 2001b) de que os indivíduos e grupos Tolai são enredados em diversas relações uns com os outros. Um exemplo revelador é o modo como os signos de identidade de um clã são distribuídos entre suas máscaras (*tubuan*) e a mágica (*palawat*) que faz das máscaras veículos eficazes de poder. O *tubuan* é mantido por um membro do clã que atua como um administrador do clã; o *palawat* é mantido por um não membro que atua como um depositário em nome do clã e distribui a magia em seu nome. Os membros do clã não podem usar sua própria magia.[47]

Esses grupos e indivíduos não são as "várias pessoas" dos arranjos iluministas da sociedade. As pessoas exercem diferentes tipos de autoridade dependendo das relações que as convocam, e elas são transformadas em pessoas diferentes ao longo desse processo. Assim, tipos contrastantes de multiplicidade vêm à tona. Se falamos de origens múltiplas em relação às obras euroamericanas, então a multiplicidade é oriunda do modo como as pessoas se adicionam aos empreendimentos umas das outras. Se falamos de origens múltiplas em relação ao seu homólogo melanésio, então a multiplicidade é oriunda do modo como as pessoas separam-se umas das outras. A singularidade (individualidade) é uma consequência, e não uma origem.

---

47 Nesse sistema matrilinear os não membros relevantes são as crianças nascidas de membros masculinos de um clã. O modelo reprodutivo aqui é evidente (e reflete-se nas regras de exogamia; um clã não é autofértil; depende de outros clãs para o casamento). O uso da terra Tolai repete a divisão entre os "possuidores" da terra e os "depositários" da história associada a ela – esta, sob a salvaguarda das crianças não possuidoras.

Marilyn Strathern

Essa tentativa de comparação expõe uma assimetria. Alguns podem achar que o conteúdo das questões de propriedade intelectual em determinados sistemas está em desacordo, ou é excessivamente contingente, no que concerne ao parentesco. Não estou comparando semelhantes. Não mesmo. Precisamente pelo fato de o enfoque ser nas coisas que as pessoas produzem, em um caso, e nas pessoas que elas produzem, em outro, é que o paralelo me atrai. Não obstante elas serem construídas de modo muito diferente, é possível comparar ideias de posse imaginadas em regimes de propriedade intelectual com noções melanésias de posse de pessoas por meio de laços de parentesco. Não é aí que reside a assimetria. A assimetria emerge ao se assumir o que parece superficialmente similar. Porque, para um olhar detido, é o parentesco no caso euroamericano que parece fundamentalmente em desacordo com o material sobre o parentesco melanésio. O que parece tão similar, as preocupações com a ascendência, as relações de sangue e o restante, além das preocupações com o crescimento irrepreensível das crianças, nunca está em equilíbrio com as noções melanésias comparáveis. E isso ocorre devido à natureza específica das ambiguidades no cerne do parentesco euroamericano. (Outros sistemas acionam outras ambiguidades.)

A observação de Davies e Naffine sobre o modo como a corporificação é tratada no direito ocidental resume as ambiguidades em questão. A arena da família e das relações de parentesco é um lugar primordial onde a aritmética euroamericana que cria, distinguindo objetos e criadores singulares é, ao mesmo tempo, formada e contrariada. Além da criação da pessoa individual e das famílias enquanto unidades, os parentes também vinculam-se uns aos outros em dependências que

Parentesco, direito e o inesperado

tornam a contagem difícil, em que o pertencimento é um tipo de posse, mas não o é exatamente; em que as pessoas estão e não estão corporificadas em outras pessoas; e em que noções de propriedade podem apenas introduzir fatores complicadores, ao invés de simplificadores.

Agradecimentos

Sou grata ao convite do Critical Theory Institute, University of California em Irvine, para a conferência de 2002, *Futures of Property and Personhood*, e pelas estimulantes discussões. Conversas com Eduardo Viveiros de Castro foram o ponto de partida para este tópico; sem o interesse de colegas da Papua Nova Guiné, notavelmente Lawrence Kalinoe, Andrew Moutu e Jacob Simet, haveria menos incentivo para continuar. Anne Barron, James Leach, Alain Pottage e Eduardo Viveiros de Castro muito gentilmente fizeram leituras de um esboço, e agradeço a Marta Rohatynskyj por seus generosos comentários.

Referências bibliográficas

ALDERSON, P. The New Genetics: Promise or Threat to Children? *Bulletin of Medical Ethics*, 176, p.13-8, 2002.

ARNOLD, R. Performers' Rights and Recording Rights: UK Law under the Performers' Protection Act 1958-72 and the Copyright, Designs and Patents Act 1988. Oxford: ESC Publishing Ltda., 1990.

ASTUTI, R. *People of the Sea*: Identity and Descent among the Vezo of Madagascar. Cambridge: Cambridge University Press, 1995.

_____. Kindreds and Descent Groups: New perspectives from Madagascar. In: CARSTEN, J. (Ed.) *Cultures of Relatedness: New Approaches to the Study of Kinship*. Cambridge: Cambridge University Press, 2000.

AUGÉ, M. Non-places: Introduction to an Anthropology of Supermodernity. Londres: Verso, 1995. [Ed. bras. *Não-lugares*: introdução a uma antropologia da supermodernidade. 4.ed. Campinas: Papirus, 2004.]

BAINBRIDGE, D. *Software Copyright Law*. Londres: Pitman, 1992.

_____. *Intellectual Property*. Londres: Financial Times Management e Pitman Publishing. 1999.

BAMFORD, S. Conceiving Relatedness: Non-substantial Relations among the Kamea of Papua New Guinea. *JRAI (Journal of Royal Anthropological Institute)* (NS) 10, p.287-306, 2004.

Marilyn Strathern

BANKS, C. *Developing Cultural Criminology: Theory and Practice in Papua New Guinea.* Sydney, Austrália: Sydney Institute of Criminology, 2000.

_____. Women, Justice and Custom: The discourse of "Good Custom" and "Bad Custom" in Papua New Guinea and Canada. *International Journal of Comparative Sociology* 42, p.101-22, 2001.

BARRON, A. No Other Law? Authority, Property and Aboriginal Art. In: BENTLY, L.; MANIATIS, S. (Eds.) *Intellectual Property and Ethics.* Londres: Sweet and Maxwell, 1998.

_____. The (Legal) Properties of Art. Conferência UCL/Birkbeck, *Marxism and the Visual Arts Now.* Londres, 2002.

BARRY, A. Political Machines: Governing a Technological Society. Londres: Athlone Press, 2001.

BARTHES, R. *Image-music-text.* Trad. S. Heath. Nova York: Hill & Wang, 1977.

_____. *The Rustle of Language.* Trad. R. Howard. Nova York: Hill & Wang, 1986.

BATTAGLIA, D. On the Bones of the Serpent: Person, Memory and Mortality among the Sabarl Islanders of Papua New Guinea. Chicago: University of Chicago Press, 1990.

_____. On Practical Nostalgia: Self-prospecting among Urban Trobrianders. In: BATTAGLIA, D. (Ed.) *Rhetorics of Self-making.* Los Angeles: University of California Press, 1995.

_____. Towards an Ethics of the Open Subject: Writing Culture in Good Conscience. In: MOORE, H. (Ed.) *Anthropological Theory Today.* Cambridge: Polity Press, 1999.

BEER, G. Darwin's Plots: Evolutionary Narrative in Darwin, George Elliot and Nineteenth Century Fiction. Londres: Routledge and Kegan Paul, 1983.

_____. *Open Fields: Science in Cultural Encounter.* Oxford: Clarendon Press, 1996.

BELL, V. The Phone, the Father and Other Becomings: On Households (and Theories) that no Longer Hold. *Cultural Values* 5, p.383-402, 2001.

BERG, P.; BALTIMORE, D.; BRENNER, S.; ROBLIN III, R. O.; SINGER, M. Summary statement of the Asilomar conference on recombinant DNA molecules (1975). In: BULGER, R. H. E.; REISER, S. (Eds.) *The Ethical Dimensions of the Biological and Health Sciences*. 2.ed. Cambridge: Cambridge University Press, 2002.

BIAGIOLI, M. The Instability of Authorship: Credit and Responsibility in Contemporary Biomedicine, Life Sciences Forum. The Federation of American Societies for Experimental Biology. *The FASEB, Journal* 12, p.3-16, 1998.

_____. Rights or Rewards? Changing Frameworks of Scientific Authorship. In: BIAGIOLI, M. e GALISON, P. (Eds.) *Scientific Authorship: Credit and Intellectual Property in Science*. Nova York: Routledge, 2003.

_____. Scientists' Names as Documents. In: RILES, A. *Documents: Artefacts of Modern Knowledge*, no prelo.

_____; GALISON, P. (Eds.). *Scientific Authorship: Credit and Intellectual Property in Science*. Nova York: Routledge, 2003.

BLAKENEY, M. Protecting expressions of Australian Aboriginal Folklore under Copyright Law. *European Intellectual Property Review* 9, p.442-5, 1995.

_____. The Protection of Traditional Knowledge under Intellectual Property Law. *European Intellectual Property Review* 6, p.251-261, 2000.

BODROGI, T. New Ireland Art and Cultural Context. In: LINCOLN, L. *Assemblage of Spirits: Idea and Image in New Ireland*. Nova York: George Braziller/ Minneapolis Institute of Arts, 1987.

BOLTON, L. *Unfolding the Moon: Enacting Women's Custom in Vanuatu*. Honolulu: University of Hawaii Press, 2003.

BONACCORSO, M. The Traffic in Kinship: Assisted Conception for Heterosexual Infertile Couples and Lesbian-gay Couples in Italy. Dissertação de ph.D. Cambridge University, 2000.

BOUQUET, M. *Reclaiming English Kinship: Portuguese Refractions of English Kinship*. Manchester: Manchester University Press, 1993.

BRAZIER, M.; FOVARGUE, S.; FOX, M. (Eds.). Reproductive Choice and Control of Fertility. *Report for Commission of European Communities, Biomedical and Health Reserach Programme (Biomed 2)*, Manchester: Centre for Social Ethics and Policy, 2000.

Marilyn Strathern

BROWN, M. Can Culture Be Copyrighted? *Current Anthropology* 39, p.193-222, 1998.

_____. *Who Owns Native Culture?* Cambridge, Mass.: Harvard University Press, 2003.

BRUSH, S. Bioprospecting in the Public Domain. *Cultural Anthropology* 14, p.535-55, 1999.

BUTLER, J. *Antigone's Claim: Kinship between Life and Death.* Nova York: Columbia University Press, 2000.

California Supreme Court [Supremo Tribunal da Califórnia]. *Anna Johnson v. Mark Calvert et al.* 1993 (851 P.2d 776-800).

California Court of Appeal [Tribunal de Apelação da Califórnia]. *In re the marriage of John A. Buzzanca and Luanne H. Buzzanca.* 1998 (72 Cal. Rptr. 2d 280).

CALLON, M. Some Elements of a Sociology of Translation: Domestication of the Scallops and the Fishermen of St Brieuc Bay. In: LAW, J. (Ed.) *Power, Action and Belief: A New Sociology of Knowledge.* Londres: Routledge, 1986.

CARSTEN, J. *After Kinship.* Cambridge: Cambridge University Press, 2004.

CASEY, E. How to Get from Space to Place a Fairly Short Stretch of Time: Phenomenological Prolegomena. In: FELD, S.; BASSO, K. (Eds.) *Sense of Place.* Santa Fé: School of American Research Press, 1996.

CHAMBERS, R. *Vestiges of the Natural History of Creation.* Londres: [s.n.] 1969 [1844].

CLIFFORD, J. The Predicament of Culture: Twentieth Century Ethnography, Literature and Art. Cambridge, Mass.: Harvard University Press, 1988.

COOMBE, R. The Cultural Life of Intellectual Properties: Authorship, Appropriation and the Law. Durham, NC: Duke University Press, 1998.

CORRIGAN, O. Informed Consent: The Contradictory Ethical Safeguards in Pharmacogenetics. In: TUTTON, R.; CORRIGAN, O. (Eds.) *Donating and Exploiting DNA: Social and Ethical Aspects of Public Participation in Genetic Databases.* Nova York: Routldge, 2004.

Parentesco, direito e o inesperado

CORSÍN JIMÉNEZ, A. The Form of the Relation, or Anthropology's Enchantment with the Algebraic Imagination. Manchester: University of Manchester, 2004. Manuscrito.

CROOK, T. Growing Knowledge in Bolivip, Papua New Guinea. *Oceania* 69, p.225-42, 1999.

_____. After the Relation. Presentation at AAA Panel. In: JEAN-KLEIN, I.; RILES, A. (Eds.) *Towards an Anthropology of Uncertain Moments.* Chicago: [s.n.], 2003.

_____. Transactions in Perpetual Motion. In: HIRSCH, E.; STRATHERN, M. (Eds.) *Transactions and Creations: Property Debates and the Stimulus of Melanesia.* Oxford: Berghahn, 2004.

_____. *Kim Kurukuru: An Anthropological Exchange with Bolivip, Papua New Guinea.* Londres: British Academy Publications, no prelo.

CUMMINS, J. Unresolved and Basic Problems in Assisted Reproductive Technology. In: DE JONGE, C.; BARRATT, C. (Eds.) *Assisted Reproductive Technology: Accomplishments and New Horizons.* Cambridge: Cambridge University Press, 2002.

DAVIES, M.; NAFFINE, N. *Are Persons Property? Legal Debates about Property and Personality.* Aldershot: Ashgate/ Dartmouth, 2001.

DE COPPET, D. The Life-giving Death. In: HUMPHREY, S.; KING, H. (Eds.) *Mortality and Immortality: The Anthropology and Archaeology of Death.* Londres: Academic Press, 1981.

_____. Land Owns People. In: BARNES, R.; DE COPPET, D.; PARKIN, R. (Eds.) *Contexts and Levels: Anthropological Essays on Hierarchy.* Oxford: JASO, 1985.

_____. 'Are'are. In: BARRAUD, C.; ITEANU, A.; JAMOUS, R. *Of Relations and the Dead: Four Societies Viewed from the Angle of Their Exchange.* Trad. S. Suffern. Oxford: Berg, 1994.

DEMIAN, M. Claims without Rights: Stable Objects and Transient Owners in Suau, Intellectual and Cultural Property Rights. *Rights, Claims and Entitlements,* ASA Conference, Sussex, 2001.

_____. Seeing, Knowing, Owning: Property Claims as Revelatory Acts. In: HIRSCH, E.; STRATHERN, M. (Eds.) *Transactions*

Marilyn Strathern

and Creations: Property Debates and the Stimulus of Melanesia. Oxford: Berghahn, 2004.

DESCOMBES, V. The Philosophy of Collective Representations. *History of the Human Sciences* 13, p.37-49, 2000. Trad. A. C. Pugh.

DOLGIN, J. Just a Gene: Judicial Assumptions about Parenthood. *UCLA Law Review* 40, p.637-94, 1990.

_____. Defining the Family: Law, Technology and Reproduction in an Uneasy Age. Nova York: New York University Press, 1997.

_____. Choice, Tradition and the New Genetics: The Fragmentation of the Ideology of Family. *Connecticut Law Review* 32, p.523-66, 2000.

_____. The Constitution as Family Arbiter: A Moral in a Mess? *Columbia Law Review* 102, p.337-407, 2002.

DORNEY, S. The Constitution, Change and Custom – Miriam Wins. Porto Moresby: *The Independent*, 14 de fevereiro de 1997.

ECO, U. *The Island of the Day Before*. Trad. W. Weaver. Londres: Secher e Warburg, 1995. [Ed. Bras. *A ilha do dia anterior*. São Paulo: Record, 1995.]

EDWARDS, J. Explicit Connections: Ethnographic Enquiry in Northwest England. In: EDWARDS, J.; FRANKLIN, S.; HIRSCH, E.; PRICE, F.; STRATHERN, M. (Eds.) *Technologies of Procreation: Kinship in the Age of Assisted Conception*. 2.ed. Londres: Routledge, 1999.

_____. Born and Bred: Idioms of Kinship and New Reproductive Technologies in England. Oxford: Oxford University Press, 2000.

_____; FRANKLIN, S.; HIRSCH, E.; PRICE, F.; STRATHERN, M. *Technologies of Procreation: Kinship in the Age of Assisted Conception*. 2.ed. Londres: Routledge, 1999.

_____; STRATHERN, M. Including our own. In: CARSTEN, J. *Cultures of Relatedness: New Approaches to the Study of Kinship*. Cambridge: Cambridge University Press, 2000.

ERNST, T. Land, Stories, and Resources: Discourse and Entification in Onabasalu Modernity. *American Anthropologist*, 101, p.88-97, 1999.

Parentesco, direito e o inesperado

FARA, P. Sex, Botany and Empire: The Story of Carl Linnaeus and Joseph Banks. Cambridge: Icon Books Ltda., 2003.

FELD, S.; BASSO, K. (Eds.). *Sense of Place*. Santa Fé: School of American Research Press, 1996.

FINKLER, K. *Experiencing the New Genetics: Family and Kinship on the Medical Frontier*. Filadélfia: University of Pennsylvania Press, 2000.

FOUCAULT, M. *The Order of Things: An Archaeology of the Human Sciences*. Londres: Routledge, 1970. [Ed. bras. *As palavras e as coisas*: uma arqueologia das ciências humanas. São Paulo: Martins Fontes, 2002.]
_____. *The Archaeology of Knowledge*. Trad. A. M. Sheridan Smith. Londres: Routledge, 1972. [Ed. bras. *A arqueologia do saber*. Rio de Janeiro: Forense Universitária, 2009.]

FOX, R. Reproduction and Succession: Studies in Anthropology, Law and Society. New Brunswick: Transaction Publishers, 1993.

FOX KELLER, E. Secrets of Life, Secrets of Death: Essays on Language, Gender, and Science. Nova York: Routledge, 1992.
_____. *The Century of the Gene*. Cambridge, Mass.: Harvard University Press, 2000.

FRANKLIN, S. Biologization Revisited: Kinship Theory in the Context of the New Biologies. In: FRANKLIN, S.; MCKINNON, S. (Eds.) *Relative Values: Reconfiguring Kinship Studies*. Durhan, NC: Duke University Press, 2001a.
_____. Culturing biology: Cell lines for the second millennium. *Health* 5, p.335-54, 2001b.
_____. Re-thinking Nature-culture: Anthropology and the New Genetics. *Anthropological Theory* 3, 2003, p.65-85.
_____; Mckinnon, S. (Eds.). *Relative Values: Reconfiguring Kinship Studies*. Londres: Duke University Press, 2001.

GATENS, M. The Politics of 'Presence' and 'Difference': Working through Spinoza and Eliot. In: JAMES, S.; PALMER, S. (Eds.) *Visible Women: Essays on Feminist Legal Theory and Political Philosophy*. Oxford: Hart Publishing, 2002.

GELL, A. *Art and Agency: An Anthropological Theory*. Oxford: Clarendon Press, 1998.

GELL, A. Strathernograms. In: HIRSCH, E. (Ed.) *The Art of Anthropology: Essays and Diagrams*. Londres: Athlone, 1999a.

_____. The Technology of Enchantment and the Enchantment of Technology. In: HIRSCH, E. (Ed.) *The Art of Anthropology: Essays and Diagrams*. Londres: Athlone, 1999b.

GEWERTZ, D.; ERRINGTON, F. *Emerging Class in Papua New Guinea: The Telling of a Difference*. Cambridge: Cambridge University Press, 1999.

GIBBONS, M. Science's New Social Contract with Society. *Nature* 402 (Suplemento), 1999.

GILBERT, M. *On Social Facts*. Londres: Routledge and Kegan Paul, 1989.

GILBERT, S. M.; GUBAR, S. The Madwoman in the Attic: The Woman Writer and the Nineteenth-century Literary Imagination. New Haven: Yale University Press, 1979.

GODELIER, M. Generation and Comprehension of Human Relationships and the Evolution of Society. Herbert Spencer Lecture. Oxford: Oxford University, 1986. Mimeografia.

GRAY, K. Property in Thin Air. *Cambridge Law Journal* 50, p.252-307, 1991.

GUNN, M. The Transfer of Malagan Ownership on Tabar. In: LINCOLN, L. (Ed.) *Assemblage of Spirits: Idea and Image in New Ireland*. Nova York: George Braziller/ Minneapolis Institute of Arts, 1987.

HAIMES, E. Recreating the Family? Policy Considerations Relating to the 'New' Reproductive Technologies. In: MCNEIL, M.; VARVOE, I.; YEARLEY, S. (Eds.) *The New Reproductive Technologies*. Londres: Macmillan, 1990.

_____. Gamete Donation and the Social Management of Genetic Origins. In: STACEY, M. (Ed.) *Changing Human Reproduction: Social Science Perspectives*. Londres: Sage, 1992.

HANDLER, R.; SEGAL, D. *Jane Austen and the Fiction of Culture*. Tucson: University of Arizona Press, 1990.

HARAWAY, D. Modest_witness@second_millennium.femaleman(c)_ meets oncomouse [tm]: Feminism and Technoscience. Nova York: Routledge, 1997.

HARRISON, S. Ritual as Intellectual Property. *Man* (NS) 27, p.225-44, 1992.

_____. Anthropological Perspectives on the Management of Knowledge. *Anthropology Today* 11, p.10-4, 1995.

_____. From Prestige Goods to Legacies: Property and the Objectification of Culture in Melanesia. *Comparative Studies in Society and History* 42, p.662-79, 2000.

HARVEY, P. Introduction: Technology as Skilled Practice. *Social Analysis (Technology as Skilled Practice)*, edição especial, 41, p.3-14, 1997.

HAYDEN, C. Gender, Genetics and Generation: Reformulating Biology in Lesbian Kinship. *Cultural Anthropology* 10, p.41-63, 1995.

_____. Presumptions of Interest. In: *When Nature Goes Public: The Making and Unmaking of Bioprospecting in Mexico*. Princeton: Princeton University Press, 2003.

HELMREICH, S. *Silicon Second Nature: Culturing Artificial Life in a Digital World*. Los Angeles: University of California Press, 1998.

_____. Comment on Gísli Pálsson and Kristín Harðardóttir, For Whom the Cell Tolls: Debates about biomedicine, *Current Anthropology* 43, p.289-90, 2002.

HEINTZE, D. On Trying to Understand some Malangans. In: LINCOLN, L. (Ed.) *Assemblage of Spirits: Idea and Image in New Ireland*. Nova York: Georde Braziller/ Minneapolis Institute of Arts, 1987.

HERRING, J. Giving, Selling and Sharing Bodies. In: BAINHAM, A.; SCLATER, S. D.; RICHARDS, M. (Eds.) *Body Lore and Laws*. Oxford: Hart Publishing, 2002.

HGAC (Human Genetics Advisory Commission) e HFEA (Human Fertilisation and Embryology Authority). *Cloning Issues in Reproduction, Science and Medicine: A Report*. Londres: HGAC e HFEA, 1998.

HGC (Human Genetics Comission, UK) [Comissão de Genética Humana do Reino Unido (CGH)]. Whose Hands on Your Genes? A Discussion Document on the Storage, Protection and Use of Personal Genetic Information. Londres: Department of Health, 2000.

_____. Inside information: Balancing Interests in the Use of Personal Genetic Data, a Report. Londres: Department of Health, 2002.

HIRSCH, E. The 'Holding Together' of Ritual: Ancestrality and Achievement in the Papua Highlands. In: COPPET, D.; ITEANU, A. (Eds.) *Society and Cosmos: Their Interrelation or Their Coalescence in Melanesia*. Oxford: Berg, 1995.

_____. Colonial Units and Ritual Units: Historical Transformations of Persons and Horizons in Highland Papua. *Comparative Studies in Society and History* 41, p.805-28, 1999.

_____. Minisn Boundaries and Local Land Narratives in Central Province. In: KALINOE, L.; LEACH, J. (Eds.) *Rationales of Ownership*. Nova Délhi: UBS Publishers' Distributors Ltda., 2000.

_____. Making up People in Papua. *Journal of the Royal Anthropological Institute*. (N.S.) 7, p.241-56, 2001.

_____. Boundaries of Creation: The Work of Credibility in Science and Cremony. In: HIRSCH, E.; STRATHERN, M. (Eds.) *Transactions and Creations: Property Debates and the Stimulus of Melanesia*. Oxford: Berghahn, 2004.

_____; STRATHERN, M. (Eds.). *Transactions and Creations: Property Debates and the Stimulus of Melanesia.* Oxford: Berghahn, 2004.

HIRSCHON, R. (Ed.) *Women and Property, Women as Property*. Londres: Croom Helm, 1984.

HOUSEMAN, M. Towards a Complex Model of Parenthood: Two African Tales. *American Ethnologist* 15, p.658-77, 1988.

HUME, D. An Inquiry Concerning Human Understanding, reimpresso na coleção *Essays, Literary, Moral and Political*. 3.ed. World Library Edition. Londres: Ward, Locke and Co, 1748.

ICSU (International Council for Science) [CIC, Conselho Internacional de Ciência]. The Rights and Responsibilities of Science and Society: Defining the Future Role for ICSU. Paris: Documento-base para discussão, 2003. Manuscrito.

INGOLD, T. Tools, Minds and Machines: An Excursion into the Philosophy of Technology. *Techniques et Culture* 12, p.151-76, 1988.

INGOLD, T. Building, Dwelling, Living: How Animals and People Make Themselves at Home in the World. In: STRATHERN, M.

Parentesco, direito e o inesperado

(Ed.) *Shifting Contexts: Transformations in Anthropological Knowledge*, ASA Decennial Conference series. Londres: Routledge, 1995.

_____. Eight Themes in the Anthropology of Technology. *Social Analysis (Technology as Skylled Practice)*, edição especial editada por Penelope Harvey, n.41, 1997.

IRISH, V. (Ed.). *Intellectual Property: A Manager's Guide*. Londres: McGraw Hill, 1991.

ISRAEL, J. Radical Enlightment: Philosophy and the Making of Modernity, 1650-1750. Oxford: Oxford University Press, 2001.

JAMES, S. Passion and Action: The Emotions in Seventeenth Century Philosophy. Oxford: Clarendon Press, 1997.

_____; PALMER, S. (Eds.) *Visible Women: Essays on Feminist Legal Theory and Political Philosophy*. Oxford: Hart Publishing, 2002.

JASZI, P. On the Author Effect: Contemporary Copyright and Collective Creativity. In: WOODMANSEE, M.; JASZI, P. (Eds.) *The Construction of Authorship: Textual Appropriation in Law and Literature*. Durham, NC: Duke University Press, 1994.

JOLLY, M. Woman ikat raet long human raet o no? Women's Rights, Human Rights and Domestic Violence in Vanuatu. *Feminist Review* 52, p.169-90, 1996.

JORDANOVA, L. Interrogating the Concept of Reproduction in the Eighteenth Century. In: GINSBURG, F.; RAPP, R. *Conceiving the New World Order: The Global Politics of Reproduction*. Los Angeles: California University Press, 1995.

JORGENSEN, J. Cross-cultural Comparison. *Annual Review of Anthropology* 8, p.3009-31, 1979.

JOSEPHIDES, L. The Rights of Being Human. In: WILSON, R.; MITCHELL, J. (Eds.) *Human Rights in Global Perspective: Anthropological Studies in Rights, Claims and Entitlements*. Londres: Routledge, 2003.

KALINOE, L. Ascertaining the Nature of Indigenous Intellectual and Cultural Property and Traditional Knowledge and the Search for Legal Options in Regulating Access in Papua New Guinea. PTC

Colloquium, *Intergenerational and Intergender Transactions.* Cambridge, 2000.

———. Expressions of Culture: A Cultural Perspective from Papua New Guinea, *Intellectual Property, Genetic Resources and Traditional Knowledge,* WIPO Sub-Regional Workshop, Brisbane, 2001.

———. Traditional Knowledge and Legal Options for the Regulation of Intellectual and Cultural Property in Papua New Guinea. In: HIRSCH, E.; STRATHERN, M. (Eds.) *Transactions and Creations: Property Debates and the Stimulus of Melanesia.* Oxford: Berghahn, 2004.

———; LEACH, J. (Eds.). *Rationales of Ownership: Ethnographic Studies of Transactions and Claims to Ownership in Contemporary Papua New Guinea.* Nova Délhi: UBS Publishers' Distributors Ltda., 2000.

KARPIN, I. Legislating the Female Body: Reproductive Technology and the Reconstructed Woman. *Columbia Journal of Gender and Law* 3, p.325-49, 1992.

———. Reimagining Maternal Selfhood: Transgressing Body Boundaries and the Law. *The Australian Feminist Law Journal,* 36, 1994.

KHALIL, M. Biodiversity and the Conservation of Medicinal Plants: Issues from the Perspective of the Developing World. In: SWANSON, T. (Ed.) *Intellectual Property Rights and Biodiversity Conservation: An Interdisciplinary Analysis of the Values of Medicinal Plants.* Cambridge: Cambridge University Press, 1995.

KIRSCH, S. Lost Worlds: Environmental Disaster, "Culture Loss" and the Law. *Current Anthropology* 42, p.167-98, 2001.

KONRAD, M. Ova donation and Symbols of Substance: Some Variations in the Theme of Sex, Gender and the Partible Person. *Journal of the Royal Anthropological Institute* (NS) 4, p.643-67, 1998.

———. *Nameless Relations: Anonymity, Melanesia and Reproductive Gift Exchange between British Ova Donors and Recipients.* Oxford: Berghahn, 2005.

KÜCHLER, S. Malangan: Art and Memory in a Melanesian Society. *Man* (NS) 22, p.238-55, 1987.

KÜCHLER, S. Malangan: Objects, Sacrifice and the Production of Memory. *American Ethnologist* 15, p.625-37, 1988.

_____. Making Skins: Malangan and the Idiom of Kinship in New Ireland. In: COOTE, J.; SHELTON, A. (Eds.) *Anthropology, Art and Aesthetics*. Oxford: Clarendon Press, 1992.

_____. The Place of Memory. In: FORTY, A.; KÜCHLER, S. (Eds.) *The Art of Forgetting*. Oxford: Berg, 1999.

_____. *Malanggan: Art, Memory and Sacrifice*. Oxford: Berg, 2002.

LATOUR, B. Visualization and Cognition: Thinking with Eyes and Hands. *Knowledge and Society: Studies in the Sociology of Culture Past and Present* 6, p.1-40, 1986.

_____. *We Have Never Been Modern*. Trad. C. Porter. Londres: Harvester Wheatsheaf, 1993. [Ed. Bras. *Jamais fomos modernos*: ensaio de antropologia simétrica. São Paulo: Ed. 34, 1994.]

LAURIE, G. *Genetic Privacy: A Challenge to Medico-legal Norms*. Cambridge: Cambridge University Press, 2002.

LAW, J. *Organizing Modernity*. Oxford: Blackwell, 1994.

_____; HASSARD, J. *Actor Network Theory and After*. Londres: Routledge, 1999.

LEACH, E. Social Anthropology: A Natural Science of Society? The Radcliffe-Brown Lecture. Londres: The British Academy, 1976.

LEACH, J. Multiple Expectations of Ownership. *Melanesian Law Journal* 27, p.63-76, 2000.

_____. Drum and Voice: Aesthetics, Technology, and Social Process on the Rai Coast of Papua New Guinea. *Journal of the Royal Anthropological Institute* (NS) 8, p.713-34, 2002.

_____. *Creative Land: Place and Procreation on the North Coast of Papua New Guinea*. Oxford: Berghahn Books, 2003.

_____. Modes of Creativity. In: HIRSCH, E.; STRATHERN, M. (Eds.) *Transactions and Creations: Property Debates and the Stimulus of Melanesia*. Oxford: Berghahn, 2004.

LEWIS, P. The Social Context of Art in Northern New Ireland. *Fieldiana: Anthropology* 58. Chicago: Field Museum of Natural History, 1969.

LINCOLN, L. Art and Money in New Ireland. In: LINCOLN, L. (Ed.) *Assemblage of Spirits: Idea and Image in New Ireland.* Nova York: George Braziller, em associação com o Minneapolis Institute of Arts, 1987.

LIPSET, D.; STRITECKY, J. The Problem of Mute Metaphor: Gender and Kinship in Seaboard Melanesia. *Ethnology* 33, p.1-20, 1994.

LOCKE, J. *An Essay Concerning Human Understanding.* World Library Edition. Londres: Ward, Lock and Co, 1690.

LUNDIN, S.; IDELAND, M. *Gene Technology and the Public: An Interdisciplinary Perspective.* Lund: Nordic Academic Press, 1997.

MACFARLANE, A. *Marriage and Love in England, 1300-1840.* Oxford: Basil Blackwell, 1986.

_____. The Mystery of Property: Inheritance and Industrialization in England and Japan. In: HANN, C. (Ed.) *Property Relations: Renewing the Anthropological Tradition.* Cambridge: Cambridge University Press, 1998.

MACINTYRE, A. *Dependent Rational Animals: Why Human Beings Need the Virtues.* Londres: Duckworth, 1999.

MACPHERSON, C. B. *The Political Theory of Possessive Individualism: Hobbes to Locke.* Oxford: Clarendon Press, 1962.

MELZER, D.; RAVEN, A.; DETMER, D.; LING, T.; ZIMMERN, R. *My Very Own Medicine: What Must I Know?* Cambridge: Department of Health and Primary Care, Cambridge University, 2003.

MCKINNON, S. The Economies in Kinship and the Paternity of Culture: Origin Stories in Kinship Theory. In: Franklin, S.; Mckinnon, S. (Eds.) *Relative Values: Reconfiguring Kinship Studies.* Durham, NC: Duke University Press, 2001.

MILLER, D. Introduction: Anthropology, Modernity and Consumption. In: MILLER, D. *Worlds Apart: Modernity through the Prism of the Local.* ASA Decennial Conference series. Londres: Routledge, 1995.

_____. How Infants Grow Mothers in North London. *Theory: Culture and Society* 14, p.67-88, 1997.

_____. The Fame of Trinis: Websites as Traps. *Journal of Material Culture* 5, p.5-24, 2000.

Parentesco, direito e o inesperado

MINNEGAL, M.; DWYER, P. 1997. Women, Pigs, God and Evolution: Social and Economic Change among Kubo People of Papua New Guinea. *Oceania* 68, p.47-60, 2000.

MITTERAUER, M.; SIEDER, R. *The European Family: Patriarchy to Partnership from the Middle Ages to the Present.* Trad. K. Oosterveen e M. Hörzinger. Oxford: Basil Blackwell, 1977.

MOORE, H. The Changing Nature of Anthropological Knowledge: an Introduction. In: MOORE, H. (Ed.) *The Future of Anthropological Knowledge.* Londres: Routledge, 1996.

MORGAN, D. A surrogacy issue: Who is the other mother? *International Journal of Law and the Family* 8, p.386-412, 1994.

MORPHY, H. *Ancestral Connections.* Chicago: University of Chicago Press, 1991.

MOSKO, M. Conception, De-conception and Social Structure in Bush Mekeo Culture. *Mankind* 14, p.24-32, 1983.

_____. *Quadripartite Structures: Categories, Relations and Homologies in Bush Mekeo Culture.* Cambridge: Cambridge University Press, 1985.

_____; DAMON, F. (Eds.) *On the Order of 'Chaos': Social Anthropology and the Science of Chaos.* Oxford: Berghahn, no prelo.

MOUTU, A. *Names Are Thicker than Blood: Concepts of Ownership and Person among the Iatmul.* Dissertação de doutorado. Cambridge University, 2003.

MUKE, J. The Case of the Compo Girl: Kinship on Trial. Cambridge University: Department of Social Anthropology, 1996.

_____. Ownership of Ideas and Things: A Case Study of the Politics of the Kuk Prehistoric Site. In: WHIMP, K.; BUSSE, M. (Eds.) *Protection of Intellectual, Biological and Cultural Property in Papua New Guinea.* Canberra: Asia Pacific Press, 2000.

MULKAY, M. *The Embryo Research Debate: Science and the Politics of Reproduction.* Cambridge: Cambridge University Press, 1997.

MYERS, F. Ontologies of the Image and Economies of Exchange. *American Ethnologist* 31, p.5-20, 2004.

Marilyn Strathern

NAFFINE, N. Can Women Be Legal Persons? In: JAMES, S.; PALMER, S. (Eds.) *Visible Women: Essays on Feminist Legal Theory and Political Philosophy.* Oxford: Hart Publishing, 2002.

NELKIN, D. *Science as Intellectual Property.* Nova York: Macmillan, 1984.

_____. The Social Dynamics of Genetic Testing: The Case of Fragile X. *Medical Anthropology Quarterly* 10, p.537-50, 1996.

_____; ANDREWS, L. Whose Body is it Anyway? Disputes over Body Tissue in a Biotechnology age. *Lancet* 351, p.53-7, 1998.

NOWOTNY, H.; SCOTT, P.; GIBBONS, M. *Re-thinking Science: Knowledge in an Age of Uncertainty.* Oxford: Polity, 2001.

Nuffield Council on Bioethics. *Human Tissue: Ethical and Legal Issues.* Londres: Nuffield Council on Bioethics, 1995.

Nuffield Council on Bioethics. *Stem Cell Therapy: The Ethical Issues. A Discussion Paper.* Londres: Nuffield Council on Bioethics, 2000.

O'HANLON, M.; FRANKLAND, L. With a Skull in the Netbag: Prescriptive Marriage and Matrilateral Relations in the New Guinea Highlands. *Oceania* 56, p.181-98, 1986.

OLLMAN, B. *Alienation: Marx's Conception of Man in Capitalist Society.* Cambridge: Cambridge University Press, 1971.

OSBORNE, T. *Aspects of Enlightenment. Social Theory and the Ethics of Truth.* Londres: UCL Press, 1998.

OUTRAM, D. Before Objectivity: Wives, Patronage and Cultural Reproduction in Early Nineteenth Century French Science. In: ABIRAM, P.; OUTRAM, D. *Uneasy Careers and Intimate Lives: Women in Science 1789-1979.* New Brunswick, NJ: Rutgers University Press, 1987.

_____. *The Enlightenment.* Cambridge: Cambridge University Press, 1995.

PALME, R. M. Torn Between her Tribe and Herself. Porto Moresby: *Post Courier*, 9 de maio de 1996.

PÁLSSON, G.; HARÐARDÓTTIR. K. For whom the Cell Tolls: Debates About Biomedicine. *Current Anthropology* 43, p.271-301, 2002.

Parentesco, direito e o inesperado

PARKIN, R.; STONE, L. *Kinship and Family: An Anthropological Reader.* Oxford: Blackwell, 2004.

PEDERSEN, M. Totemism, Animism and North Asian Indigenous Ontologies. *Journal of the Royal Anthropological Institute* (NS) 7, p.411-27, 2001.

PHILLIPS, J. e FIRTH, A. *Introduction to Intellectual Property Law.* 2.ed. Londres: Brutterworths, 1990.

PINNEY, C.; THOMAS, N. (Eds.). *Beyond Aesthetics: Art and the Technologies of Enchantment: Essays for Alfred Gell.* Oxford: Berg, 2000.

PNGLR. In the Matter of an Application under section 57 of the Constitution: Application by Individual and Community Rights Forum Inc. (ICRAF) In: WILLINGAL, M. National Court of Justice, *Papua New Guinea Law Reports.* Porto Moresby, 1997.

POSEY, D. *Traditional Resource Rights: International Instruments for Protection and Compensation for Indigenous Peoples and Local Communities.* Cambridge: International Union for Conservation of Nature, 1996.

POTTAGE, A. The Inscription of Life in Law: Genes, Parents, and Bio-politics. *Modern Law Review* 61, p.740-65, 1998.

_____. Our Original Inheritance. In: POTTAG, A.; MUNDY, M. (Eds.) *Law, Anthropology, and the Constitution of the Social: Making Persons and Things.* Cambridge: Cambridge University Press, 2004.

PURI, K. Traditional Knowledge and Folklore. *Sustainable Developments* 70: 3 [Relatório da Conference of the UK Commission on International Property Rights: *How Intellectual Property Rights Could Work Better for Developing Countries and Poor Peoples.*]. Londres, 2002.

RABINOW, P. *Essays on the Anthropology of Reason.* Princeton, NJ: Princeton University Press, 1996a.

_____. *Making PCR. A Story of Biotechnology.* Chicago: University of Chicago Press, 1996b.

_____. *French DNA: Trouble in Purgatory.* Chicago: University of Chicago Press, 1999.

_____. *Anthropos Today: Reflections on Modern Equipment.* Princeton, NJ: Princeton University Press, 2003.

Marilyn Strathern

RADCLIFFE-BROWN, A. R. *Structure and Function in Primitive Society.* Londres: Cohen and West, 1952.

RADICK, G. Discovering and Patenting Human Genes. In: BAINHAM, A.; SCLATER, S. D.; RICHARDS, M. (Eds.) *Body Lore and Laws.* Oxford: Hart, 2002.

RADIN, M. *Reinterpreting Property.* Chicago: University of Chicago Press, 1993.

_____. *Contested Commodities: The Trouble with Trade in Sex, Children, Body Parts, and Other Things.* Cambridge, Mass.: Harvard University Press, 1996.

RAGONÉ, H. *Surrogate Motherhood: Conception in the Heart.* Boulder, Colo.: Westview Press, 1994.

RAPP, R. *Testing Women, Testing the Fetus: The Social Impact of Amniocentesis in America.* Nova York: Routledge, 1999.

RAPPORT, N. The Potential of Human Rights in a Post-cultural World. *Social Anthropology* 6, p.381-8, 1998.

REED, A. *Papua New Guinea's Last Place.* Oxford: Berghahn, 2003.

REISER, S. The Ethics Movement in the Biological and Health Sciences: A New Voyage of Discovery. In: BULGER, R.; HEITMAN, E. e REISER, S. (Eds.) *The Ethical Dimensions of the Biological and Health Sciences.* 2.ed. Cambridge: Cambridge University Press, 2002.

RICHARDSON, E.; TURNER, B. Bodies as Property: From Slavery to DNA Analysis. In: BAINHAM, A.; SCLATER S. D.; RICHARDS, M. (Eds.) *Body Lore and Laws.* Oxford: Hard Publishing, 2002.

RILES, A. *The Network Inside out.* Ann Arbor: University of Michigan Press, 2000.

_____. Law as Object. In: Merry, S. E.; Brenneis, D. (Eds.) *Law and empire in the Pacific: Fiji and Hawai'i.* Santa Fé: School of American Research Press, 2003.

RITVO, H. *The Platypus and the Mermaid, and Other Figments of the Classifying Imagination.* Cambridge, Mass.: Harvard University Press, 1997.

ROBERSTON, J. *Children of Choice: Freedom and the New Reproductive Technologies.* Nova Jersey: Princeton University Press, 1994.

ROHATYNSKYJ, M. The Larger Context of Omie Sex Affiliation. *Man* (NS) 25, p.434-53, 1990.

_____. Culture, Secrets, and Omie History: A Consideration of the Politics of Cultural Identity. *American Ethnologist* 24, p.438-56, 1997.

_____. Omie Myths and Narratives as National Cultural Property, apresentado no Becoming Heirs. *Innovation, Creation and New Economic Forms: Approaches to Intellectual and Cultural Property,* PTC Conference, Cambridge, 2001.

ROSE, M. *Authors and Owners: The Invention of Copyright.* Cambridge, Mass.: Harvard University Press, 1993.

_____. Mothers and Authors: Johnson versus Calvert and the New Children of our Imagination. *Critical Inquiry* 22, p.613-33, 1996.

SAHLINS, M. Goodbye to Tristes Tropes: Ethnography in the Context of Modern World History. *Journal of Modern History* 65, p.1-25, 1993.

SAUNDERS, D.; HUNTER, I.; Lessons from the 'Literatory': How to Historicise Authorship. *Critical Inquiry* 17, p.479, 1991.

SAVILL, K. The Mother of the Legal Person. In: JAMES, S.; PALMER, S. (Eds.) *Visible Women: Essays on Feminist Legal Theory and Political Philosophy.* Oxford: Hart Publishing, 2002.

SCHLECKER, M.; HIRSCH, E. Incomplete Knowledge: Ethnography and the Crisis of Context in Studies of the Media, Science and Technology. *History of the Human Sciences* 14, 2001, p.69-87.

SEGALEN, M. The Shift in Kinship Studies in France: The Case of Grandparenting. In: FRANKLIN. S.; MCKINNON, S. (Eds.) *Relative Values: Reconfiguring Kinship Studies.* Durham, NC: Duke University Press, 2001.

SHAPIN, S. *A Social History of Truth. Civility and Science in Seventeenth Century England.* Chicago: University of Chicago Press, 1994.

_____. *The Scientific Revolution.* Chicago: University of Chicago Press, 1996.

SHERMAN, B.; BENTLY, L. *The Making of Modern Intellectual Property Law: The British Experience, 1760-1911.* Cambridge: Cambridge University Press, 1999.

SIMET, J. Copyrighting Traditional Tolai Knowledge? In: WHIMP, K.; BUSSE, M. (Eds.) *Protection of Intellectual, Biological and Cultural Property in Papua New Guinea.* Canberra: Asia Pacific Press, 2000.

_____. Conclusions: Reflections on Cultural Property REsearch. In: SYKES, K. (Ed.) *Culture and Cultural Property in the New Guinea Islands Region: Seven Case Studie.* Nova Délhi: UBS Publishers' Distributors Ltda., 2001a.

_____. Custodians by obligation, apresentado no *workshop Becoming Heirs: Innovation, Creation and New Economic Forms: Approaches to Intellectual and Cultural Property*, PTC Conference, Cambridge, 2001b.

SIMPSON, B. Bringing the "Unclear" Family Into Focus: Divorce and Remarriage in Contemporary Britain. *Man* (NS) 29, p.831-51, 1994.

SIMPSON, B. *Changing Families: An Ethnographic Approach to Divorce and Separation.* Oxford: Berg, 1998.

STRATHERN, M. *The Gender of the Gift: Problems with Women and Problems with Society in Melanesia.* Los Angeles: University of California Press, 1988. [Ed. bras. *O gênero da dádiva. Problemas com as mulheres e problemas com a sociedade na Melanésia.* Campinas: Editora da Unicamp, 2006]

_____. *Partial Connections.* ASAO Special Publication 3. Savage, Md.: Rowman and Littlefield, 1991.

_____. *After Nature: English Kinship in the Late Twentieth Century.* Cambridge: Cambridge University Press, 1992a.

_____. *Reproducing the Future: Anthropology, Kinship and the New Reproductive Technologies.* Manchester: Manchester University Press, 1992b.

_____. The Relation. Issues in Complexity and Scale. Cambridge: Prickly Pear Pamphlets n.6, 1995.

_____. Cutting the Network. *Journal of the Royal Anthropological Institute* (NS) 2, p.517-35, 1996.

_____. Surrogates and Substitutes: New Practices for Old? In: GOOD, J.; VELODY, I. (Eds.) *The Polities of Postmodernity.* Cambridge: Cambridge University Press, 1998.

Parentesco, direito e o inesperado

STRATHERN, M. *Property, Substance and Effect: Anthropological Essays on Persons and Things.* Londres: Athlone Press, 1999a.

_____. Refusing Information. In: *Property, Substance and Effect: Anthropological Essays on Persons and Things.* Londres: Athlone Press, 1999b.

_____. Global and Local Contexts. In: KALINOE, L.; LEACH, J. (Eds.) *Rationales of Ownership.* Nova Délhi: UBS Publishers' Distributors Ltda., 2000.

_____. *Commons and Borderlands: Working Papers on Interdisciplinarity, Accountability and the Flow of Knowledge.* Wantage, Oxford: Sean Kingston Publishing, 2004a.

_____. Robust Knowledge and Fragile Futures. In: ONG, A.; COLLIER, S. (Eds.) *Global Assemblages: Technology, Politics and Ethics as Anthropological Problems.* Oxford: Blackwell, 2004b.

_____. Transactions: An Analytical Foray. In HIRSCH, E.; STRATHERN, M. (Eds.) *Transactions and Creations: Property Debates and the Stimulus of Melanesia.* Oxford: Berghahn, 2004c.

SWANSON, T. *Intellectual Property Rights and Biodiversity Conservation: An Interdisciplinary Analysis of the Values of Medicinal Plants.* Cambridge: Cambridge University Press, 1995.

SYKES, K. Losing Interest: The Devaluation of Malanggan in New Ireland. PTC Colloquium, *Intergenerational and Intergender Transactions.* Cambridge, 2000.

_____. Negotiating Interests in Culture. In: HIRSCH, E.; STRATHERN, M. (Eds.) *Transactions and Creations: Property Debates and the Stimulus of Melanesia.* Oxford: Berghahn, 2004.

TASSY, J.; DAMBRINE, C. Intellectual Property Rights in Support of Scientific Research. *European Review* 5, p.193-204, 1997.

TAUSSIG, M. *Mimesis and Alterity.* Londres: Routledge, 1993.

THOMPSON, C. Strategic Naturalizing: Kinship in an Infertility Clinic. In: FRANKLIN, S.; MCKINNON, S. (Eds.) *Relative Values: Reconfiguring Kinship Studies.* Durham, NC: Duke University Press, 2001.

TOWNSEND, S. *The Secret Diary of Adrian Mole Aged 13 3/4.* Londres: Teens Madarin, 1989.

TOFT, S. (Ed.). *Compensation and Resource Development in Papua New Guinea.* Canberra: Australian National University/ Porto Moresby: Law Reform Commission, 1998.

TOREN, C. Comparison and Ontogeny. In: GINGRICH, A.; FOX, R. (Eds.) *Anthropology, by Comparison.* Londres: Routledge, 2002.

TRENCH, R. *On the Study of Words.* Londres: Macmillan and Co, 1882.

VILAÇA, A. Relations Between Funerary Cannibalism and Warfare Cannibalism: The Question of Predation. *Ethnos* 65, p.83-106, 2000.

_____. Making Kin Out of Others. *Journal of the Royal Anthropological Institute* (NS) 8, p.347-65, 2002.

VIVEIROS DE CASTRO, E. *From the Enemy's Point of View: Humanity and Divinity in an Amazonian Society.* Trad. C. V. Howard. Chicago: University of Chicago Press, 1992.

_____. Cosmological Deixis and Amerindian Perspectivism. *Journal of the Royal Anthropological Institute* (NS) 4, p.469-88, 1998a.

_____. Simon Bolivar Lectures, University of Cambridge, 1998b.

_____. Animism Revisited: Personhood, Environment and Relational Epistemology. *Current Anthropology* 40 (supl.), p.S67-91, 1999.

_____. The Gift and the Given: Three Nano-essays on Kinship and Magic. In: BAMFORD, S.; LEACH, J. *Genealogy: Beyond Kinship.* Oxford: Berghahn, no prelo.

WAGNER, R. *The Invention of Culture.* Englewood Clidds, N. J.: Prentice-Hall, 1975.[Ed. bras. *A invenção da cultura.* São Paulo: Cosac Naify, 2010.]

_____. Analogic Kinship: A Daribi Example. *American Ethnologist* 4, p.623-42, 1977.

_____. *Symbols that Stand for Themselves.* Chicago: University of Chicago Press, 1986.

_____. Figure-ground Reversal Among the Barok. In: LINCOLN, L. *Assemblage of Spirits: Idea and Image in New Ireland.* Nova York: George Braziller/ Minneapolis Institute of Arts, 1987.

_____. The Fractal Person. In: GODELIER, M.; STRATHERN, M. (Eds.) *Big Men and Great Men: Personifications of Power in Melanesia.* Cambridge: Cambridge University Press, 1991.

WALDEN, I. Preserving Biodiversity: The Role of Property Rights. In: SWANSON, T. (Ed.) *Intellectual Property Rights and Biodiversity Conservation: An Interdisciplinary Analysis of the Values of Medicinal Plants.* Cambridge University Press, 1995.

WARNOCK, M. *A Question of Life: The Warnock Report on Human Fertilization and Embryology.* Oxford: Basil Blackwell, 1985.

WEATHERALL, K. Culture, Autonomy and *Djulibinyamurr.* Individual and Community in the Construction of Rights to Traditional Designs. *Modern Law Review* 64, p.215-42, 2001.

WEINER, J. *The Empty Place: Poetry, Space and Being among the Foi of Papua New Guinea.* Bloomington: Indiana University Press, 1991.

————. Anthropology contra Heidegger, II: The limit of relationship. *Critique of Anthropology* 13, p.285-301, 1993.

————. Technology and Techne in Trobriand and Yolngu art. *Social Analysis* 38, p.32-46, 1995.

————. Culture in a Sealed Envelope: The Concealment of Australian Aboriginal Heritage Tradition in the Hindmarsh Island Bridge Affair. *Journal of the Royal Anthropological Institute* (NS) 5, p.193-210, 1999.

WESTON, K. *Families We Choose: Lesbians, Gays, Kinship.* Nova York: Columbia University Press, 1991.

WEXLER, N. Clairvoyance and Caution: Repercussions from the Human Genome Project'. In: KEVLES, D.; HOOD, L. (Eds.) *The Code of Codes: Scientific and Social Issues in the Human Genome Project.* Cambridge, Mass.: Harvard University Press, 1992.

WHIMP, K.; BUSSE, M. (Eds.). *Protection of Intellectual, Biological and Cultural Property in Papua New Guinea.* Canberra: Asia Pacific Press, 2000.

WILSON, R. (Ed.). *Human Rights, Culture and Context. Anthropological Perspectives.* Londres: Pluto Press, 1997a.

————. Representing Human Rights Violations: Social Contexts and Subjectivities. In: , WILSON, R. (Ed.). *Human Rights, Culture and Context. Anthropological Perspectives.* Londres: Pluto Press, 1997b.

WINCH, P. *The Idea of a Social Science and Its Relation to Philosophy.* Londres: Routledge and Kegan Paul, 1958.

WOODMANSEE, M. *The Author, Art and the Market: Re-reading the History of Aesthetics*. Nova York: Columbia University Press, 1984.

_____. On the Author Effect: Recovering Collectivity. In: WOODMANSEE, M.; JASZI, P. (Eds.) *The Construction of Authorship: Textual Appropriation in Law and Literature*. Durham, NC: Duke University Press, 1994.

ZIMAN, J. *Real Science: What It Is and What It Means*. Cambridge: Cambridge University Press, 2000.

Índice onomástico

A

Alderson, Priscilla 31
Andrews, Lois 37
Araho, Nick 297, 331
Arnold, Richard 123, 155
Astuti, Rita 311, 320
Augé, Marc 289, 290

B

Bainbridge, David 122, 220, 221, 224, 225, 237, 333
Bamford, Sandra 182-4, 350
Banks, Cyndi 246, 256, 288, 294
Barron, Anne 298, 304, 306, 334, 335, 343-344, 346, 349, 350, 355
Barry, Andrew 85
Barthes, Roland 131
Basso, Keith 204
Battaglia, Debora XIII, 134, 167, 175, 204, 242
Beer, Gillian 84, 99, 147, 153, 154

Bell, Vikki 43
Bently, Lionel 117, 128, 299, 328, 333, 340
Berg, Paul 49
Biagioli, Mario XIII, 111-8, 134, 135, 175, 301
Blakeney, Michael 302, 321
Bodrogi, Tibor 212, 233, 234
Bolton, Lissant XIII, 321
Bonaccorso, Monica 34, 67, 165
Bouquet, Mary 142
Brazier, Margaret 111
Brown, Michael 115, 175, 322, 328, 329
Brush, Stephen 329
Busse, Mark 297
Butler, Judith XI

C

Callon, Michael 91, 219
Carranza, Maria 67
Carsten, Janet 15, 175

Casey, Edward 204, 241
Clifford, James 254
Connerton, Paul 136, 165, 175
Coombe, Rosemary 118, 125, 131, 133, 209, 228
Corrigan, Oonagh 83
Crook, Tony XIII, XIV, 82, 89, 306, 319

D

Dambrine, C. 117, 219, 220
Damon, Fred 181
Davies, Margaret 299, 301-3, 333-336, 340, 341, 342, 343, 354
de Coppet, Daniel 271, 318, 350
Defoe, Daniel 126-127, 134
Demian, Melissa XIII, 276, 326, 339
Descombes, Vicent 81, 86, 87
Dolgin, Janet 21, 27, 28, 29, 37, 38, 42, 44, 47, 48, 55, 67, 77, 108-11, 113, 120, 121, 161-165, 167, 169, 175
Dorney, Sean 245, 246, 257, 284
Drucker-Brown, Susan 115, 175
Dumont, Louis 81, 87
Durkheim, Emile 86, 101
Dwyer, Peter 276

E

Eco, Umberto 73-74
Edwards, Jeanette 4, 26, 53, 65, 104, 106, 167, 173, 175, 209, 303
Ernst, Thomas 268

Errington, Frederick 246, 247, 249, 250, 255, 275, 283

F

Fara, Patricia 83, 94, 175
Feld, Steven 204
Finkler, Kaja 27, 37, 38, 78, 102, 163, 165-168
Firth, Alison 128, 207, 219, 220, 222, 224, 227, 228, 236, 241
Foucault, Michael 80, 93, 101, 135, 138, 304
Fox Keller, Evelyn 62, 139
Fox, Robin 256
Frankland, Linda 251, 273-274, 275
Franklin, Sarah XII, 30, 31, 48, 53, 62, 67, 93, 102, 175, 225

G

Galison, Peter XIII, 175, 301
Gatens, Moira 61
Gell, Alfred XIII, 79, 80, 91, 152, 186, 201, 205, 207, 208, 213, 214, 215, 217, 232, 280
Gewertz, Deborah 249-50, 275, 282-3
Gibbons, Michael 31, 70
Gilbert, Margaret 87
Gilbert, Sandra 131
Godelier, Maurice 13, 156
Gray, Kevin 338
Gubar, Susan 131
Gunn, Michael 212, 214, 231, 234, 235, 237

Parentesco, direito e o inesperado

H

Haimes, Erica 28
Handler, Richard 95, 96, 97, 146
Haraway, Donna 72, 114, 135, 136, 148, 167, 168
Harðardóttir, Kristín 26
Harrison, Simon 233, 239, 267, 270-1, 277, 331, 333
Harvey, Penelope 104, 105, 208
Hassard, John 219
Hayden, Corinne XIII, 157, 192
Hay-Edie, Terence 243
Heintze, Dieter 233
Helmreich, Stefan 40, 154
Herring, Jonathan 52
Herschel, John 153-4, 168
Hirsch, Eric XIII, 81, 93, 101, 175, 191, 215, 219, 241, 268, 295, 319, 320, 322, 351
Hirschon, Renée 246
Houseman, Michael 317, 318
Hume, David 135, 138
Hunter, I. 344

I

Ideland, Malin 26
Ingold, Tim 204, 208
Irish, Vivien 117
Israel, Jonathan 90

J

James, Susan 36, 132, 144
Jaszi, Peter 301
Jolly, Margaret 67, 256, 285, 288, 292

Jordanova, Ludmilla 128, 129, 132, 153, 158
Jorgensen, Joseph 82
Josephides, Lisette 295

K

Kalinoe, Lawrence XIII, 195, 281, 295
Karpin, Isabel 59, 61
Khalil, Mohamed 209, 220
Kirsch, Stuart XIII, 321
Konrad, Monica XIV, 65, 172, 173, 174, 209
Küchler, Susanne 202-203, 212-213, 215-8, 231, 232, 233, 237, 239, 243, 329-33, 338, 339

L

Latour, Bruno 8, 111, 139, 142, 209
Laurie, Graeme 40
Law, John 83, 84, 219
Leach, Edmund 86, 96
Leach, James 232, 271, 295, 306, 307, 324, 325, 326, 348, 349, 355
Lewis, Philip 203
Lincoln, Louise 203, 212, 213, 233, 234, 237, 329
Lipset, David 304, 305, 309, 312
Locke, John 20-21, 90, 138, 142, 148-150, 158
Lundin, Susanne 26

M

Macfarlane, Alan 97, 141
MacIntyre, Alasdair 52, 54, 287
McKinnon, Susan XII, 71, 175, 186
MacPherson, Crawford Brough 342
Miller, Daniel 5-8, 210, 334
Minnegal, Monica 276
Mitterauer, Michael 97
Moore, Henrietta 80, 262
Morgan, Derek 120, 121, 122
Morphy, Howard 349
Mosko, Mark 67, 181
Moutu, Andrew XV, 80, 104, 310, 311, 355
Muke, John 245, 246, 248, 252, 253, 257, 273, 274, 282, 283, 286, 294, 322
Mulkay, Michael 107
Mundy, Martha XIV, 294
Myers, Frederick 299

N

Naffine, Ngaire 299, 301-303, 333, 334, 336, 340, 341-3, 354
Nelkin, Dorothy 37, 50, 222
Nowotny, Helga 31, 70

O

O'Hanlon, Michael 251, 273, 275, 285, 295
Ollman, Bertell 141, 142
Osborne, Thomas 72
Outram, Dorinda 89, 93, 100, 131, 137, 140

P

Palme, Robert 246, 283
Palmer, Stephanie 36
Pálsson, Gísli 26
Parkin, Robert XII
Phillips, Jeremy 128, 207, 219-220, 222, 224, 227-8, 236, 241
Posey, Daryll 304
Pottage, Alain XIII-IV, 11, 49, 67, 73, 117, 206, 210, 224, 227, 240, 254, 256, 257, 265, 294, 302, 355
Puri, Kamal 351

R

Rabinow, Paul XIII, 14, 162, 191, 196, 238, 262, 265
Radcliffe-Brown, Alfred Reginald 86-89, 96
Radick, Gregory 39
Radin, Margaret 334
Ragoné, Helena 122, 174, 175
Rapp, Rayna 102
Rapport, Nigel 287, 288, 289
Reed, Adam XIII, 168, 348
Reiser, Stanley 49, 50
Rheinberg, Hans-Jörg 11
Richardson, Eileen 300
Riles, Annelise XIV, 107, 175, 181, 182, 187, 189
Ritvo, Harriet 149
Robertson, John 157
Rohatynskyj, Marta 314, 315, 316, 318, 321-2, 355
Rose, Mark 116, 118, 126-31, 134

Parentesco, direito e o inesperado

S
Sahlins, Marshall 20
Saunders, D. 344
Savill, Kristin 36, 59, 60, 61, 63
Savulescu, Julian 33, 52
Schneider, David 15, 18
Scott, Peter 31, 70, 242
Segal, Daniel 95-97, 146
Segalen, Martine 31, 42, 45
Shapin, Steven 72, 94, 95, 99,
   100, 136, 137, 139
Sherman, Brad 117, 128, 299,
   328, 333, 340
Sieder, Reinhard 97
Simet, Jacob 195, 351, 352, 355
Simpson, Bob 42, 43, 45, 55, 56
Stone, Linda XII
Strathern, Alan 83, 104
Stritecky, Jolene 305, 309, 312
Swanson, Ted 117
Sykes, Karen XIII, 212, 218, 233,
   238, 243, 322, 329

T
Tarde, Gabriel 88, 189
Tassy, J. 117, 219-220
Taussig, Michael 152
Thompson, Charis 65, 66

Toft, Susan 304
Toren, Christina XIII, 9, 24
Turner, Bryan 300

V
Vilaça, Aparecida 183, 317
Viveiros de Castro, Eduardo XIII,
   8, 88, 89, 92, 99, 199, 268,
   274, 307, 308, 309, 311, 355

W
Wagner, Roy 19, 142, 193, 215,
   239, 268, 274, 311, 327, 348
Walden, Ian 226
Weatherall, Kimberlee 302
Weiner, James XIV, 80, 104, 204,
   214, 232, 289
Weston, Kathleen 157, 165
Wexler, Nancy 163
Whimp, Kathy 297
Wilson, Richard 287-8, 290-1,
   293-4
Winch, Peter 86
Woodmansee, Martha 128, 131-3,
   301

Z
Ziman, John 69, 83, 84, 93, 95, 99

Índice remissivo

A

aborígenes, australianos X, 300, 350, 351-2

Acordo sobre Aspectos dos Direitos de Propriedade Intelectual Relacionados ao Comércio (TRIPS) 221

acrescentar, contando as pessoas 304, 305, 306, 348, 353

adoção 46, 47, 56, 305-6, 309-10

adultério, perigos do 309-10

advogados XI, 21, 31, 55, 106, 107, 108, 191, 195, 228, 250, 303, 328, 342

afinidade 146, 154

agência 172, 209, 215, 218, 223, 236

dispersa 215-7

agente, pessoa como 194, 250, 257, 258, 278-286

aliança 86, 146, 217, 307

altruísmo 35-6, 39, 76-7

Amazônia X, 199

analogia, entre criatividade reprodutiva e intelectual 123-4

analogias 49, 88, 106, 119-23, 125, 129, 139, 145, 148, 151, 153, 154, 156, 158, 160, 168, 170, 171, 174, 192, 196, 235, 238, 254, 270, 328

ancestrais 156, 167, 183, 232, 275, 328

entalhes 325

espíritos 317

gravuras 344

valores 328

ancestralidade 306

anonimato 50, 56

e doações anônimas 50, 64

Antígona XI, 256

Alta Corte Australiana 39

antropologia. *Ver* antropologia social

antropologia social IX, XIV, 18, 19, 23, 70, 79, 80, 85, 94, 184 antropologia social britânica 92, 246

'Are'are, Ilhas Salomão 271, 318

Aritmética 180, 301, 306, 341, 344, 346

arranjos de substituição 34, 58, 65, 108, 109, 110, 112, 120, 122, 123, 130, 163, 174

arranjos domésticos 16-17, 35, 42, 44, 53

arte 79-80, 91, 105, 202, 235, 237

arte aborígene 298, 299, 301

artista 298, 301, 328, 344-5, 349, 350

assistida, reprodução 16, 28, 33, 35, 46, 51, 58

Association of Learned and Professional Society Publishers [Associação de Editores Versados e Profissionais da Sociedade], Reino Unido 115

Ato de *Copyright, Design* e Patente, 1988 (Reino Unido) 116

Austen, Jane 146, 152

Austrália X, 16, 30, 43, 45-6, 58, 59, 67

Authors' Licensing and Collecting Society [Sociedade de Licenciamento e Coleta para Autores] 116

autocorporificação 343

autonomia 7, 29, 35, 36, 59, 61, 258, 265, 285, 340

auto-organização 49

autor, pessoa do 339

autoria 114, 116, 125, 128, 169

científica 111, 117, 119

individual 111

múltipla 113, 118, 135-6

autorização 137, 230

avô, avó, netos e netas 26-7, 45, 56

avós 5, 28, 29, 41, 42, 45, 48, 55, 56, 57, 317

ver também caso: direito de visita dos avós

B

Barok, Nova Irlanda, Papua Nova Guiné 348

bem comum 76, 77, 222, 227, 241, 242, 301

biodiversidade 117, 321

biologia molecular 76

biologia, noções de 6, 104, 139

biotecnologia 11, 16-7, 25, 26, 28, 29, 30, 31, 33, 36-7, 38, 41, 45, 46, 48, 50-3, 58, 59, 62, 169, 190, 222, 224, 225, 240, 256, 258

reações públicas sobre 35

Bolivip, Papua Nova Guiné XIV, 319

C

cadáver 258, 261, 342

capacidade de reprodução 331

direitos 277-8

escolha 27-8

interesse 323

medicina 27-8

tecnologia 47 *ver também* concepção assistida

Parentesco, direito e o inesperado

capacidades internas 311, 316

capacidade regenerativa 223, 323, 324

características externas 131, 315

carne 274, 279, 281, 319

casamento 42, 43, 44, 45, 46, 47, 51, 54, 56, 86, 97, 107, 113, 144, 146, 147, 155, 171, 182, 216, 217, 246, 248, 251, 252, 254, 272, 273, 274, 275, 276, 283, 284, 285, 353

caso na mídia, a criança surda 33-4

casos na corte, *ver* casos no tribunal

casos no tribunal

concepção mental (EUA), *Johnson v. Calvert et al.* 112, 119-22

criança sem ascendência (EUA), *In re the Marriage of John A. and Luanne H. Buzzanca* 109-10

design e direito autoral aborígenes (Austrália) 298, 343-4, 349

direito da criança sobre a informação parental (EUA), *Safer v. Pack* 160-1

direito de visita dos avós (EUA), *Troxel v. Granville* 27-8

pagamento *per capta*, compensatório envolvendo uma mulher (Papua Nova Guiné), *Applicatuin by Individual and Community Rights Advocacy Forum in re: Miriam Willingal* 248-50

posse do próprio corpo (EUA), *Moore v. Regents of University of California* 262

cerimônias fúnebres/mortuárias 267, 318

ciclo da vida 273

ciência 15, 16, 17, 19, 20, 21, 22, 23, 31, 60, 69-73, 74, 76, 80, 81, 82, 83, 84, 88, 89, 91, 92, 95, 98, 99, 100, 104, 112, 134, 135, 136, 137, 153, 155, 175

ciência social 80, 81, 82, 83, 85, 136

ciência, e sociedade 14, 19, 20, 31, 69, 70, 71, 74, 76, 91, 98, 104

política 17, 69

tácita ou implícitas 71, 104

científica(o),

abordagem 81

autoria *ver* autoria, conhecimento científico

pensamento 20, 72, 90, 99

revolução 14, 15, 18, 71, 92, 99, 140, 179, 198

cientistas como criadores 192

ver também invenção

clã e identidade de clã 203, 205, 213, 215-6, 223, 230, 231, 234, 235, 248, 251-2, 257, 269-75, 277-80, 282-6, 290, 291, 301, 313, 344-5, 349-50, 352, 353

classe média 5, 7, 97, 127, 250

em Papua Nova Guiné 247

famílias de 7, 56, 97

classe social 93, 95, 97-8, 247

ver também classificação da classe média, como prática de conhecimento

classificação, como prática de
conhecimento 83, 85, 89, 93,
152-3, 220
clínica de fertilidade 64-5, 103-4
clonagem 36
coautores 346
Código Napoleônico 46
coimplicação 86, 88, 90, 93
coisa 139, 195, 333, 335, 336,
340, 342, 343, 344
no direito britânico 141, 265
coisa-imagem 279, 280, 294
coisas, e pessoas 245-95
como relação 85, 139, 142
classes de 233, 270
no mundo 138, 204, 335, 338,
343,
personificadas 267
coisas materiais 333, 335
Comentários, de Blackstone 130
comércio, mundo do 6, 108, 265
Comissão Cultural Nacional da
Papua Nova Guiné 351
Comissão de Genética Humana
(CGH, Reino Unido) 3, 75,
98, 179
Comissão do Pacífico Sul 351
compensação por homicídio 273
complexidade 51, 54, 292
compósito 214, 280, 287
compreenssão pública da ciência
[Public Understanding of Sci-
ence] 69-70
comunidade 36, 41, 119, 188,
211, 229, 251, 255, 285, 352

comunidade internacional 70, 300,
322
comunidades 36, 108, 184, 185,
187
conceber ver concepção
conceituais e categóricas, relações
186, 188
conceituais e interpessoais, relações 14, 20, 23, 151, 155, 184,
188, 190, 198
concepção assistida, ver assistida,
concepção
concepção, e conceito mental 119-
22, 145-6
ver também pais pretendentes
concepção-desconcepção 313
concepção, direitos de propriedade
intelectual em 123-4
ver também pais pretendentes
concepção, intelectual e procriativa
130-1, 140-1, 145-6
conceptores de criança 168
conceptores de ideias 168
conceptores mentais 21
conexão 52, 53, 55-6, 89, 92, 93,
94, 122, 124, 134, 138, 140,
141, 146-8, 150, 155, 167
e coimplicação, como nas relações da ciência 89-90, 102
conexão e desconexão 12, 13, 54
como duplo 22
conexão genética como 53, 55-6,
168
determinismo 167-8
diversidade 167-8

Parentesco, direito e o inesperado

herança 179-80 *ver também* hereditariedade
identidade 36, 56-8, 108-9
informação e conhecimento 3, 38, 75-6, 78, 102, 104, 166, 169, 170, 179
manipulação 33
origem 161, 162, 180
solidariedade 38, 39, 76, 77
testes 3, 162, 163, 167
conexão merográfica 93
Conferência Mundial de Ciência 70
confidencialidade 3, 8, 161, 169
conhecimento 3, 15, 16, 18, 73-8, 90, 184-5, 321-2, 333, 337
como tecnologia 332
direito de uso 230
do mundo 89, 186, 187, 337
e informação 14, 160
e parentesco *ver* parentesco, e conhecimento
não epistêmico 188, 193
parental 5-7
passim 97
sagrado 322
conhecimento cultural 305, 321, 322
conhecimento incorporado 143
conhecimento indígena 117
conhecimento jurídico, expressivo e instrumental 187, 189, 298
conhecimento relacional 19, 22, 90
conotações generativas 326-7, 343
consanguinidade 86, 120, 145, 146, 166

Conselho Internacional de Ciência (CIC) 69
Conselho Mundial de Povos Indígenas 130
Conselho Nuffield em Bioética 39, 259, 262, 263, 264
consentimento 3, 8, 32, 78, 169, 170, 179, 259, 261-5
consentimento informado 169, 170
constituição, e direitos constitucionais, Papua Nova Guiné 253-5
constrangimento cultural 285
construção de si mesmo 334
contenção 228
contexto e contextualização 289-94
contexto relacional 80
contrato social 70
ver também ciência, e sociedade
Convenção sobre a Patente Europeia 226
corpo 7, 29, 51, 128, 166, 183, 203, 205, 226, 257, 258, 261, 262, 268, 270-1, 279, 309, 318, 320, 341, 342
administração 62
como símbolo de pessoa 51-2
e individualidade 36
interior e exterior 309-10, 317
Malanggan 212, 218-9, 232
maternal 60-6
partes do 190, 193, 194, 258-60, 265, 266, 274, 278-9
corpo interior *ver* capacidades internas

corporificação 125, 166 212, 252, 257, 270, 342, 354
    de um conceito, 271, 272
    do eu [*self*] 343
    em coisas 335, 343
em pessoas 252, 338, 341
corpos 34-5, 38, 47, 90, 158, 196, 203, 231, 241, 258-9, 300, 310-2, 313, 315-6, 330, 338
    da criança, os dois 5-9
    de conhecimento 100, 297-8
    em perspectiva 279, 307, 320
    guardando informações 38, 162
    reposição dos 46, 159
correlação, na ciência 82
corte [court] 21, 39, 42
costume 193, 245, 249, 251, 253, 254, 256, 258, 284, 285, 290, 321, 328
costume, "bons" e "maus" 250-1, 255
'crânio em uma bolsa' 274, 285
criança 310
    como descendência 179
    como mercadoria 129
    como produtiva 127
    como propriedade. *Ver* proprie-dade, criança como
    morrendo 305-6
    primogênita 312
    socialização da 5-9, 26-7
    teste genético em 3
criança e pais. *Ver* genitores e filhos
criação 276, 337-8
    intelectual 121-2, 146-6

    na procriação 145-6
criatividade 21, 94, 112, 117, 118, 120, 123, 124, 128, 131, 133, 134, 180, 190, 191, 206, 207, 208, 209, 219, 220, 229, 298, 299, 326, 338, 339, 343, 344, 348
    ver também invenção
crítica político-econômica 85
cultura 4, 19, 106, 107, 151, 254, 288, 289, 290, 292, 298, 303, 321
cultura, como tradição 251
cultura, e natureza 19, 20, 23, 139, 147, 185, 186, 190, 198, 254
    ver também 'relação da ciência'
Cúpula Mundial sobre Desenvolvimento Sustentável 70

D

dádiva, e mercadoria 267
dança 277, 325-6, 338
Darwin, Charles 154
debate XII, 9, 17, 29, 30, 33, 34, 59, 65, 75, 76, 78, 105, 106, 107, 112, 113, 117, 119, 125, 227, 241, 242, 250, 260, 295, 298, 300, 301
decisões e tomada de decisões 29, 31-2, 34, 46, 59, 64, 111, 281, 290
Declaração Universal do Genoma Humano e dos Direitos Humanos (UNESCO, 1997) 41

Parentesco, direito e o inesperado

Declaração Universal sobre a Diversidade Cultural (UNESCO, 2000) 41
decoração *ver* ornamentação
desencantamento 227
designs 117, 195, 213, 214, 230, 327, 329, 330, 350
designs, reprodução de 216-7
dever de cuidado 248-9
dicionário Johnson 96
diferença cultural 33
dinheiro 129, 158, 171, 234, 248, 251, 253, 268, 275, 300, 325
dissociação 47, 165-6, 259-60, 261, 262, 264, 266, 269, 272, 276, 279, 293, 324, 330, 343
dívida 251, 275, 281, 283, 284, 287, 290, 291
descoberta 19, 20, 21, 23, 36, 40, 72, 73, 83, 84, 89, 98, 103, 139, 190, 191, 224, 228, 240, 241, 254, 301, 347
ver também invenção
decisões dos pais 34
direito 17, 19, 21, 22, 27, 36, 59, 63, 66, 103, 109, 110, 112, 141, 188-90, 257, 261, 335, 344, 345
e França 265
e parentesco 17
e processos corpóreos 61
de propriedade 351 *ver também* direitos de propriedade intelectual
nos Estados Unidos 26, 77

direito de propriedade 122, 126, 221, 261, 262, 299, 302, 342, 350, 351
de *design* 235
direitos de visitação 26, 27, 41, 48
de reprodução 264, 265,
direito inglês [common law] 261
direito jurídico 290
direitos 278, 327, 329, 351
ver também direitos humanos
direitos autorais 115, 116, 118, 123, 125, 133, 141, 145, 156, 170, 192, 195, 221, 233-5, 298, 301, 328, 329, 349
direitos autorais [*royalties*] 304
direitos autorais e artistas australianos 349-50
ver também casos no tribunal: *design* e direito de reprodução aborígenes (Austrália)
direitos de propriedade XI, 73, 116, 117, 118, 122, 123, 124, 126, 127, 169, 187, 189, 191, 201, 202, 207, 220, 221, 223, 227, 228, 238, 242, 259, 262, 264, 299, 300, 302, 303, 304, 330, 334, 338, 340, 343, 345, 352
direitos de propriedade intelectual (DPI), regimes de 73, 117, 123, 124, 169, 187, 189, 191, 201, 202, 207, 220, 221, 226, 228, 299, 302, 304, 330, 345
ver também direitos autorais; patente; direitos morais

Marilyn Strathern

direitos humanos XI, 41, 77, 186, 188, 189, 247, 249-51, 258, 285-7, 288-91, 293-4, 295

direitos morais 116, 124, 327, 329, 339, 351

Diretivas do Parlamento e do Conselho Europeu na proteção legal de invenções biotecnológicas (1998) 225, 226

Diretivas do Parlamento (Reino Unido). *Ver* copyright, design e patente; discurso jurídico 290

dispersão de agência 215
e competências 222-3
e *designs* 215-7
e perícia 236

divindade 138, 257

divisão 12, 19, 114, 116, 185, 186, 210, 259, 299, 327, 353
entre genitores 308
interna da pessoa 343
do trabalho 346, 347

divórcio 42-5, 47, 48, 49, 51, 54, 55, 56, 57

DNA 49, 52, 84, 109, 167, 224
ver também recombinação de DNA

DNA e testes de relacionamento 49-50

doação de esperma 33, 58, 64, 110
congelado 265

doação de gametas 47, 58, 65, 108, 161, 165
ver também doação de óvulos

doação de óvulos, e doadoras 171-4

ver também doação de gametas

doador anônimo 109

documentos 179, 187, 341

doença, hereditária 166, 78

doença, transmissão 37

dote da noiva 229, 251, 275

DPI *ver* direitos de propriedade intelectual

duplo, e relação 10-4, 15, 17, 18, 20, 22, 89, 181-2, 189, 198-9

E

efemeridade 331

egoísmo 29, 32, 34, 50

emblemas 196, 298, 315, 316, 318, 327, 329, 350

embrião 37, 59, 109, 111, 120, 263
células-tronco 36
congelado 47
dispensados 66

pesquisa 36

encantamento, da tecnologia 207-11, 217-9, 223, 231, 232
ver também tecnologia do encantamento

ensinamentos cristãos 251

entificação 268

enumeração, 302, 314, 341
de crianças 305, 308, 309

epistemologia 18, 19, 69, 89, 139, 186, 187, 309
e ontologia 99, 310

escala 41, 57, 71, 73, 93, 100, 101, 140, 142, 143

Parentesco, direito e o inesperado

escolha 16, 28, 29, 34, 35, 53,
103, 108, 111-4, 121, 157,
164, 250, 251, 255, 281, 282,
287
Escravidão 257, 258
Escritório de Patentes (Reino
Unido) 237
escultura 192, 193, 202, 217-8,
231, 235, 237, 238, 329, 330,
331
ver também figuras Malanggan
esculturas mortuárias 192, 215
especialistas 17, 31, 50, 69, 70,
100, 118, 191, 304
Espinosa, Benedictus de 62, 63, 90
espírito 205, 272, 281, 317, 325
ver também Tamberan
estruturalismo, na antropologia
social 85-6
ética e éticos 17, 19, 31, 33, 40,
51, 52, 65, 78, 227, 240, 242,
260, 339
euroamericano 16, 23, 35, 36, 40,
63, 91, 151, 181, 184, 186,
191-5, 198, 201, 206, 207,
227, 238, 257, 270, 278, 286,
307, 308, 351, 354
binarismo 320
glosado e definido 4
parentesco 12, 20, 55, 101,
104, 180
práticas do conhecimento 18, 22
regimes jurídicos 63, 327
euroamericanos 9, 19, 20, 22, 32,
50, 54, 55, 57, 62, 63, 71, 89,

98, 99, 101, 103, 156, 179,
185, 188-90, 198, 202, 204-6,
209, 210, 211, 225, 229, 231,
241, 247, 258, 271, 280, 304,
319, 323, 337, 339, 344
expressão artística 328
expressão cultural 55, 324, 351, 352

F

família 51, 52, 76, 77, 78, 95-7,
154-7
americana 114, 164, 166
humana 41, 56,
ideologia da 111, 165
'informacional' *ver também* 'família genética' 38-40
moderna 113, 164
tradicional 114, 164
ver também família nuclear 27, 28,
32, 37, 40, 42, 44, 47, 52, 65
família de pais ou mães solteiros
28, 32, 44, 45
família difusa 42
'família genética' 38, 40, 56, 161,
162, 163, 164, 165, 171
família nuclear 27, 28, 32, 37, 40,
42, 44, 47, 52, 65
famílias recombinantes 41-50, 53,
54, 103
farmacogenética 74, 75
ferramenta como duplo, a relação
do duplo 11, 89-90, 181, 198
Ver também 'relação da antropologia'; conexão e desconexão;
'relação da ciência'

ferramentas, de análise 10-4, 22,
  89, 143, 181, 184, 185, 187,
  198, 199, 202
  ver também duplo
fertilidade 252, 275, 286, 316, 324
fertilidade, doação a outros 252, 286
fertilização humana e embriologia;
  transplante de órgãos; tecido
  humano
feto 17, 36, 59, 60, 61, 63, 262,
  341
figuras malanggan, Nova Irlanda,
  Papua Nova Guiné 192, 202,
  205, 212-8, 223, 230-9, 243,
  329, 330, 331, 332, 339, 350
filhos da irmã 199, 248, 272, 273,
  277, 278, 286-7, 307, 339, 347
  ver também parentesco materno
filiação de grupo 313-5
filiação por sexo 314-5
fins e meios 89, 209
  ver também meios e fins
FIV (fertilização *in vitro*) 28, 30,
  35, 47, 48, 58, 64, 66
força vital 203, 213, 216, 217
forma 181-2, 192, 199, 269, 281
Forúm de Defesa dos Direitos
  Individuais e de Comunidades
  (ICRAF) 249, 250,   253
  ver também caso: 'per capta'
França 45, 56, 116, 131
funcionalistas estruturais, na
  antropologia social 85-6
futuro e passado *ver* passado e
  futuro

Fuyuge, Papua Nova Guiné 319,
  320

G

'garota *compo*'. *Ver* caso, pagamento
  per capta
genealogia 52, 99, 105, 133, 158,
  314
genes 36, 52, 73, 120, 163, 167-70
  ver também genoma humano
genitores e direito de criação das
  crianças 27-8
genitores, e filhos 160, 232, 312
genoma humano 39, 41, 74, 75, 77
gerações 5, 43, 128, 154, 180,
  216, 229, 231, 235, 236, 238,
  269, 275, 276, 313, 314, 316,
  317, 318, 320, 322, 323, 332,
  349
globalização 210, 288
gravidez 61, 173, 309
Grupo de apoio aos doadores para
  concepção 64
grupos de descendência 87, 306,
  308, 311, 312, 313
grupos de descendência unilinear
  ver grupos de descendência
grupos de parentesco bilaterais 305
guerra 283

H

habitação 204, 211, 229, 241
Hegel, Georg Wilhelm Friedrich
  333-4, 342
Heidegger, Martin 204

Parentesco, direito e o inesperado

herança 3, 38, 40, 41, 47, 117,
128, 129, 165, 183, 187, 227,
228, 317
herança mendeliana 3
hereditariedade 16, 37, 38, 40, 41,
78, 162, 163
holística 87, 97, 108
humanidade comum 40, 287, 288

I

Iatmul, Papua Nova Guiné XIV-
XV
ICRAF *ver* Forúm de Defesa dos
Direitos Individuais e de Comunidades
idade de ter filhos, 310
identidades múltiplas 197, 213, 269
ver também várias pessoas
ideologia de família 111, 165
ideologia do intelecto 195, 323
idioma relacional 63
igualdade 137, 284, 286, 290, 293
Ilhas Salomão, Papua Nova Guiné
271
Iluminismo 18, 71, 89, 93, 140,
190, 198
imagem 13, 44, 129, 131, 148,
192-3, 207, 230, 232, 234,
236, 238, 241, 258, 268-72,
274, 276-8, 286, 293, 318,
330, 331-3, 338, 339
imagens entalhadas 217
imaginação XI, 12, 41, 50, 101,
106, 112, 146, 149, 220
incesto 65-6

individualidade 35, 36, 37, 58, 59,
61, 91, 111, 113, 298, 334,
340, 352
individualismo 16, 25, 26, 28, 29,
35, 36, 38, 56, 59, 98, 192,
257, 269
indivíduo, pessoa como 16, 22, 31,
36, 38, 51-2, 76, 77, 81, 87,
101, 113, 164, 225, 229, 265,
294, 334, 336, 340
como sujeito e agente 250
e sociedade 102, 142, 279
indivíduo possessivo 341, 342
indivíduo romântico 298
indivisibilidade 341, 344
indústria da biotecnologia 169
infância, estados particulares 310
informação 38, 74, 75, 77, 104,
137-8, 140, 143, 157, 162,
165, 222, 223, 225, 226-7,
238-9, 305
como propriedade 169
como substância de parentesco
171
e conhecimento 8, 14, 74, 138
e farmacogénetica 75
sobre parentesco 157, 160-2
informação pessoal 75, 77
iniciação masculina *ver* ritual de
iniciação
injúria 279, 252
inovação 114, 132, 152, 198, 209,
221, 224, 225, 239, 241, 325
inseminação artificial 48, 110
instrumentalidade 196

intangível, noção de 299, 332,
335, 337, 338
e o tangível 206, 337
intelecto e vontade 335
intenção 182, 183, 184
de conceber 182-4
de casar 183
intenção parental, na concepção *ver*
pais pretendentes
interesses comuns 39
interesses, singular ou plural 302
social ou individual 77
interpessoais e categóricas, relações XI, 194
invenção 83, 84, 85, 98, 122, 123,
191, 192, 207, 208, 220, 221,
222, 224-5, 226-8, 236, 239,
240, 339
e descoberta 19, 21, 23, 72,
103, 139, 190, 191, 224, 241,
254
ver também 'relação de ciência'
inventividade 11, 22, 151, 201,
209, 241
inventor 114, 202, 209, 220, 221,
224, 240, 302, 339, 346
irmão da mãe 94, 273, 347, 348
ver também parentesco maternal;
filha da irmã
Islândia, projeto de biogenética
25-26

K

Kamea, Papua Nova Guiné 182-4,
190, 196, 199, 350

L

legislação dos direitos autorais
221-2, 245-6
legislação *ver* Diretivas do Parlamento (Reino Unido); lei modelo
lei 59, 60, 73, 90, 111, 116, 117,
125, 171, 187, 220, 253, 263,
285, 290, 293, 298, 320, 321,
334, 351, 352
Lei de Fertilização Humana e Embriologia (HFE, Reino Unido,
1990) 263
Lei de Tecido Humano (Reino
Unido, 1961) 263
Lei de Transplantes de Órgãos
Humanos (Reino Unido,
1989) 263
Lei Modelo, para Proteção do
Conhecimento Tradicional e
Expressões Culturais nas Ilhas
do Pacífico 182, 187, 189, 322,
351, 352
Leibniz, Gottfried 141
leigos 117, 260
leis de patente 116, 219, 221,
241, 321
Lévi-Strauss, Claude 86, 94, 101
língua Nekgini (Reite), Papua
Nova Guiné 271, 348 litígio
27, 35, 63, 105, 106, 160, 169
ver também casos no tribunal
livro, como texto 127-8

M

mãe 155-6, 157, 164, 173, 183,
186, 272

Parentesco, direito e o inesperado

mãe e feto 17, 36, 60, 61, 63, 341
mãe e criança 5-9, 13, 26, 186,
 281, 310
mágica 208, 353
malanggan, corpo 212
marca registrada 114
Marx, Karl 142
máscaras 193, 203, 205, 212,
 237, 353
matemática 154, 306, 313, 345,
 348, 349
materialidade 336
 ver também aritmética
meios, e fins 89, 209
 ver também fins, e meios
memória 138, 231, 234, 235, 325,
 327, 330, 332
mente 6, 132, 138, 146, 190, 195,
 202, 206, 221, 231, 257, 332,
 333, 336, 337, 338, 340, 343,
mercantilização 270, 275
metáforas da paternidade 127, 134
métodos estatísticos 80
mídia, debates na 16, 30, 78
Minj, Papua Nova Guiné 246,
 247, 248, 267, 281, 282, 295
modalidade expressiva da lei 187
modelos estatísticos e mecânicos
 101
modernidade 201, 210, 250
modernidade, e tradição *ver*
 tradição, e modernidade
modo instrumental 40
Monte Hagen, Papua Nova Guiné
 245, 267, 322

moralidades 30, 250, 289
morte, e lei 341
 ver também cerimônia mortuária
mortos, matar os 341
mortos, os vivos e os 258, 317
mulher grávida, a pessoa da 17, 59,
 60, 61, 183, 310, 341
mulher solteira 30, 253
multiplicação 180, 314
multiplicidade, tipos de 353
mundo artificial das mercadorias 5
mundo exterior 89, 334, 336
Murik, rio Sepik, Papua Nova
 Guiné 197, 304, 305, 307,
 308, 309, 311, 312, 313, 330,
 348, 350
música 277

N

nascimento 26, 30, 46, 61, 63,
 109, 123, 156, 190, 310, 312
natimortos 309
natural 15, 16, 32, 120, 292
 ciência 20, 80, 89, 256
 fatos 102, 191, 256
 pais 120
 sistemas 97, 154
naturalismo epistemológico 83
natureza 6, 8, 44, 51, 58, 89, 96,
 103, 205, 206, 210, 211, 223-
 9, 240, 241, 242, 2564, 282
 ciências da 83
 do mundo 138, 184, 191
 e cultura 19, 20, 23, 139, 147,
 185, 186, 190, 198, 210, 254

e sociedade 8, 209, 210, 307
e tecnologia 29, 161, 210, 256
mundo da 5, 72, 138
ver também 'relação de ciência'
nome malangaan 338
nomes 113, 305, 317, 318, 322,
327, 329, 330, 339, 348
nova genética 3, 25, 26, 30, 33, 74
Nova Irlanda, Papua Nova Guiné
185, 191, 192, 202, 203, 205,
206, 211-9, 223, 230, 232,
236, 238, 239, 241, 242, 243,
250, 329, 330
Novas tecnologias reprodutivas
21, 209
ver também reprodução assistida
norte da Ásia 317
nutrição 310, 311, 319
nutrição conferida 272, 279
nutrição e natureza 58

O

objeto de arte 73, 91, 202, 208,
237
objeto e sujeito 72, 190, 345
objetos sagrados 328, 350
obrigações 9, 16, 17, 45, 104,
121, 161, 255, 256, 260, 274,
281, 283, 284, 285, 287, 293
de parentesco 111, 259, 282,
284, 286, 287
Omie, Papua Nova Guiné 197,
312-22, 324, 330, 348, 350
ONG (organização não governa-
mental) 249, 304

ver também ICRAF
ontologia 54, 62
e epistemologia 89, 99, 309,
310
Organização Mundial da Propriedade Intelectual (OMPI ou
WIPO) 221, 322, 351
órgãos, humanos 46, 52, 249, 259,
263, 264, 266, 279, 309
origens múltiplas 107-19, 328,
353
originalidade 116, 118, 132, 134,
239, 328, 344
origens 3, 13, 14, 15, 18, 58, 107,
125, 137, 143, 156, 161, 162,
172, 180, 197-8, 201, 274,
276, 280, 297, 303-4, 306,
312, 313, 314, 315, 319, 320,
321, 324, 326, 337, 328, 339,
341, 341-4, 345, 349, 353
ornamentos 196, 319, 320, 323,
333, 350
ornamentos, concedidos 312
ossos 193, 273, 274
óvulos, doação *ver* doação de óvulos

P

pagamento compensatório 245,
248, 253
pagamentos mortuários 273
pagamento 'per capta', como compensação 252, 254, 255, 273,
284
ver também 'per capta'
pagamento, e refugiados 284

Parentesco, direito e o inesperado

e música 325
ver também compensação
pai 6, 7, 8, 26, 32, 44, 45, 46-7,
55, 56, 58, 66, 88, 92, 103,
109, 122, 128, 131, 132, 133,
150, 154, 155, 156, 157, 165,
166, 183, 235, 252, 268, 271-
2, 280, 283-4, 305, 308, 313,
314-6, 318, 319, 347, 348,
349
pai biológico 47, 56, 109, 131
pais do mesmo sexo 315, 318
pais pretendentes 108, 110, 121
Papua Nova Guiné 148, 193, 202,
211, 219, 221, 247, 248, 249,
253, 255, 260, 266, 286, 297,
302, 303, 306, 310, 314, 319,
320, 321, 323, 324, 328, 347
parentalidade de pessoas do mesmo sexo 33
parentela materna 28, 252, 272,
274, 278, 283, 284, 308, 313
ver também irmão da mãe; filha da
irmã
parentela paterna 308, 313
parentes [*relatives*] 65-6, 91-5, 104
parentes e crianças, números 180
parentesco 10-3, 15, 17, 51-3, 91-
5, 99, 102-4, 106, 107, 127,
143-5, 147, 148, 155-8, 165,
166, 171, 172, 174, 179-81,
282, 303-4, 353, 354
átomo de 94
científico *ver* 'sistema científico
de parentesco'

como tradição 255
e conhecimento 5, 104, 134,
159, 151-160, 168
e direito 16-7
estudos sobre 10
Euroamericano 12, 20, 51, 55,
98, 101, 104, 180, 354
novos estudos de IX
relações de 9, 62, 91, 93, 124,
303, 306, 323, 354,
sistemas de 12, 20, 92, 98, 103,
151, 162, 181, 198, 313,
ver também origens; parentesco
inglês
parentesco biológico 15, 305
parentesco classificatório 305
parentesco inglês 57, 91-2, 103,
147-8
parte, e todo 164, 194, 267, 274,
280
partes, e corpo *ver* partes do corpo
partibilidade 57, 279
passado, e futuro 216, 217, 218,
219
patente 37, 114, 117, 123, 141,
191, 192, 195, 219-28, 235-7,
239, 254, 256, 301, 302, 339
patente como paradigma 220
patenteação de genes humanos 39,
240, 258
paternidade 3, 29, 46, 50, 64, 102,
109, 111, 124-9, 134, 303
patrocínio 277
'pele' como corpo 183, 203, 205,
232

Marilyn Strathern

pensamento jurídico X, XI, 29, 59, 195, 259
pensamento sobre propriedade 194
performance, direitos de 277, 327
personificação 268
perspectiva 26, 37, 41, 46, 54, 55, 56, 61, 130-3, 138, 139, 144, 155, 173 ,175, 181, 199, 203, 219, 222, 241, 266, 268, 269, 274, 278, 279, 280, 284, 288, 289, 292, 307, 308, 309, 311, 312, 315, 317, 322, 336, 337, 342, 346-8
perspectiva, euroamericana 9, 174, 333
   amazônica *ver* perspectivismo amazônico
perspectivismo amazônico 268, 307, 308-309, 317, 319, 347-8
pesquisa em células-tronco 30, 33, 36
pessoa 87, 101
   como coisa 190, 245-95, 299
   como indivíduo 334, 340
   como posse de si mesmo 299
   como propriedade 59, 188, 193, 245-95, 299
   dissociada 179
   feto como 59, 341
pessoa singular 280
pessoalidade 260, 334, 336, 340
pessoas, como partes 62
   novos tipos de 25
   reificadas 268 *ver também* reificação

pessoa jurídica 59, 60, 341
pessoas-particionadas 278-9
poder corporificado 317
poderes internos/interiores 311, 317, 328
pontos de vista únicos 308
posições de sujeito 349
posse 40, 59, 74, 88, 89, 115, 116, 124, 68, 169, 179, 189, 190, 191-8, 217, 226-9, 230, 234, 236, 242, 254, 257, 259-60, 260-70, 272, 277-8, 280, 281, 286, 297, 299, 300, 301, 306-7, 315, 318, 322, 324, 330, 331, 333, 338, 340, 342, 343, 351, 352, 354, 355
posse comunal 302, 351
   noções melanésias de 354
   de coisas 336
   de corpo 173, 257-9, 260-6
   de figuras e imagens 217, 277, 332-3
   de pessoas 257-60, 349
   problemas com 169
posse de crianças *ver* propriedade, criança como
posse de si mesmo 59, 342
práticas de conhecimento 9, 14, 15, 18, 19, 22, 71, 104, 136, 145, 155, 160, 170, 333
práticas melanésias 22, 186, 193, 270, 271, 288, 294, 300, 302, 321, 327, 330, 333, 336-9, 341, 342, 347, 354
   ver também Papua Nova Guiné; Vanuatu

Parentesco, direito e o inesperado

privacidade 38, 77, 162, 164, 169, 170, 172
Problema de Galton 32
processo mental 338
processo recombinantes 49, 50
procriação intelectual 155
Property, Transactions and Creations: New Economic Relations in the Pacific (PTC), projeto de pesquisa XIII, 295
propriedade 40, 87, 98, 127-8, 188, 196, 229-30, 257, 278, 298, 331, 333, 334, 335, 337
  crianças como 122, 124, 305
  comum 40
  de si mesmo 299, 242,
  e gametas 262-3
  e partes do corpo 259
  em espécimes anatômicas 263-5
  no corpo 264
  pessoa como 59, 257
  pública vs. privada 39
  reforçando a personalidade 334, 340
propriedade cultural 238, 328, 329, 351
propriedade cultural do Pacífico, proteção da *ver* Lei Modelo
propriedade intelectual XI, 39, 118, 121-5, 155, 186, 201, 219, 220-1, 233, 235, 238, 270, 298, 301, 327, 329, 331, 333, 338, 339, 351, 354
propriedade privada 221, 226, 227, 228, 262, 351, 352

R
reação em cadeia da polimerase 191
recombinação de DNA 10, 49, 52, 224
recombinações 43, 46, 49, 56, 57, 58, 62, 63, 65, 230, 238, 239
recomposição 47, 56
regras do casamento 316
regras, respeito às 311
reificação 167, 262, 268
Reite *ver* língua Nekgini
reivindicações de terra 183, 217, 350
reivindicações variadas, entre pessoas 302, 344-5, 351
  ver também autoria, múltipla
relação 13, 14, 81, 107, 109, 138, 170-1, 187, 191, 269, 293
  e antropologia *ver* relação da antropologia
  e ciência *ver* relação da ciência
  e conexão 138
  formas de 15, 22, 89-90, 182
  'relação da antropologia' entre relações conceituais e interpessoais 13, 15, 139-43, 151, 186-9, 197
  apropriada para fins epistemológicos 18
  como duplo 20
  Ver também relação conceitual e interpessoal
  'relação da ciência' 18, 19, 22, 23, 80, 139, 141, 181, 185, 186
  como 'terceiro duplo' 15

403

ver também conexão e coimplicação; cultura e natureza; invenção e descoberta

relação entre pessoas do mesmo sexo 48, 92, 314-6, 318, 322, 326

relação mãe-filhote 149

relacionalidade IX, X, XIV, 11, 21, 22, 23, 80, 86, 87, 89,92, 98, 156, 162, 165, 166, 167, 172, 173, 174, 184

relacionamento 16, 54, 279, 280, 281, 282, 284, 291, 292, 293

relacionamento interpessoal 134, 181, 197

relacionar, dois modos de 9, 19, 22, 139
   ver também duplo

relações biológicas e sociais 9, 206, 305

relações causais 82, 344

relações conceituais e interpessoais 14, 20, 190, 198

relações conceituais, como alternativa às categóricas 20, 140-2, 152
   como duplo 14
   como 'relação da antropologia'
   ver 'relação da antropologia'

relações, concretas e abstratas 143, 167, 291
   categórica e pessoal, alternativa para conceitual e interpessoal XI, 12, 186, 188, 193 *ver também* relações conceituais e interpessoais

conceitual 12, 150, 171
   duas formas de 11, 22, 66, 102-3, 184, 199
   intelectual 148, 171, 195
   (inter)pessoal 144, 146-8, 149, 170-1, 189
   não epistêmica 187, 191, 198
   para explorar 11
   procriativa 150
   social 87

relações de troca 323

relações em relações 144-50

relações genealógicas 304, 305

relações interpessoais *ver* relações pessoais

Relatório Warnock sobre fertilização humana e embriologia 32

renascimento 316

representação 86, 87, 126, 187, 190, 197, 207, 239, 256, 268, 288, 319

reprodução 16, 28, 31, 33, 35, 46, 52, 57, 59, 129, 153, 158, 161, 219, 232, 301, 314, 315, 326, 341

responsabilidade [accountability] 134, 135, 168, 173

responsabilidades [liability] 248

responsabilidade [responsability] 59, 63, 69, 77, 134, 135, 137, 167, 310
   em relacionamentos 111
   enquanto autor 134-5

retórica 27, 129, 132, 137, 194, 195, 289, 298, 300

Parentesco, direito e o inesperado

Revolução Industrial 108, 221
ritos de iniciação 267, 270-2, 316
ritos de maturação 313, 316
    ver também ritual de iniciação
ritual, como técnica 267, 269
roubo, de autoria 128

S
sangue 7, 95, 107, 127, 144, 166,
    171, 182, 184, 252, 262, 281,
    354
relações de 96-7
teste de 167, 302
saúde 3, 5, 37, 160, 162, 169,
    279, 311
sistema autoverificável 82
'sistema de parentesco científico'
    20, 99, 151
sistemas Torrens de registro da
    terra, Austrália 350
sociabilidade 94, 266, 282
sociedade 17, 19, 20, 22, 23, 25,
    31, 32, 88, 91, 345
sociedade, e ciência *ver* ciência, e
    sociedade
sociedade, e natureza *ver* natureza,
    e sociedade
subjetividade 61, 196, 291, 334,
    337, 343
sucessão 46, 184, 319
    ver também herança
sistemas de classificação 83, 85,
    93, 220
sistemas de conhecimento 22, 84,
    88, 297

sistemas de parentesco euroasiáti-
    cos 98
substância, nutritiva e procriadora
    272, 279
sujeito e objeto *ver* objeto e sujeito

T
Tabar, Nova Irlanda, Papua Nova
    Guiné 212, 235
Tamberan, canções 328, 329
Tamberan, espírito 325-6
tangível e intangível, fenômeno 337
taxonomia 83, 93
tecido, fetal 32
tecido, humano 259, 261, 262,
    263, 264, 265, 266
técnicas jurídicas 246
tecnologia 112, 201-43, 256
    e encantamento 202, 206-11,
    216, 217, 219, 220, 223, 227,
    231, 232 *ver também* encanta-
    mento da tecnologia
    e natureza 29, 206, 210, 223,
    227, 229, 241
tecnologia da informação 122, 210
tecnologias de reprodução assis-
    tida. *Ver* reprodução assistida
tecnologias médicas X, 111, 123
tempo, e espaço 201, 214, 215, 218
temporalidade 311
teoria da rede do ator 219
teoria e intelectualidade feministas
    59, 77, 199, 298-9, 300
terminologias de parentesco 87,
    88, 347

Marilyn Strathern

terra, e produção 130, 335
Terras Altas da Papua Nova Guiné
   182, 246, 267
teste de paternidade 3, 102
texto 114, 118, 128, 130-3, 135,
   137, 151, 159, 233, 235, 350
titularidade 293-4
todo, e a pessoa 257-78
todo, e parte *ver* parte, e todo
Tolai, Papua Nova Guiné 352, 353
totens 307, 314, 317, 318, 322
   ver também emblemas
trabalho, e força de trabalho 335
tradição 44, 186, 189, 257, 261,
   285, 286, 290, 300, 301, 322
tradição, e conhecimento 322
tradição, e modernidade 194, 253,
   253-7, 284, 292
tradição, e propriedade 186, 261
transações 10, 173, 212, 215,
   231, 233, 246, 247, 275, 276,
   279, 281, 304, 310, 322, 325,
   326, 327, 328
troca, de mulheres 246, 251, 275

U

um mundo/mundo "uno" 8-9,
   306, 308
um sangue 182
UNESCO 39, 77, 322, 351

   Ver também Declaração Universal
unidade de comparação 81
universalismo 10, 253, 288, 259

V

validação 93, 94, 212,
validação, dois tipo de 93, 103
   ver também verificação
Vanuatu 285, 292, 321
várias pessoas 344, 345, 353
verificação 19, 82, 84, 95, 118,
   145, 184
   ver também validação
Vezu, Madagascar 311
vida IX, 11, 16, 19, 31, 46, 74, 84,
   99, 154, 204, 213, 218, 225,
   226, 320, 324, 331, 338, 346
vida adulta 3, 311, 312
vida artificial 154
visão relacional do mundo XI, 18, 19
vitalidade *ver* vida
vontade 336, 341, 342
vontade do indivíduo 336

W

Wari', Amazônia 183
Wesley, John 158-9

X

xamã 317

SOBRE O LIVRO

Formato: 14 x 21 cm
Mancha: 23 x 44 paicas
Tipologia: Venetian 301 12,5/16
Papel: Off-white 80 g/m² (miolo)
Cartão Supremo 250 g/m² (capa)
1ª edição: 2015

EQUIPE DE REALIZAÇÃO

Edição de texto
Priscila Santos da Costa (Copidesque)
Giuliana Gramani (Preparação de original)
Tomoe Moroizumi (Revisão)

Capa
Estúdio Bogari

Editoração eletrônica
Eduardo Seiji Seki

Assistência editorial
Jennifer Rangel de França

GRÁFICA PAYM
Tel. [11] 4392-3344
paym@graficapaym.com.br